ZU DIESEM BUCH

Vladimir Nabokov wird am 23. April 1899 in St. Petersburg geboren. Nach der Oktoberrevolution flieht die Familie 1919 nach England. 1919–1922 in Cambridge Studium der russischen und französischen Literatur. 1922 bis 1937 in Berlin, erste Veröffentlichungen, meist unter dem Pseudonym W. Sirin. 1937–1940 nach der Flucht aus Nazideutschland in Südfrankreich und in Paris, seit 1940 in den USA. Lehrtätigkeit, von 1948–1959 an der Cornell-Universität in Ithaca, New York. 1961–1977 wohnt Nabokov in einer Suite im Palace Hotel in Montreux. Er stirbt am 2. Juli 1977.

Von Vladimir Nabokov erschienen in der Reihe der rororo-Taschenbücher bzw. im Rowohlt Verlag außerdem: «König Dame Bube» (Nr. 12387), «Maschenka» (Nr. 13309), «Lushins Verteidigung» (Nr. 13502), «Die Mutprobe» (Nr. 5107), «Verzweiflung» (Nr. 1562), «Einladung zur Enthauptung» (Nr. 1641), «Das wahre Leben des Sebastian Knight», «Das Bastardzeichen» (Nr. 5858), «Lolita» (Nr. 12077), «Professor Pnin» (Nr. 12141), «Fahles Feuer», «Ada oder Das Verlangen» (Nr. 4032), «Durchsichtige Dinge» (Nr. 5756), «Sieh doch die Harlekins!», «Der Späher» (Nr. 13568); die Erzählung «Der Zauberer» (Nr. 12696; liegt auch in zwei Toncassetten, gelesen von Armin Mueller-Stahl, in der Reihe «Literatur für KopfHörer» vor), ferner die Bände mit Erzählungen «Frühling in Fialta» (Nr. 4975) und «Der schwere Rauch. Gesammelte Erzählungen».

Innerhalb der Gesamtausgabe erschienen bisher: «Frühe Romane» (2 Bände); «Die Gabe», «Sämtliche Erzählungen» (2 Bände), «Einladung zur Enthauptung», «Das Bastardzeichen», eine kommentierte Ausgabe von «Lolita», «Nikolaj Gogol», «Deutliche Worte. Interviews – Leserbriefe – Aufsätze», «Pnin» sowie die Memoiren «Erinnerung, sprich».

In der Reihe «rowohlts monographien» erschien als Band 328 eine Darstellung Nabokovs mit Selbstzeugnissen und Bilddokumenten von D. E. Morton.

VLADIMIR NABOKOV

Erinnerung, sprich

Wiedersehen mit einer
Autobiographie

Deutsch von
Dieter E. Zimmer

Rowohlt

Die Originalausgabe erschien 1966
unter dem Titel «Speak, Memory»
bei der McGraw-Hill Book Company, New York

Veröffentlicht im Rowohlt Taschenbuch Verlag GmbH,
Reinbek bei Hamburg, Juli 1995
Copyright © 1964, 1984, 1991 by
Rowohlt Verlag GmbH, Reinbek bei Hamburg
«Speak, Memory» Copyright © 1947, 1948,
1949, 1950, 1951, © 1967 by Vladimir Nabokov
Veröffentlicht im Einvernehmen mit The Estate
of Vladimir Nabokov
Alle deutschen Rechte vorbehalten
Umschlaggestaltung Büro Hamburg
(Bearbeitung des Fotos: Andrea Lühr)
Gesamtherstellung: Clausen & Bosse, Leck
Printed in Germany
1990-ISBN 3 499 13639 2

Für Véra

Vorwort

Das vorliegende Werk ist eine systematisch abgestimmte Assemblage persönlicher Erinnerungen, die geographisch von St. Petersburg bis St. Nazaire und über siebenunddreißig Jahre hinweg vom August 1903 bis zum Mai 1940 reichen; in eine spätere Raumzeit gibt es nur wenige Ausfälle. Der Essay, der die Serie eröffnete, entspricht dem jetzigen Kapitel 5. Ich schrieb ihn vor dreißig Jahren auf französisch unter dem Titel *Mademoiselle O* in Paris, wo Jean Paulhan ihn 1936 im zweiten Heft von *Mesures* veröffentlichte. Ein Photo (unlängst in Gisèle Freunds *James Joyce in Paris* publiziert) hält das Ereignis fest, nur daß ich (in der *Mesures*-Gruppe, die sich entspannt um einen steinernen Gartentisch schart) fälschlich als «Audiberti» identifiziert bin.

In Amerika, wohin ich am 28. Mai 1940 weiterwanderte, wurde *Mademoiselle O* von der inzwischen verstorbenen Hilda Ward ins Englische übersetzt, von mir revidiert und 1943 von Edward Weeks in der Januar-Ausgabe von *The Atlantic Monthly* veröffentlicht (das auch die erste Zeitschrift war, die meine in Amerika geschriebenen Geschichten druckte). Meine Verbindung mit *The New Yorker* hatte (durch die Vermittlung von Edmund Wilson) im April 1942 mit einem kurzen Gedicht begonnen, dem andere flüchtige Stücke folgten; meine erste Prosaarbeit erschien dort jedoch erst am 3. Januar 1948: Es war das *Portrait meines Onkels* (Kapitel 3 des vollständigen Werks), im Juni 1947 in der Columbine Lodge, Estes Park, Colorado, geschrieben, wo meine Frau, mein Sohn und ich selber nicht viel länger hätten bleiben können, hätte sich Harald Ross mit dem Geist meiner Vergangenheit nicht so gut vertragen. Dieselbe Zeitschrift veröffentlichte ebenfalls Kapitel 4 (*Meine englische Erziehung*, 27. März 1948), Kapitel 6 (*Schmetterlinge*, 12. Juni 1948), Kapitel 7 (*Colette*, 31. Juli 1948) und Kapitel 9 (*Meine russische Erziehung*, 18. September 1948), alle in Cambridge, Massachusetts, in einer Zeit großer geistiger und körperlicher Anspannung geschrieben, sowie Kapitel 10 (*Kurzes Vorspiel*, 1. Januar 1949), Kapitel 2 (*Portrait meiner Mutter*, 9. April 1949), Kapitel 12 (*Tamara*, 10. Dezember 1949), Kapitel 8 (*Bilder der Laterna magica*, 11. Februar 1950; H. R.s Rückfrage: Waren die Nabokovs eine Familie mit einem einzigen Nußknacker?), Kapitel 1 (*Vollendete Vergangenheit*, 15. April 1950) und Kapitel 15 (*Gärten und Parks*, 17. Juni 1950), allesamt in Ithaca, New York, geschrieben.

Von den übrigen drei Kapiteln erschienen Kapitel 11 und 14 in der *Partisan Review* (*Erstes Gedicht*, September 1949, und *Exil*, Januar/Februar 1951), während Kapitel 13 an *Harper's Magazine* ging (*Möbliertes Zimmer in der Trinity Lane*, Januar 1951).

Die englische Fassung von *Mademoiselle O* wurde in *Neun Geschichten* (New Directions 1947) und *Nabokovs*

Dutzend neugedruckt (Doubleday 1958, Heinemann 1959, Popular Library 1959 und Penguin Books 1960); in diese Sammlung nahm ich auch *Erste Liebe* auf, die zu einem Liebling der Anthologisten wurde.

Obwohl ich diese Kapitel in der erratischen Reihenfolge niederschrieb, die sich in den oben mitgeteilten Daten der Erstveröffentlichungen widerspiegelt, hatten sie in meinem Geist schon vorher hübsch in numerierte Lücken gepaßt, die der jetzigen Kapitelfolge entsprachen. Diese Ordnung war 1936 bei der Legung des Grundsteins etabliert worden, der in seiner versteckten Höhlung bereits verschiedene Landkarten, Fahrpläne, eine Sammlung von Streichholzschachteln, eine Scherbe rubinroten Glases und – wie mir jetzt klar wird – auch die Aussicht von meinem Balkon auf den Genfer See enthielt, auf seine Wellen und Lichtschneisen, heute zur Teestunde von Wasserhühnern und Haubenenten schwarz getüpfelt. Es fiel somit nicht schwer, einen Band zu versammeln, den der Verlag Harper & Bros in New York 1951 unter dem Titel *Conclusive Evidence* (Schlüssige Beweise) herausbrachte; schlüssige Beweise dafür, daß es mich tatsächlich gegeben hat. Dummerweise schien die Formel auf einen Kriminalroman hinzudeuten, und so hatte ich vor, die britische Ausgabe *Speak, Mnemosyne* (Sprich, Mnemosyne) zu betiteln, wurde indessen darauf hingewiesen, daß «alte Damen kein Buch verlangen würden, dessen Titel sie nicht aussprechen können». Ich spielte auch mit *The Anthemion* (Das Anthemion), der Bezeichnung für ein Geißblattornament mit komplizierten Verflechtungen und ausgreifenden Häufungen, doch gefiel der niemandem;

so entschieden wir uns schließlich für *Speak, Memory* (Sprich, Erinnerung; Gollancz 1951 und The Universal Library, New York 1960). Es gibt davon bisher folgende Übersetzungen: eine russische vom Autor (*Drugije berega* [Andere Ufer], The Chekhov Publishing House, New York 1954), eine französische von Yvonne Davet (*Autres Rivages*, Gallimard 1961), eine italienische von Bruno Oddera (*Parla, Ricordo*, Mondadori 1962), eine spanische von Jaime Piñeiro Gonzales (*¡Habla, memoria!*, Plaza & Janés 1963) und eine deutsche von Dieter E. Zimmer (*Andere Ufer*, Rowohlt 1964). Dies erschöpft das notwendige Maß an bibliographischer Information, die zappelige Kritiker, welche unzufrieden waren mit der Anmerkung am Ende von *Nabokovs Dutzend*, nun hoffentlich fasziniert am Anfang des vorliegenden Werks entgegennehmen werden.

Als ich in Amerika die erste Fassung niederschrieb, standen mir nahezu keine Daten zur Familiengeschichte zur Verfügung, und so war es mir hinderlicherweise unmöglich, meine Erinnerung nachzuprüfen, wann immer ich das Gefühl hatte, daß sie sich täuschen könnte. Nunmehr konnte ich die Biographie meines Vaters erweitern und revidieren. Auch zahlreiche andere Berichtigungen und Hinzufügungen wurden vorgenommen – vor allem in den früheren Kapiteln. Gewisse pralle Klammern wurden geöffnet und durften ihren noch immer aktiven Inhalt ausschütten. Oder ein Gegenstand, der eine bloße, zufällig gewählte Attrappe gewesen war und ohne wirkliche Bedeutung in der Schilderung eines wichtigen Ereignisses, störte mich jedesmal aufs neue, wenn ich die Korrekturen verschiedener Ausgaben las, und die willkürliche Brille (die Mnemosyne dringender als sonst jemand benötigt hätte) wurde zu einem deutlich erinnerten Zigaretten-etui in der Form einer Austernschale, das im nassen Gras am Fuß einer Espe auf dem *Chemin du Pendu* glänzte, wo ich an jenem Junitag im Jahre 1907 einen Schwärmer fand, der so weit im Westen selten anzutreffen ist, und wo ein Vierteljahrhundert zuvor mein Vater in seinem Netz ein Tagpfauenauge gefangen hatte, das in unseren nördlichen Wäldern eigentlich kaum vorkommt.

Im Sommer 1953 gelang es mir auf einer Ranch nahe Portal, Arizona, und in einem gemieteten Haus in Ash-land, Oregon, sowie in verschiedenen Motels im We-sten und Mittelwesten zwischen der Schmetterlings-jagd und der Niederschrift von *Lolita* und *Pnin* mit Hilfe meiner Frau, *Speak, Memory* ins Russische zu übersetzen. Wegen der psychischen Schwierigkeit, ein in meinem Roman *Dar* (*Die Gabe*) entwickeltes Thema noch einmal durchzuspielen, ließ ich ein ganzes Kapitel aus (das elfte). Andererseits revidierte ich etliche Passa-gen und versuchte gegen die amnestischen Defekte des Originals anzugehen – leere Flächen, unscharfe Areale, Distrikte des Dämmers. Ich entdeckte, daß mittels in-tensiver Konzentration der neutrale Schmutzfleck zu gestochener Schärfe gezwungen und so die unvermit-telte Ansicht identifiziert, der anonyme Diener mit einem Namen versehen werden konnte. Für die vorlie-gende, endgültige Fassung von *Speak, Memory* habe ich jedoch nicht nur grundlegende Änderungen vorgenom-men und reichliche Ergänzungen in den ursprünglichen englischen Text eingefügt, sondern mich auch der Korrekturen bedient, die ich bei der Übersetzung ins Russische angebracht hatte. Diese Wieder-Anglisierung einer russischen Wieder-Durcharbeitung dessen, was ganz am Anfang eine englische Wiedergabe russischer Erinnerungen gewesen war, erwies sich als eine höllische Aufgabe, doch bezog ich einigen Trost aus dem Bewußtsein, daß eine solche mehrfache Metamorphose, wie sie Schmetterlingen geläufig ist, von einem Menschen noch nie versucht worden war.

Unter den Anomalien eines Gedächtnisses, dessen Besitzer und Opfer niemals hätte versuchen dürfen, ein Autobiograph zu werden, ist die übelste die Neigung, in der Rückschau mein Alter mit dem des Jahrhunderts gleichzusetzen. In der ersten Fassung dieses Buchs hat das zu einer Reihe erstaunlich übereinstimmender chronologischer Patzer geführt. Ich bin im April 1899 geboren und war im ersten Drittel von meinetwegen 1903 natürlich ungefähr drei; doch im August desselben Jahres sollte sich die mir offenbarte scharfe «Drei» (wie in *Vollendete Vergangenheit* beschrieben) auf das Alter des Jahrhunderts beziehen, nicht auf mein eigenes, welches «Vier» war und so quadratisch und elastisch wie ein Gummikissen. Gleicherweise war ich im Frühsommer 1906 – dem Sommer, in dem ich mit dem Schmetterlingssammeln begann – sieben und nicht sechs, wie es in dem schlimmen zweiten Abschnitt von Kapitel 6 ursprünglich hieß. Mnemosyne, muß man einräumen, hat sich als ein sehr leichtfertiges Mädchen erwiesen.

Alle Daten sind im Neuen Stil angegeben: Im neunzehnten Jahrhundert hinkten wir dem Rest der zivilisierten Welt um zwölf Tage hinterher und mit Beginn des zwanzigsten um dreizehn. Nach dem Alten Stil wurde ich am 10. April im letzten Jahr des letzten Jahrhunderts bei Tagesanbruch geboren, und das war (hätte man mich auf der Stelle über die Grenze katapultieren können) beispielsweise in Deutschland der 22. April; doch da alle meine Geburtstage, und zwar mit abnehmendem Gepränge, im zwanzigsten Jahrhundert gefeiert wurden, zählte jedermann und ich selber ebenfalls dreizehn Tage und nicht zwölf zum 10. April hinzu, als Revolution und Exil mich aus dem Julianischen in den Gregorianischen Kalender versetzt hatten. Es ist ein gravierender Fehler. Was ist zu tun? In meinem Paß finde ich als Geburtsdatum «23. April», und das ist auch der Geburtstag von Shakespeare, meinem Neffen Vladimir Sikorski, Shirley Temple und Hazel Brown (mit der ich mir außerdem auch noch den Paß teile). Dies also ist das Problem. Rechnerisches Ungeschick hindert mich daran, seine Lösung auch nur zu versuchen.

Als ich nach einer Abwesenheit von zwanzig Jahren zu Schiff nach Europa zurückkehrte, knüpfte ich Bindungen neu, die noch vor meinem Weggang gelöst worden waren. Bei diesen Familientreffen wurde *Speak, Memory* in Augenschein genommen. Einzelne Daten und Umstände wurden kontrolliert, und es ergab sich, daß ich in vielen Fällen geirrt hatte oder einer dunklen, aber auslotbaren Erinnerung nicht tief genug nachgegangen war. Gewisse Dinge wurden von meinen Ratgebern als Legenden oder Gerüchte abgetan, oder es zeigte sich nachweislich, daß sie zwar zutrafen, aber mit anderen Ereignissen oder Zeitabschnitten in Verbindung standen als jenen, an die mein gebrechliches Gedächtnis sie geheftet hatte. Mein Cousin Sergey Sergeevich Nabokov gab mir unschätzbare Auskünfte zur Geschichte unserer Familie. Meine beiden Schwestern erhoben ärgerlich Einspruch gegen meine Beschreibung der Reise nach Biarritz (zu Beginn von Kapitel 7) und überschütteten mich dermaßen mit genauen Einzelheiten, daß sie mich davon überzeugten, sie («bei Kinderfrauen und Tanten»!) zu Unrecht zu Hause zurückgelassen zu haben. Was ich in Ermangelung einschlägiger Zeugnisse immer noch nicht verifizieren konnte, habe ich jetzt um der Wahrheit des Ganzen willen lieber weggelassen. Andererseits sind zahlreiche Tatsachen über Vorfahren und andere Personen ans Licht gekommen und wurden mit in diese endgültige Fassung von *Speak, Memory* aufgenommen. Eines Tages hoffe ich ein *Speak on, Memory* zu schreiben, das die in Amerika verbrachten Jahre 1940 bis 1960 umfaßt. Die Verdunstung gewisser ätherischer Öle und das Schmelzen gewisser Metalle sind in meinen Rohrschlangen und Tiegeln noch nicht abgeschlossen.

Der Leser findet im vorliegenden Werk verstreute Hinweise auf meine Romane, doch insgesamt hatte ich das Gefühl, daß ihre Komposition gerade genug Mühe gekostet hatte und sie hier nicht wiedergekäut werden sollten. Meine neueren Einleitungen in die englischen Übersetzungen von *Saschtschita Lushina*, 1930 (*The Defense*, Putnam 1964), *Ottschajanije*, 1936 (*Despair*, Putnam 1966), *Priglaschenije na kasn*, 1938 (*Invitation to a Beheading*, Putnam 1959), *Dar*, 1952, in Fortsetzungen veröffentlicht 1937/38 (*The Gift*, Putnam 1963) und *Sogljada-taj*, 1938 (*The Eye*, Phaedra 1965) schildern den kreativen Teil meiner europäischen Vergangenheit ausreichend detailliert und pikant. Für jene, die eine vollständigere Liste meiner Veröffentlichungen wünschen, gibt es die ins einzelne gehende Bibliographie, die Dieter E. Zimmer erarbeitet hat (*Vladimir Nabokov: Bibliographie des Gesamtwerks*, Rowohlt, 1. Ausgabe Dezember 1963; 2. revidierte Ausgabe Mai 1964).

Der im letzten Kapitel beschriebene Zweizüger ist in *Chess Problems* von Lipton, Matthews & Rice (Faber, London 1963, Seite 252) neu veröffentlicht worden. Meine amüsanteste Erfindung ist jedoch ein «retrogrades» Problem, E. A. Snosko-Borovski gewidmet, der es in den dreißiger Jahren (1934?) in der Emigrantenzeitung *Poslednije Nowosti*, Paris, veröffentlichte. Mir ist die Position nicht klar genug in Erinnerung, um sie hier zu notieren, doch vielleicht wird irgendein «Märchenschach»-Liebhaber (sie gehört zu jenem Typ) sie eines Tages in einer jener gesegneten Bibliotheken ausfindig machen, wo alte Zeitungen auf Mikrofilm festgehalten werden, wie alle unsere Erinnerungen festgehalten werden sollten. Rezensenten lasen die erste Fassung unaufmerksamer, als sie diese Neuausgabe lesen werden: Nur einer von ihnen bemerkte meinen «boshaften Seitenhieb» auf Freud im ersten Absatz von Kapitel 8, Abschnitt 2, und niemand entdeckte im letzten Satz von Abschnitt 2, Kapitel 11 den Namen eines großen Cartoonisten und einen Tribut an ihn. Es ist für einen Schriftsteller äußerst peinlich, auf dergleichen selber hinweisen zu müssen.

Um Lebende nicht zu verletzen oder Tote nicht zu bekümmern, wurden einige Namen geändert. Im Register sind sie durch Anführungsstriche gekennzeichnet. Sein Hauptzweck besteht darin, zu meinem eigenen Gewinn einige der Menschen und Themen aufzuführen, die mit meinen vergangenen Jahren verbunden sind. Sein Vorhandensein wird Banausen ärgern, doch den Unterscheidungsfähigen möglicherweise einleuchten, und sei es auch nur, weil

Durchs Fenster dieses Index
Eine Rose späht
Und zuweilen sacht ein Wind ex
Ponto weht.

Vladimir Nabokov
5. Januar 1966
Montreux

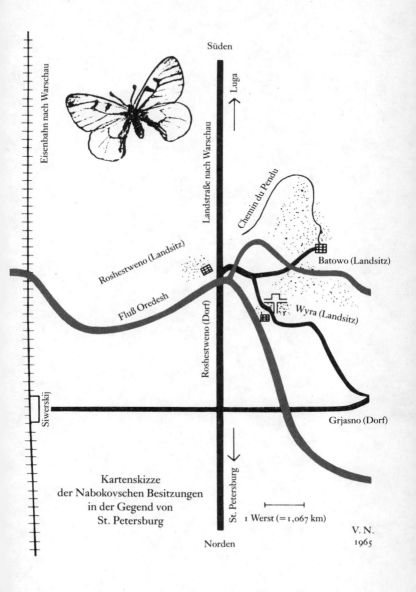

Kapitel 1

1

Die Wiege schaukelt über einem Abgrund, und der platte Menschenverstand sagt uns, daß unser Leben nur ein kurzer Lichtspalt zwischen zwei Ewigkeiten des Dunkels ist. Obschon die beiden eineiige Zwillinge sind, betrachtet man in der Regel den Abgrund vor der Geburt mit größerer Gelassenheit als jenen anderen, dem man (mit etwa viereinhalbtausend Herzschlägen in der Stunde) entgegeneilt. Ich weiß jedoch von einem Chronophobiker, den so etwas wie Panik ergriff, als er zum ersten Male einige Amateurfilme sah, die ein paar Wochen vor seiner Geburt aufgenommen worden waren. Er erblickte eine praktisch unveränderte Welt – dasselbe Haus, dieselben Leute –, und dann wurde ihm klar, daß es ihn dort nicht gab und daß niemand sein Fehlen betrauerte. Er sah seine Mutter aus einem Fenster im ersten Stock winken, und diese unvertraute Geste verstörte ihn, als wäre sie irgendein geheimnisvolles Lebewohl. Aber was ihm besonderen Schrecken einjagte, war der Anblick eines nagelneuen Kinderwagens, der dort vor der Haustür selbstgefällig und anmaßend stand wie ein Sarg; auch er war leer, als hätte sich im

umgekehrten Lauf der Dinge sogar sein Skelett aufgelöst.

Jungen Menschen sind dergleichen Phantasien nicht
fremd. Oder anders ausgedrückt: die ersten und die
letzten Dinge haben oft etwas Pubertäres an sich – es sei
denn, eine ehrwürdige und strenge Religion ordnete
sie. Die Natur erwartet vom erwachsenen Menschen,
daß er die schwarze Leere vor sich und hinter sich genauso ungerührt hinnimmt wie die außerordentlichen
Visionen dazwischen. Die Vorstellungskraft, die höchste Wonne des Unsterblichen und des Unreifen, soll
ihre Grenzen haben. Um das Leben zu genießen, dürfen wir es nicht zu sehr genießen.

Ich lehne mich auf gegen diesen Zustand. Ich verspüre den Wunsch, meine Auflehnung nach außen zu
tragen und die Natur zu bestreiken. Ein um das andere
Mal habe ich in Gedanken enorme Anstrengungen un-
ternommen, um auch nur den allerschwächsten persönlichen Lichtschimmer in der unpersönlichen Dunkelheit auf beiden Seiten meines Lebens wahrzunehmen.
Daß an dieser Dunkelheit nur die Mauern der Zeit
schuld sind, die mich und meine zerschundenen Fäuste
von der freien Welt der Zeitlosigkeit trennen, das ist
eine Überzeugung, die ich freudig mit dem buntestbe-
malten Wilden teile. Im Geist bin ich in entlegene Gegenden zurückgereist – und der Geist ermattete dabei
hoffnungslos –, auf der Suche nach irgendeinem geheimen Ausweg, nur um zu entdecken, daß das Gefängnis
der Zeit eine Kugel und ohne Ausweg ist. Bis auf
Selbstmord habe ich alles versucht. Ich habe meine
Identität abgelegt, um für ein gewöhnliches Gespenst

Diese Aufnahme, die ein gefälliger amerikanischer Tourist 1955 gemacht hat, zeigt das Nabokovsche Haus aus rosa Granit mit Fresken und anderen italienisierenden Ornamenten in St. Petersburg, heute Leningrad, Morskaja-Straße 47, der heutigen Herzen-Straße. Alexander Iwanowitsch Herzen (1812–1870) war ein berühmter Liberaler (den diese Ehrung durch einen Polizeistaat kaum gefreut hätte) wie auch der talentierte Autor von *Byloje i dumy* (*Erlebtes und Gedachtes*), einem der Lieblingsbücher meines Vaters. Mein Zimmer befand sich im dritten Stock über dem Erker. Die Linden, die die Straße säumen, existierten nicht. Diese grünen Emporkömmlinge kaschieren jetzt das östliche Eckfenster des Zimmers im zweiten Stock, in dem ich geboren wurde. Nach der Verstaatlichung beherbergte das Haus die dänische Mission und später eine Architekturschule. Die kleine Limousine am Rinnstein gehört vermutlich dem Photographen.

zu gelten und mich in Bereiche einzuschleichen, die bereits vor meiner Zeugung existierten. Ich habe im Geist die entwürdigende Gesellschaft viktorianischer Romanschriftstellerinnen und pensionierter Obristen auf mich genommen, die sich erinnern, in einem früheren Leben Sklavenboten auf einer Landstraße Roms oder Weise unter den Weiden Lhasas gewesen zu sein. Ich habe meine ältesten Träume nach Aufschlüssen und Fingerzeigen durchwühlt – und ich möchte gleich sagen, daß ich die vulgäre, schäbige, durch und durch mittelalterliche Welt Freuds mit ihrer spinnerten Suche nach sexuellen Symbolen (vergleichbar etwa der Suche nach Baconschen Akrostichen in Shakespeares Werk) und ihren verbitterten kleinen Embryos, die von ihrem natürlichen Unterschlupf aus das Liebesleben ihrer Eltern bespitzeln, ganz und gar ablehne.

Anfangs merkte ich nicht, daß die Zeit, die auf den ersten Blick so grenzenlos scheint, ein Gefängnis ist. Wenn ich meine Kindheit erkunde (was nahezu der Erkundung der eigenen Ewigkeit gleichkommt), sehe ich das Erwachen des Bewußtseins als eine Reihe vereinzelter Helligkeiten, deren Abstände sich nach und nach verringern, bis lichte Wahrnehmungsblöcke entstehen, die dem Gedächtnis schlüpfrigen Halt bieten. Zählen und Sprechen hatte ich sehr früh und mehr oder weniger gleichzeitig gelernt, doch das innere Wissen, daß ich ich war und meine Eltern meine Eltern, hat sich anscheinend erst später eingestellt und hing unmittelbar damit zusammen, daß ich ihr Alter im Verhältnis zu meinem begriff. Nach dem hellen Sonnenlicht und den ovalen Sonnenflecken unter den sich überlagernden

Mustern grünen Laubes zu urteilen, die mein Gedächtnis überfluten, wenn ich an diese Offenbarung denke, war es vielleicht am Geburtstag meiner Mutter im Spätsommer auf dem Land, und ich hatte Fragen gestellt und die Antworten abgewogen. All das ist genau, wie es dem biogenetischen Grundgesetz zufolge sein soll; der Anfang reflektierenden Bewußtseins im Gehirn unseres entferntesten Vorfahren ist ganz gewiß mit dem Erwachen des Zeitsinns zusammengefallen.

Als die mir eben enthüllte, noch frische und adrette Formel meines eigenen Alters, vier, den elterlichen Formeln, dreiunddreißig und siebenundzwanzig, entgegengehalten wurde, geschah etwas mit mir. Ich erhielt einen ungeheuer belebenden Schock. Als hätte ich eine zweite Taufe hinter mir, von göttlicherer Art als die russisch-orthodoxe Tauchübung, die ein schreiender, halbertrunkener Halbviktor fünfzig Monate zuvor über sich hatte ergehen lassen (meiner Mutter war es durch die halbgeöffnete Tür, hinter die sich einer alten Sitte gemäß die Eltern zurückzuziehen hatten, gelungen, den stümpernden Erzpopen zu korrigieren, Pater Konstantin Wetwenizkij), fühlte ich mich mit einem Male in ein strahlendes und bewegliches Medium gestürzt, das nichts anderes war als das reine Element Zeit. Man teilte es – genau wie erregte Schwimmer das flimmernde Meer – mit Wesen, die anders waren als man selber und einem doch verbunden durch den allen gemeinsamen Strom der Zeit, eine Umgebung, die grundverschieden war von der des Raumes, welchen nicht nur der Mensch, sondern auch Affen und Schmetterlinge wahrnehmen können. In diesem Augenblick

wurde mir deutlich bewußt, daß das siebenundzwan-
zigjährige Wesen in weichem Weiß und Rosa, das meine
linke Hand hielt, meine Mutter war, und das dreiund-
dreißigjährige in hartem Weiß und Gold, das meine
Rechte hielt, mein Vater. Zwischen ihnen, die gleichmäßig ausschritten, stolzierte ich, trippelte und stolzierte von Sonnenfleck zu Sonnenfleck in der Mitte
eines Weges, den ich heute ohne Schwierigkeiten als
eine Allee ornamentaler junger Eichen im Park unseres
Landsitzes Wyra im ehemaligen Gouvernement St. Petersburg, Rußland, identifiziere. Ja, von meinem jetzigen Höhenzug entlegener, isolierter, fast unbewohnter
Zeit aus sehe ich mein diminutives Selbst an jenem Au-
gusttag im Jahre 1903 die Geburt meines fühlenden Lebens feiern. Wenn die beiden, die mich rechts und links
hielten, auch zuvor in meiner vagen Kinderwelt gegenwärtig gewesen waren, so unter der Maske eines zarten
Inkognitos; jetzt aber kam die Kleidung meines Vaters,
die prächtige Garde-Kavallerie-Uniform mit der glatten goldenen Wölbung ihres Harnischs, der ihm auf
Brust und Rücken flammte, wie die Sonne zum Vorschein, und auf mehrere Jahre hinaus blieb mein Interesse am Alter meiner Eltern lebendig, hielt mich darüber auf dem laufenden, wie ein nervöser Passagier, der
nach der Zeit fragt, weil er einer neuen Uhr nicht traut.

Mein Vater, das sei hinzugefügt, hatte seine Militär-
zeit lange vor meiner Geburt hinter sich gebracht; ich
vermute darum, daß es ein festlicher Scherz war, wenn
er an jenem Tag die Paradeuniform seines alten Regiments angelegt hatte. Einem Scherz verdanke ich den
ersten Schimmer völligen Bewußtseins – was wiederum

seinen biogenetischen Sinn hat, denn die ersten Wesen auf der Welt, die sich der Zeit bewußt wurden, waren auch die ersten, die lächelten.

2

Es war die Höhle des Urmenschen (und nicht, was freudianische Mystiker vermuten könnten), die hinter meinen Spielen lag, als ich vier war. Ein großer, kretonnebezogener Diwan – weiß mit schwarzen Kleeblättern – in einem der Salons in Wyra steigt in mir auf wie irgendein massiges Produkt einer geologischen Umwälzung in vorgeschichtlichen Zeiten. Die Geschichte nimmt (mit einer Verheißung des lichten Lands der Griechen) nicht weit von dem einen Ende des Diwans ihren Anfang, wo eine große Topfpflanze, ein Hortensienstrauch mit hellblauen und einigen grünlichen Blüten, zur Hälfte den Sockel einer marmornen Dianabüste in einer Ecke des Zimmers verdeckt. Ein grauer Stich in einem Ebenholzrahmen bezeichnet an der Wand, wo der Diwan steht, einen anderen Geschichtsabschnitt – es ist eins jener napoleonischen Schlachtenbilder, auf denen das Episodische und das Allegorische die eigentlichen Gegner sind und wo man auf einer Bildebene vielerlei zusammengewürfelt findet: einen verwundeten Trommler, ein totes Pferd, Trophäen, einen Soldaten, der mit seinem Bajonett auf einen anderen einsticht, sowie den unverletzlichen Kaiser, der mit seinen Generalen inmitten des erstarrten Kampfgewühls posiert.

Mit Hilfe irgendeines Erwachsenen, der zunächst beide Hände und dann ein kraftvolles Bein gebrauchte, konnte der Diwan eine Spanne weit von der Wand weggerückt werden, so daß ein enger Gang entstand, den ich, gleichfalls vermittels fremder Unterstützung, mit den Diwanpolstern überdachte und an den Enden mit ein paar Kissen schloß. Dann hatte ich das phantastische Vergnügen, durch jenen stockdunklen Tunnel zu kriechen, kurz zu verweilen, um dem Summen in meinen Ohren zu lauschen – jenem einsamen Vibrieren, das kleinen Jungen in staubigen Verstecken so vertraut ist –, und schließlich in einem Ausbruch köstlicher Panik auf hastig auftappenden Händen und Knien das andere Ende des Tunnels zu erreichen, das Kissen zur Seite zu schieben und von einer Matte aus Sonnenlicht auf dem Parkett unter dem Flechtwerk eines Wiener Stuhls und zwei sich wechselweise niederlassenden verspielten Fliegen willkommen geheißen zu werden. Einen träumerischeren und anspruchsvolleren Genuß verschaffte mir ein anderes Höhlenspiel, bei dem ich nach dem Erwachen am frühen Morgen aus meinem Bettzeug ein Zelt baute und meine Phantasie auf tausenderlei unbestimmte Weise mit den schattigen Schneehängen aus Leinen und dem schwachen Licht spielen ließ, das aus einer ungeheuren Entfernung, in der ich mir seltsame, blasse, in einer Seenlandschaft herumstreifende Tiere vorstellte, in mein halbdunkles Schlupfloch zu fallen schien. Die Erinnerung an mein Kinderbett mit seinen Netzen aus flaumigen Baumwollschnüren an den Seiten ruft mir auch das Vergnügen zurück, mit dem ich ein gewisses wunderschönes, herrlich festes, granatdunkles Kristallei anfaßte, das von einem vergessenen Osterfest übriggeblieben war; ich pflegte an einem Zipfel des Bettuchs so lange zu kauen, bis er durch und durch naß war, und dann das Ei fest darin einzuwickeln, so daß ich den rötlichen Glanz der eng umschlossenen Facetten bewundern und von neuem belecken konnte, die mit herrlich unverminderter Leuchtkraft und Farbe hindurchschimmerten. Jedoch bin ich der Kunst, mich mit Schönheit zu sättigen, noch nähergekommen.

Wie klein der Kosmos ist (ein Känguruhbeutel nähme ihn auf), wie dürftig und belanglos, verglichen mit menschlichem Bewußtsein, mit einer einzigen individuellen Erinnerung und ihrem sprachlichen Ausdruck! Vielleicht sind mir meine frühesten Eindrücke übermäßig lieb, aber schließlich habe ich Grund, ihnen dankbar zu sein. Sie geleiteten mich in ein wahres Paradies der Augen- und Tasteindrücke. Ich erinnere mich, wie ich eines Nachts im Herbst 1903 während einer Reise ins Ausland auf dem (ziemlich flachen) Kissen am Fenster eines Schlafwagens kniete (wahrscheinlich im Mittelmeerexpreß, jenem seit langem ausgestorbenen *train de luxe*, dessen sechs Wagen unten dunkelbraun und oben cremefarben gestrichen waren) und mit einem unerklärlichen, stechenden Schmerz eine Handvoll sagenhafter Lichter sah, die mir von den Falten eines entfernten Hügels her zuwinkten und dann in einer Tasche von schwarzem Samt verschwanden: Diamanten, die ich später an meine Figuren verschenkte, um die Bürde meines Reichtums zu erleichtern. Wahrscheinlich hatte ich das festsitzende geprägte Rouleau am Kopfende meines Bettes losgemacht, und meine Fersen waren kalt, und trotzdem kniete und spähte ich weiter. Nichts ist angenehmer und seltsamer, als über diese ersten Entzückungen nachzudenken. Sie gehören der harmonischen Welt einer vollkommenen Kindheit an und leben darum mit einer natürlichen Anschaulichkeit im Gedächtnis, die sich fast mühelos wiedergeben läßt; erst mit den Erinnerungen an die Jahre des Heranwachsens wird Mnemosyne wählerisch und verdrossen. Außerdem möchte ich die Behauptung unterbreiten, daß russische Kinder meiner Generation in der Fähigkeit, Eindrücke zu horten, eine Periode der Genialität durchmachten, so, als versuchte ein wohlgesonnenes Schicksal angesichts des kataklysmischen Umsturzes, der die ihnen bekannte Welt vollständig auslöschen sollte, für sie soviel wie nur möglich zu tun und ihnen mehr zu schenken, als ihnen eigentlich zustand. Die genialen Fähigkeiten schwanden, als alles verwahrt war, genau wie bei jenen anderen, spezialisierteren Wunderkindern – hübschen, lockenköpfigen Knirpsen, die Taktstöcke schwingen oder gewaltige Klaviere zähmen und am Ende zu zweitklassigen Musikern mit traurigen Augen, obskuren Leiden und irgendwie unförmigen eunuchoiden Hinterpartien werden. Aber wie dem auch sei, das individuelle Geheimnis bleibt und irritiert den Memoirenschreiber. Weder in meiner Umwelt noch in meinem Erbe vermag ich mit Sicherheit das Werkzeug zu sehen, das mich formte, jene anonyme Walze, die meinem Leben ein bestimmtes kunstvolles Wasserzeichen aufdrückte, dessen einzigartiges Muster zum Vorschein kommt, wenn man das Schreibpapier des Lebens mit der Lampe der Kunst durchleuchtet.

3

Um einige meiner Kindheitserinnerungen zeitlich genau einzuordnen, muß ich mich an Kometen und Finsternisse halten, genau wie Historiker, die sich an den Fragmenten einer Saga zu schaffen machen. Doch in anderen Fällen besteht kein Mangel an Daten. Ich sehe mich zum Beispiel am Meer über nasse schwarze Felsen klettern, während Miss Norcott, eine träge und melancholische Gouvernante, in der Meinung, ich sei ihr auf den Fersen, mit meinem jüngeren Bruder Sergey den weiten Bogen des Strandes entlangwandert. Ich trage ein Spielzeugarmband. Während ich über diese Felsen klettere, wiederhole ich – gleichsam als eine behagliche, üppige und tief befriedigende Beschwörung – das englische Wort «*childhood*», das geheimnisvoll und neu klingt und immer fremdartiger wird, als es sich in meinem kleinen, überladenen, hektischen Geist mit Robin Hood, dem englischen Rotkäppchen Little Red Riding Hood und den braunen *hoods*, den Kapuzen alter buckliger Feen vermengt. In den Felsen gibt es Vertiefungen, die voll sind von abgestandenem Meerwasser, und mein magisches Gemurmel begleitet gewisse Zauber, mit denen ich diese winzigen Saphirlachen belege.

Bei dem Ort handelt es sich natürlich um Abbazia an der Adria. Das Ding um mein Handgelenk, das wie ein ausgefallener Serviettenring aussieht und aus halb durchsichtigem, blaßgrünem und rosarotem zelluloidhaften Zeug besteht, ist die Frucht eines Weihnachtsbaums, die mir Onja, eine hübsche gleichaltrige Cousine, einige Monate zuvor in St. Petersburg geschenkt hatte. Sentimental hob ich sie auf, bis sich im Innern dunkle Streifen bildeten, angesichts deren ich wie in einem Traum zu dem Schluß kam, es handele sich um meine abgeschnittenen Haare, die während eines entsetzlichen Besuches bei einem verhaßten Friseur im nahen Fiume zusammen mit meinen Tränen irgendwie in die glänzende Substanz hineingelangt waren. Am selben Tag bemerkte mein Vater in einem Café am Wasser, gerade als wir bedient wurden, an einem der Nebentische zwei japanische Offiziere, und sofort verließen wir das Lokal – nicht ohne daß ich mir schnell noch eine ganze Kugel Zitroneneis griff und in meinem schmerzenden Mund verstaute. Es war 1904. Ich war fünf. Rußland führte Krieg gegen Japan. Mit innigem Wohlbehagen brachte die englische Illustrierte, auf die Miss Norcott abonniert war, Kriegsbilder von der Hand japanischer Künstler, auf denen zu sehen war, wie russische Lokomotiven – in der japanischen Malerei wirkten sie seltsam spielzeughaft – versinken würden, wenn unsere Armee versuchte, Schienen über das tückische Eis des Baikalsees zu verlegen.

Doch nicht so eilig. Eine noch frühere Erinnerung hing mit diesem Krieg zusammen. An einem Nachmittag zu Beginn desselben Jahres führte man mich in unserem Petersburger Haus aus dem Kinderzimmer hinab ins Arbeitszimmer meines Vaters, damit ich einem Bekannten, dem General Kuropatkin, guten Tag sage. Während sein untersetzter, von einer Uniform umschlossener Körper leise knarrte, breitete er zu meiner Belustigung auf dem Diwan, wo er Platz genommen hatte, eine Handvoll Streichhölzer aus, legte zehn von ihnen hintereinander, so daß sie eine waagerechte Reihe bildeten, und sagte: «Das ist das Meer bei ruhigem Wetter.» Dann richtete er jedes Paar auf, bis die Gerade in eine Zickzacklinie verwandelt war – und das war «eine stürmische See». Er raffte die Streichhölzer zusammen und war, so wenigstens hoffte ich, im Begriff, ein besseres Kunststück vorzuführen, als man uns unterbrach. Sein Adjutant wurde hereingeführt und machte ihm eine Mitteilung. Mit einem aufgeregten russischen Kehllaut erhob sich Kuropatkin schwerfällig, und die losen Streichhölzer hüpften auf dem Diwan, als dieser von seinem Gewicht befreit wurde. An jenem Tag hatte er den Befehl erhalten, das Oberkommando über die russische Armee im Fernen Osten zu übernehmen.

Dieser Vorfall hatte fünfzehn Jahre später ein eigentümliches Nachspiel, als mein Vater auf der Flucht aus dem bolschewistisch besetzten St. Petersburg nach Südrußland auf einer Brücke von einem Greis angesprochen wurde, der aussah wie ein alter graubärtiger Bauer in seinem Schaffellmantel. Er bat meinen Vater um Feuer. Im nächsten Augenblick erkannten sie sich. Ich hoffe, dem alten Kuropatkin ist es gelungen, in seiner bäuerlichen Verkleidung der Gefangennahme durch die Sowjets zu entgehen, doch darauf kommt es mir hier nicht an. Was mir gefällt, ist die Entwicklung des Streichholzthemas: Mit jenen magischen Zündhölzern, die er mir gezeigt hatte, war leichtfertig umgegangen worden, sie waren abhanden gekommen, und auch seine Armeen waren abhanden gekommen, alles war versunken, wie meine Spielzeugeisenbahn, die ich im Winter 1904/05 in Wiesbaden über die zugefrorenen

Pfützen auf dem Gelände des Hotels Oranien fahren lassen wollte. Derlei thematische Muster das Leben hindurch zu verfolgen, sollte, so meine ich, der wahre Zweck einer Autobiographie sein.

4

Heftige innere Unruhen begleiteten das Ende von Rußlands katastrophalem Feldzug im Fernen Osten. Ohne sich davon einschüchtern zu lassen, kehrte meine Mutter mit ihren drei Kindern nach fast einem Jahr in ausländischen Kurorten nach St. Petersburg zurück. Es war Anfang 1905. Staatsangelegenheiten zwangen meinen Vater, in der Hauptstadt zu bleiben; die Konstitutionell-Demokratische Partei, die er mitbegründet hatte, sollte das Jahr darauf in der ersten Duma die Mehrheit erlangen. Während eines seiner kurzen Aufenthalte bei uns auf dem Land stellte er mit patriotischem Unwillen fest, daß mein Bruder und ich wohl Englisch, aber (mit Ausnahme von KAKAO und MAMA) nicht Russisch lesen und schreiben konnten. Es wurde beschlossen, daß der Dorfschullehrer uns jeden Nachmittag unterrichten und spazierenführen sollte.

Mit dem schrillen und fröhlichen Klang der Trillerpfeife, die zu meinem ersten Matrosenanzug gehörte, ruft mich meine Kindheit in jene ferne Vergangenheit zurück, damit ich meinem ergötzlichen Lehrer noch einmal die Hand schüttele. Wassilij Martynowitsch Shernosekow hatte einen struppigen braunen Bart, einen kahl werdenden Kopf und porzellanblaue Augen, von denen eines am oberen Lid einen faszinierenden Auswuchs aufwies. Am ersten Tag brachte er einen Kasten mit mächtig anregend aussehenden Klötzen mit, bei denen auf jede Seite ein anderer Buchstabe gemalt war; er ging mit diesen Würfeln um, als wären sie unendlich kostbar, und das waren sie ja auch (außerdem ließen sich aus ihnen hervorragende Tunnel für Spielzeugeisenbahnen bauen). Er verehrte meinen Vater, der unlängst die Dorfschule hatte renovieren und modernisieren lassen. Als altmodisches Zeichen für Freisinn trug er einen wehenden schwarzen Binder, der nachlässig zu einem Arrangement verknotet war, das eine Fliege vorstellen sollte. Wenn er mich anredete, einen kleinen Jungen, gebrauchte er stets die zweite Person Pluralis – nicht so steif wie die Dienstboten und nicht wie meine Mutter in jenen Augenblicken unbändiger Zärtlichkeit, wenn ich im Fieber lag oder mir ein winziger Eisenbahnpassagier abhanden gekommen war (so als wäre der Singular zu schwach, die Last ihrer Liebe zu tragen), sondern mit der einfachen Höflichkeit eines Mannes, der mit einem anderen spricht und ihn nicht gut genug kennt, um «du» zu sagen. Ein feuriger Revolutionär, pflegte er während unserer ländlichen Spaziergänge wild zu gestikulieren und von Menschlichkeit zu sprechen, von Freiheit, den Übeln des Krieges und der traurigen (aber, wie ich fand, interessanten) Notwendigkeit, Tyrannen in die Luft zu sprengen, und manchmal zog er das damals vielgelesene pazifistische Buch *Doloj orushije!* (eine Übersetzung von Bertha von Suttners *Die Waffen nieder!*) hervor und traktierte mich, einen Sechsjährigen, mit langweiligen Zitaten; ich versuchte sie zu widerlegen: In jenem zarten und kriegerischen Alter setzte ich mich zornig fürs Blutvergießen ein, um meine Welt der Spielzeugpistolen und Artusritter in Schutz zu nehmen. Unter Lenins Regime, als alle nichtkommunistischen Radikalen erbarmungslos verfolgt wurden, wurde Shernosekow in ein Zwangsarbeitslager gesteckt, konnte jedoch ins Ausland fliehen und starb 1939 in Narwa.

In gewisser Weise verdanke ich ihm die Möglichkeit, noch eine Weile meinen privaten Fußweg zu gehen, der parallel zur Landstraße jenes unruhigen Jahrzehnts verlief. Als der Zar im Juli 1906 die Duma verfassungswidrig auflöste, kamen eine Reihe ihrer Mitglieder, darunter mein Vater, in Wyborg zu einer rebellischen Beratung zusammen und setzten ein Manifest auf, das das Volk aufforderte, sich gegen das Regime aufzulehnen. Anderthalb Jahre später wurden sie dafür ins Gefängnis geworfen. Mein Vater verbrachte drei ruhige, wenn auch etwas einsame Monate in Einzelhaft, zusammen mit seinen Büchern, seiner zusammenlegbaren Badewanne und einem Exemplar von J. P. Müllers *Mein System – 15 Minuten tägliche Arbeit für die Gesundheit*. Bis ans Ende ihrer Tage bewahrte meine Mutter die Briefe auf, die er ihr heimlich zukommen ließ – muntere Episteln, mit Bleistift auf Toilettenpapier geschrieben (ich habe sie 1965 in der vierten Ausgabe der von Roman Grynberg in New York herausgegebenen russischsprachigen Zeitschrift *Wosduschnyje puti* veröffentlicht). Wir waren auf dem Land, als er freigelassen wurde, und es war der Dorfschulmeister, der die Festlichkeiten arrangierte und für den (zum Teil unverhohlen roten) Fahnenschmuck sorgte, der meinen Vater auf der Heimfahrt vom Bahnhof begrüßte, entlang unter Archivolten aus Tannennadeln und Kronen aus Kornblumen, den Lieblingsblumen meines Vaters. Wir Kinder waren ins Dorf hinuntergefahren, und wenn ich mir jenen außergewöhnlichen Tag ins Gedächtnis rufe, sehe ich den sonneglitzernden Fluß in größter Klarheit; die Brücke, das blendende Blech einer Konservendose, die ein Angler auf dem hölzernen Geländer stehengelassen hatte; den lindenbestandenen Hügel mit seiner rosaroten Kirche und dem Marmormausoleum, wo die toten Angehörigen meiner Mutter ruhten; die staubige Straße zum Dorf; den Streifen kurzen, pastellgrünen Grases mit kahlen Flecken sandigen Bodens zwischen der Straße und den Fliederbüschen, hinter denen bemooste, schielende Holzhütten in wackliger Reihe standen; das Steingebäude der neuen Schule neben der hölzernen alten; und im Vorbeisausen den kleinen schwarzen Hund mit seinen blendend weißen Zähnen, der in mächtiger Eile, aber ohne jeden Laut, zwischen den Hütten hervorgeschossen kam, um seine Stimme für den kurzen Ausbruch aufzusparen, der ihm vergönnt war, als sein stummer Spurt ihn endlich an die eilig dahinrollende Kutsche heranbrachte.

5

Das Alte und das Neue, das Liberale und das Patriarchalische, fatale Armut und fatalistischer Reichtum waren in jenem seltsamen ersten Jahrzehnt unseres Jahrhunderts phantastisch ineinander verwoben. Im Laufe eines Sommers konnte es mehrmals vorkommen, daß sich Alexej, der Butler, mit unglücklicher Miene mitten beim Essen im hellen, vielfenstrigen, walnußgetäfelten Speisezimmer in der ersten Etage unseres Landhauses in Wyra über meinen Vater beugte und ihm leise (besonders leise, wenn wir Besuch hatten) mitteilte, daß eine Gruppe von Bauern aus dem Dorf draußen sei und den *barin* zu sprechen begehre. Rasch nahm mein Vater die Serviette vom Schoß und bat meine Mutter, ihn zu entschuldigen. Durch eins der Fenster an der Westseite des Speisezimmers war ein Teil der Einfahrt in der Nähe des Haupteingangs zu sehen. Man konnte den oberen Teil der Geißblattsträucher gegenüber der Veranda erkennen. Aus dieser Richtung erreichte uns das höfliche Gesumm eines bäuerlichen Willkommens, wenn die unsichtbare Gruppe meinen unsichtbaren Vater begrüßte. Die anschließende Verhandlung, in normaler Lautstärke geführt, war nicht zu verstehen, da die Fenster, unter denen sie stattfand, geschlossen waren, um die Hitze abzuhalten. Wahrscheinlich ging es um irgendeinen dörflichen Streit, in dem man ihn zu vermitteln bat, um eine Geldbeihilfe oder die Erlaubnis, ein Stück unseres Landes abzuernten oder eine begehrte Gruppe unserer Bäume zu fällen. Wenn die Bitte, wie es gewöhnlich geschah, auf der Stelle gewährt war, ertönte jenes Gesumm von neuem, und der gute *barin* mußte die typisch russische Prüfung über sich ergehen lassen, zum Zeichen der Dankbarkeit geschaukelt, in die Höhe geworfen und von zwei Dutzend starken Armen sicher wieder aufgefangen zu werden.

Derweil hielt man meinen Bruder und mich im Speisezimmer an weiterzuessen. Mit einem Bissen zwischen Zeigefinger und Daumen schaute meine Mutter unter dem Tisch nach, ob ihr nervöser und mürrischer Dackel da war. « Un jour ils vont le laisser tomber », äußerte Mlle Golay, eine gedrechselt pessimistische alte Dame, die einst die Gouvernante meiner Mutter gewesen war und immer noch (auf schrecklich gespanntem Fuße mit unseren eigenen Gouvernanten) bei uns lebte. Von meinem Platz am Tisch aus konnte ich plötzlich in einem der Westfenster einen wunderbaren Fall von Levitation erleben. Für einen Augenblick war dort die Gestalt meines Vaters in seinem windgekräuselten weißen Sommeranzug zu sehen, prächtig mitten in der Luft ausgebreitet, die Glieder in einer seltsam lässigen Haltung, seine wohlgestalten, unerschütterlichen Gesichtszüge dem Himmel zugewandt. Dreimal flog er solchermaßen zum mächtigen Hau-ruck seiner unsichtbaren Werfer in die Höhe, beim zweitenmal ging es höher als beim ersten, und dann, bei seinem letzten, luftigsten Flug, lehnte er sich wie für alle Zeiten gegen das Kobaltblau des Sommermittags, einem jener paradiesischen Wesen gleich, die mit dem ganzen Faltenreichtum ihrer Gewänder mühelos am Deckengewölbe einer Kirche schweben, indes unten schmale Wachskerzen in sterblichen Händen eine nach der anderen aufflammen, um im Weihrauchnebel einen Schwarm winziger Feuer zu bilden, der Priester von ewiger Ruhe singt und Trauerlilien das Antlitz des Menschen verdecken, der dort unter den schwebenden Lichtern in dem offenen Sarge liegt.

Kapitel 2

1

So weit ich auch (mit Interesse, mit Erheiterung, selten
mit Bewunderung oder Widerwillen) zurückdenke, bin
ich milden Halluzinationen ausgesetzt gewesen. Einige
sind akustischer Art, andere optischer, und keine hat
mir viel genützt. Die prophetischen Stimmen, die So-
krates zurückhielten oder Joaneta Darc anspornten,
sind bei mir auf das Niveau von Gesprächen abgesun-
ken, deren zufälliger Zeuge man wird, wenn man den
Telephonhörer abhebt und an einen besetzten Sammel-
anschluß gerät. Kurz vor dem Einschlafen bemerke ich
des öfteren eine Art einseitiger Konversation im Nach-
barbezirk meines Gehirns, ganz unabhängig von dem
eigentlichen Gang meiner Gedanken. Es ist eine neutrale, teilnahmslose, anonyme Stimme, die völlig be-
langlose Worte zu mir sagt – einen englischen oder russischen Satz, der noch nicht einmal an mich gerichtet und
so trivial ist, daß ich kaum Beispiele zu geben wage, da
sie in der Plattheit, die ich zum Ausdruck bringen
möchte, einen störenden Maulwurfshügel von Sinn
aufwerfen könnten. Diese alberne Erscheinung scheint
mir das akustische Gegenstück zu gewissen Visionen

vor dem Einschlafen, die mir ebenfalls wohlbekannt sind. Ich meine nicht das helle geistige Bild (etwa das Gesicht eines schon lange toten, geliebten Angehörigen), das ein Flügelschlag des Willens heraufbeschwört; das ist eine der tapfersten Regungen, deren der menschliche Geist fähig ist. Noch spreche ich von den sogenannten *muscae volitantes* – Schatten, von kleinen Trübungen im Glaskörper des Auges auf die Stäbchen der Netzhaut geworfen, die als durchsichtige, quer über das Gesichtsfeld treibende Fäden wahrgenommen werden. Den hypnagogen Phantomen, die ich im Sinne habe, ist vielleicht der farbige Fleck näher, jener Stich eines Nachbildes, mit dem die gerade abgeschaltete Lampe die Nacht hinter den Lidern versehrt. Ein Schock dieser Art allerdings ist nicht unbedingt nötig, um die Bilder in Bewegung zu setzen, die vor meinen geschlossenen Augen langsam und stet vorüberziehen. Sie kommen und gehen ohne die Beteiligung des schläfrigen Betrachters und sind doch grundsätzlich verschieden von Traumbildern, denn noch ist er Herr seiner Sinne. Oft sind sie grotesk. Schurkenprofile belästigen mich, irgendein grobgesichtiger und rotbäckiger Zwerg mit einem geschwollenen Nasenloch oder Ohr. Zeitweise dann zeigen sich meine Photismen wieder von einer beruhigend milden Seite, und dann sehe ich – wie auf die Innenseite des Lides projiziert – graue Gestalten, die zwischen Bienenstöcken auf und ab gehen, kleine schwarze Papageien, die langsam im Gebirgsschnee verschwinden, oder eine blaue Ferne, die zwischen schwankenden Masten zerfließt.

Zu alldem kommt, daß ich einen guten Fall von *audi-*

tion colorée, von Farbenhören abgebe. ‹Hören› ist vielleicht nicht ganz das richtige Wort, denn die Farbempfindung scheint dadurch hervorgerufen zu werden, daß ich mit dem Mund einen Buchstaben bilde, während ich mir seinen Umriß vorstelle. Das lange *a* des englischen Alphabets (und sofern nicht anders angegeben, habe ich dieses bei allem, was folgt, im Sinn) hat für mich die Farbe verwitterten Holzes, während ein französisches *a* mich an poliertes Ebenholz erinnert. Diese schwarze Gruppe enthält außerdem das *g* (vulkanisierter Kautschuk) und das *r* (ein rußiger Lappen, der zerrissen wird). Das hafermehlige *n*, das nudelweiche *l* und der Handspiegel des *o* mit seiner elfenbeinernen Rückseite wären die weißen Buchstaben. Mein französisches *on*, das ich als die Oberflächenspannung von Alkohol in einem randvollen kleinen Glas sehe, stellt mich vor ein Rätsel. In der blauen Gruppe befinden sich das stählerne *x*, die Gewitterwolke des *z* und das heidelbeerfarbene *k*. Da zwischen Klang und Form eine subtile Wechselwirkung herrscht, sehe ich das *q* brauner als das *k*, während *s* nicht hellblau wie *c* ist, sondern eine merkwürdige Mischung von Himmelblau und Perlmutt. Nachbarwerte gehen nicht ineinander über, und Diphthonge haben keine eigenen Farben, es sei denn, sie würden in irgendeiner anderen Sprache durch einen einzigen Buchstaben bezeichnet (so beeinflußt der wolliggraue, dreistämmige russische Buchstabe für *sch*, der so alt ist wie das Schilf am Ufer des Nils, sein englisches Gegenstück).

Ehe man mich unterbricht, bringe ich meine Liste schnell zu Ende. In der grünen Gruppe gibt es das er-

lenblattgrüne *f*, den unreifen Apfel *p* und das pistazien-
farbige *t*. Ein irgendwie mit Violett vermischtes stump-
fes Grün ist das Passendste, was ich für *w* finden kann.
Gelb umfaßt verschiedene *e*'s und *i*'s, das sahnige *d*, das
goldglänzende *y* und das *u*, dessen alphabetischen Wert
ich nur als Messing mit einem Schimmer von Oliv be-
zeichnen kann. In der braunen Gruppe gibt es den satten, gummiartigen Farbton des weichen *g*, das blassere *j*
und den verschossenen Schnürsenkel *h*. Unter den roten Buchstaben endlich hat *b* den Farbton, den die Maler Gebrannt Siena nennen, *m* ist eine rosa Flanellfalte,
und heute habe ich endlich in März' und Pauls Farblexi-
kon in «Rosenquarz» die vollkommene Entsprechung
zum *v* gefunden. Das Wort für Regenbogen, ein pri-
märer, wenngleich entschieden unreiner Regenbogen,
ist in meiner Privatsprache das kaum aussprechbare
kzspygv. Der erste Autor, der über *audition colorée*
schrieb, war meines Wissens 1812 ein Albinoarzt in Erlangen.

Die Bekenntnisse eines Synästhetikers müssen sich
für Leute, die von festeren Wänden, als die meinen es
sind, vor Zugluft und Durchregnen bewahrt werden,
langweilig und anmaßend anhören. Meiner Mutter hingegen schien das alles ganz normal. Die Sache kam in
meinem siebenten Lebensjahr zur Sprache, als ich eines
Tages aus einem Haufen alter Buchstabenbauklötze
einen Turm baute. Beiläufig bemerkte ich, daß die Farben alle nicht stimmten. Daraufhin entdeckten wir, daß
einige ihrer Buchstaben die gleichen Farben hatten wie
meine und daß sie darüber hinaus von musikalischen
Tönen optisch beeinflußt wurde. Diese wiederum rie-

fen bei mir gar keine Farbvorstellungen hervor. Musik wirkt auf mich leider nur als eine willkürliche Folge mehr oder weniger irritierender Klänge. In gewissen Stimmungen kann ich die Spasmen einer klangvollen Violine ertragen, aber ein Konzertflügel und alle Blasinstrumente langweilen mich in geringeren Dosen, und in größeren martern sie mich. Trotz all den Opern, denen ich jeden Winter ausgesetzt wurde (ich muß *Ruslan* und *Pikowaja Dama* im Laufe von sechs Jahren mindestens doppelt so oft gesehen haben), wurde meine schwache Empfänglichkeit für Musik ganz und gar von der visuellen Qual überwältigt, Pimen beim Schreiben nicht über die Schulter sehen zu können oder vergebens zu versuchen, mir die Schwärmer in der undeutlichen Blütenfülle von Julias Garten vorzustellen.

Meine Mutter tat alles, um meine allgemeine Sensibilität für optische Reize zu fördern. Wie viele Aquarelle malte sie für mich; welche Offenbarung war es, als sie mir den blühenden Fliederbusch zeigte, der aus einer Mischung von Blau und Rot erwuchs! In unserem Petersburger Haus nahm sie manchmal aus einem Geheimfach in der Wand ihres Ankleidezimmers (und meines Geburtszimmers) einen Haufen Schmuck, mit dem ich vor dem Einschlafen spielen durfte. Ich war damals noch sehr klein, und all diese funkelnden Stirnreifen und Halsbänder und Ringe schienen mir an Geheimnis und Zauber kaum der Festbeleuchtung bei Kaiserfeiern nachzustehen, wenn in der gepolsterten Stille einer Frostnacht riesige Monogramme, Kronen und andere Wappenzeichen aus bunten Glühlampen – Saphire, Smaragde, Rubine – mit gleichsam verzauberter Zu-

rückhaltung über den schneebedeckten Mauervor-
sprüngen an den Hausfassaden herrschaftlicher Straßen erstrahlten.

2

Meine zahlreichen Kinderkrankheiten brachten meine
Mutter und mich einander noch näher. Als kleiner Junge
zeigte ich eine ungewöhnliche mathematische Begabung, die mir während meiner höchst untalentierten Jugend völlig abhanden kam. Diese Gabe spielte eine
furchtbare Rolle, wenn ich mit Angina oder Scharlach
kämpfte und ungeheure Kugeln und gewaltige Zahlen in
meinem schmerzenden Gehirn erbarmungslos anwach-
sen fühlte. Ein törichter Hauslehrer hatte mir viel zu
früh die Logarithmen erklärt, und in einer englischen
Zeitung (dem *Boy's Own Paper*, glaube ich) hatte ich von
einem gewissen Hindu-Rechenkünstler gelesen, der in
genau zwei Sekunden die siebzehnte Wurzel etwa aus
3 529 471 145 760 275 132 301 897 342 055 866 171 392 finden konnte (ich bin nicht sicher, ob ich die Zahl richtig
hinbekommen habe; jedenfalls war das Ergebnis 212).
Solches waren die Ungeheuer, die in meinem Delirium
gediehen, und die einzige Art, zu verhindern, daß sie
mich aus mir selbst verdrängten, war, ihnen das Herz
aus dem Leib zu reißen. Doch sie waren viel zu stark,
und ich setzte mich auf und formte mühselig verstüm-
melte Sätze, um meiner Mutter alles zu erklären.
Durch mein Delirium hindurch erkannte sie Empfindungen wieder, die ihr selber nicht fremd geblieben

waren, und ihr Verständnis brachte mein sich ausdehnendes Universum auf eine Newtonsche Norm zurück.

Der künftige Spezialist für so ödes literarisches Gut, wie es das Selbstplagiat darstellt, wird sicher gern das Erlebnis eines Protagonisten in meinem Roman *Die Gabe* mit dem ursprünglichen Ereignis kollationieren. Eines Tages nach einer langen Krankheit, als ich noch sehr geschwächt im Bett lag, kam es mir vor, als sonnte ich mich in einer ungewöhnlichen Euphorie von Gewichtslosigkeit und Ruhe. Ich wußte, meine Mutter war ausgegangen, um mir das tägliche Geschenk zu besorgen, das diese Tage der Genesung so wundervoll machte. Was es diesmal sein würde, konnte ich nicht ahnen, aber durch den Kristall meines seltsam transparenten Zustands sah ich lebhaft, wie sie fort von mir und die Morskaja hinunter zum Newskij-Prospekt fuhr. Ich erkannte den leichten Schlitten, den ein kastanienbrauner Traber zog. Ich hörte seinen schnaufenden Atem, das rhythmische Klatschen seines Geschröts und die Brocken gefrorenen Schnees, die dumpf gegen die Vorderwand des Schlittens schlugen. Vor meinen Augen und vor denen meiner Mutter erhob sich gewaltig die Rückseite des Kutschers in seinem dick gefütterten blauen Gewand und das Lederfutteral der Uhr (zwanzig Minuten nach zwei), das hinten an seinem Gürtel befestigt war, unter dem sich die kürbisartigen Falten seines mächtigen, dick gepolsterten Rumpfes wölbten. Ich sah den Sealskinmantel meiner Mutter und, als das eisige Tempo zunahm, auch den Muff, den sie vor ihr Gesicht hob – jene graziöse Schlittenfahrtgeste einer Petersburger Dame. Zwei Zipfel des stattlichen Bärenfells, das sie bis zur Taille bedeckte, waren mit übergeworfenen Schlingen an zwei Stäben auf beiden Seiten der niedrigen Rückenlehne befestigt. Und hinter ihr, die Hände um diese Griffe geklammert, stand ein Diener mit kokardenbesetztem Hut auf dem schmalen Fußbrett über den rückwärtigen Enden der Kufen.

Immer noch den Schlitten vor Augen, sah ich, wie er vor Treumann (Schreibwaren, Bronzeklimbim, Spielkarten) hielt. Wenig später kam meine Mutter wieder aus dem Laden, gefolgt von ihrem Diener. Er hielt, was sie gekauft hatte und was mir wie ein Bleistift aussah. Ich war verwundert, daß sie etwas so Kleines nicht selber trug, und diese unangenehme Frage der Größenverhältnisse löste aufs neue, wenn auch glücklicherweise nur sehr kurz, im Kopf jenen «Weitungseffekt» aus, den ich mit dem Fieber überwunden geglaubt hatte. Als sie wieder im Schlitten verstaut wurde, sah ich den Dampf, den sie alle ausatmeten, das Pferd eingeschlossen. Ich sah auch den vertrauten Schmollmund, den sie zog, um das Netz ihres zu eng über das Gesicht gestreiften Schleiers zu lockern, und da ich dies schreibe, kommt – nein, fliegt die netzartig gemusterte Zärtlichkeit, die meine Lippen spürten, wenn ich ihre verschleierte Wange küßte, mit einem Freudenschrei aus der schneeblauen, blaufenstrigen (die Vorhänge sind noch nicht zugezogen) Vergangenheit zu mir zurück.

Ein paar Minuten darauf trat sie in mein Zimmer. In den Armen hielt sie ein großes Paket. In meiner Vision hatte ich es stark verkleinert – vielleicht, weil ich unterschwellig korrigiert hatte, was mir die Logik warnend als die gefürchteten Überreste der sich ausdehnenden Fieberwelt ausgab. Jetzt erwies sich der Gegenstand als ein riesiger, kantiger Faber-Bleistift, über einen Meter lang und entsprechend dick. Er hatte als Ausstellungsstück im Schaufenster des Ladens gehangen, und sie hatte angenommen, daß ich ihn mir wünschte, wie ich mir alles wünschte, was nicht eigentlich käuflich war. Der Verkäufer hatte einen Vertreter anrufen müssen, einen «Doktor» Libner (so als komme dem Handel tatsächlich irgendeine pathologische Bedeutung zu). Einen schrecklichen Augenblick lang fragte ich mich, ob die Spitze aus richtigem Graphit war. Sie war's. Und indem ich ein Loch in die Seite bohrte, überzeugte ich mich einige Jahre später zu meiner Genugtuung davon, daß die Bleimine bis hinten durchging – ein vollkommener Fall von *l'art pour l'art* seitens Fabers und Dr. Libners, denn der Stift war viel zu groß, um je benutzt zu werden, und zum Gebrauch auch gar nicht bestimmt.

«O ja», pflegte sie zu sagen, wenn ich diese oder jene ungewöhnliche Empfindung erwähnte. «Ja, das kenne ich alles», und mit leicht unheimlich wirkender Freimütigkeit sprach sie über Dinge wie das Zweite Gesicht, leise Klopfgeräusche im Holz dreibeiniger Tische, Vorahnungen und das Gefühl des *déjà vu*. Ihre direkte Ahnenreihe enthielt eine Strähne Sektierertum. Nur zu Fasten und zu Ostern ging sie zur Kirche. Ihre schismatische Stimmung äußerte sich in ihrer gesunden Abneigung gegen das Ritual der russisch-orthodoxen Kirche und ihrer Popen. Die moralische und poetische Seite des Evangeliums rührte sie tief an, aber nach der Stütze irgendeines Dogmas hatte sie keinerlei Bedürf-

nis. Die entsetzliche Unsicherheit eines Lebens nach
dem Tode und sein Mangel an Einsamkeit kamen ihr gar
nicht in den Sinn. Ihre starke und reine Religiosität gab
ihr gleiches Vertrauen in das Vorhandensein einer jenseitigen Welt wie in die Unmöglichkeit, dieser mit irdischen Begriffen beizukommen. Man konnte nicht mehr
tun, als zwischen dem Dunst und den Chimären vor
sich einen Blick auf etwas Wirkliches zu erhaschen, genau wie Leute, deren Gehirn tagsüber ungewöhnlich
rege ist, noch im tiefsten Schlaf, irgendwo jenseits der
Pein eines wirren und abgeschmackten Alptraums, die
geordnete Wirklichkeit der Stunde des Erwachens
wahrzunehmen vermögen.

3

Mit ganzer Kraft zu lieben und den Rest dem Schicksal
zu überlassen war die einfache Regel, der sie gehorchte.
«*Wot sapomni* [vergiß mir das nicht]», pflegte sie mit ver-
schwörerischer Stimme zu sagen, wenn sie meine Aufmerksamkeit auf irgend etwas in Wyra lenkte, das sie
liebte – auf eine Lerche, die an einem trüben Frühlingstag in einen Himmel aus Dickmilch stieg, auf das Wetterleuchten, das des Nachts Aufnahmen von entfernten
Baumreihen machte, auf die Palette der Ahornblätter
auf braunem Sand, auf die keilschriftförmigen Spuren
eines kleinen Vogels im Neuschnee. Als fühle sie, daß in
wenigen Jahren der greifbare Teil ihrer Welt untergehen würde, kultivierte sie einen außergewöhnlichen
Sinn für die Spuren der Zeit, die überall auf unserem

Landsitz zu finden waren. An ihrer eigenen Vergangenheit hing sie mit der gleichen rückgewandten Inständigkeit, mit der ich heute an ihrem Bild und an meiner Vergangenheit hänge. In gewisser Weise bekam ich so ein einzigartiges Scheinbild mit auf den Weg – die Schönheit ungreifbaren Besitzes, unirdischer Immobilien –, und das erwies sich als vorzügliche Übung, spätere Verluste zu ertragen. Alle ihre Etiketts und Abdrücke wurden mir genauso lieb und ehrwürdig, wie sie ihr es waren. Da war der Raum, der früher der Lieblingsbeschäftigung ihrer Mutter vorbehalten gewesen war, ein chemisches Laboratorium; da war die Linde neben der Straße, die sich zu dem Dorf Grjasno (Betonung auf der letzten Silbe) hinaufwand und an deren steilster Stelle man besser das «Rad bei den Hörnern» (*byka sa roga*) nahm, wie mein Vater, ein hingebungsvoller Radfahrer, gerne sagte, die Linde, die den Ort bezeichnete, wo er um ihre Hand angehalten hatte; und da war im sogenannten «alten» Park der obsolete Tennisplatz, jetzt eine Region aus Moos, Maulwurfshügeln und Pilzen, der in den achtziger und neunziger Jahren Schauplatz fröhlicher Ballwechsel gewesen war (selbst ihr finsterer Vater legte seinen Rock ab und schüttelte abschätzend den schwersten Schläger), den die Natur bis zu meinem zehnten Lebensjahr indessen so gründlich ausgelöscht hatte, wie ein Filz eine Geometrieaufgabe wegwischt.

In der Zwischenzeit war von Facharbeitern, die eigens zu diesem Zweck aus Polen herbeigeholt worden waren, am Ende des «neuen» Parks ein hervorragender moderner Platz gebaut worden. Der Maschendraht einer reichlichen Umzäunung trennte ihn von einer Blumenwiese, die seine rote Asche einrahmte. Nach einer feuchten Nacht nahm die Oberfläche einen bräunlichen Glanz an, und Dmitrij, der kleinste und älteste unserer Gärtner, ein sanftmütiger Zwerg mit schwarzen Stiefeln und rotem Hemd, zog die weißen Linien mit flüssiger Kreide aus einem grünen Eimer nach, indem er, den Kopf tief gesenkt, mit seinem Pinsel längs des Striches langsam zurückwich. Eine Erbsenstrauchhecke (die «gelbe Akazie» Nordrußlands) mit einer Öffnung auf halbem Wege, die den Zugang zur Drahttür des Courts freiließ, verlief parallel zu der Einzäunung und hin zu einem Pfad, der wegen der Schwärmer, die in der Abenddämmerung die wuscheligen blauen Fliederbüsche entlang seinem der Hecke gegenüberliegenden und gleichfalls auf halbem Wege unterbrochenen Saum besuchten, *tropinka sfinksow* (Pfad der Sphingiden) genannt wurde. Dieser Pfad bildete den Querbalken eines großen Ts, dessen Senkrechte die Allee schlanker, mit meiner Mutter gleichaltriger Eichen war, die (wie schon gesagt) den neuen Park in seiner ganzen Länge durchzog. Sah man vom Fuß des Ts nahe der Auffahrt diese Allee hinunter, so konnte man die helle kleine Lichtung fast fünfhundert Meter entfernt genau erkennen – oder fünfzig Jahre entfernt von meinem heutigen Aufenthaltsort. Unser jeweiliger Hauslehrer oder, wenn er bei uns auf dem Land war, mein Vater spielte in unseren eigenwilligen Familiendoppeln unweigerlich mit meinem Bruder zusammen. «*Play!*» rief meine Mutter nach der Art von ehedem, wenn sie ihren kleinen Fuß nach vorn schob und ihren

Kopf mit dem weißen Hut senkte, um einen eifrigen, aber schwachen Aufschlag wie mit einer Kelle zu servieren. Ich ärgerte mich leicht über sie und sie sich über die Balljungen, zwei barfüßige Bauernkinder (Dmitrijs stupsnasiger Enkel und der Zwillingsbruder der hübschen Polenka, der Tochter des ersten Kutschers). Um die Erntezeit herum wurde der nördliche Sommer tropisch. Tief gerötet klemmte Sergej seinen Schläger zwischen die Knie und wischte umständlich seine Brille ab. Ich sehe mein Schmetterlingsnetz am Zaun lehnen – für alle Fälle. Wallis Myers' Tennisbuch liegt aufgeschlagen auf einer Bank, und pedantisch erkundigt sich mein Vater (ein erstklassiger Spieler mit einem kanonenkugelgleichen Aufschlag im Stil von Frank Riseley und einem wunderschönen *lifting drive*) nach jedem Ballwechsel bei meinem Bruder und mir, ob wir des *follow through*, jenes Stands der Gnade, endlich teilhaftig geworden seien. Und zuweilen ließ uns ein mächtiges Gewitter unter einer Überdachung an der Ecke des Platzes Zuflucht suchen, während der alte Dmitrij zum Haus geschickt wurde, um Schirme und Regenmäntel zu holen. Eine Viertelstunde später tauchte er unter einem Berg von Kleidungsstücken am Ende der langen Allee wieder auf, die bei seiner Annäherung ihre Leopardenfleckung zurückgewann, da die Sonne aufs neue brannte und seine gewaltige Last nicht mehr benötigt wurde.

Sie hatte eine Vorliebe für alle Glücks- und Geschicklichkeitsspiele. Unter ihren erfahrenen Händen bildeten die tausend Stücke eines Puzzlespiels langsam eine englische Jagdszene; was wie der Teil eines Pferdes ausgesehen hatte, erwies sich als einer Ulme zugehörig, ein bis dahin nicht unterzubringendes Stück fügte sich genau in ein Loch im gesprenkelten Hintergrund und gewährte einem die köstliche Empfindung abstrakter und doch greifbarer Befriedigung. Eine Zeitlang spielte sie gern Poker, der über diplomatische Kreise in die Petersburger Gesellschaft gedrungen war, so daß einige der Kombinationen hübsche französische Namen trugen – *brelan* für Triplet, *couleur* für Flush und so weiter. Gewöhnlich wurde regulärer Draw-Poker gespielt, und gelegentlich gab es den zusätzlichen Reiz eines «Potts» und einen generalbevollmächtigten Joker. In der Stadt pokerte sie im Haus von Bekannten oft bis drei Uhr morgens, eine Society-Vergnügung der letzten Jahre vor dem Ersten Weltkrieg; und später im Exil stellte sie sich (mit der gleichen Verwunderung und Bestürzung, mit der sie an den alten Dmitrij zurückdachte) den Chauffeur Pirogow vor, der im unnachgiebigen Frost einer endlosen Nacht immer noch auf sie zu warten schien, obwohl in seinem Fall Tee mit Rum in einer gastlichen Küche einiges dazu beigetragen haben dürfte, diese Nachtwachen zu lindern.

Eins ihrer größten Sommervergnügen war der sehr russische Sport des *chodit po griby* (der Pilzsuche). In Butter gedünstet und mit saurer Sahne verdickt, erschienen ihre delikaten Funde regelmäßig auf dem Mittagstisch. Nicht daß es besonders auf das Geschmacksmoment ankam. Ihre Hauptfreude war die Suche, und die hatte ihre Regeln. Blätterpilze etwa wurden nie gesammelt; sie nahm nur einzelne Arten, die zum eßbaren Teil der Gattung Boletus gehörten (den gelbbraunen *edulis*, den braunen *scaber*, den roten *aurantiacus* und ein paar enge Verbündete), welche von manchen als «Röhrenpilze» bezeichnet und von den Pilzforschern kalt als «auf dem Erdboden wachsende, fleischige, saprophytische Pilze mit Mittelstiel» definiert werden. Ihre kompakten Hüte – eng anliegend bei Baby-Exemplaren, robust und appetitlich gewölbt bei reifen – haben eine glatte (nicht gefächerte) Unterseite und einen sauberen, kräftigen Stiel. In der klassischen Einfachheit ihrer Form unterscheiden sich die Röhrenpilze beträchtlich vom «echten Pilz» mit seinen hanebüchenen Lamellen und der schlaffen Manschette um den Stiel. Auf gerade diesen jedoch, auf den gemeinen und häßlichen Blätterpilz, beschränken Völker mit furchtsamen Geschmacksnerven ihre Kenntnis und ihren Appetit, so daß die aristokratischen Röhrlinge für den angloamerikanischen Laienverstand bestenfalls umerzogne Giftpilze sind.

Regenwetter brachte diese schönen Pflanzen unter den Tannen, Birken und Espen unseres Parks im Überfluß ans Licht, vor allem in seinem älteren Teil östlich des Kutschweges, der den Park in zwei teilte. In den schattigen Tiefen herrschte dann jener eigentümlich boletische Geruch, der einem Russen die Nüstern weitet – eine dunkle, dumpfige, wohltuende Mischung aus feuchtem Moos, satter Erde, verfaulendem Laub. Doch man mußte eine ganze Weile Ausschau halten und im nassen Unterholz stochern, bevor etwas wirklich Hübsches wie eine Familie von haubenbedeckten Babysteinpilzen oder die marmorierte Abart des Birkenpilzes entdeckt war und sorgsam aus dem Erdreich gelöst werden konnte.

An bedeckten Nachmittagen ging meine Mutter ganz

allein im Nieselregen mit einem (innen von Heidelbeeren blaugefleckten) Korb auf eine lange Pilzsuche. Zur Abendessenszeit sah man sie dann aus den diesigen Tiefen eines Parkweges auftauchen, ihre kleine Gestalt in grünlichbraune Wollsachen gemummt, auf denen kleine Wassertropfen eine Art Nebel um sie bildeten. Wenn sie unter den triefenden Bäumen näher kam und meiner ansichtig wurde, lag in ihren Zügen ein seltsamer, freudloser Ausdruck, der Mißerfolg hätte bedeuten können, hätte ich in ihm nicht die angespannte, eifersüchtig beherrschte Seligkeit des erfolgreichen Sammlers erkannt. Kurz bevor sie mich erreichte, ließ sie dann mit einer abrupten, matten Arm- und Schulterbewegung und einem «Phhhh!» übertriebener Erschöpfung den Korb sinken, um sein Gewicht, seine ungeheure Fülle deutlich zu machen.

Auf einem runden, eisernen Gartentisch neben einer weißen Gartenbank legte sie ihre Pilze in konzentrischen Kreisen aus, um sie zu zählen und zu sortieren. Alte mit schwammigem, schmutzigem Fleisch wurden ausgesondert, so daß nur die jungen, frischen übrigblieben. Ehe der Diener sie an einen Ort schaffte, über den sie nichts wissen wollte, in ein Schicksal, das sie nicht interessierte, stand sie einen Augenblick lang da und bewunderte sie, glühend vor stiller Befriedigung. Wie oft nach einem Regentag warf die Sonne kurz vor dem Untergehen ein gleißendes Licht, und dort auf dem feuchten runden Tisch lagen ihre Pilze, sehr bunt sie alle und einige mit Spuren fremder Vegetation – ein Grashalm, der an einem schmierigen braunen Pilzhut klebte, oder ein wenig Moos, das den knolligen Unter-

teil eines dunkel getüpfelten Stiels umhüllte. Auch eine
winzige Spannerraupe war da, maß den Rand des Tisches aus, wie es ein Kind mit Daumen und Zeigefinger
tut, und reckte sich hin und wieder nach oben, um
vergeblich nach dem Strauch zu tasten, von dem sie
losgerissen worden war.

4

Die Küche und der Dienstbotenraum wurden von
meiner Mutter nicht nur niemals aufgesucht, sie waren
ihrem Bewußtsein ebenso entrückt wie die entsprechenden Räumlichkeiten in einem Hotel. Auch mein
Vater hatte keine Neigung, den Haushalt zu führen.
Die Mahlzeiten bestellte er dennoch. Mit einem leisen
Seufzer schlug er eine Art Album auf, das der Butler
nach dem Dessert auf die Tafel gelegt hatte, und trug in
seiner eleganten, flüssigen Schrift den Speisezettel für
den kommenden Tag ein. Er hatte die seltsame Angewohnheit, seinen Bleistift oder Füllfederhalter dicht
über dem Papier vibrieren zu lassen, während er über
die nächste Wortwelle nachdachte. Meine Mutter
nickte, um vages Einverständnis mit seinen Vorschlä-
gen zu bekunden, oder schnitt ein Gesicht. Offiziell lag
der Haushalt in den Händen ihrer früheren Kinderfrau,
einer triefäugigen, unglaublich runzligen (um 1830 als
Leibeigene geborenen) Greisin mit dem Gesicht einer
melancholischen Schildkröte und großen schlurfenden
Füßen. Sie trug ein nonnenhaftes braunes Kleid und
strömte einen leichten, aber unvergeßlichen Geruch

nach Kaffee und Moder aus. Ihre gefürchtete Gratulation zu unseren Geburts- und Namenstagen bestand in dem Schulterkuß der Leibeigenen. Das Alter hatte einen krankhaften Geiz in ihr herausgebildet, vor allem was Zucker und Eingemachtes betraf, so daß allmählich und mit Billigung meiner Eltern andere häusliche Ordnungen in Kraft getreten waren, die vor ihr geheimgehalten wurden. Ohne etwas zu ahnen (das Wissen hätte ihr das Herz gebrochen), blieb sie weiter sozusagen an ihrem eigenen Schlüsselring hängen, während meine Mutter ihr Bestes tat, um mit beschwichtigenden Worten den Verdacht zu zerstreuen, der hin und wieder in dem nachlassenden Verstand der alten Frau keimte. Als der einzigen Beherrscherin ihres schimmligen und abseitigen kleinen Königreichs, das sie für das wirkliche hielt (wir wären verhungert, wäre es so gewesen), folgten ihr die spöttischen Blicke der Lakaien und Mädchen, wenn sie unbeirrbar durch lange Korridore schlurfte, um einen halben Apfel oder ein paar zerbrochene Petit-Beurre-Kekse wegzustecken, die sie auf einem Teller gefunden hatte.

Mit einem ständigen Personal von etwa fünfzig Dienstboten, denen weiter keine Fragen gestellt wurden, war unser Haushalt in der Stadt und auf dem Land indessen der Schauplatz eines phantastischen Diebstahlskarussells. Schnüffelnden alten Tanten zufolge, auf die niemand hörte und die dennoch recht hatten, wie sich am Ende herausstellte, waren der Küchenchef Nikolaj Andrejewitsch und der Obergärtner Jegor die Rädelsführer, beides gesetzte, bebrillte Männer mit den grauen Schläfen vertrauenswürdiger Gefolgsleute. Jedesmal, wenn er sich stupenden und unverständlichen Rechnungen oder einem plötzlichen Versiegen der Gartenerdbeeren oder Treibhauspfirsiche gegenübersah, ärgerte sich mein Vater, ein Rechtswissenschaftler und Staatsmann, von Berufs wegen, der Wirtschaft seines eigenen Haushalts nicht gewachsen zu sein; aber immer, wenn ein schlimmer Fall von Veruntreuung ans Licht kam, hinderte ihn ein rechtlicher Zweifel oder Skrupel daran, etwas dagegen zu unternehmen. Verlangte gesunder Menschenverstand, daß ein schuftiger Diener hinausgeworfen wurde, so erkrankte der kleine Sohn des Mannes mit Sicherheit lebensgefährlich, und der Entschluß, ihm die besten Ärzte der Stadt zu holen, machte alle anderen Erwägungen zunichte. So zog es mein Vater alles in allem vor, die häusliche Situation in einem Zustand prekären Gleichgewichts zu belassen (der eines gewissen stillen Humors nicht entbehrte), während meine Mutter einigen Trost aus der Hoffnung schöpfte, daß die illusorische Welt ihrer alten Kinderfrau nicht zu Bruch ginge.

Meine Mutter wußte wohl, wie schmerzhaft eine zerstörte Illusion sein kann. Die geringfügigste Enttäuschung nahm für sie die Dimensionen einer Katastrophe an. An einem Heiligen Abend in Wyra, nicht lange bevor ihr viertes Kind zur Welt kam, lag sie mit einer leichten Unpäßlichkeit zu Bett und nahm mir und meinem Bruder (er fünf, ich sechs) das Versprechen ab, nicht in die Weihnachtsstrümpfe zu blicken, die am nächsten Morgen an unseren Bettpfosten hängen würden, sondern sie mit in ihr Zimmer zu bringen und erst dort auszupacken, damit sie unsere Freude mit ansehen könne. Nach dem Erwachen hielt ich mit meinem Bruder eine eilige Konferenz ab, auf die hin jeder von uns mit gierigen Händen seinen angenehm knisternden Strumpf befühlte, der mit kleinen Geschenken vollgestopft war; vorsichtig angelten wir eins nach dem anderen heraus, knüpften die Bänder auf, lockerten das Seidenpapier, nahmen bei dem schwachen Licht, das durch einen Spalt in den Fensterläden drang, alles in Augenschein, wickelten die Sächelchen wieder ein und stopften sie zurück an ihren alten Ort. Als nächstes erinnere ich mich, wie wir auf dem Bett unserer Mutter saßen, die ausgebeulten Strümpfe in der Hand, und unser Bestes taten, ihr die Szene vorzuspielen, die sie zu sehen wünschte; doch wir hatten die Verpackungen so in Unordnung gebracht, und so amateurhaft waren unsere Darstellungen begeisterter Überraschung (ich sehe noch, wie mein Bruder seine Augen nach oben verdrehte und unserer neuen französischen Gouvernante gleich ausrief: «*Ah, que c'est beau!*»), daß unser Publikum, nachdem es uns einen Augenblick lang beobachtet hatte, in Tränen ausbrach. Zehn Jahre vergingen. Der Erste Weltkrieg begann. Eine patriotische Menschenmenge und mein Onkel Ruka steinigten die deutsche Botschaft. *Peterburg* wurde wider alle Regeln nomenklatorischer Priorität zu *Petrograd* degradiert. Beethoven entpuppte sich als Holländer. Die Wochenschauen zeigten photogene Explosionen, die Zuckung einer Kanone, Poincaré in seinen hohen Ledergamaschen, trostlose Pfützen, den armen kleinen Zarewitsch in einer Tscherkessenuniform mit Degen und Patronen, seine so schlampert gekleideten großen

Schwestern, lange, mit Truppen vollgestopfte Eisen-
bahnzüge. Meine Mutter richtete ein Privatlazarett
für verwundete Soldaten ein. Ich sehe sie in der
modischen grauweißen Schwesterntracht, die ihr ein
Greuel war, mit den gleichen kindlichen Tränen die
unergründliche Demut dieser verkrüppelten Bauern
und die Fruchtlosigkeit des Sonntagsmitleids verwün-
schen. Und später noch, im Exil, wenn sie Rückschau
hielt auf ihre Vergangenheit, beschuldigte sie sich oft
(ungerechterweise, wie ich jetzt meine), daß ihr
menschliches Elend weniger zu Herzen gegangen wäre
als die Last der Gefühle, die der Mensch der unschuldigen Natur aufpackt – alten Bäumen, alten Pferden,
alten Hunden.

Ihre besondere Vorliebe für braune Dachshunde verwunderte meine kritischen Tanten. In den Familienalben, die ihre Jugendjahre illustrierten, gab es kaum
eine Gruppe, auf der nicht ein solches Tier zu sehen
war – gewöhnlich war irgendein Teil seines flexiblen
Körpers verwackelt, und immer hatte es jene seltsamen,
paranoiden Augen, wie sie Dackeln auf Photographien
eigentümlich sind. Ein paar dieser korpulenten, ält-
lichen Kreaturen, Box I. und Lulu, faulenzten noch in
der Sonne auf der Terrasse, als ich ein Kind war. Irgendwann im Jahre 1904 kaufte mein Vater auf einer Hunde-
ausstellung in München einen Welpen, der zu dem
übellaunigen, aber wunderbar schönen Trainy heran-
wuchs (wie ich ihn nannte, weil er so lang und braun
war wie ein Schlafwagen). Eins der musikalischen Themen meiner Kindheit ist Trainys hysterische Zunge auf
den Fersen eines niemals erjagten Hasen in den Tiefen

58

unseres Parks in Wyra, aus dem er in der Abenddämmerung (nachdem meine besorgte Mutter in der Eichenallee lange nach ihm gepfiffen hatte) mit dem alten Kadaver eines Maulwurfs zwischen den Lefzen und Kletten in den Ohren zurückkehrte. 1915 etwa wurden seine Hinterpfoten gelähmt, und bis man ihn chloroformieren ließ, schleppte er sich elendiglich wie ein *cul de jatte* über lange, glänzende Streifen Parkettfußboden. Dann schickte uns jemand einen anderen jungen Hund, Box II., dessen Großeltern Doktor Anton Tschechows Quina und Brom gewesen waren. Dieser letzte Dackel begleitete uns ins Exil, und 1930 konnte man ihn in einem Prager Vorort (wo meine verwitwete Mutter ihre letzten Jahre mit einer kleinen Rente der tschechischen Regierung verbrachte) immer noch unwillig mit seiner Herrin spazierengehen sehen – eingeschnappt watschelte er weit hinter ihr her, schrecklich alt und wutgeladen mit seinem langen tschechischen Drahtmaulkorb, ein Emigrantenhund in einem geflickten und schlechtsitzenden Paletot.

Während unserer beiden letzten Jahre in Cambridge verbrachten mein Bruder und ich die Ferien gewöhnlich in Berlin, wo unsere Eltern mit den beiden Mädchen und dem damals zehn Jahre alten Kirill eine jener großen, finsteren, in hohem Maß bürgerlichen Wohnungen ihr eigen nannten, die ich in meinen Romanen und Kurzgeschichten an so viele Emigrantenfamilien vermietet habe. Am Abend des 28. März 1922 etwa um zehn Uhr las ich ihr im Wohnzimmer, wo meine Mutter wie gewöhnlich auf dem Ecksofa aus rotem Plüsch lehnte, zufällig gerade Bloks Italienlyrik vor – war gerade ans Ende des kurzen Gedichts über Florenz gelangt, das Blok mit der zarten, rauchigen Blüte einer Schwertlilie verglich, und sie sagte über ihrer Stickerei: «Ja, ja, Florenz wirkt wie eine *dimnyj iris*, wie wahr! Ich erinnere mich...», als das Telephon klingelte.

Nach 1923, als sie nach Prag zog und ich in Deutschland und Frankreich wohnte, konnte ich sie nicht mehr oft besuchen; auch bei ihrem Tod am Vorabend des Zweiten Weltkriegs konnte ich nicht bei ihr sein. Jedesmal, wenn es mir gelang, nach Prag zu fahren, gab es zunächst jenen stechenden Schmerz, ehe die unvorbereitet angetroffene Zeit wieder ihre Maske aufsetzte. In der erbärmlichen Wohnung, die sie mit ihrer liebsten Freundin Jewgenija Konstantinowna Hofeld (1884–1957) teilte, die 1914 Miss Greenwood (ihrerseits Nachfolgerin von Miss Lavington) als Gouvernante meiner beiden Schwestern abgelöst hatte (Olga, geboren am 5. Januar 1903, und Elena, geboren am 31. März 1906), lagen Alben, in die sie während der letzten Jahre ihre Lieblingsgedichte von Majkow bis Majakowskij abgeschrieben hatte, auf allen möglichen klapprigen, gebraucht erworbenen Möbelstücken herum. Ein Abguß der Hand meines Vaters und ein Aquarell seines Grabes auf dem russisch-orthodoxen Friedhof von Tegel, jetzt in West-Berlin, teilten sich ein Regal mit den Büchern von Exilschriftstellern, die sich in ihren billigen Pappeinbänden so leicht auflösten. Auf einer mit grünem Tuch bezogenen Seifenkiste standen in zerfallenden Rahmen die verblichenen kleinen Photographien, die sie neben ihrer Couch haben wollte. Eigentlich brauchte sie sie nicht, denn nichts war verloren. Wie eine Gesellschaft fahrender Komödianten eine windige Heide, ein nebliges Schloß und eine verzauberte Insel mit sich herumführen, solange sie nur ihre Zeilen im Kopf haben, so hatte sie alles bei sich, was in ihrer Seele verwahrt war. In größter Genauigkeit sehe ich sie vor mir an einem Tisch sitzen und gelassen die ausgelegten Karten einer Patience betrachten: auf ihren linken Ellbogen gestützt und den freien Daumen ihrer linken Hand, in der sie eine Zigarette in Mundnähe hält, an die Wange gedrückt, während sie die rechte nach der nächsten Karte ausstreckt. Der doppelte Glanz an ihrem Ringfinger rührt von zwei Eheringen her – ihrem eigenen und dem meines Vaters, der ihr zu groß und mit einem Stück schwarzen Fadens an den eigenen gebunden ist.

Immer wenn ich in meinen Träumen die Toten sehe, erscheinen sie schweigsam, besorgt und seltsam bedrückt, ganz anders als ihr eigentliches, geliebtes, strahlendes Selbst. Ohne das mindeste Erstaunen gewahre ich sie in einer Umgebung, die sie in ihrem irdischen Leben niemals aufgesucht, im Hause irgendeines meiner Freunde, den sie nie gekannt hatten. Sie sitzen jeder für sich und starren finster auf den Fußboden, als wäre der Tod ein dunkler Makel, ein beschämendes Familiengeheimnis. Gewiß nicht in solchen Augenblicken – nicht in Träumen –, sondern im Zustand heller Wachheit, in Momenten der Erfüllung und in denen starker Freude, auf der höchsten Terrasse des Bewußtseins hat Sterbliches eine Chance, über seine Grenzen hinwegzuspähen: vom Mastkorb aus, von der Vergangenheit und ihrem Bergfried. Und wenn auch durch den Nebel hindurch nicht viel zu erkennen ist, hat man doch irgendwie das selige Gefühl, in die richtige Richtung zu blicken.

Kapitel 3

1

Ein unerfahrener Heraldiker ähnelt einem mittel-
alterlichen Reisenden, der aus dem Osten eben jene
Faunaphantastereien zurückbringt, die seinem eigenen
heimatlichen Bestiarium entstammen, und nicht die
Ergebnisse unmittelbarer zoologischer Erkundung. So
kam es, daß ich in der ersten Fassung dieses Kapitels, als
ich das Nabokowsche Familienwappen beschrieb (das
ich viele Jahre zuvor unter diversem Familientrödel ohne
besondere Aufmerksamkeit in Augenschein genommen
hatte), irgendwie das Kunststück fertigbrachte, es in das
Kaminwunder zweier Bären zu verdrehen, zwischen
denen ein großes Schachbrett steht. Inzwischen habe
ich es nachgeschlagen, dieses Wappen, und zu meiner
Enttäuschung schrumpft es zu einem Paar Löwen zusammen – bräunliche und vielleicht etwas zu zottige
Viecher, doch nicht wirklich bärenhaft –, die, steigend-
widersehend, arrogant eines unglücklichen Ritters
Schild halten, der nur ein Sechzehntel eines aus ab-
wechselnden Farben, einem heraldischen Blau & Rot,
bestehenden Schachbretts mit einem silbernen Klee-
blattkreuz in jedem Geviert ausmacht. Darüber sieht

63

man die Überreste des Rittersmanns: seinen zähen Spangenhelm und einen tapferen Arm, der aus ornamentalem Blattwerk in Rot und Blau hervorragt und immer noch ein kurzes Schwert schwingt. *Sa chrabrost*, «nur Mut», lautet die Devise.

Wladimir Wiktorowitsch Golubzow zufolge, dem Cousin meines Vaters und einem Liebhaber russischer Altertümer, den ich 1930 befragte, war der Gründer unserer Familie Nabok Murza (*floruit* 1380), ein russifizierter Tatarenfürst der Moskowei. Mein eigener Cousin Sergey Sergeevich Nabokov, ein erfahrener Genealoge, teilte mir mit, daß unsere Vorfahren im fünfzehnten Jahrhundert Land im Fürstentum Moskau besaßen. Er weist mich hin auf ein Dokument (veröffentlicht von Juschkow in den *Acta des XIII.–XVII. Jahrhunderts*, Moskau 1899), in dem es um einen ländlichen Streit geht, den der Landedelmann Kuljakin im Jahre 1494 unter Iwan dem Dritten mit seinen Nachbarn hatte, Filat, Jewdokim und Wlas, den Söhnen eines Luka Nabokow. Während der folgenden Jahrhunderte waren die Nabokows Beamte und Militärs. Mein Ururgroßvater, General Alexander Iwanowitsch Nabokow (1749 bis 1807), war in der Regierungszeit von Paul dem Ersten Befehlshaber des Regiments der Garnison Nowgorod, das in den offiziellen Dokumenten als «Nabokow-Regiment» bezeichnet wird. Sein jüngster Sohn, mein Urgroßvater Nikolaj Alexandrowitsch Nabokow, nahm 1817 als junger Marineoffizier mit den zukünftigen Admiralen Baron von Wrangel und Graf Litke unter der Führung von Kapitän (später Vizeadmiral) Wassilij Michajlowitsch Golownin an einer Expedition teil, die

(ausgerechnet) Nowaja Semlja kartographierte, wo
«Nabokows Fluß» nach meinem Vorfahren benannt
wurde. Das Andenken an den Leiter der Expedition ist
in zahlreichen Ortsnamen erhalten, etwa in Golownins
Lagune, Seward-Halbinsel, West-Alaska, wo von
Dr. Holland ein Schmetterling beschrieben wurde,
Parnassius phoebus golovinus (der ein großes *sic* verdient);
mein Urgroßvater indessen hat nichts vorzuweisen
außer jenem sehr blauen, fast indigoblauen, geradezu
indigniert blauen Flüßchen, das sich zwischen nassen
Felsen entlangschlängelt; denn er quittierte bald die
Marine, *n'ayant pas le pied marin* (wie mein Cousin Sergey Sergeevich sagt, der mich über ihn aufklärte), und
wechselte zur Moskauer Garde über. Er heiratete Anna
Alexandrowna Nasimow (eine Schwester des Dekabristen). Über seine militärische Karriere weiß ich nichts;
auf jeden Fall kann sie nicht an die seines Bruders Iwan
Alexandrowitsch Nabokow (1787–1852) herangekom-
men sein, eines der Helden der antinapoleonischen
Kriege und im Alter Kommandant der Peter-Pauls-Festung in St. Petersburg, wo (1849) einer seiner Gefangenen der Schriftsteller Dostojewskij war, Autor von *Der
Doppelgänger* usw., dem der gütige General Bücher auslieh. Wesentlich interessanter jedoch ist der Umstand,
daß er mit Jekaterina Puschtschin verheiratet war, der
Schwester von Iwan Puschtschin, Puschkins Schulkameraden und engem Freund. Achtung, Setzer: zweimal «tschin» und einmal «kin».

Iwans Neffe und Nikolajs Sohn war mein Großvater
väterlicherseits, Dmitrij Nabokow (1827–1904), acht
Jahre lang unter zwei Zaren Justizminister. Er heiratete

(am 24. September 1859) Maria, die siebzehnjährige Tochter von Baron Ferdinand Nicolaus Viktor von Korff (1805–1869), eines deutschen Generals in russischen Diensten.

In hartnäckigen alten Familien kehren gewisse Gesichtszüge als Markierungen und Schöpfersignets immer wieder. Die Nabokowsche Nase (z. B. die meines Großvaters) ist mit ihrer weichen, runden, aufwärts gebogenen Spitze und einer sanften Einwärtskrümmung im Profil typisch russisch; die Korffsche Nase (z. B. meine) ist ein hübsches germanisches Organ mit kühn knochigem Rücken und einer leicht abwärtsgeneigten, deutlich eingekerbten fleischigen Spitze. Die hochmütigen oder erstaunten Nabokows haben Augenbrauen, die nur proximal behaart sind und somit zu den Schläfen hin ausgehen; die Korffschen Brauen sind feiner gewölbt, aber gleicherweise recht spärlich. Im übrigen gesellen sich die Nabokows, während sie durch die Bildergalerie der Zeit in die Schatten zurückweichen, bald zu den undeutlichen Rukawischnikows, von denen ich nur meine Mutter und ihren Bruder Wassilij gekannt habe, eine zu kleine Stichprobe für den gegenwärtigen Zweck. Andererseits habe ich deutlich die Frauen der Korff-Linie vor Augen, schöne, lilienweiße und rosenrote Mädchen, ihre hohen, geröteten *pommettes*, hellblauen Augen und jenes kleine Muttermal auf einer Wange, eine Art Schönheitspflästerchen, das meine Großmutter, mein Vater, drei oder vier seiner Geschwister, einige meiner fünfundzwanzig Cousins und Cousinen, meine jüngere Schwester und mein Sohn Dmitri in verschiedenen Intensitätsstadien als mehr oder minder deutliche Kopien des gleichen Drucks geerbt haben.

Mein deutscher Urgroßvater, Baron Ferdinand von Korff, der Nina Alexandrowna Schischkow (1819 bis 1895) heiratete, wurde 1805 in Königsberg geboren und starb 1869 nach einer erfolgreichen Militärlaufbahn auf der Domäne seiner Frau an der Wolga bei Saratow. Er war der Enkel von Wilhelm Carl Baron von Korff (1739 – 1799) und Eleonore Margarethe Baronin von der Osten-Sacken (1731–1786) und der Sohn von Nicolaus von Korff (gestorben 1812), einem Major der preußischen Armee, und Antoinette Theodora Graun (1859 verstorben), die die Enkelin des Komponisten Carl Heinrich Graun war.

Antoinettes Mutter, Elisabeth geborene Fischer (geboren 1760), war die Tochter von Regina geborene Hartung (1732–1805), der Tochter von Johann Heinrich Hartung (1699–1765), dem Chef eines bekannten Königsberger Verlagshauses. Elisabeth war eine gefeierte Schönheit. Nachdem sie 1795 von ihrem ersten Mann geschieden war, Justizrat Graun, dem Sohn des Komponisten, heiratete sie den nicht sonderlich bedeutenden Dichter Christian August von Stägemann und war, wie mein deutscher Gewährsmann es ausdrückt, die «mütterliche Freundin» eines wesentlich bekannteren Schriftstellers, Heinrich von Kleist (1777–1811), der sich mit dreiunddreißig Jahren leidenschaftlich in ihre zwölfjährige Tochter Hedwig Marie (spätere von Olfers) verliebte. Es heißt, vor seiner Reise an den Wannsee – wo er einen enthusiastischen Selbstmordpakt mit einer kranken Dame in die Tat umsetzte – habe er der

67

Familie einen Abschiedsbesuch abgestattet, sei jedoch nicht vorgelassen worden, da es im Stägemann-Haushalt gerade große Wäsche gab. Die Menge und die Verschiedenartigkeit der Kontakte, die meine Ahnen mit der Welt der Literatur hatten, sind wahrhaftig bemerkenswert.

Carl Heinrich Graun, der Urgroßvater *meines* Urgroßvaters Ferdinand von Korff, wurde 1701 in Warenbrück in Sachsen geboren. Sein Vater August Graun (geboren 1670), ein Steuerbeamter («Königlicher Polnischer und Kurfürstlicher Sächsischer Akziseneinnehmer» – der betreffende Kurfürst war sein Namensvetter August II., König von Polen), kam aus einem alten Pfarrersgeschlecht. Sein Ururgroßvater Wolfgang Graun war 1575 Organist in Plauen (in der Nähe von Warenbrück), wo ein Denkmal seines Nachkommen, des Komponisten, einen städtischen Park ziert. Carl Heinrich Graun starb 1759 im Alter von achtundfünfzig Jahren in Berlin, wo siebzehn Jahre zuvor das neue Opernhaus mit seinem *Cleopatra e Cesare* eröffnet worden war. Er war einer der bedeutendsten Komponisten seiner Zeit und Berliner Nachrufschreibern zufolge, die die Trauer seines königlichen Gönners rührte, sogar der größte. Graun ist (postum gemalt) etwas auf Abstand bedacht und mit verschränkten Armen auf Menzels Gemälde zu sehen, auf dem Friedrich der Große Grauns Komposition auf der Flöte spielt; Reproduktionen davon folgten mir durch alle deutschen Pensionen, in denen ich in den Jahren meines Exils wohnte. Wie ich höre, befindet sich im Schloß von Sanssouci in Potsdam ein zeitgenössisches Gemälde, auf dem Graun und seine Frau, Dorothea Rehkopp, zusammen am Cembalo zu sehen sind. In Musiklexika findet man oft das Portrait aus der Berliner Staatsoper, auf dem er meinem Cousin, dem Komponisten Nicolas Dmitrievich Nabokov sehr ähnlich sieht. Ein amüsantes kleines Echo all jener Konzerte unter den ausgemalten Decken einer vergoldeten Vergangenheit erreichte mich zur Melodie von 250 Dollar gütigerweise 1936 im heilhitlernden Berlin, als das Graunsche Familienerbe, im wesentlichen eine Sammlung hübscher Tabakdosen und anderer Kinkerlitzchen, dessen Wert beim Durchmessen vieler Avataras in der preußischen Staatsbank auf 43 000 Reichsmark (etwa 10 000 Dollar) zusammengeschrumpft war, unter den Nachkommen des vorsorglichen Komponisten verteilt wurde, den Familien der von Korff, von Wissmann und Nabokow (eine vierte Linie, die Grafen Asinari di San Marzano, war ausgestorben).

Zwei Baroninnen von Korff haben ihre Spuren in den Polizeiakten von Paris hinterlassen. Die eine, geborene Anna-Christina Stegelman, die Tochter eines schwedischen Bankiers, war die Witwe von Baron Fromhold Christian von Korff, Oberst in der russischen Armee, Urgroßonkel meiner Großmutter. Anna-Christina war ebenfalls die Cousine oder Geliebte oder beides eines anderen Soldaten, des berühmten Grafen Axel von Fersen; und sie war es, die 1791 ihren Paß und ihre nagelneue Reisekutsche (eine luxuriöse Spezialanfertigung auf hohen roten Rädern, mit weißem Utrechter Samt gepolstert, dunkelgrünen Vorhängen und allem möglichen damals modernen Zubehör wie einer *vase de voyage*) der königlichen Familie für ihre Flucht nach Varennes lieh, wobei die Königin sie und der König den Hauslehrer der beiden Kinder spielte. Die andere Polizeigeschichte dreht sich um eine weniger dramatische Maskerade.

Als in Paris vor über hundert Jahren die Karnevalswoche näherrückte, lud der Graf de Morny zu einem Kostümball in seinem Haus auch *«une noble dame que la Russie a prêtée cet hiver à la France»* (wie Henrys im *Gazette du Palais*-Teil der *Illustration*, 1859, S. 251, berichtet). Es war Nina Baronin von Korff, die ich bereits erwähnt habe; die älteste ihrer fünf Töchter, Maria (1842–1926), sollte im September desselben Jahres, 1859, Dmitrij Nikolajewitsch Nabokow (1827–1904) heiraten, einen Freund der Familie, der sich zur gleichen Zeit in Paris aufhielt. Zu dem Ball bestellte die Dame für Maria und Olga zwei Blumenmädchen-Kostüme, von denen jedes zweihundertzwanzig Francs kostete. Dem redseligen Reporter von *Illustration* zufolge repräsentierten sie einen Wert von sechshundertdreiundvierzig Tagen *«de nourriture, de loyer et d'entretien du père Crépin»* (Essen, Miete, Schuhwerk), was sonderbar klingt. Als die Kostüme fertig waren, fand Mme de Korff sie *«trop décolletés»* und verweigerte die Annahme. Die Schneiderin schickte ihr einen *huissier* (Gerichtsvollzieher) ins Haus, worauf es zu einem großen Krach kam und meine gute Urgroßmutter (sie war schön, leidenschaftlich und in ihrem Lebenswandel leider viel weniger streng, als man auf Grund ihrer Einstellung zu tiefausgeschnittenen Kleidern meinen könnte) die Schneiderin auf Schadensersatz verklagte.

Sie behauptete, die *demoiselles de magazin*, welche die Kleider gebracht hatten, wären «*des péronelles* [freche Weibsstücke]», die auf ihren Einwand, die Kleider wären für vornehme Damen zu tief dekolletiert, «*se sont permis d'exposer des théories égalitaires du plus mauvais goût* [sich herausgenommen hatten, egalitäre Gedanken von schlechtestem Geschmack zu äußern]», es sei zu spät gewesen, andere Kostüme anfertigen zu lassen, und ihre Töchter wären dem Ball also ferngeblieben; den *huissier* und seine Gehilfen beschuldigte sie, sich auf Polsterstühle gefläzt zu haben, indes die Damen mit ungepolsterten vorliebnehmen mußten; wütend und bitter beklagte sie sich auch darüber, daß der *huissier* tatsächlich gedroht habe, Monsieur Dmitri Nabokoff, «*Conseiller d'État, homme sage et plein de mesure* [einen gesetzten, beherrschten Mann]» in Haft zu nehmen, nur weil besagter Herr den Versuch gemacht hatte, den *huissier* aus dem Fenster zu werfen. Ein bedeutender Fall war es nicht, doch die Schneiderin verlor. Sie nahm die Kleider zurück, erstattete die Kosten und zahlte der Klägerin darüber hinaus tausend Francs; auf der anderen Seite wurde die Rechnung, die der Wagenbauer 1791 Christina vorgelegt hatte und die sich immerhin auf fünftausendneunhundertvierundvierzig Pfund belief, niemals beglichen.

Dmitrij Nabokow (die Endung ff war alter kontinentaleuropäischer Brauch), Justizminister von 1878 bis 1885, tat, was in seinen Kräften stand, um die liberalen Reformen der sechziger Jahre (ordentliche Schwurgerichtsverfahren beispielsweise) gegen wüste reaktionäre Angriffe in Schutz zu nehmen, wenn nicht zu stärken.

«Er handelte», meint ein Biograph (Brockhaus' *Enzyklopädie*, zweite russische Auflage), «ähnlich wie der Kapitän eines Schiffes in Seenot, der einen Teil der Ladung über Bord werfen läßt, um den Rest zu retten.» Wie ich sehe, bildet der als Epitaph angebotene Vergleich unbewußt das Echo eines epigraphischen Motivs – des früheren Versuchs meines Großvaters, das Gesetz aus dem Fenster zu stürzen.

Als er sich zur Ruhe setzte, ließ ihn Alexander der Dritte zwischen einem Grafentitel und einer vermutlich hohen Geldsumme wählen – ich weiß nicht genau, was die Grafenwürde in Rußland wert war, aber entgegen den Hoffnungen des sparsamen Zaren wählte mein Großvater undelikaterweise (wie auch schon sein Onkel Iwan, dem Nikolaus der Erste eine ähnliche Wahl freigestellt hatte) den solideren Lohn (*«Encore un comte raté»*, bemerkt dazu Sergey Sergeevich trocken). Danach lebte er meist im Ausland. In den ersten Jahren dieses Jahrhunderts umwölkte sich sein Geist, doch er klammerte sich an den Glauben, alles wäre in Ordnung, solange er nur am Mittelmeer bliebe. Die Ärzte waren der entgegengesetzten Ansicht und meinten, daß er im Gebirge oder in Nordrußland länger zu leben hätte. Eine merkwürdige Geschichte, die ich niemals zu rekonstruieren imstande war, berichtet, wie er in Italien seinen Wärtern entkam. Er wanderte dort umher und beklagte sich mit der Vehemenz eines König Lear vor grinsenden Fremden über seine Kinder, bis ihn einige nüchterne Carabinieri in felsiger Einöde festnahmen. Im Winter 1903 war meine Mutter, der einzige Mensch, den der alte Mann in den Augenblicken des Wahnsinns um sich duldete, in Nizza mehrere Monate lang ununterbrochen an seiner Seite. Mein Bruder und ich, er drei, ich vier Jahre alt, waren mit unserer englischen Gouvernante ebenfalls dort; ich erinnere mich an die Fensterscheiben, die in der hellen Brise klirrten, und an den erstaunlichen Schmerz, den ein Tropfen heißen Siegellacks auf meinem Finger verursachte. Ich hatte mit der Flamme einer Kerze hantiert (die Sonne, welche die Steinfliesen unter meinen Knien überflutete, entkräftete sie zu trügerischer Blässe), um tropfende Stangen in klebrige, wunderbar duftende, scharlachrote und blaue und bronzene Klümpchen zu verwandeln. Einen Augenblick später lag ich brüllend auf dem Fußboden, meine Mutter kam mir zur Hilfe geeilt, und irgendwo in der Nähe hämmerte mein Großvater in einem Rollstuhl mit seinem Gehstock auf die hallenden Fliesen. Sie hatte ihre liebe Not mit ihm. Er gebrauchte ungehörige Worte. Hartnäckig hielt er den Wärter, der ihn die Promenade des Anglais entlangschob, für Graf Loris-Melikow, einen seiner (längst verstorbenen) Kollegen aus dem Kabinett der achtziger Jahre. «*Qui est cette femme – chassez-la!*» rief er meiner Mutter zu und deutete mit einem zittrigen Finger auf die belgische oder niederländische Königin, die angehalten hatte, um sich nach seinem Befinden zu erkundigen. Dunkel erinnere ich mich, wie ich zu seinem Stuhl gelaufen komme, um ihm einen hübschen Kieselstein zu zeigen, den er sich gemächlich betrachtet und ebenso gemächlich in den Mund steckt. Ich wünschte, daß ich später, wenn meine Mutter sich auf jene Zeit besann, etwas neugieriger gewesen wäre.

Für immer längere Zeitspannen verfiel er in Bewußtlosigkeit; während einer solchen Periode wurde er in seine Stadtwohnung am Schloßkai in St. Petersburg zurückgebracht. Als er langsam wieder zu Bewußtsein kam, tarnte meine Mutter seine neue Behausung so, daß sie aussah wie sein Schlafzimmer in Nizza. Es ließen sich einige ähnliche Möbelstücke auftreiben, ein Bote schaffte eigens aus Nizza eilig eine Reihe von Gegenständen zur Stelle, die Blumen, an die seine dämmernden Sinne gewöhnt waren, wurden in aller Mannigfaltigkeit und Fülle besorgt, und der Teil einer Hauswand, den man vom Fenster aus sehen konnte, wurde blendend weiß gestrichen, so daß er sich in seinen vergleichsweise lichten Momenten sicher an der vermeintlichen Riviera wiederfand, die meine Mutter ihm kunstvoll eingerichtet hatte; und eben dort verschied er am 28. März 1904 auf den Tag genau achtzehn Jahre vor meinem Vater in Frieden.

Er hinterließ vier Söhne und fünf Töchter. Der älteste war Dmitrij, der das Nabokowsche Majorat im damaligen Zarentum Polen erbte; dessen erste Frau war Lidia Jeduardowna Falz-Fein, seine zweite Marie Redlich; als nächster kam mein Vater; dann Sergej, der Gouverneur von Mitau, der Daria Nikolajewna Tutschkoff heiratete, die Ururenkelin von Feldmarschall Kutusow, Fürst von Smolensk. Der jüngste war Konstantin, ein eingefleischter Junggeselle. Die Schwestern waren: Natalia, die Frau von Iwan de Peterson, russischer Konsul in Den Haag; Vera, die Frau von Iwan Pychatschew, Jäger und Landbesitzer; Nina, die sich von Baron Rausch von Traubenberg, dem Militärgouverneur von Warschau, scheiden ließ, um Admiral Nikolaj Kolomejzew zu heiraten, den Helden des Kriegs gegen Japan; Jelisaweta, verheiratet mit Henri, Fürst Sayn-Wittgenstein-Berleburg, und nach dessen Tod mit Roman Leikmann, dem ehemaligen Hauslehrer ihrer Söhne; sowie Nadeshda, die Frau von Dmitrij Wonljarjarskij, von dem sie sich später scheiden ließ.

Onkel Konstantin war im diplomatischen Dienst und focht im letzten Stadium seiner Laufbahn in London mit Sablin eine erbitterte und erfolglose Fehde über die Frage aus, wer von ihnen die russische Mission leiten sollte. Sein Leben war nicht besonders ereignisreich, doch ein paarmal entkam er elegant einem weniger zahmen Schicksal, als es der Luftzug in einem Londoner Krankenhaus war, der ihn 1927 umbrachte. Das eine Mal bot ihm am 17. Februar 1905, eine halbe Minute vor der Explosion, in Moskau ein älterer Freund, der Großfürst Sergej, an, ihn in seiner Kutsche mitzunehmen, mein Onkel sagte nein danke, er gehe lieber zu Fuß, und die Kutsche rollte davon zu ihrem tödlichen Rendezvous mit der Bombe eines Terroristen; das andere Mal verpaßte er sieben Jahre später eine andere Verabredung, diesmal mit einem Eisberg, als er zufällig seine Passage auf der *Titanic* zurückgab. Nach unserer Flucht aus Lenins Rußland sahen wir ihn in London recht häufig. Unser Treffen am Victoria-Bahnhof im Jahre 1919 bildet eine lebhafte Vignette in meiner Erinnerung: wie mein Vater auf seinen steifen Bruder mit einer raumgreifenden Bärenumarmung zugeht und dieser zurückweicht und wiederholt: «*My w Anglii, my w Anglii* [wir sind in England].» Seine bezaubernde kleine Wohnung

war voll von Souvenirs aus Indien, etwa den Photos
junger britischer Offiziere. Er war der Verfasser von
The Ordeal of a Diplomat (Die Leiden eines Diplomaten,
1921), das in großen öffentlichen Bibliotheken leicht zu
finden ist, sowie einer englischen Fassung von Puschkins *Boris Godunow*; und er ist samt seinem Spitzbart
(zusammen mit Graf Witte, den beiden japanischen De-
legierten und einem gutmütigen Theodore Roosevelt)
auf einem Wandgemälde abgebildet, das die Unter-
zeichnung des Vertrags von Portsmouth zeigt und sich
links in der Haupteingangshalle des Amerikanischen
Museums für Naturgeschichte findet – ein überaus angemessener Ort, meinen Nachnamen in goldenen kyrillischen Lettern zu entdecken, wie ich es tat, als ich dort
das erste Mal vorbeiging – zusammen mit einem anderen Lepidopterologen, der meinen Ruf des Wieder-
erkennens mit einem «Ach so» quittierte.

2

Im Diagramm können die drei Familienbesitzungen an
der Oredesh, knapp achtzig Kilometer südlich von
St. Petersburg, als drei verbundene Ringe in einer fünfzehn Werst langen Kette dargestellt werden, die sich
über die Landstraße nach Luga hinweg in westöstlicher
Richtung erstreckt; in der Mitte liegt das meiner Mutter
gehörige Wyra, rechts das ihrem Bruder gehörige Roshestweno und links das meiner Großmutter gehörige
Batowo; die Verbindungen sind die Brücken über
die Oredesh (mit einem Weichheitszeichen am Ende),

deren geschlängelter und verzweigter Lauf Wyra auf beiden Seiten netzte.

Zwei andere, sehr viel entferntere Landsitze in der Gegend hingen mit Batowo zusammen: das meinem Onkel Fürst Wittgenstein gehörige Drushnosselje einige Werst jenseits des Bahnhofs Siwerskij, der zehn Kilometer nordöstlich unseres Anwesens lag; und das meinem Onkel Pychatschew gehörige Mitjuschino etwa achtzig Kilometer weiter im Süden an der Straße nach Luga: Dort war ich kein einziges Mal, aber recht häufig fuhren wir die ungefähr sechzehn Kilometer zu den Wittgensteins, und einmal (im August 1911) besuchten wir sie auf ihrem herrlichen Landsitz Kamenka in der Provinz Podolsk, Südwestrußland.

Das Gut Batowo betritt die Geschichte im Jahre 1805, als es in den Besitz von Anastasia Matwejewna Rylejew geborene Essen überging. Ihr Sohn Kondratij Fjodorowitsch Rylejew (1795–1826), ein nicht besonders bedeutender Dichter, Journalist und berühmter Dekabrist, verbrachte die meisten seiner Sommer in der Gegend, widmete der Oredesh Elegien und besang Prinz Alexejs Schloß, das Juwel ihrer Gestade. Legende und Logik, eine seltsame, aber starke Partnerschaft, scheinen darauf hinzudeuten, wie ich in meinen Anmerkungen zu *Onegin* ausführlicher erklärt habe, daß Rylejews Pistolenduell mit Puschkin, über das so wenig bekannt ist, zwischen dem 6. und 9. Mai (Alter Stil) 1820 im Park von Batowo ausgetragen wurde. Puschkin war mit zwei Freunden, Baron Anton Delwig und Pawel Jakowlew, die ihn auf der ersten Strecke seiner langen Reise von St. Petersburg nach Jekaterinoslaw ein

Stück weit begleiteten, einfach in Roshestweno von der Landstraße nach Luga abgebogen, hatte die Brücke überquert (die dumpfen Hufschläge verwandelten sich kurz in ein Klappern) und war dann der alten, ausgefahrenen Straße westwärts nach Batowo gefolgt. Dort vor dem Herrenhaus erwartete ihn Rylejew schon ungeduldig. Er hatte seine Frau im letzten Monat ihrer Schwangerschaft soeben auf ihren Landsitz in der Nähe von Woronesh geschickt und wollte das Duell gerne hinter sich bringen – und, so es Gott gefiel, dorthin nachreisen. Auf meiner Haut und in meinen Nasenlöchern kann ich die köstlich rauhe Landluft des nördlichen Frühlingstages fühlen, der Puschkin und seine zwei Sekundanten begrüßte, als sie aus ihrer Kutsche stiegen und die Lindenallee jenseits der noch jungfräulich schwarzen Rabatten von Batowo betraten. Aufs deutlichste kann ich die drei jungen Männer sehen (die Summe ihrer Jahre entspricht meinem jetzigen Alter), die ihrem Gastgeber und zwei unbekannten Personen in den Park folgten. Zu jener Jahreszeit waren über dem Teppich aus dem toten Laub des vergangenen Jahres kleine, knittrige Veilchen zu sehen, und frisch ausgeschlüpfte Aurorafalter ließen sich auf dem erzitternden Löwenzahn nieder. Einen Augenblick lang mag das Schicksal gezaudert haben, ob es einen heldenhaften Rebellen vor dem Galgen bewahren oder Rußland *Eugen Onegin* vorenthalten sollte; dann tat es weder das eine noch das andere.

Ein paar Jahrzehnte, nachdem Rylejew 1826 auf der Bastion der Peter-Pauls-Festung hingerichtet worden war, kaufte die Mutter meiner Großmutter väterlicherseits, Nina Alexandrowna Schischkow, die spätere Baronin von Korff, dem Staat Batowo ab; um 1855 verkaufte sie es an meinen Großvater weiter. Zwei von Hauslehrern und Gouvernanten erzogene Generationen von Nabokows kannten einen gewissen Pfad in den Wäldern hinter Batowo als «*Le Chemin du Pendu*», den Lieblingsweg des Gehenkten, wie Rylejew von der Gesellschaft genannt wurde: gefühllos, doch auch euphemistisch und nachdenklich (denn Herren wurden in jenen Tagen nicht oft gehängt) lieber als «der Dekabrist» oder «der Aufrührer». Leicht kann ich mir vorstellen, wie Rylejew als junger Mann ein Buch lesend im grünen Gewirr unserer Wälder umhergestreift war, eine Form romantischen Lustwandelns im Stil seiner Zeit, und ebenso leicht kann ich mir vor Augen führen, wie der furchtlose Leutnant mit seinen Kameraden und verdutzten Truppen auf dem öden Senatsplatz dem Despotismus Trotz geboten hatte; doch der Name des langen «Erwachsenen»-Spazierwegs, auf den sich brave Kinder freuten, blieb während der gesamten Jugend für uns ohne Verbindung zu dem Schicksal des unglücklichen Herrn von Batowo: Mein Cousin Sergej Nabokow, der in Batowo in *la Chambre du Revenant* geboren wurde, stellte sich ein konventionelles Gespenst vor, und ich mutmaßte mit meinem Hauslehrer oder meiner Gouvernante vage, daß man einen geheimnisvollen Fremden an der Espe hängend gefunden hatte, an der ein seltener Schwärmer sein Gelege hatte. Daß Rylejew für die Bauern der Gegend einfach «der Gehenkte» war (*poweschennyj* oder *wisselnik*), ist nicht unnatürlich; in den herrschaftlichen Familien jedoch verhinderte of-

fenbar ein bizarres Tabu, daß die Eltern den Geist iden-
tifizierten, so als könne jeder eindeutige Hinweis einen
unangenehmen Ton in die prachtvolle Vagheit der
Wendung bringen, die einen malerischen Wanderweg
auf einem geliebten Landgut bezeichnete. Dennoch erscheint es mir merkwürdig, daß selbst mein Vater, der
so viel über die Dekabristen wußte und so viel mehr
Sympathie für sie empfand als seine Verwandten, meines Wissens Kondratij Rylejew während unserer Wanderungen oder Fahrradtouren in der Gegend kein einziges Mal erwähnte. Mein Cousin machte mich auf den
Umstand aufmerksam, daß General Rylejew, der Sohn
des Dichters, mit Zar Alexander II. und meinem Großvater D. N. Nabokow eng befreundet war und daß *on ne
parle pas de corde dans la maison du pendu.*

Von Batowo aus führte die alte, ausgefahrene Landstraße (die wir mit Puschkin entlanggefahren waren und
nun zurückgehen) einige Kilometer in östlicher Richtung nach Roshestweno. Kurz vor der Hauptbrücke
konnte man im offenen Gelände entweder nach Norden
zu unserem Wyra und seinen beiden Parks abbiegen
oder nach Osten weiterfahren, einen steilen Hügel
hinab, vorbei an einem alten Friedhof, der überwuchert
war von Himbeersträuchern und Razemosen, und dann
die Brücke überqueren, die zu dem einsam auf seinem
Hügel stehenden Haus meines Onkels mit seinen weißen Säulen hinführte.

Der Landsitz Roshestweno mit einem großen Dorf
gleichen Namens, ausgedehnten Ländereien und einem
Herrenhaus, hoch über den Oredesh-Fluß an der Landstraße nach Luga (oder Warschau) im Kreis Zarskoje

Selo (heute Puschkin), etwa achtzig Werst südlich von St. Petersburg (heute Leningrad) gelegen, war vor dem achtzehnten Jahrhundert als die Domäne Kurowitz im alten Kreis Koporsk bekannt. Um 1715 war er im Besitz von Prinz Alexej gewesen, dem unglückseligen Sohn jenes Erztyrannen Peter der Erste. Der Teil eines *escalier dérobé* und etwas anderes, das mir nicht wieder einfallen will, waren in der neuen Anatomie des Gebäudes erhalten. Ich habe jenes Geländer angefaßt und das andere, vergessene Detail gesehen (oder bin ich draufgetreten?). Aus jenem Schloß, auf jener Straße nach Polen und Österreich war der Prinz geflohen, nur um von dem Agenten des Zaren, Graf Pjotr Andrejewitsch Tolstoj, dem einstigen Botschafter in Konstantinopel (wo er für seinen Herrn den kleinen Mohren erworben hatte, dessen Urenkel Puschkin sein sollte), aus dem tiefen Süden, aus Neapel ins väterliche Folterhaus zurückgelockt zu werden. Roshestweno gehörte später, glaube ich, einem Günstling Alexanders des Ersten, und das Herrenhaus war teilweise neu erbaut worden, als mein Großvater mütterlicherseits die Domäne um 1880 für seinen ältesten Sohn Wladimir erwarb, der ein paar Jahre später mit sechzehn starb. Sein Bruder Wassilij erbte sie 1901 und verbrachte dort zehn der fünfzehn Sommer, die ihm noch verblieben. Besonders in Erinnerung sind mir der kühle und hallende Charakter des Gebäudes, die Schachbrettfliesen der Eingangshalle, zehn Porzellankatzen auf einem Bord, ein Sarkophag und eine Orgel, die Oberlichter und die oberen Galerien, die farbige Dämmerung geheimnisvoller Gemächer und die Nelken und Kruzifixe allerenden.

In der Jugend hatte Heinrich Graun einen schönen Tenor; als er eines Abends in einer Oper des Braunschweiger Kapellmeisters Schurmann singen mußte, widerten ihn einige ihrer Melodien dermaßen an, daß er sie durch eigene Kompositionen ersetzte. Hier verspüre ich den Schock einer freudigen Verwandtschaft; dennoch ziehe ich zwei andere meiner Ahnen vor, den bereits erwähnten jungen Forschungsreisenden und den großen Pathologen Nikolaj Illarionowitsch Koslow (1814–1889), den Großvater meiner Mutter mütterlicherseits, den ersten Präsidenten der Kaiserlich-Russischen Medizinischen Akademie und Autor von Arbeiten wie «Über die Entwicklung des Krankheitsbegriffs» oder «Über die Coarctatio des Foramen jugulare bei Geisteskranken». An dieser passenden Stelle könnte ich auch gleich meine eigenen wissenschaftlichen Arbeiten erwähnen, vor allem die drei mir liebsten, «Anmerkungen über neotropische *Plebejinae*» (*Psyche*, Band 52, Nr. 1–2 und 3–4, 1945), «Eine neue Spezies von *Cyclargus* Nabokov» (*The Entomologist*, Dezember 1948) und «Die nearktischen Angehörigen der Gattung *Lycaeides* Hübner» (*Bulletin Mus. Comp. Zool.*, Harvard Coll., 1949); nach jenem Jahr fand ich es physisch nicht mehr möglich, wissenschaftliche Forschung mit Vorlesungen, Belles-Lettres und *Lolita* zu verbinden (denn sie war unterwegs – eine schwere Geburt, ein schwieriges Kind).

Das Wappen der Rukawischnikows ist bescheidener, aber auch weniger konventionell als das der Nabokows. Das Blason besteht aus der stilisierten Fassung einer

domna (eines primitiven Hochofens), zweifellos in Anspielung auf das Schmelzen der Uralerze, die meine
unternehmenden Vorfahren entdeckten. Ich möchte
bemerken, daß diese Rukawischnikows – sibirische Pioniere, Goldsucher und Bergbauingenieure – *nicht*, wie
einige Biographen unvorsichtigerweise angenommen
haben, mit den nicht weniger wohlhabenden Moskauer
Kaufleuten gleichen Namens verwandt sind. *Meine* Rukawischnikows gehörten (seit dem achtzehnten Jahrhundert) zum Landadel der Provinz Kasan. Ihre Minen
lagen in Alopajewsk bei Nishnij-Tagilsk in der Provinz
Perm auf der sibirischen Seite des Ural. Mein Vater war
zweimal mit dem früheren Sibirienexpreß hingefahren,
einem schönen Zug aus der Familie der Nordexpreßzüge, den ich in Bälde ebenfalls zu besteigen vorhatte,
obwohl auf einer entomologischen eher denn mineralogischen Reise, doch die Revolution vereitelte den Plan.

Meine Mutter Jelena Iwanowa (29. August 1876 bis
2. Mai 1939) war die Tochter von Iwan Wassiljewitsch
Rukawischnikow (1841 – 1901), Landbesitzer, Friedensrichter und Philanthrop, Sohn eines Industriellen und
Millionärs, und Olga Nikolajewna (1845 – 1901), Tochter von Dr. Koslow. Die Eltern meiner Mutter starben beide im selben Jahr an Krebs, er im März,
sie im Juni. Von ihren sieben Geschwistern starben
fünf als Kinder, und von ihren älteren Brüdern starb
Wladimir in den achtziger Jahren mit sechzehn in Davos und Wassilij 1916 in Paris. Iwan Rukawischnikow
hatte ein schreckliches Temperament, und meine Mutter hatte Angst vor ihm. In meiner Kindheit kannte ich
von ihm nur seine Portraits (seinen Bart, die Amts-

kette um den Hals) und einige Attribute seines Haupt-
steckenpferds, etwa künstliche Lockenten und Elchs-
köpfe. Ein Paar besonders großer, von ihm geschossener
Bären stand mit bedrohlich erhobenen Vordertatzen im
mit Eisengittern versehenen Vestibül unseres Landhauses. Jeden Sommer maß ich meine Größe an der Fähigkeit, ihre faszinierenden Krallen zu erreichen, erst die
der unteren und dann die der oberen Pfoten. Ihre Bäu-
che erwiesen sich als enttäuschend hart, wenn die Finger (die gewöhnt waren, lebende Hunde oder Spiel-
zeugtiere anzufassen) in ihr grobes braunes Fell einge-
drungen waren. Hin und wieder wurden sie in eine
Ecke des Gartens hinausgeschafft, um gründlich ausge-
klopft und gelüftet zu werden, und wenn dann die arme
Mademoiselle aus dem Park kam, stieß sie beim Anblick
der beiden wilden Tiere, die im beweglichen Schatten
der Bäume ihrer harrten, einen Schreckensruf aus.
Mein Vater hatte für die Jagd nichts übrig, darin ganz
anders als sein Bruder Sergej, der ein leidenschaftlicher
Jäger war und ab 1908 Oberster Jagdleiter Seiner Maje-
stät des Zaren.

Eine der glücklicheren Kindheitserinnerungen meiner Mutter war die an eine sommerliche Reise mit ihrer
Tante Praskowia auf die Krim, wo ihr Großvater väterlicherseits in der Nähe von Feodossija ein Gut besaß.
Ihre Tante und sie gingen mit ihm und einem anderen
alten Herrn spazieren, dem bekannten Marinemaler
Ajwasowskij. Sie erinnerte sich, daß der Maler (wie
zweifellos häufig) gesagt hatte, er habe 1836 auf einer
Gemäldeausstellung in St. Petersburg Puschkin gesehen, «einen häßlichen kleinen Kerl mit einer großen

hübschen Frau». Das war über ein halbes Jahrhundert zuvor, als Ajwasowskij Kunststudent war, und weniger als ein Jahr vor Puschkins Tod. Sie erinnerte sich auch an den Pinselstrich, den die Natur aus ihrer eigenen Palette hinzufügte – den weißen Klecks, den ein Vogel auf dem grauen Zylinder des Malers hinterließ. Die Tante Praskowia, die neben ihr ging, war die Schwester ihrer Mutter, die den renommierten Syphilologen W. M. Tarnowskij (1839–1906) geheiratet hatte und selber Ärztin war, Autorin von Büchern über Psychiatrie, Anthropologie und Wohlfahrt. In Ajwasowskijs Villa bei Feodossija traf Tante Praskowia eines Tages bei einem Abendessen den achtundzwanzig Jahre alten Dr. Anton Tschechow, den sie im Verlauf einer medizinischen Unterhaltung irgendwie kränkte. Sie war eine sehr gelehrte, sehr gütige, sehr elegante Dame, und es ist schwer vorstellbar, womit genau sie den unglaublich rüden Ausfall veranlaßte, den sich Tschechow in einem veröffentlichten Brief an seine Schwester vom 3. August 1888 gestattet. Tante Praskowia oder Tante Pascha, wie wir sie nannten, besuchte uns in Wyra oft. Sie hatte eine bezaubernde Art, uns zu begrüßen, wenn sie mit einem klangvollen *«Bonjour, les enfants!»* in das Kinderzimmer gefegt kam. Sie starb 1910. Meine Mutter war an ihrem Bett, und Tante Paschas letzte Worte lauteten: «Das ist interessant. Jetzt begreife ich. Alles ist Wasser, *wsjo – woda.*»

Wassilij, der Bruder meiner Mutter, war im diplomatischen Dienst, den er indessen weniger schwer nahm als mein Onkel Konstantin. Für Wassilij Iwanowitsch war es keine Laufbahn, sondern eine mehr oder minder glaubhafte Szenerie. Französische und italienische Freunde, die seinen langen russischen Nachnamen nicht aussprechen konnten, hatten diesen zu «Ruka» (mit dem Ton auf der letzten Silbe) verkürzt, und das paßte weit besser zu ihm als sein Vorname. In meiner Kindheit schien mir Onkel Ruka einer Welt der Spielsachen, der lustigen Bilderbücher und Kirschbäume anzugehören, die schwer waren von glänzenden dunklen Früchten: In einem Winkel seines Landsitzes, den ein gewundener Flußlauf von unserem trennte, hatte er einen ganzen Obstgarten in einem Gewächshaus untergebracht. Im Sommer sah man seine Kutsche fast jeden Tag zur Mittagszeit über die Brücke rollen und an einer Hecke junger Tannen entlang schnell auf unser Haus zufahren. Als ich acht oder neun war, nahm er mich nach dem Mittagessen (während zwei junge Diener im leeren Speisezimmer den Tisch abräumten) auf den Schoß und hätschelte mich unter süßem Gesäusel und mit phantasievollen Kosenamen, und ich schämte mich im Beisein der Diener für meinen Onkel und war erleichtert, wenn mein Vater ihn aus der Veranda rief: *«Basile, on vous attend.»* Als ich ihn einmal vom Bahnhof abholte (ich muß damals elf oder zwölf gewesen sein) und ihn aus dem langen internationalen Schlafwagen steigen sah, blickte er mich kurz an und sagte: «Was sind Sie gelb und häßlich *(jaune et laid)* geworden, mein armer Junge.» An meinem fünfzehnten Namenstag nahm er mich beiseite und ließ mich in seinem brüsken, genauen und ein wenig altmodischen Französisch wissen, daß er mich zu seinem Erben mache. «Und jetzt können Sie gehen», fügte er hinzu, *«l'audience est finie. Je n'ai plus rien à vous dire.»*

86

Im Gedächtnis habe ich ihn als einen schmalen, zierlichen kleinen Mann mit dunkler Hautfarbe, graugrünen, rostfleckigen Augen, einem dunklen, dichten Schnurrbart und einem beweglichen Adamsapfel, der über dem schlangenförmigen goldenen Opalring, welcher den Knoten seiner Krawatte hielt, auf und ab tanzte. Auch an den Fingern und in seinen Manschettenknöpfen trug er Opale. Eine kleine goldene Kette umspannte sein zartes behaartes Handgelenk, und im Knopfloch seines tauben- oder maus- oder silbergrauen Sommeranzugs steckte gewöhnlich eine Nelke. Ich bekam ihn immer nur im Sommer zu Gesicht. Nach einem kurzen Aufenthalt in Roshestweno fuhr er nach Frankreich oder Italien zurück auf sein (‹Perpigna› genanntes) Château bei Pau, in seine (‹Tamarindo› genannte) Villa bei Rom oder in sein geliebtes Ägypten, woher er mit seiner dicken Kritzelhandschrift bedeckte Ansichtskarten schickte (Palmen und ihre Spiegelbilder, Sonnenuntergänge, Pharaos mit den Händen auf den Knien). Im Juni dann wieder, wenn die duftige *tscherjomucha* (die europäische Gemeine Traubenkirsche oder einfach Razemosa, wie ich sie in meinem Werk über *Onegin* getauft habe) in schaumiger Blüte stand, wurde auf seinem schönen Haus in Roshestweno seine Privatflagge gehißt. Er reiste mit einem halben Dutzend gewaltiger Koffer, bestach den Nordexpreß, eigens seinetwegen auf unserem kleinen Bahnhof zu halten, und als wolle er mir ein wundervolles Geschenk machen, führte er mich auf kleinen, trippelnden Füßen in hochhackigen weißen Schuhen geheimnisvoll zum nächsten Baum, pflückte mir mit zarter Hand ein Blatt, reichte es mir und sagte: «*Pour mon neveu, la chose la plus belle au monde – une feuille verte.*»

Oder er brachte mir aus Amerika feierlich die *Foxy Grandpa*-Serie oder *Buster Brown* mit – einen vergessenen Knaben in rötlichem Anzug: Wenn man genau hinsah, konnte man erkennen, daß die Farbe in Wirklichkeit aus einer Menge dichter roter Punkte bestand. Jede Episode endete mit einer fürchterlichen Tracht Prügel für Buster, die ihm von seiner grazilen, doch kräftigen Mama verabreicht wurde; sie nahm dazu einen Pantoffel, eine Haarbürste, einen zerbrechlichen Regenschirm, alles – selbst den Knüppel eines hilfsbereiten Polizisten –, und entlockte Busters Hosenboden Wolken von Staub. Da ich niemals geschlagen worden war, wirkten jene Bilder auf mich wie fremde exotische Folterungen, ganz als würde ein gefesselter Verbrecher bei lebendigem Leibe bis zum Kinn im glühendheißen Wüstensand begraben, wie ich es auf der Titelseite eines Buches von Mayne Reid gesehen hatte.

4

Onkel Ruka scheint ein untätiges und seltsam chaotisches Leben geführt zu haben. Seine diplomatische Laufbahn war denkbar vage. Er war jedoch stolz darauf, chiffrierte Botschaften in jeder der fünf Sprachen, die er beherrschte, fachmännisch entschlüsseln zu können. Einmal unterzogen wir ihn einer Prüfung, und im Handumdrehen verwandelte er die Folge «5.13 24.11

13.16 9.13.5 5.13 24.11» in den Anfang eines berühmten Shakespeare-Monologs.

In einem blaßroten Jagdrock nahm er in England oder Italien an Parforcejagden teil; in einem Pelzmantel versuchte er, mit dem Auto von St. Petersburg nach Pau zu fahren; in einem kurzen, seidengefütterten Umhang wäre er bei einem Flugzeugabsturz an der Küste bei Bayonne fast ums Leben gekommen. (Als ich ihn fragte, wie der Pilot der zertrümmerten Voisin die Sache aufnahm, dachte er einen Augenblick nach und erwiderte dann ohne eine Spur von Unsicherheit: *«Il sanglotait assis sur un rocher.»*) Er sang Barkarolen und modische Verse (*«Il se regardent tous deux, en se mangeant des yeux...»*, *«Elle est morte en février, pauvre Colinette!...»* *«Le soleil rayonnait encore, j'ai voulu revoir les grands bois...»* und Dutzende anderer). Er komponierte selber Musik der lieblichen, plätschernden Art und schrieb französische Verse, die sich eigentümlicherweise als englische oder russische Jamben lesen ließen und von einer fürstlichen Geringschätzung der Annehmlichkeiten des stummen e geprägt waren. Er war ein meisterlicher Pokerspieler.

Weil er stotterte und Schwierigkeiten mit der Aussprache von Labialen hatte, änderte er den Namen seines russischen Kutschers von Peter zu Lew; und mein Vater (der immer ein wenig kurz angebunden mit ihm umging) warf ihm vor, die Mentalität eines Sklavenbesitzers zu haben. Davon abgesehen sprach er eine gewählte Mischung aus Französisch, Englisch und Italienisch, Sprachen, die ihm alle mit bedeutend größerer Leichtigkeit von der Zunge gingen als seine Muttersprache. Wenn er sich des Russischen bediente, so verdrehte oder entstellte er unweigerlich irgendeinen redensartlichen oder gar jargonhaften Ausdruck, etwa wenn er bei Tisch mit einem unvermittelten Seufzer bemerkte (denn stets war irgend etwas nicht, wie es sein sollte – ein Anfall von Heuschnupfen, der Tod eines Pfaus, ein verlaufener Barsoi): *« Je suis triste et seul comme une bylinka w pole* [einsam wie ein Grashalm auf dem Feld].»

Er beharrte darauf, daß er ein unheilbares Herzleiden habe und sich bei den Anfällen nur Linderung verschaffen könne, wenn er sich mit dem Rücken flach auf den Fußboden lege. Niemand nahm ihn ernst, und als er Ende 1916 im Alter von fünfundvierzig Jahren in Paris völlig einsam tatsächlich an Angina pectoris starb, mußte man mit einem ganz eigentümlichen Schmerz an jene Vorfälle nach dem Essen im Salon zurückdenken: Ahnungslos kam der Diener mit dem türkischen Kaffee herein, mein Vater sah (mit komischer Resignation) meine Mutter an, dann (mißbilligend) seinen Schwager, der mit ausgebreiteten Armen dem Diener im Weg lag, und schließlich faßte er (neugierig) das komische Klirren des Kaffeegeschirrs auf dem Tablett in den weißen Baumwollhandschuhen des scheinbar ungerührten Dieners ins Auge.

Gegen andere, merkwürdigere Qualen, die ihm im Laufe seines kurzen Lebens zusetzten, suchte Onkel Ruka – wenn ich diese Dinge recht verstehe – Linderung bei der Religion, zunächst bei der einen oder anderen russischen Sekte, endlich bei der römisch-katholischen Kirche. Er hatte jene farbige Neurose, die mit Genie gepaart sein müßte und es doch in seinem Fall nicht war, daher seine Suche nach einem schattenhaften Begleiter. In seiner Jugend hatte er unter der heftigen Abneigung seines Vaters zu leiden gehabt, eines Landedelmannes alter Schule (Bärenjagd, ein Privattheater, ein paar schöne alte Meister unter einer Menge Kitsch), dessen zügelloses Temperament, wie es hieß, für den Jungen geradezu lebensbedrohlich gewesen war. Später erzählte mir meine Mutter von den Spannungen, die es während ihrer Mädchenjahre im Haushalt von Wyra gegeben hatte, von den grausigen Szenen in Iwan Wassiljewitschs Arbeitszimmer, einem düsteren Eckraum, von dem aus man ein rostiges Schöpfrad unter fünf Pyramidenpappeln sehen konnte. Niemand außer mir benutzte dieses Zimmer. Auf seinen schwarzen Borden verwahrte ich meine Bücher und Spannbretter, und später bewog ich meine Mutter, einen Teil seines Mobiliars in mein eigenes sonniges kleines Kabinett auf der Gartenseite schaffen zu lassen, und herein wankte eines Morgens sein gewaltiger Schreibtisch mit nichts auf der dunklen Ledereinöde als einem riesigen gebogenen Brieföffner, einem regelrechten Krummsäbel aus gelbem Elfenbein, geschnitzt aus dem Stoßzahn eines Mammuts.

Als Onkel Ruka Ende 1916 starb, hinterließ er mir eine Summe, die sich heute auf ein paar Millionen Dollar belaufen würde, dazu seine Besitzung: das Herrenhaus mit seinem weißen Säulenportal auf einem grünen, abgeböschten Hügel und zweitausend Morgen Naturwald und Torfmoor. Wie ich hörte, stand das Haus 1940 noch, volkseigen zwar, aber Abstand wah-

rend, ein Museumsstück für jeden Touristen, dem es
einfiel, die Landstraße Petersburg–Luga zu benutzen,
welche unterhalb durch das Dorf Roshestweno und
über den verzweigten Fluß führt. Schwimmende Inseln
aus Wasserlilien und Algenbrokat verliehen der schönen Oredesh an jenem Ort ein festliches Aussehen.
Weiter ihren gewundenen Lauf hinunter, wo die Ufer-
schwalben aus ihren Löchern im steilen roten Lehmufer
hervorschossen, war sie tief durchdrungen von den
Spiegelungen hoher, romantischer Tannen (der Saum
unseres Wyra); und noch weiter stromabwärts gab der
endlos tosende Abfluß einer Wassermühle dem (die Ellbogen auf das Geländer stützenden) Betrachter das Gefühl, weiter und weiter zurückzuweichen, als wäre dies
das Heck der Zeit selbst.

5

Der folgende Passus ist nicht für den normalen Leser
bestimmt, sondern allein für den Schwachkopf, der
mich zu verstehen glaubt, nur weil er in irgendeinem
Börsenkrach ein Vermögen verloren hat.

Meine alte (von 1917 her datierende) Fehde mit der
sowjetischen Diktatur hat nicht das mindeste mit Be-
sitzfragen zu tun. Für einen Emigranten, der «die Roten haßt», weil sie ihm Geld und Land «gestohlen»
haben, empfinde ich nichts als Verachtung. Die Sehnsucht, die ich all diese Jahre lang gehegt habe, ist das
hypertrophische Bewußtsein einer verlorenen Kindheit, nicht der Schmerz um verlorene Banknoten.

Und schließlich: Ich behalte mir das Recht vor, mich nach einer ökologischen Nische zu sehnen:

> ... Unterm Himmelszelt
> Meiner Neuen Welt
> Nach *einem* Ort in Rußland zu seufzen.

Der normale Leser mag hier weiterlesen.

6

Ich ging auf den achtzehnten Geburtstag zu, dann war ich über achtzehn; Liebesaffairen und Gedichteschreiben nahmen den größten Teil meiner freien Zeit in Anspruch; materielle Fragen ließen mich gleichgültig, und gegen den Hintergrund unseres Reichtums konnte sich ohnehin keine Erbschaft sehr großartig ausnehmen; doch wenn ich über jenen transparenten Abgrund hinweg zurückschaue, finde ich es kurios und etwas unangenehm, daran zu denken, daß ich während des kurzen Jahres, in dem ich all diesen Reichtum mein eigen nannte, von den gewöhnlichen Freuden der Jugend – einer Jugend, die rasch ihr anfängliches unübliches Ungestüm einbüßte – zu sehr mit Beschlag belegt war, um diese Hinterlassenschaft besonders zu genießen oder mich irgendwie zu ärgern, als die bolschewistische Revolution sie über Nacht abschaffte. Bei der Erinnerung daran ist mir, als sei ich Onkel Ruka undankbar gewesen, als hätte ich mich der allgemeinen Haltung lächelnder Herablassung angeschlossen, mit der ihm selbst

jene begegneten, die ihn mochten. Nur mit dem größten Widerwillen kann ich mich dazu zwingen, an die
sarkastischen Bemerkungen zu denken, mit denen
Monsieur Noyer, mein Schweizer Hauslehrer (sonst
eine überaus gütige Seele), die beste Komposition meines Onkels abzutun pflegte, eine Romanze, von ihm
gedichtet und in Musik gesetzt. Auf der Terrasse seines Schlosses in Pau, die bernsteinhellen Weingärten
unter sich und die violetten Berge in der Ferne, zu
einer Zeit, als er von Asthma, nervösem Herzklopfen,
Schüttelfrost und einer proustschen Wundheit der
Sinne geplagt war und sich gleichsam mit der Wucht
der Herbstfarben auseinanderzusetzen hatte (von ihm
selber als *«chapelle ardente de feuilles aux tons violents»* beschrieben), mit den fernen Stimmen aus dem Tal und
einer Schar von Tauben, die den zarten Himmel tüp-
felte, hatte er eines Tages jene einflügelige Romanze
komponiert (und der einzige, der die Musik und den
ganzen Text behielt, war mein Bruder Sergey, den er
kaum je bemerkte, der ebenfalls stotterte und der
heute auch tot ist).

«L'air transparent fait monter de la plaine...», sang er
in seinem hohen Tenor, wenn er am weißen Klavier
unseres Landhauses saß – und wenn ich zur selben
Zeit durch das nahe Gehölz zum Mittagessen nach
Hause eilte (bald nachdem ich seinen forschen Strohhut und die in schwarzen Samt gekleidete Büste seines
Kutschers in assyrischem Profil mit ausgestreckten,
scharlachroten Ärmeln über der Hecke, die unseren
Park von der Zufahrt trennte, vorübergleiten gesehen
hatte), erreichten mich die klagenden Laute

Un vol de tourterelles strie le ciel tendre,
Les chrysanthèmes se parent pour la Toussaint
– mich und mein grünes Schmetterlingsnetz auf dem
schattigen, zitternden Pfad, an dessen Ende rötlicher
Sand und eine Ecke unseres kürzlich neugestrichenen
Hauses zu sehen waren; sein Grün war das junger Tan-
nenzapfen, und aus dem offenen Salonfenster klang die
verwundete Musik zu mir herüber.

7

Mir ein Stück Vergangenheit lebhaft zu vergegenwär-
tigen, ist eine Beschäftigung, der ich mein Leben lang
mit dem größten Eifer nachgegangen bin, und ich habe
Grund zu glauben, daß diese fast krankhafte Wachheit
meines Erinnerungsvermögens ein ererbter Charakterzug ist. Es gab einen bestimmten Fleck im Wald, einen
Steg über einen braunen Bach, wo mein Vater immer
wieder andächtig haltmachte und sich den seltenen
Schmetterling ins Gedächtnis rief, den sein deutscher
Hauslehrer am 17. August 1883 dort für ihn gefangen
hatte. Noch einmal wurde dann die dreißig Jahre alte
Szene rekapituliert. Er und seine Brüder waren in hilf-
loser Erregung stehengeblieben, als sie des begehrten
Insekts auf dem gefällten Baumstamm ansichtig
wurden, wo es gleichsam besorgt atmend seine vier
kirschroten Flügel mit einem pfauenhaften Augenfleck
auf jedem auf und nieder bewegte. Er selber wagte
nicht zuzuschlagen, und in angespanntem Schweigen
reichte er sein Netz Herrn Rogge, der die Hand da-

nach zurückstreckte, den Blick starr auf den prächtigen Falter gerichtet. Mein Sammelschrank erbte ein Vierteljahrhundert später jenes Exemplar. Ein rührendes Detail: die Flügel waren «gesprungen», weil es zu früh, zu begierig vom Spannbrett abgenommen worden war.

Wenn ich im Alter von fünf Jahren in einer Villa, die wir im Sommer 1904 zusammen mit der Familie meines Onkels Iwan de Peterson an der Adria gemietet hatten (sie hieß entweder ‹Neptun› oder ‹Apollo› – in Ansichten von Abbazia kann ich noch immer ihren krenelierten cremefarbenen Turm ausmachen), nach dem Mittagessen in meinem Kinderbett döste, legte ich mich auf den Bauch und zeichnete auf meinem Kopfkissen mit dem Zeigefinger sorgfältig, liebevoll, hoffnungslos und auf eine Weise künstlerisch detailliert, die schwer mit der lächerlich kleinen Zahl der Jahreszeiten in Einklang zu bringen war, welche mein unerklärlich sehnsüchtiges Bild des «Zuhause» geprägt hatten (das ich seit September 1903 nicht mehr gesehen hatte), den Weg nach, der sich im Bogen zu unserem Haus in Wyra hinaufschwang, zur Rechten die steinernen Stufen, zur Linken die geschnitzte Rückenlehne einer Bank, jenseits der Geißblattbüsche der Beginn der Allee junger Eichen und glänzend im rötlichen Staub der Auffahrt etwas für Sammler, ein Hufeisen (viel größer und glänzender als die verrosteten, die ich an der Küste zu finden pflegte), das unlängst dort abgefallen war. Die Erinnerung an jene Erinnerung ist sechzig Jahre älter als diese, doch längst nicht so ungewöhnlich.

Dmitrij Nikolajewitsch Nabokow, der Großvater des Autors (1827–1904), Justizminister (1878 bis 1885)

Die Großmutter väterlicherseits des Autors, Baronin Maria von Korff (1842–1926), in den späten fünfziger Jahren des neunzehnten Jahrhunderts

1908 und 1909 vertiefte sich Onkel Ruka eines Tages in ein paar französische Kinderbücher, auf die er in unserem Haus gestoßen war; mit ekstatischem Stöhnen entdeckte er einen Absatz, der ihm als Kind lieb gewesen war und anhob: «*Sophie n'était pas jolie* ...», und viele Jahre später bildete mein Stöhnen ein Echo zu seinem, als ich in irgendeinem Kinderzimmer eben jene gleichen Bände der Bibliothèque Rose fand, diese Geschichten von Knaben und Mägdlein, die in Frankreich eine idealisierte Version der *vie de château* führten, die das Leben meiner Familie in Rußland gewesen war. Die Geschichten selber (alle diese *Les Malheurs de Sophie*, *Les Petites Filles Modèles*, *Les Vacances*) erscheinen mir heute als eine schreckliche Mischung aus Geziertheit und Vulgarität; doch als die sentimentale und selbstgefällige Mme de Ségur, geborene Rostoptschin, sie niederschrieb, hatte sie die authentische Umgebung ihrer russischen Kindheit, die der meinen genau ein Jahrhundert vorausging, auf französische Verhältnisse übertragen. Wenn ich meinerseits wieder an Sophies Kümmernisse gerate – ihre fehlenden Augenbrauen und ihre Vorliebe für dicke Sahne –, empfinde ich die gleiche Qual und das gleiche Entzücken wie mein Onkel und habe darüber hinaus noch eine zusätzliche Bürde zu bewältigen – die Erinnerung daran, wie er mit Hilfe dieser gleichen Bücher seine Kindheit noch einmal durchlebte. Meinem Blick zeigen sich mein Schulzimmer in Wyra, die blauen Rosen der Tapete, das offene Fenster. Sein Spiegelbild füllt den ovalen Spiegel über dem Ledersofa, auf dem mein Onkel sitzt und sich an einem zerlesenen Buch weidet. Ein Gefühl von Sicherheit, Wohlbehagen und Sommerwärme durchdringt meine Erinnerung. Jene robuste Wirklichkeit macht die Gegenwart zu einem bloßen Schemen. Der Spiegel strömt über vor Helligkeit; eine Hummel ist hereingekommen und stößt gegen die Decke. Alles ist, wie es sein sollte, nichts wird sich je ändern, niemand wird jemals sterben.

Kapitel 4

1

Eine russische Familie wie meine – die Art ist heute ausgestorben – hatte unter anderen Tugenden eine traditionelle Neigung zu den angenehmen Produkten der angelsächsischen Zivilisation. Pears' Seife, pechschwarz im Trockenzustand und topasfarben, wenn man sie zwischen nassen Fingern gegen das Licht hielt, besorgte das Morgenbad. Wohltuend war das abnehmende Gewicht der zusammenfaltbaren englischen Badewanne, wenn man sie dazu brachte, ihre Gummiunterlippe vorzuschieben und ihren schaumigen Inhalt in den Spüleimer zu ergießen. «Die Creme konnten wir nicht verbessern, darum verbesserten wir die Tube», war auf der englischen Zahnpasta zu lesen. Zum Frühstück umwickelte Golden Syrup, aus London importiert, mit seinen leuchtenden Windungen den rotierenden Löffel, von dem sich genug auf eine Scheibe russischen Butterbrots hinabgeschlängelt hatte. Alle Arten wohlgefälliger, anheimelnder Dinge kamen in steter Prozession aus dem englischen Laden auf dem Newskij-Prospekt: *fruitcake*, Riechsalze, Spielkarten, Puzzlespiele, gestreifte Blazer, puderweiße Tennisbälle.

Englisch lernte ich früher lesen als Russisch. Meine ersten englischen Freunde waren vier schlichte Gemüter in meinem Schulbuch – Ben, Dan, Sam und Ned. Um ihre Identität und ihren Aufenthaltsort wurde immer viel Aufhebens gemacht – «Wer ist Ben?» – «Er ist Dan» – «Sam ist im Bett» und so weiter. Obwohl das alles ziemlich steif und bruchstückhaft blieb (der Urheber war in seiner Freiheit dadurch eingeschränkt gewesen, daß er – zumindest in den ersten Lektionen – kein Wort von mehr als drei Buchstaben Länge benutzen durfte), gelang es meiner Phantasie, sich die nötigen Unterlagen zu verschaffen. Als bleichgesichtige, großknochige, schweigsame Schwachköpfe, stolze Besitzer bestimmter Arbeitsgeräte («Ben hat eine Axt»), zotteln sie im Zeitlupentempo vor der hintersten Kulisse des Gedächtnisses vorüber; und wieder sehe ich die Buchstaben des Schulbuches groß vor mir, ähnlich dem verrückten Alphabet auf einer Optikertafel.

Die Schulstube war in Sonne getaucht. In einem schwitzenden Glasgefäß waren mehrere stachelige Raupen damit beschäftigt, Nesselblätter zu fressen (und interessante zylindrische Röllchen olivgrünen Kots auszuscheiden). Das Wachstuch auf dem runden Tisch roch nach Kleister. Miss Clayton roch nach Miss Clayton. Wunderbarerweise war der blutrote Alkohol des Thermometers draußen auf 24° Réaumur (30° Celsius) im Schatten gestiegen. Durch das Fenster konnte man sehen, wie Bauernmädchen mit Kopftüchern auf Händen und Knien einen Gartenweg jäteten oder mit sanften Bewegungen den sonnengesprenkelten Sand harkten. (Die glücklichen Tage, da sie für den Staat

Straßen fegen und Kanäle graben durften, waren noch jenseits des Horizonts.) Im Laub ließen Pirole ihre vier hellen Noten hören: dideldi-oh!

Vor dem Fenster zottelte Ned vorbei, als stelle er mit einigem Geschick Iwan, den Gesellen des Gärtners, dar (der 1918 ein Mitglied des lokalen Sowjets werden sollte). Auf späteren Seiten tauchten längere Wörter auf; und ganz am Ende des braunen, mit Tintenklecksen bedeckten Bandes entfaltete eine richtige, vernünftige Geschichte ihre erwachsenen Sätze («Eines Tages sagte Ted zu Ann: Laß uns...») – der endliche Triumph, die endliche Belohnung des kleinen Lesers. Daß ich selber eines Tages eine solche Fertigkeit erlangen könnte, war ein Gedanke, der mich erschauern ließ. Der Zauber ist nicht gewichen, und jedesmal, wenn mir ein Schulbuch über den Weg kommt, schlage ich sogleich die letzte Seite auf, um einen verbotenen Blick in die Zukunft des fleißigen Schülers zu werfen, in jenes Land der Verheißung, wo endlich die Wörter bedeuten sollen, was sie bedeuten.

2

Sommerliche *sumerki* – das schöne russische Wort für Abenddämmerung. Die Zeit: eine undeutliche Stelle im ersten Jahrzehnt dieses unbeliebten Jahrhunderts. Der Ort: 59° nördlicher Breite von Ihrem Äquator, 100° westlicher Länge von meiner schreibenden Hand. Der Tag brauchte Stunden, um zu verdämmern, und alles – Himmel, hohe Blumen, stilles Wasser – verharrte in einem Zustand unendlicher abendlicher Spannung, vertieft eher denn aufgehoben von dem klagenden Muh einer Kuh auf einer fernen Weide oder dem noch ergreifenderen Schrei eines Vogels vom jenseitigen Ufer des Flusses herauf, wo die weite Fläche eines neblig-blauen Torfmoores ihres Geheimnisses und ihrer Ferne wegen von den Rukawischnikow-Kindern auf den Namen Amerika getauft worden war.

Im Salon unseres Landhauses las mir meine Mutter vor dem Zubettgehen oft aus englischen Büchern vor. Wenn sie zu einer besonders dramatischen Stelle kam, wo der Held in sonderbare, vielleicht tödliche Gefahr geriet, wurde ihre Stimme langsamer, zog sie die Worte unheilverkündend auseinander, und bevor sie die Seite umblätterte, legte sie die Hand mit dem wohlbekannten Taubenblutrubin- und Diamantring darauf (in dessen klaren Facetten ich ein Zimmer, Leute, Lichter, Bäume im Regen hätte erkennen können, wäre ich ein besserer Kristallseher gewesen – einen ganzen Abschnitt unseres Emigrantenlebens, der aus dem Erlös dieses Ringes bestritten werden sollte).

In den Geschichten ging es etwa um Ritter, deren entsetzliche, aber wunderbar aseptische Wunden in Grotten von vornehmen Fräulein benetzt wurden. Von der Höhe einer sturmumbrausten Klippe spähten eine mittelalterliche Maid mit wehendem Haar und ein Jüngling in Pagenhosen zu den runden Inseln der Glückseligen hinüber. Humphreys Los in *Mißverstanden* schnürte einem die Kehle viel eigentümlicher zu als irgend etwas bei Dickens oder Daudet (sie beide große Kehlenzuschnürer), während eine schamlos allegorische Geschichte, *Hinter den Blauen Bergen*, die von zwei Paar kleinen Wanderern handelte – die guten: Klee und Primel; die bösen: Butterblume und Maßliebchen –, genug aufregende Einzelheiten enthielt, um ihre «Botschaft» darüber vergessen zu lassen.

Daneben gab es diese großen, flachen, glänzenden Bilderbücher. Besonders hatte es mir Golliwog angetan, eine männliche, rabenschwarze Negerpuppe mit blauem Rock, roten Hosen, Wäscheknopfaugen und einem dürftigen Harem von fünf Holzpuppen. Indem sie sich aus der amerikanischen Fahne verbotenerweise Kleider schneiderten (Peg nahm die mütterlichen Streifen, Sarah Jane die hübschen Sterne), erwarben zwei der Puppen eine gewisse sanfte Weiblichkeit, sobald ihre neutralen Gelenke bekleidet waren. Die Zwillinge (Meg und Weg) und der Knirps blieben splitternackt und folglich geschlechtslos.

Wir sehen, wie sie sich mitten in der Nacht nach draußen schleichen und einander mit Schneebällen bewerfen, bis die Schläge einer fernen Uhr («Doch horch!» bemerkt der dazugehörige gereimte Text) sie zurück in die Spielzeugschachtel im Kinderzimmer rufen. Ein frecher Krampus schießt hervor und erschreckt meine entzückende Sarah, und dieses Bild mißfiel mir von Herzen, denn es erinnerte mich an Kinderfeste, auf denen dies oder jenes anmutige Mädchen, das mich bezaubert hatte, sich zufällig den Finger klemmte oder das Knie stieß und sogleich zu einem rotgesichtigen Kobold aus nichts als Knitterfalten und einem brüllenden Mund wurde. Ein anderes Mal gingen sie auf eine Radtour und fielen Kannibalen in die Hände; unsere ahnungslosen Reisenden löschten ihren Durst gerade an einem palmengesäumten Teich, als die Tamtams erschollen. Über die Schulter meiner Vergangenheit bestaune ich noch einmal das entscheidende Bild: Immer noch kniet Golliwog, doch er trinkt nicht mehr; seine Haare sträuben sich, und das normale Schwarz seines Gesichts ist einem unheimlichen Aschgrau gewichen. Des ferneren gab es das Automobilbuch (in dem Sarah Jane, die mir immer die liebste war, einen langen, grünen Schleier trug) mit dem üblichen Gang der Dinge – Krücken und bandagierten Köpfen.

Und dann natürlich – das Luftschiff. Viele, viele Meter gelber Seide wurden zu seinem Bau benötigt, und für den glücklichen Knirps fiel zu seinem Gebrauch ein winziger Ballon mit ab. In der ungeheuren Höhe, zu der das Luftschiff aufstieg, schmiegten sich die Luftschiffer aneinander, um sich gegenseitig zu wärmen, während der verlorene kleine Solist, trotz seiner schlimmen Lage immer noch Gegenstand meines lebhaften Neids, in einen Abgrund von Frost und Sternen trieb – völlig allein.

3

Als nächstes sehe ich, wie meine Mutter mich durch die gewaltige Eingangshalle zu Bett bringt, in deren Mitte eine Treppe höher und immer höher aufwärts führte, und zwischen dem oberen Treppenabsatz und dem hellgrünen Abendhimmel war nichts als eine gewächshausartige Glaskuppel. Man blieb zurück und scharrte und rutschte ein wenig auf dem glatten Steinfußboden der Halle, was die sanfte Hand im Kreuz veranlaßte, die widerstrebende kleine Gestalt mittels nachsichtiger Stöße voranzuschieben. Wenn wir die Treppe erreichten, zwängte ich mich gewöhnlich zwischen dem Treppenpfosten und der ersten Docke unter dem Geländer hindurch auf die Stufen. Mit jedem neuen Sommer fiel es mir schwerer; heutzutage bliebe selbst mein Geist stecken.

Ein anderer Teil des Rituals war, mit geschlossenen Augen hinaufzugehen. «*Step, step, step* – noch einen Schritt und noch einen Schritt», hörte ich meine Mutter sagen, wenn sie mich hinaufführte – und mit Sicherheit bot sich der Auftritt der nächsten Stufe dem vertrauensvollen Fuß des blinden Kindes; man mußte ihn nur ein wenig höher heben als üblich, um nicht mit den Zehen gegen die Setzstufe zu stoßen. Dieser langsame, ein wenig nachtwandlerische Aufstieg in selbsterzeugter Dunkelheit barg offenkundige Freuden. Die größte war, nicht zu wissen, wann die letzte Stufe kam. Oben angelangt, hob sich der Fuß zum trügerischen Ruf «Und noch einen Schritt» von selbst, um dann mit einem flüchtigen Gefühl herrlicher Panik, einer wilden Zusammenziehung der Muskeln, in das Phantom einer Stufe zu sinken, die sozusagen mit dem unendlich elastischen Material ihrer Nichtexistenz gepolstert war.

Überraschend, wieviel System in meiner Bummelei vor dem Zubettgehen lag. Gewiß, diese ganze Treppensteigerei offenbart mir heute bestimmte transzendente Werte. Doch in Wahrheit suchte ich nur Zeit zu gewinnen, indem ich jede Sekunde bis zum äußersten dehnte.

Das hörte auch nicht auf, wenn mich meine Mutter zum Ausziehen an Miss Clayton oder Mademoiselle übergab.

Es gab fünf Badezimmer und eine bunte Gesellschaft ehrwürdiger Waschständer im Haus (immer wenn ich geweint hatte, suchte ich einen von ihnen in seinem dunklen Winkel auf, um auf meinem geschwollenen Gesicht, das zu zeigen ich mich schämte, die sanfte Berührung seines tastenden Wasserstrahls zu spüren, während ich auf den rostigen Fußhebel trat). Das richtige Bad wurde abends genommen. Für die Morgenwäsche gab es die runden englischen Gummiwannen. Meine hatte einen Durchmesser von über einem Meter und einen kniehohen Rand. Ein Diener mit Schürze goß eine Kanne voll Wasser vorsichtig über den eingeseiften Rücken des kauernden Kindes. Die Temperatur änderte sich mit den hydrotherapeutischen Vorstellungen der verschiedenen Erzieher. Es gab da etwa jene rauhe Zeit heraufdämmernder Pubertät, als unser damaliger Hauslehrer, der ausgerechnet Medizin studierte, eine eisige Sintflut verordnete. Die Temperatur des Abendbades hingegen blieb erfreulicherweise konstant bei 28° Réaumur (35° Celsius), gemessen von einem großen, gütigen Thermometer, dessen hölzerne Verkleidung (mit einem Ende feuchter Schnur im Loch des Griffes) ihm erlaubte, es den schwimmenden Zelluloidgoldfischen und Schwänchen gleichzutun.

Die Toiletten waren von den Badezimmern getrennt, und die älteste von ihnen war ein ziemlich prächtiges, aber düsteres Gelaß mit schöner Holztäfelung und einer quastengeschmückten roten Samtschnur, die beim Ziehen ein wundervoll moduliertes, diskret gedämpftes Gurgeln und Glucksen hervorrief. Von dieser Ecke des Hauses aus konnte man den Abendstern sehen und die Nachtigallen hören, und an diesem Ort verfaßte ich später meine unumarmten Schönen gewidmeten jugendlichen Verse und verfolgte in einem dunklen Spiegel mürrisch die prompte Errichtung eines fremdartigen Luftschlosses. Als kleinem Kind jedoch wurde mir etwas Bescheideneres zugewiesen, zwischen einem Weidenkorb und der Tür zum Kinderbadezimmer in einer engen Nische gelegen. Diese Tür ließ ich gerne ein wenig geöffnet; so konnte ich schlaftrunken den Dampfschimmer über der Mahagoniwanne beobachten, die phantastische Flottille aus Schwänen und Booten, mich selber mit einer Harfe in einem der Boote, einen pelzigen Nachtfalter, der an den Reflektor der Kerosinlampe stieß, das bemalte Glasfenster drüben, seine zwei Hellebardiere aus farbigen Rechtecken. Es bereitete mir Vergnügen, mich auf meinem warmen Sitz vorzubeugen und die Mitte meiner Stirn, ihr Ophryon, um genau zu sein, gegen die seltsam angenehme Türkante zu pressen und meinen Kopf ein wenig zu drehen, so daß sich die Tür hin und her bewegte, indes ihre Kante die ganze Zeit in beruhigender Berührung mit meiner Stirn blieb. Ein träumerischer Rhythmus durchdrang mein ganzes Wesen. Das kurze Zeit zurückliegende *«step, step, step»* meiner Mutter wurde von einem tropfenden Wasserhahn aufgenommen, und durch die erfolgreiche Verquickung von rhythmischem Muster mit rhythmischem Klang entwirrte ich die labyrinthischen Schnörkel auf dem Linoleum und entdeckte Gesichter,

wo ein Riß oder Schatten dem Auge einen Anhalts-
punkt bot. Mein Appell an alle Eltern: nie, nie «mach
schnell» zu einem Kind zu sagen.

Das letzte Stadium meiner vagen Seefahrt war erreicht, wenn ich zu meiner Bettinsel gelangte. Aus der
Veranda oder dem Salon, wo das Leben ohne mich wei-
terging, kam meine Mutter um des warmen Gemurmels
ihres Gutenachtkusses willen herauf. Geschlossene
Fensterläden, eine brennende Kerze, ich bin klein,
mein Herz ist rein, dimdamdimdimdam als Jesus allein,
ein Kind, das auf dem Kissen kniet, welches sogleich
seinen dröhnenden Kopf aufnehmen wird. Englische
Gebete und die kleine Ikone mit einem sonnengebräunten orthodoxen Heiligen bildeten eine unschuldige
Gemeinschaft, an die ich mich mit Freude erinnere;
und hoch über der Ikone an der Wand, wo im warmen
Kerzenschein irgendein Schatten (war es der der Bam-
buswand zwischen Bett und Tür?) wellenförmige
Linien zeichnete, sah man auf einem gerahmten Aquarell einen dämmerigen Pfad, der sich durch einen jener
unheimlich dichten europäischen Buchenwälder
wand, wo Farne und Winden die einzige Vegetation
sind und das Pochen des Herzens das einzige Geräusch.
In einem englischen Märchen, das mir meine Mutter
einmal vorgelesen hatte, kam ein kleiner Junge vor, der
aus seinem Bett in ein Bild stieg und auf seinem
Steckenpferd einen gemalten Weg zwischen schweigen-
den Bäumen entlangritt. Während ich in einem Nebel
von Schläfrigkeit und gepudertem Wohlbehagen auf
meinem Kissen kniete und, halb auf meine Waden ge-
kauert, mein Gebet herunterhaspelte, stellte ich mir

vor, mit welcher Bewegung ich in das Bild über meinem Bett klettern und in jenen verzauberten Buchenwald hineintauchen würde – den ich zu gegebener Zeit dann auch betrat.

4

Eine wunderliche Reihe englischer Kindermädchen und Gouvernanten kommt mir entgegen, da ich meine Vergangenheit wieder betrete; einige ringen die Hände, andere lächeln mir rätselhaft zu.

Da wäre etwa die undeutliche Miss Rachel, an die ich mich hauptsächlich im Zusammenhang mit Huntley & Palmer-Keksen erinnere (die schönen Makronen obenauf in der Blechdose mit ihrem blauen Papier, unten die faden Brezeln), die sie verbotenerweise mit mir teilte, wenn ich mir schon die Zähne geputzt hatte. Da wäre Miss Clayton, die mir immer, wenn ich nachlässig in einen Stuhl sank, den Finger gegen einen Brustwirbel drückte und dann lächelnd ihre Schultern zurückwarf, um zu demonstrieren, was sie von mir wünschte. Sie erzählte mir, daß einer ihrer Neffen in meinem Alter (vier) Raupen gezüchtet habe, doch jene, die sie für mich in einem offenen Glasgefäß mit Nesseln gesammelt hatte, krochen eines Morgens alle auf und davon, und der Gärtner sagte, sie hätten sich erhängt. Da wäre die hübsche dunkelhaarige, aquamarinäugige Miss Norcott, die in Nizza oder in Beaulieu einen weißen Glacéhandschuh verlor, nach dem ich auf dem steinigen Strand zwischen bunten Steinchen und blaugrünen Flaschenglasklum-

pen, die das Meer glattgeschliffen hatte, vergebens
suchte. Eines Abends in Abbazia wurde die hübsche
Miss Norcott fristlos hinausgeworfen. Sie umarmte
mich im bleichen Regenmantel und wie eine Trauer-
weide in Tränen aufgelöst im Morgenzwielicht des Kin-
derzimmers, und ich war den ganzen Tag über untröst-
lich, trotz der heißen Schokolade, die die alte Nanny der
Petersons extra für mich machte und trotz der extra But-
terbrote, auf deren glatte Oberfläche meine Tante Nata,
um mich behende abzulenken, erst ein Gänseblümchen,
dann eine Katze und dann die kleine Meerjungfrau zeichnete, über die ich mit Miss Norcott gerade unter Tränen
gelesen hatte, so daß ich wieder zu weinen anfing. Da
wäre die kurzsichtige kleine Miss Hunt, deren kurzer
Aufenthalt bei uns in Wiesbaden an dem Tag ein Ende
fand, als mein Bruder und ich – er vier, ich fünf Jahre alt –
es fertigbrachten, ihrer nervösen Wachsamkeit zu entrinnen, indem wir an Bord eines Dampfers gingen, mit
dem wir eine ganze Strecke rheinabwärts fuhren, ehe
man uns wieder fing. Da wäre die rosanasige Miss Robinson. Da wäre noch einmal Miss Clayton. Da wäre ein
schreckliches Weibsbild, das mir *Das mächtige Atom* von
Marie Corelli vorlas. Da wären noch andere. Zu einem
bestimmten Zeitpunkt schwanden sie aus meinem Leben. Französisch und Russisch kamen an die Reihe; und
die wenige Zeit, die für das Englische übrigblieb, war
gelegentlichen Konversationsstunden bei zwei Herren
vorbehalten, Mr. Burness und Mr. Cummings, von denen keiner bei uns wohnte. Für mich blieben sie mit
Wintern in St. Petersburg verbunden, wo wir in der
Morskaja-Straße ein Haus besaßen.

Mr. Burness war ein großer Schotte mit gerötetem Gesicht, hellblauen Augen und glattem, strohblondem Haar. Vormittags unterrichtete er an einer Sprachenschule, und in den Nachmittag zwängte er mehr Privatstunden, als der Tag beim besten Willen fassen konnte. Da er zu seinen Schülern von einer Ecke der Stadt zur anderen fahren mußte und dabei auf den trägen Trott verdrossener Pferdedroschken (*iswostschik*) angewiesen war, kam er, falls er Glück hatte, zu seiner Stunde um zwei Uhr (wo immer diese stattfand) nur eine Viertelstunde zu spät, doch zu seiner Vier-Uhr-Stunde traf er erst nach fünf ein. Auf ihn zu warten und zu hoffen, daß seine übermenschliche Hartnäckigkeit einmal wenigstens vor der grauen Wand eines besonders starken Schneesturms kapitulieren könnte, war eines jener spannenden Gefühle, die man im späteren Leben für ganz ausgeschlossen hält (und das ich doch wieder erfuhr, als mich die Verhältnisse zwangen, meinerseits Privatstunden zu geben, und ich in meinem möblierten Zimmer in Berlin auf einen undurchdringlichen Schüler wartete, der trotz aller Hindernisse, mit denen ich ihm in Gedanken den Weg verbaute, unweigerlich doch erschien).

Selbst die Dunkelheit, die sich draußen ansammelte, schien ein Abfallprodukt von Mr. Burness' Anstrengungen, zu unserem Haus zu gelangen. Schon kam der Diener, um die blauen weiten Stores herabzulassen und die geblümten Vorhänge zuzuziehen. Das Ticktack der Großvateruhr im Schulzimmer nahm allmählich einen öden, nörgelnden Tonfall an. Die Enge meiner kurzen Hosen, die in der Leistengegend spannten, und das

rauhe Gefühl gerippter schwarzer Strümpfe, welche
die zarte Innenseite meiner gebeugten Beine kratzten,
vermischten sich mit dem dumpfen Druck eines niederen Bedürfnisses, dessen Befriedigung ich weiter und
weiter hinausschob.

Fast eine Stunde verging ohne ein Zeichen von
Mr. Burness. Mein Bruder ging auf sein Zimmer,
spielte eine Klavieretüde und tauchte dann immer wieder aufs neue in eine der Melodien ein, die ich nicht
ausstehen konnte – die Unterweisung der künstlichen
Blumen in *Faust* («...*dites-lui qu'elle est belle*...») oder
Wladimir Lenskijs Klage («...*Ku-daaa, ku-daaa, ku-daaa
wy udalis*»). Ich verließ die obere Etage, auf der wir Kinder wohnten, und rutschte langsam das Treppengelän-
der in den ersten Stock hinunter, wo die Zimmer meiner Eltern lagen. Meist waren sie um diese Zeit nicht zu
Hause, und in der einfallenden Abenddämmerung
wirkte der Raum auf meine jungen Sinne in seltsam
teleologischer Weise, als täte die Anhäufung vertrauter
Gegenstände im Dunkel ihr Äußerstes, ein endgültiges
und bleibendes Bild abzugeben, welches wiederholte
Aufnahmen dann auch endlich in meinem Geist zu-
rückließen.

Das Sepiadunkel eines arktischen Mittwinternach-
mittags vertiefte sich zu bedrückendem Schwarz. Hier
und da in der Dunkelheit spiegelten ein Bronzewinkel,
ein Stück Glas oder poliertes Holz die diversen Lichtre-
ste von der Straße, über deren Mitte die Kugeln hoher
Laternen bereits ihr Mondlicht verbreiteten. Florartige
Schatten huschten an der Decke entlang. In der Stille
ließ das trockene Geräusch, mit dem das Blütenblatt

einer Chrysantheme auf den Marmor des Tisches nie-
derfiel, die Nerven wie eine Saite erklingen.

Das Boudoir meiner Mutter hatte einen Erker, von
dem aus man die Morskaja in Richtung Marienplatz bequem übersehen konnte. Die Lippen gegen den dünnen
Stoff vor der Fensterscheibe gedrückt, schmeckte ich
durch den Voile hindurch immer deutlicher die Kälte
des Glases. Vom gleichen Erker aus verfolgte ich einige
Jahre später, beim Ausbruch der Revolution, verschiedene Kampfhandlungen und erblickte meinen ersten
Toten: Er wurde auf einer Bahre weggetragen, und
trotz aller Knuffe und Schubser der Bahrenträger versuchte ein schlecht beschuhter Genosse den Stiefel von
einem herabbaumelnden Bein zu zerren – all dies im
eiligen Laufschritt. Doch in Mr. Burness' Tagen gab es
nichts zu sehen als die dunkle gedämpfte Straße und
ihre lange Reihe hoch oben hängender Laternen, um die
mit anmutiger, fast mutwillig verlangsamter Bewegung
die Schneeflocken immer von neuem streiften, als wollten sie zeigen, wie das Kunststück gemacht wird und
wie einfach es ist. Aus einem anderen Winkel konnte
man im helleren, violett gefärbten Nimbus des Gas-
lichts den Schnee dichter fallen sehen, und dann schien
es mir, als höbe und senke sich der Gebäudevorsprung,
auf dem ich stand, langsam wie ein Ballon. Endlich hielt
einer der Geisterschlitten, die die Straße entlangglitten,
und mit schlaksiger Eile stakte Mr. Burness mit seiner
schapka aus Fuchspelz auf unsere Tür zu.

Von der Schulstube, in die ich ihm vorausgegangen
war, hörte ich seine kräftigen, krachenden Schritte näher und näher kommen, und so kalt der Tag auch sein

mochte – wenn er hereinkam, stand ihm dichter Schweiß im freundlichen, geröteten Gesicht. Ich entsinne mich der mächtigen Energie, mit der er den spritzenden Federhalter aufdrückte, wenn er mir in der schönsten aller Schönschriften die Schularbeiten für den nächsten Tag aufschrieb. Am Ende der Stunde wurde gewöhnlich ein bestimmter Limerick erbeten und gewährt; die Pointe der Darbietung bestand darin, daß man selber unfreiwillig das Wort *screamed* (schrie) wahrzumachen hatte, wenn Mr. Burness meine Hand in seiner Pranke zusammendrückte, während er folgende Verse rezitierte:

> *There was a young lady from Russia*
> *Who* [quetsch] *whenever you'd crush her.*
> *She* [quetsch] *and she* [quetsch]...

Inzwischen war der Schmerz so unerträglich geworden, daß wir niemals weiterkamen.

5

Der ruhige, bärtige, vornübergebeugte, altmodische Mr. Cummings, der mir 1907 oder 1908 Zeichenunterricht gab, war auch schon der Zeichenlehrer meiner Mutter gewesen. In den frühen neunziger Jahren war er als Auslandskorrespondent und Illustrator der Londoner Zeitschrift *Graphic* nach Rußland gekommen. Es ging das Gerücht, daß eheliches Unglück sein Leben verdüstere. Eine melancholische Liebenswürdigkeit machte die Dürftigkeit seines Talents wett. Er trug einen Ulster, wenn das Wetter nicht gerade sehr mild war und er ihn gegen einen grünlichbraunen Lodenmantel vertauschte.

Mich faszinierte, wie er den Spezialradiergummi gebrauchte, den er in der Westentasche bei sich trug, wie er das Blatt straff hielt und hinterher mit den Fingerrükken die «Guttalein des Percha» (wie er sagte) wegschnippte. Schweigend und traurig illustrierte er mir die marmornen Gesetze der Perspektive: Lange gerade Striche seines elegant gehaltenen, unglaublich scharfen Bleistifts ließen die Linien des von ihm aus dem Nichts geschaffenen Raumes (abstrakte Wände, zurückweichender Plafond und Fußboden) mit quälender und steriler Genauigkeit in einem entfernten hypothetischen Punkt zusammenlaufen. Quälend, weil sie mich an Eisenbahnschienen erinnerten, die symmetrisch und raffiniert vor den blutunterlaufenen Augen meiner Lieblingsmaske, eines rußbeschmierten Lokomotivführers, konvergierten; steril, weil der Raum unmöbliert und ganz und gar leer blieb, bar selbst der geschlechtslosen Statuen, die man in der uninteressanten Eingangshalle eines Museums antrifft.

Der Rest der Bildergalerie machte ihr mageres Vestibül wett. Mr. Cummings war ein Meister des Sonnenuntergangs. Seine kleinen Aquarelle, die Angehörige unseres Haushalts gelegentlich für fünf oder zehn Rubel das Stück gekauft hatten, führten ein ziemlich gefährdetes Leben, bei dem sie in immer dunklere Winkel gerieten und schließlich von irgendeinem glatten Porzellantier oder einer neugerahmten Photographie vollends verfinstert wurden. Als ich gelernt hatte, Würfel und Kegel nicht nur zu zeichnen, sondern jene Teile, die für alle Zeiten abgewandt bleiben sollten, mit flüssigen, verschmelzenden Strichen zu schattieren, begnügte sich der freundliche alte Herr damit, unter meinem bezauberten Blick seine eigenen nassen kleinen Paradiese zu malen, Variationen einer einzigen Landschaft: einen Sommerabend mit einem orangeroten Himmel, eine Wiese, die mit dem schwarzen Saum eines fernen Waldes endete, und einen leuchtenden Fluß, der den Himmel wiederholte und sich in immer größere Ferne davonschlängelte.

Später, etwa von 1910 bis 1912, löste ihn der bekannte «Impressionist» (ein Begriff jener Zeit) Jaremitsch ab, ein humor- und formloser Mensch, der sich für einen «kühnen» Stil stark machte, für Kleckse aus stumpfen Farben, sepia- und olivbraune Schmierflecken, mittels deren ich auf gewaltigen Bogen grauen Papiers humanoide Gestalten reproduzieren mußte, die wir aus Knetmasse modellierten und in «dramatischen» Haltungen vor einem Samttuch mit Falten und Schatteneffekten aller Art aufbauten. Es war eine deprimierende Verbindung mindestens drei verschiedener Künste, alle nur ungefähr, und schließlich rebellierte ich.

An seine Stelle trat der gefeierte Dobushinskij, der mir seine Stunden gern auf dem *piano nobile* unseres Hauses in einem seiner hübschen Empfangssalons im Erdgeschoß gab, das er besonders geräuschlos betrat, als scheue er sich, mich aus meinem Versifizierstupor aufzuschrecken. Er ließ mich aus dem Gedächtnis so detailliert wie nur möglich Dinge zeichnen, die ich sicher schon tausendmal gesehen hatte, ohne sie doch richtig zu erfassen: eine Straßenlaterne, einen Briefkasten, das Tulpenmuster im bunten Glas unserer eigenen Haustür. Er suchte mir beizubringen, wie man das geometrische Verhältnis zwischen den schlanken Zweigen eines kahlen Alleebaumes fand, ein System visuellen Gebens und Nehmens, das eine Genauigkeit des linearen Ausdrucks verlangte, die ich in meiner Jugend nicht zuwege brachte, jedoch in meinem erwachsenen Entwicklungsstadium dankbar nicht nur anwandte, als ich während meiner sieben Jahre am Harvard Museum of Comparative Zoology Schmetterlingsgenitalien zeichnen mußte und mich in den hellen Brunnenschacht eines Mikroskops versenkte, um mit Ausziehtusche diese oder jene neue Struktur zu erfassen; sondern vielleicht auch in gewissen Momenten, wenn die literarische Komposition nach einem Zeichenprisma verlangte. Gefühlsmäßig jedoch bin ich den früheren Farbwonnen, die mir meine Mutter und ihr ehemaliger Lehrer zuteil werden ließen, mehr verpflichtet. Wie bereitwillig doch setzte sich Mr. Cummings auf einen Hocker, teilte mit beiden Händen im Rücken die – was? trug er einen Gehrock? ich habe nur noch die Geste vor Augen – und schickte sich an, den schwarzen blechernen Malkasten aufzumachen. Ich sah es gern, wie er seinen Pinsel behende in die verschiedenen Farben zu tauchen verstand; begleitet von dem Geklapper der Emaillenäpfchen, die appetitlich die satten, vom Pinsel eingedellten Rots und Gelbs umschlossen, saugte er sich voll; und wenn er seinen Honig gesammelt hatte, fand das Umhertasten und Zustoßen ein Ende, und mit

118

zwei oder drei Strichen seiner saftigen Spitze durch-
tränkte er das «Watmanskij»-Papier mit einer gleichmäßigen Fläche orangenen Himmels, über den, solange er
noch feucht war, eine langgestreckte purpur-schwarze
Wolke gelegt wurde. «Und das ist alles, Schätzchen»,
sagte Mr. Cummings. «Mehr ist nicht dabei.»

Bei einer Gelegenheit bat ich ihn, mir einen Expreß-
zug zu zeichnen. Ich sah zu, wie sein Stift geschickt den
Kuhfänger und die detaillierten Scheinwerfer einer
Lokomotive hervorbrachte, die wirkte, als sei sie gebraucht für die transsibirische Eisenbahn gekauft worden, nachdem sie in den sechziger Jahren in Promon-
tory Point, Utah, Dienst getan hatte. Dann kamen fünf
enttäuschend einfache Waggons. Als er mit ihnen fertig
war, schattierte er sorgsam den reichlichen Rauch, der
aus dem gewaltigen Schornstein quoll, legte den Kopf
zurück und reichte mir nach einem Augenblick zufrie-
dener Betrachtung die Zeichnung. Auch ich versuchte,
zufrieden auszusehen. Er hatte den Tender vergessen.

Ein Vierteljahrhundert später erfuhr ich zweierlei:
Burness, inzwischen nicht mehr am Leben, war in
Edinburgh ein bekannter gelehrter Übersetzer jener
romantischen russischen Gedichte gewesen, die ich in
meinen Knabenjahren bis zur Raserei angehimmelt
hatte; und mein bescheidener Zeichenlehrer, dessen Alter ich mit dem von Großonkeln und alten Dienern der
Familie gleichgesetzt hatte, hatte etwa zur gleichen
Zeit, als ich selber heiratete, ein junges estländisches
Mädchen zur Frau genommen. Als ich von diesen
späteren Entwicklungen erfuhr, versetzte es mir einen
sonderbaren Stich; es war, als hätte das Leben selbst in

meine schöpferischen Rechte eingegriffen, indem es über die subjektiven Grenzen hinausgeschlichen war, die von verbrieft und besiegelt geglaubten Kindheitserinnerungen eleganter- und billigerweise gezogen wurden.

«Und was ist mit Jaremitsch?» fragte ich M. W. Dobushinskij eines Sommernachmittags in den vierziger Jahren, als wir durch einen Buchenwald in Vermont wanderten. «Ist er vergessen?» – «Keineswegs», erwiderte Mstislaw Walerianowitsch. «Er war außerordentlich begabt. Ich habe keine Ahnung, was er für ein Lehrer war, aber ich weiß, Sie waren der hoffnungsloseste Schüler, den ich jemals hatte.»

Kapitel 5

1

Immer wieder habe ich die Feststellung machen müssen, daß jeder mir teure Bestandteil meiner Vergangenheit, mit dem ich die Figuren meiner Romane ausgestattet hatte, in der künstlichen Welt, der er sich so unvermittelt ausgesetzt fand, unweigerlich verkümmerte. Obwohl er in meinem Geist fortlebte, hatte er seine persönliche Wärme, seinen retrospektiven Charme eingebüßt, und fortan war er meinem Roman enger zugehörig als meinem früheren Selbst, wo er dennoch einst vor der Zudringlichkeit des Künstlers so sicher schien. In meiner Erinnerung sind Häuser so lautlos wie in den Stummfilmen von einst zusammengestürzt, und das Portrait meiner alten französischen Gouvernante, die ich einmal an einen Knaben in einem meiner Bücher auslieh, verblaßt zusehends, da es nun in die Beschreibung einer Kindheit eingefügt ist, die mit der meinen nicht das mindeste zu tun hat. Der Mensch in mir empört sich gegen den Romanschriftsteller, und hier ist mein verzweifelter Versuch, zu retten, was von der armen Mademoiselle noch übrig ist.

Eine Frau von stattlicher Körperfülle, so schneite

Mademoiselle im Jahre 1905 in unser Leben, als ich sechs war und mein Bruder fünf. Da wäre sie denn. Mit aller Deutlichkeit sehe ich ihr volles dunkles Haar, das hoch nach oben gebürstet ist und insgeheim ergraut; die drei Falten auf ihrer strengen Stirn; die buschigen Augenbrauen; die stahlharten Augen hinter dem schwarzrandigen Zwicker; den Anflug eines Schnurrbarts; den fleckigen Teint, der in Augenblicken des Zorns in der Gegend der dritten und fülligsten Kinnfalte, die sich stattlich über den Rüschenberg ihrer Bluse breitet, ein zusätzliches Erröten zustande bringt. Und nun setzt sie sich, oder vielmehr: sie macht sich an die Arbeit des Hinsetzens, das Gelee ihrer Wangen erbebt, ihr gewaltiges Hinterteil mit den drei Knöpfen an der Seite senkt sich behutsam; dann, in letzter Minute, liefert sie ihre Fülle dem Korbsessel aus, der aus schierer Angst in eine Salve von Knackgeräuschen ausbricht.

Wir waren etwa ein Jahr lang im Ausland gewesen. Nachdem wir den Sommer 1904 in Beaulieu und Abbazia und mehrere Monate in Wiesbaden verbracht hatten, reisten wir Anfang 1905 nach Rußland zurück. Der Monat will mir nicht einfallen. Ein Indiz ist, daß ich in Wiesbaden in die russische Kirche mitgenommen worden war – das erste Mal, daß ich überhaupt in der Kirche war –, und das könnte in der Fastenzeit gewesen sein (während des Gottesdienstes fragte ich meine Mutter, wovon der Priester und der Diakon da redeten; sie flüsterte auf englisch zurück, daß sie sagten, wir sollten uns alle lieben, doch ich verstand, daß jene beiden prächtigen Figuren in kegelförmigen schimmernden Gewändern einander versicherten, sie würden immer

Die Großmutter des Autors mütterlicherseits, Olga Nikolajewna Rukawischnikow, geborene Koslow (1845–1901) um 1885 in St. Petersburg

gute Freunde bleiben). Aus Frankfurt trafen wir in Berlin während eines Schneesturms ein und nahmen am nächsten Morgen den Nordexpreß, der aus Paris hereindonnerte. Zwölf Stunden später erreichte er die russische Grenze. Vor dem Hintergrund des Winters nahm der zeremonielle Wagen- und Lokomotivenwechsel eine seltsame neue Bedeutung an. Ein aufregendes Gefühl von *rodina*, Heimat, war zum erstenmal organisch vermischt mit dem angenehmen knirschenden Schnee, den tiefen Fußspuren darin, dem roten Glanz des Lokomotivschornsteins, den unter ihrer privaten Schicht transportablen Schnees auf dem roten Tender hoch gestapelten Birkenscheiten. Ich war knapp sechs, doch dieses Jahr im Ausland, ein Jahr schwieriger Entscheidungen und liberaler Hoffnungen, hatte einen kleinen russischen Jungen Zeuge von Erwachsenengesprächen werden lassen. Er konnte nicht umhin, in seiner eigenen Art von dem Heimweh einer Mutter und dem Patriotismus eines Vaters berührt zu sein. Als Folge davon erscheint mir jene Rückkehr nach Rußland, meine erste *bewußte* Rückkehr, jetzt, sechzig Jahre später, eine Probe – nicht der großen Heimkehr, die es niemals geben wird, sondern des unausgesetzten Traums von ihr während der langen Jahre des Exils.

Noch hatte jener Sommer 1905 in Wyra keine Lepidopteren hervorgebracht. Der Dorfschulmeister unternahm lehrreiche Wanderungen mit uns («Was ihr da hört, ist das Geräusch einer Sense, die geschärft wird»; «Dieses Feld da kann sich in der nächsten Saison ausruhen»; «Ach, bloß ein kleiner Vogel – der hat keinen besonderen Namen»; «Wenn der Bauer da betrunken ist,

Der Vater des Autors, Wladimir Dmitrijewitsch Nabokow (1870–1922) um 1885 als Schüler mit seinen drei Brüdern (von links nach rechts: Dmitrij, Konstantin und Sergej). Mein Vater war gerade dabei, das Dritte Gymnasium abzuschließen und erstaunlich jung mit dem Studium zu beginnen. Onkel Konstantin, elf oder zwölf Jahre alt, wurde noch zu Hause unterrichtet, Onkel Dmitrij und Onkel Sergej waren *prawoweds*, d. h. Studenten der schicken Kaiserlichen Schule der Jurisprudenz.

dann wegen seiner Armut»). Der Herbst dann legte den Park mit einem Teppich aus buntem Laub aus, und Miss Robinson zeigte uns die schöne Erfindung – die dem Jungen des Botschafters, einer bekannten Figur in ihrer kleinen Welt, im Herbst zuvor solchen Spaß gemacht hatte –, Ahornblätter auf dem Boden zu sammeln und auf einem großen Blatt Papier so anzuordnen, daß sie ein fast vollständiges Spektrum bildeten (Blau fehlte allerdings – eine große Enttäuschung!), von Grün zu Zitronengelb, von Zitronengelb zu Orange und so weiter über die roten zu den purpurnen, den purpurbraunen, aufs neue den rötlichen und über die zitronengelben zurück zu den grünen (die kaum noch zu finden waren, es sei denn als Teil, als ein letzter tapferer Saum). Die ersten Fröste trafen die Astern, und immer noch zogen wir nicht in die Stadt zurück.

Jener Winter 1905/06, als Mademoiselle aus der Schweiz eintraf, war der einzige in meiner Kindheit, den ich auf dem Land verbrachte. Es war ein Jahr der Streiks, der Unruhen und polizeilich gesteuerten Gemetzel, und vermutlich wollte mein Vater die Familie fern der Stadt auf unserem ruhigen Landsitz in Sicherheit wissen, wo seine Beliebtheit bei den Bauern das Risiko von Unruhen verringern würde, wie er mit Recht annahm. Es war auch ein besonders strenger Winter, der so viel Schnee brachte, wie Mademoiselle im hyperboreischen Dämmer der fernen Muskowei nur erwartet haben konnte. Als sie auf dem kleinen Bahnhof Siwerskij ausstieg, von dem sie bis Wyra noch etwa zehn Kilometer per Schlitten zurückzulegen hatte, war ich nicht da, sie zu begrüßen; doch hole ich es jetzt nach, wenn ich mir vorzustellen versuche, was sie während der letzten Etappe ihrer sagenhaften und unzeitigen Reise sah und fühlte. Ich weiß, ihr russischer Wortschatz bestand aus einem einzigen Wort, demselben einsamen Wort, das sie Jahre später in die Schweiz mit zurücknehmen sollte. Dieses Wort, das in ihrer Aussprache phonetisch als «giddi-eh» wiedergegeben werden könnte (in Wirklichkeit lautete es *gde* mit einem offenen ä wie in «Lärm»), bedeutete «wo». Und das war nicht wenig. Wenn sie es wie den heiseren Schrei eines verirrten Vogels ausstieß, war ihm so viel fragende Gewalt eigen, daß es für alle ihre Bedürfnisse ausreichte. «Giddi-eh? Giddi-eh?» jammerte sie, nicht nur um sich zu orientieren, sondern auch, um tiefstes Elend auszudrücken: die Tatsache, daß sie ein Fremdling war, schiffbrüchig, mittellos, leidend, auf der Suche nach dem gesegneten Land, wo man sie endlich verstände.

Dank meinem Stellvertreter kann ich mir ein Bild davon machen, wie sie in der Mitte des Bahnsteigs steht, wo sie soeben ausgestiegen ist, und vergebens bietet ihr mein geisterhafter Gesandter einen Arm, den sie nicht sehen kann. («Da stand ich, von allen verlassen *comme la Comtesse Karenine*», klagte sie später beredt, wenngleich nicht ganz korrekt.) Die Tür des Warteraums geht mit jenem bebenden Wimmern auf, das Nächten starken Frosts eigentümlich ist; eine Wolke heißer Luft strömt heraus, fast so reichlich wie der Dampf aus dem großen Schornstein der keuchenden Lokomotive; und nun nimmt sich unser Kutscher Sachar ihrer an – ein stämmiger Mann im Schaffellmantel, dessen Leder nach außen gewendet ist; seine riesigen Handschuhe sehen un-

ter der scharlachroten Schärpe hervor, unter die er sie
geklemmt hat. Ich höre den Schnee unter seinen Filzstiefeln knirschen, während er sich mit dem Gepäck zu
schaffen macht, das Klingeln des Pferdegeschirrs und
dann seine eigene Nase, die er mit einem geschickten
Schnippen und Ausschütteln von Zeigefinger und
Daumen erleichtert, während er hinten um den Schlitten geht. Langsam, voller schlimmer Befürchtungen
klettert «Madmaselja», wie ihr Helfer sie nennt, hinein; in Todesangst, daß der Schlitten sich in Bewegung
setzen könnte, ehe ihre gewaltige Gestalt sicher untergebracht ist, klammert sie sich an ihn. Grunzend läßt sie
sich schließlich fallen und schiebt die Fäuste in ihren
unzureichenden Plüschmuff. Saftig schnalzt der Kutscher mit den Lippen, und die beiden Rappen Sojka
und Sinka spannen die Schenkel, wechseln die Hufe
und legen sich dann von neuem ins Zeug; und plötzlich
macht Mademoiselles Torso einen Ruck nach hinten,
der schwere Schlitten wird seiner Stahl-, Pelz- und
Fleischwelt entrissen und gleitet davon in ein reibungs-
loses Medium, wo er eine geisterhafte Straße entlang-
jagt, die er kaum zu berühren scheint.

Dort, wo der Bahnhofsplatz zu Ende ist, leuchtet
eine einsame Lampe und macht, daß einen Augenblick
lang ein stark übertriebener Schatten, ebenfalls mit
einem Muff in den Händen, neben dem Schlitten ein-
herläuft, einen Schneebuckel erklimmt, verschwunden
ist und Mademoiselle zurückläßt, um von einer Landschaft verschlungen zu werden, von der sie später mit
Grausen und innigem Behagen als «*la steppe*» sprechen
wird. In dem grenzenlosen Dunkel um sie herum hält

sie das unstete Gefunkel ferner Dorflichter für die gelben Augen von Wölfen. Sie friert, ist steifgefroren, «bis in die Mitte des Gehirns erstarrt», denn sie schwingt sich gern mit dem wildesten hyperbolischen Ausdruck empor, wenn sie sich nicht an die platteste Redensart klammert. Hin und wieder sieht sie sich um, um sich zu vergewissern, daß der zweite Schlitten mit ihrem Koffer und der Hutschachtel auch richtig folgt – immer in demselben Abstand, einem jener geselligen Geisterschiffe in polaren Gewässern gleich, wie sie von Entdeckungsreisenden beschrieben wurden. Den Mond nicht zu vergessen – denn gewiß durfte der Mond nicht fehlen, die volle, unglaublich klare Scheibe, die so gut zum kernigen russischen Frost paßt. Da erscheint er denn, sucht sich seinen Weg aus einer Schar kleiner fleckiger Wolken heraus, die er mit einem vagen Anflug irisierender Farben bedeckt; und wenn er dann höher steigt, versieht er die Kufenspuren, die auf dem Weg zurückbleiben, wo jeder glitzernde Schneeklumpen von einem geschwollenen Schatten hervorgehoben wird, mit einer Glasur.

Sehr schön und sehr einsam. Doch was tue ich in jenem stereoskopischen Traumland? Wie bin ich dorthin gelangt? Irgendwie sind die beiden Schlitten davongeglitten und haben auf der blauweißen Straße einen paßlosen Spion in neuenglischen Schneestiefeln und Wettermantel zurückgelassen. Das Klingen in meinen Ohren sind nicht mehr ihre sich entfernenden Glocken, es ist nur mehr mein altes summendes Blut. Alles ist still, gebannt, vom Mond verzaubert, dem Rückspiegel der Einbildungskraft. Der Schnee jedoch ist richtiger

Schnee, und wenn ich mich bücke und eine Handvoll zusammenraffe, zerbröseln sechzig Jahre zwischen meinen Fingern zu glitzerndem Froststaub.

2

Eine große Petroleumlampe mit Alabasterfuß sucht sich ihren Weg ins Dämmerlicht. Sacht schwebt sie heran und senkt sich; die Hand der Erinnerung, die jetzt im weißen Baumwollhandschuh eines Dieners steckt, stellt sie in die Mitte des runden Tisches. Die Flamme wird zur Zufriedenheit eingestellt, und ein rosiger, gefältelter Seidenschirm mit eingefügten Rokoko-Wintersportansichten krönt das nunmehr nachgestellte Licht (Baumwolle in Kasimirs Ohr). Man erblickt: eine warme, helle, elegante Stube («russisches Empire») in einem verschneiten Haus – bald sollte es *le château* genannt werden –, das der Großvater meiner Mutter erbaut hatte; er hatte Angst vor Feuer gehabt und darum die Treppe aus Eisen machen lassen, so daß schließlich, als das Haus einige Zeit nach der russischen Revolution wirklich bis auf den Grund niedergebrannt wurde, diese feingeschmiedeten Stufen, durch deren offene Setzstufen der Himmel zu sehen war, stehenblieben – einsam zwar, doch immer noch aufwärts führend.

Bitte noch etwas über diese Stube. Die glänzenden weißen Kehlungen der Möbel, die gestickten Rosen ihrer Polster. Das weiße Klavier. Der ovale Spiegel. An straffen Schnüren aufgehängt, die reine Stirn geneigt, bemüht er sich, ein abschüssiges Stück hellen Fußbodens und die fallenden Möbel zu halten, die sich alle seiner Umarmung entziehen. Die Glasbehänge des Lüsters. Sie geben ein sanftes Klirren von sich (einen Stock höher werden in dem Zimmer, in dem Mademoiselle wohnen wird, Sachen gerückt). Buntstifte. Ihr detailliertes Spektrum ist auf der Schachtel dargestellt, wird von denen im Innern aber niemals vollständig verwirklicht. Wir sitzen an einem runden Tisch, mein Bruder und ich und Miss Robinson, die hin und wieder auf ihre Uhr blickt: Bei diesem Schnee müssen die Wege in furchtbarem Zustand sein; und sowieso erwartet ihre Nachfolgerin, die Französin oder so etwas sein soll, manch berufliches Ungemach.

Und jetzt die Buntstifte in Aktion. Den grünen konnte man mit einer bloßen wirbelnden Bewegung des Handgelenks dazu veranlassen, einen aufgeplusterten Baum hervorzubringen oder auch den Wasserwirbel über einem weggetauchten Krokodil. Der blaue zog einen einfachen Strich quer über das Blatt – und der Horizont aller Meere war da. Ein unbestimmter stumpfer war einem immer wieder im Weg. Der braune war ständig abgebrochen und der rote auch, aber manchmal konnte man ihn weiter benutzen, selbst wenn man es schon knacken gehört hatte; man mußte ihn nur so halten, daß die lose Spitze recht und schlecht gegen einen vorragenden Splitter gedrückt wurde. Der purpurne Knirps, mein besonderer Liebling, war derart aufgebraucht, daß er sich kaum noch handhaben ließ. Einzig der weiße, der schlanke Albino unter den Stiften, behielt seine ursprüngliche Länge bei, wenigstens bis ich herausfand, daß er alles andere war als ein Betrüger, der keine Spur auf der Seite zurückließ, sondern vielmehr das ideale Werkzeug, denn ich konnte mir beim Kritzeln vorstellen, was ich wollte.

Ach, auch diese Stifte sind unter die Gestalten in meinen Büchern verteilt worden, um erfundene Kinder zu beschäftigen; heute gehören sie mir nicht mehr ganz. Irgendwo im Wohnhaus eines Kapitels, in dem gemieteten Zimmer eines Absatzes, habe ich auch jenen geneigten Spiegel, die Lampe und die Glastropfen des Kronleuchters untergebracht. Wenig ist mir verblieben, viel ist vertan. Habe ich auch Box I. weggegeben (den Sohn und Gatten von Lulu, dem Schoßtier der Haushälterin), jenen alten braunen Dackel, der auf dem Sofa fest schläft? Nein, ich glaube, er gehört mir noch. Seine grauhaarige Schnauze mit der Warze im angezogenen Mundwinkel hat er in die Beugung seiner Flanke gebettet, und von Zeit zu Zeit dehnt ein tiefer Seufzer seinen Brustkorb. Er ist so alt, und sein Schlaf ist so ausgepolstert mit Träumen (von kaubaren Pantoffeln und ein paar letzten Gerüchen), daß er sich nicht rührt, als draußen leises Geläut ertönt. Dann keucht in der Diele eine pneumatische Tür und schlägt zu. Sie ist also doch eingetroffen; ich hatte so gehofft, daß sie nicht käme.

3

Ein anderer Hund, der sanftmütige Stammvater einer wütigen Familie, eine Dänische Dogge, die das Haus nicht betreten durfte, spielte bei einem Abenteuer

an einem der nächsten Tage – wenn nicht schon den
Tag darauf – eine wohlgefällige Rolle. Es ergab sich,
daß mein Bruder und ich völlig der Obhut der neuen
Gouvernante überlassen waren. Wie ich es mir heute
rekonstruiere, war meine Mutter wahrscheinlich mit
ihrem Mädchen und dem jungen Trainy in das etwa
achtzig Werst entfernte St. Petersburg gefahren, wo
mein Vater tief in die ernsten politischen Ereignisse jenes Winters verwickelt war. Sie war schwanger und
sehr nervös. Anstatt dazubleiben und Mademoiselle
einzugewöhnen, war auch Miss Robinson verschwunden – zurück zu jener Botschafterfamilie, von der wir
durch sie ebensoviel wußten wie sie mit Sicherheit von
uns. Um zu zeigen, daß dies keine Art war, uns zu be-
handeln, faßte ich sofort den Plan, die aufregende Un-
ternehmung vom Vorjahr zu wiederholen, als wir der
armen Miss Hunt in Wiesbaden entwischt waren.
Diesmal war die Landschaft ringsumher eine Schnee-
wildnis, und es ist schwer zu sagen, was eigentlich das
Ziel der von mir geplanten Reise gewesen sein könnte.
Wir waren gerade von unserem ersten Nachmittags-
spaziergang mit Mademoiselle zurückgekommen, und
ich war geladen mit Enttäuschung und Haß. Mit ein
wenig Nachhilfe hatte sich dem ergebenen Sergey ein
Teil meiner Wut mitgeteilt. Mit einer fremden Sprache
Schritt zu halten (unsere Französischkenntnisse beschränkten sich auf ein paar Brocken für den Hausge-
brauch) und zu allem Überfluß auch noch unsere lieben Angewohnheiten über den Haufen geworfen zu
sehen, das war mehr, als wir uns gefallen lassen konnten. Aus der *bonne promenade*, die sie uns versprochen

133

hatte, war ein langweiliger Bummel um das Haus geworden, auf Wegen, wo der Schnee geräumt und Sand auf den vereisten Boden gestreut war. Auf Mademoiselles Geheiß hatten wir andere Sachen als sonst anzuziehen, selbst an den kältesten Tagen – schreckliche Gamaschen und Kapuzen, die uns in allen unseren Bewegungen hinderlich waren. Sie hatte uns zurückgehalten, als ich Sergej anstiftete, die sahnigen, glatten Schneehöcker zu erforschen, die im Sommer Blumenbeete gewesen waren. Sie hatte uns nicht erlaubt, unter dem orgelpfeifenartigen System gewaltiger Eiszapfen entlangzugehen, die von den Dachrinnen herunterhingen und in der späten Sonne prachtvoll glitzerten. Und sie hatte eine meiner von Miss Robinson erfundenen Lieblingsbeschäftigungen als *ignoble* untersagt – bäuchlings auf einem kleinen Plüschschlitten zu liegen, an dessen Vorderteil ein Stück Schnur befestigt war und den eine Hand in einem ledernen Fausthandschuh unter weißen Bäumen einen schneebedeckten Pfad entlangzog, indessen Sergej auf einem mit rotem Plüsch gepolsterten, hinten an meinen blauen gebundenen zweiten Schlitten nicht lag, sondern saß, und die Absätze zweier Filzstiefel direkt vor meinem Gesicht mit ein wenig einwärts gerichteten Zehen ziemlich rasch ausschritten und bald diese, bald jene Sohle über einen wunden Eisfleck schlitterte. (Hand und Füße gehörten Dmitrij, unserem ältesten und kleinsten Gärtner, und der Pfad war die Eichenallee, die die Hauptschlagader meiner Kindheit gewesen zu sein scheint.)

Ich setzte meinem Bruder einen tückischen Plan

auseinander und stiftete ihn an, sich darauf einzulassen. Sobald wir von diesem Spaziergang zurück waren, ließen wir Mademoiselle keuchend auf den Stufen zum Vestibül stehen und stürmten ins Haus, so daß sie den Eindruck haben mußte, wir wollten uns in irgendeinem entlegenen Zimmer verstecken. In Wirklichkeit liefen wir weiter, bis wir die andere Seite des Hauses erreichten und durch eine Veranda wieder in den Garten gelangten. Die oben erwähnte Dänische Dogge war im Begriff, sich umständlich auf eine nahe gelegene Schneewehe einzurichten, doch während sie noch überlegte, welches Hinterbein sie heben sollte, bemerkte sie uns und kam sofort in fröhlichem Galopp herbei, um sich uns anzuschließen.

Zu dritt schlugen wir einen einigermaßen einfachen Pfad ein, wateten dann durch tieferen Schnee und erreichten schließlich die Straße, die zum Dorf führte. Inzwischen war die Sonne untergegangen. Die Dämmerung fiel mit unheimlicher Schnelligkeit ein. Mein Bruder erklärte, daß er friere und müde sei, doch ich nötigte ihn weiterzugehen und ließ ihn schließlich auf dem Hund reiten (dem einzigen in unserer Gesellschaft, dem noch wohl war). Wir waren über drei Kilometer gelaufen, der Mond schien phantastisch klar, und seit einiger Zeit rutschte mein Bruder ohne einen Laut hin und wieder von seinem Reittier, als uns Dmitrij mit einer Laterne einholte und nach Hause brachte. «Giddi-eh, giddi-eh?» schrie Mademoiselle verzweifelt vom Hauseingang aus. Ich eilte ohne ein Wort an ihr vorbei. Mein Bruder brach in Tränen aus und kapitulierte. Die Dänische Dogge, die auf den Namen Turka hörte, kehrte zu ihren unterbrochenen Geschäften in Zusammenhang mit dienlichen und aufschlußreichen Schneewehen um das Haus herum zurück.

4

In der Kindheit verstehen wir viel von Händen, denn sie leben und schweben in unserer Höhe; die von Mademoiselle waren wegen des froschartigen Glanzes auf ihrer straffen, mit braunen Altersflecken gesprenkelten Haut wenig angenehm. Vor ihrer Zeit hatte kein Fremder je mein Gesicht gestreichelt. Mademoiselle dagegen hatte mich völlig überrumpelt, als sie mir zum Zeichen spontaner Zuneigung die Wange tätschelte. Alle ihre Angewohnheiten kommen mir wieder in den Sinn, wenn ich an ihre Hände denke. Ihr Trick, den Bleistift eher zu schälen als anzuspitzen, die Spitze auf den gewaltigen, sterilen, in grüne Wolle gehüllten Busen gerichtet. Ihre Art, den kleinen Finger ins Ohr zu stecken und schnell vibrieren zu lassen. Das Ritual, das sie jedesmal befolgte, wenn sie mir ein neues Schulheft gab. Da sie immer ein wenig außer Atem war, entfuhren ihrem ständig ein wenig geöffneten Mund in rascher Folge eine Reihe asthmatischer Atemstöße, wenn sie das Heft öffnete, um den Rand einzuknicken; das heißt, sie zog mit dem Daumennagel einen scharfen, senkrechten Strich, faltete den Blattrand nach innen, preßte ihn nach unten, ließ ihn los, glättete ihn mit dem Daumenballen, worauf das Heft flink umgedreht und gebrauchsfertig vor mich hingelegt wurde. Es folgte eine neue Feder; sie feuchtete die glänzende Stahlspitze zwischen ihren aufgeschürzten Lippen an, bevor sie sie im Tintenfaß taufte. Und glücklich über jedes Glied jedes klaren Buchstabens (um so mehr, als das vorangegangene Heft in völliger Schlamperei geendigt hatte), schrieb ich mit ungemeiner Sorgfalt das Wort *Dictée* hin, während Mademoiselle auf der Suche nach einer guten, schwierigen Stelle ihre Sammlung von Rechtschreibaufgaben durchstöberte.

5

Währenddessen ist das Bühnenbild gewechselt worden. Ein schweigsamer Requisiteur hat den bereiften Baum und die hohe Schneewehe mit ihrem xanthinfarbenen Loch beseitigt. Der Sommernachmittag wimmelt von steilen Wolken, die sich gegen die Bläue stemmen. Löchrige Schatten huschen über die Gartenwege. Kurz darauf sind die Schulstunden aus, und Mademoiselle liest uns auf der Veranda etwas vor, wo die Matten und die geflochtenen Korbstühle in der Hitze würzige, biskuitartige Gerüche ausströmen. Auf den weißen Fensterbrettern, den langen, mit ausgeblichenem Kaliko bezogenen Fensterbänken wird das Sonnenlicht, das durch Rhomboide und Quadrate farbigen Glases hereindringt, zu geometrischen Edelsteinen gebrochen. Das ist die Zeit, da sich Mademoiselle von ihrer besten Seite zeigt.

Wie viele Bände hat sie uns auf jener Veranda vorgelesen! Ihre ranke Stimme eilte weiter und weiter, ohne je schwach zu werden, ohne das geringste Stocken oder Zögern, eine wunderbare Lesemaschine, völlig unabhängig von ihren kranken Bronchien. Es wurde uns alles zuteil: *Les Malheurs de Sophie, Le Tour du Monde en Quatre-Vingts Jours, Le Petit Chose, Les Misérables, Le Comte de Monte Christo* und vieles andere. Da saß sie und ließ dem stillen Gefängnis ihres Körpers die Lesestimme entrinnen. Außer ihren Lippen war eine ihrer Kinnfalten, die kleinste, aber richtige, der einzige bewegliche Teil ihrer buddhagleichen Masse. Das schwarzumrandete Pincenez spiegelte die Ewigkeit. Zuzeiten ließ sich eine Fliege auf ihrer strengen Stirn nieder, und sofort sprangen ihre drei Falten in die Höhe wie drei Läufer über drei Hürden. Doch nicht das geringste änderte sich an dem Ausdruck ihres Gesichts – dieses Gesichts, das ich so oft in meinem Zeichenblock festzuhalten versuchte, denn seine unbewegte und einfache Symmetrie brachte meinen heimlichen Bleistift viel stärker in Versuchung als die Blumenschale oder die Lockente vor mir auf dem Tisch, die ich vermeintlich zeichnete.

Bald darauf war ich mit meinen Gedanken noch weiter weg, und dann vielleicht erfüllte die seltene Reinheit ihrer rhythmischen Stimme ihren wahren Zweck. Ich sah zu einem Baum hin, und die Bewegung seiner Blätter entlieh sich diesen Rhythmus. Jegor machte sich zwischen den Päonien zu schaffen. Eine Bachstelze tat ein paar Schritte, blieb stehen, als sei ihr etwas eingefallen – und stelzte ihrem Namen getreu mit wippendem Schwanz weiter. Aus dem Nirgendwo kam ein C-Falter herbei und ließ sich auf der Schwelle nieder, breitete die eckigen, rötlichgelben Flügel aus, um sie von der Sonne bescheinen zu lassen, schloß sie plötzlich, nur um die winzigen Kreideinitialen auf ihrer dunklen Unterseite zu zeigen, und schoß ebenso plötzlich davon. Aber die beständigste Quelle des Entzückens während dieser Lesestunden bildete das Harlekinmuster der bunten Glasscheiben auf beiden Seiten der Veranda, die in ein weißgetünchtes Rahmengestänge eingefaßt waren. Wenn man den Garten durch diese Zaubergläser betrachtete, so wirkte er seltsam still und fern. Sah man durch das blaue Glas, dann verwandelte sich der Sand in Asche, während tintige Bäume in einem tropischen Himmel schwammen. Das gelbe schuf eine Ambrawelt, die mit einem extra starken Sonnenscheingebräu durchtränkt war. Das rote ließ die Blätter der Bäume dunkel wie Rubine auf einen rosa Fußweg niederhangen. Das grüne badete das grüne Laub in einem grüneren Grün. Und wenn man sich nach all diesem Reichtum einem kleinen Quadrat gewöhnlichen, faden Glases mit seiner einsamen Mücke oder lahmen langbeinigen Schnake zuwandte, war es, als nehme man einen Schluck Wasser, ohne durstig zu sein, und unter bekannten Bäumen erblickte man eine nüchterne weiße Bank. Doch von allen Fenstern ist gerade dies die Scheibe, durch die in späteren Jahren dürstende Sehnsucht gern gespäht hätte.

Mademoiselle erfuhr nie, welche machtvolle Wirkung der gleichmäßige Strom ihrer Stimme hatte. Die Ansprüche, die sie später geltend machte, waren ganz anderer Art. «Ach», seufzte sie, «*comme on s'aimait* – wie lieb hatten wir uns! Die guten alten Zeiten im *château*! Die tote Wachspuppe, die wir einmal unter der

Eiche begruben! [Nein – eine mit Wolle ausgestopfte Negerpuppe.] Und wie ihr beide, du und Sergey, einmal weggerannt seid und mich stolpernd und jammernd mitten im Wald allein gelassen habt! [Übertrieben.] *Ah, la fessée que je vous ai flanquée* – Puh, was habe ich euch für eine Tracht Prügel verabreicht! [Sie hatte wirklich einmal versucht, mich zu ohrfeigen, aber der Versuch war nie wiederholt worden.] *Votre tante, la Princesse*, die du mit deinem Fäustchen geschlagen hast, weil sie frech zu mir gewesen war! [Nicht daß ich wüßte.] Und wie du mir deine kindlichen Kümmernisse ins Ohr geflüstert hast! [Nie.] Und die gemütliche Ecke in meinem Zimmer, in die du dich so gerne gekuschelt hast, weil du dich dort so warm und geborgen fühltest!»

Mademoiselles Zimmer, das auf dem Land wie das in der Stadt, war mir ein nicht geheurer Ort – eine Art Gewächshaus, das eine dickblättrige Pflanze beherbergte und von einem schweren, enuretischen Geruch erfüllt war. Obwohl es gleich neben dem unseren lag, als wir noch klein waren, schien es doch nicht zu unserem angenehmen, gut gelüfteten Haus zu gehören. In jenem widerwärtigen Nebel, in dem unter anderen, wolligeren Ausdünstungen der braune Geruch oxidierter Apfelschalen hing, brannte die Lampe mit niedriger Flamme, und seltsame Dinge schimmerten auf dem Schreibtisch: eine Lackschachtel mit Lakritzestangen, von denen sie mit ihrem Federmesser schwarze Stückchen abhackte und unter der Zunge zergehen ließ; eine Ansichtskarte mit einem See und einem Schloß, dem glitzernde Perlmuttplättchen als Fenster dienten; eine höckrige Kugel aus fest zusammengerolltem Stanniolpapier, das von all der Schokolade stammte, an der sie sich abends gütlich tat; Photographien des verstorbenen Neffen, seiner Mutter, die ihr Portrait *Mater Dolorosa* signiert hatte, und eines gewissen Monsieur de Marante, den seine Familie gezwungen hatte, eine reiche Witwe zu ehelichen.

Ein Bild in einem verschnörkelten granatbesetzten Rahmen stach alle anderen aus; es zeigte im Dreiviertelprofil ein rankes brünettes Mädchen mit engsitzendem Kleid, tapferen Augen und vollem Haar. «Ein Zopf, so dick wie mein Arm, der mir bis an die Fußgelenke reichte!» war Mademoiselles melodramatischer Kommentar. Denn dies war sie gewesen – doch vergebens musterten meine Augen die vertraute Gestalt, um das liebliche Geschöpf, das sie verschlungen hatte, wieder zu extrahieren. Entdeckungen, wie mein entgeisterter Bruder und ich sie machten, erschwerten das Vorhaben nur noch; und die Erwachsenen, die tagsüber eine dichtbekleidete Mademoiselle vor Augen hatten, sahen nie, was wir Kinder sahen, wenn einer von uns schreiend aus einem bösen Traum aufschrak und sie weckte; aufgelöst, eine Kerze in der Hand, einen Schimmer goldener Spitzen auf ihrem blutroten Morgenrock, der ihre quabbelige Masse nicht ganz zu umwickeln vermochte, kam die gräßliche Jézabel aus Racines absurdem Stück barfuß in unser Schlafzimmer gestampft.

Im Einschlafen bin ich mein ganzes Leben lang schlecht gewesen. Eisenbahnreisende, die ihre Zeitung beiseite legen, die einfältigen Arme verschränken und in beleidigender Vertraulichkeit auf der Stelle zu schnarchen anfangen, setzen mich ebenso in Erstaunen wie der ungenierte Kerl, der im Beisein eines geschwätzigen Badenden defäkiert, der an Massendemonstrationen teilnimmt oder einer Vereinigung beitritt, um in ihr aufzugehen. Die des Schlafens ist die schwachsinnigste Korporation der Welt, die mit den höchsten Beiträgen und den rohesten Ritualen. Der Schlaf ist eine geistige Tortur, die ich erniedrigend finde. Die Mühe und Not des Schreibens zwingen mich leider oft, eine starke Tablette zu schlucken, die mir eine oder zwei Stunden fürchterlicher Alpträume schenkt, oder gar die komische Erleichterung eines mittäglichen «Nickerchens» zu akzeptieren, so wie ein seniler Wüstling zum nächsten Euthanasium wanken mag; doch ich kann mich einfach nicht an den allnächtlichen Verrat der Vernunft, der Menschlichkeit, des Genies gewöhnen. Wie groß meine Müdigkeit auch ist – der Schmerz, mich vom Bewußtsein zu trennen, ist mir unaussprechlich zuwider. Ich verabscheue Somnus, diesen schwarz maskierten Scharfrichter, der mich an den Block fesselt; und wenn ich im Laufe der Jahre mit der Annäherung an eine weit gründlichere und noch viel lachhaftere Desintegration, die, wie ich zugebe, dem Schlaf heutzunacht viel von seinem Routineschrecken nimmt, genügend an meine allnächtliche Prüfung gewöhnt habe, um mich fast zu brüsten, wenn das vertraute Beil aus seinem großen samtgefütterten Kontrabaßkoffer genommen wird, hatte ich am Anfang keinen solchen Trost oder Schutz: Nichts hatte ich – außer einem Notlicht im potentiell strahlenden Kronleuchter von Mademoiselles Schlafzimmer, dessen Tür auf Anweisung unseres Hausarztes (Ihnen einen Gruß, Dr. Sokolow) einen Spaltweit aufblieb. Ihre Vertikale milden Lichts (welche von den Tränen eines Kindes in die blendenden Strahlen des Mitleids verwandelt werden konnten) war etwas, woran ich mich halten konnte, denn im völligen Dunkel überkam mich Schwindel, und in einer Travestie des Todeskampfes löste mein Geist sich auf.

Immer konnte man sich auf die Samstagabende freuen oder hätte sich doch auf sie freuen können, denn dies war die Zeit, da sich Mademoiselle, die der klassischen Hygieneschule anhing und unsere *toquades anglaises* bloß als Quelle für Erkältungen betrachtete, den gefährlichen Luxus eines wöchentlichen Bades gönnte und so meinem dünnen Lichtstreif eine längere Frist gewährte. Doch dann hob eine ausgesuchtere Folter an.

Wir sind inzwischen in unser Stadthaus umgezogen, ein elegantes, italienisierendes Gebäude aus finnischem Granit mit Blumenfresken über dem dritten (obersten) Stockwerk und einem Erker im zweiten, das mein Großvater um 1885 in St. Petersburg (dem heutigen Leningrad), Morskaja-Straße 47 (der heutigen Herzen-Straße), hatte erbauen lassen. Die Kinder bewohnten den zweiten Stock. In dem hier gewählten Jahr 1908 hatten mein Bruder und ich noch ein gemeinsames Kinderzimmer. Das Mademoiselle zugewiesene Badezimmer lag am Ende eines Z-förmigen Korridors, etwa zwanzig Herzschläge von meinem Bett entfernt, und während ich einerseits mit Schrecken Mademoiselles vorzeitiger Rückkehr in ihr erleuchtetes Zimmer entgegensah und andererseits das regelmäßige leichte Schnarchen meines Bruders hinter dem uns trennenden japanisierenden Wandschirm beneidete, gelang es mir niemals, die mir geschenkte Zeit zu nutzen, indem ich geschwind einschlief, solange ein Spalt im Dunkel von einem Stückchen meiner selbst im Nichts Zeugnis ablegte. Schließlich näherten sie sich, jene unerbittlichen Schritte, die den Korridor entlangschlurften und irgendeinen kleinen gläsernen Gegenstand, der im geheimen meine Wache geteilt hatte, auf seinem Regal vor Unmut erklirren ließen.

Jetzt ist sie wieder in ihrem Zimmer. Eine rasche Änderung der Lichtwerte sagt mir, daß die Kerze auf dem Nachttisch die Aufgabe der Glühbirnentraube an der Decke übernommen hat, die erst mit ein paar Klickgeräuschen zwei weitere Stufen natürlicher und dann übernatürlicher Helligkeit durchlaufen hatte und dann ganz ausgeknipst worden war. Mein Lichtstreif ist immer noch da, doch er ist alt und schwach geworden und flackert, wenn Mademoiselles Bett bei jeder Bewegung knarrt. Denn immer noch kann ich sie hören. Jetzt ist es ein silbriges Knistern, das ‹Suchard› bedeutet; jetzt das Ritsch-Ratsch eines Obstmessers, das die Seiten der *Revue des Deux Mondes* aufschneidet. Eine Periode des Niedergangs hat begonnen: Sie liest Bourget. Keins seiner Worte wird ihn überleben. Das Verhängnis ist nah. Ich bin in Not, versuche verzweifelt, den Schlaf zu betören, öffne alle paar Sekunden die Augen, um mich vom Vorhandensein des dunkler gewordenen Lichtschimmers zu überzeugen, und stelle mir das Paradies als einen Ort vor, wo ein schlafloser Nachbar beim Licht einer ewigen Kerze in einem endlosen Buche liest.

Das Unvermeidliche geschieht: Mit einem Schnappen schließt sie das Pincenez-Etui, die Zeitschrift wird raschelnd auf den Marmor des Nachttisches geschoben, und Mademoiselles gespitztem Mund entweicht ein böiger Luftstoß; der erste Versuch schlägt fehl, eine angeschlagene Flamme krümmt und duckt sich; dann folgt ein zweiter Angriff, und das Licht bricht zusammen. In der pechigen Schwärze verliere ich die Orientierung, mein Bett scheint langsam davonzutreiben, in panischer Angst setze ich mich auf und starre vor mich hin; endlich unterscheiden meine an die Dunkelheit gewöhnten Augen zwischen lauter entoptischen Schwebewesen gewisse kostbarere Flecken, die in zielloser Gedächtnislosigkeit herumwandern, bis sie sich schwach erinnern und als die undeutlichen Falten von Fenstervorhängen zur Ruhe kommen, hinter denen ferne Straßenlaternen am Leben sind.

Wie ganz und gar nicht paßten die Nöte der Nacht zu den erregenden Petersburger Morgen, wenn der wilde und sanfte, feuchte und blendende arktische Frühling Eisschollen die meerleuchtende Newa hinuntertrieb! Er ließ die Dächer erglänzen. Er verlieh dem Schneematsch auf den Straßen eine satte violette Färbung, die ich seitdem nirgends mehr gesehen habe. An diesen herrlichen Tagen *on allait se promener en équipage* – der altmodische europäische Ausdruck, der in unserem Milieu üblich war. Mühelos fühle ich aufs neue den erfreulichen Wechsel aus dem dick wattierten, knielangen *poluschubok* mit dem heißen Biberkragen in den kurzen marineblauen Mantel mit Ankerknöpfen aus Messing. Im offenen Landauer verbindet mich das Tal einer Schoßdecke mit den Inhabern des interessanteren Rücksitzes, der majestätischen Mademoiselle

145

und dem triumphierenden, tränenverschmierten Sergey, mit dem ich mich zu Hause gerade gezankt habe. Hin und wieder versetze ich ihm unter unserer gemeinsamen Decke einen leichten Fußtritt, bis Mademoiselle es mir ernsthaft untersagt. Wir treiben vorbei an den Schaufenstern von Fabergé, dessen Mineralmonstrositäten, juwelenbesetzte Trojkas auf marmornen Straußeneiern und dergleichen, von der kaiserlichen Familie sehr geschätzt, von unserer dagegen für Embleme grotesker Protzerei gehalten wurden. Kirchenglocken läuten, der erste Zitronenfalter fliegt hoch auf über den Triumphbogen am Schloßplatz; in einem Monat kehren wir wieder zurück aufs Land; und wenn ich nach oben blicke, kann ich sehen, wie sich große, straffe, halbdurchsichtige Fahnen blähen, die hoch über der Straße von Hausfront zu Hausfront ausgespannt sind und deren drei breite Streifen – hellrot, hellblau und einfach hell – durch die Sonne und die ziehenden Wolkenschatten jedes zu direkten Zusammenhangs mit einem Kaiserfeiertag beraubt waren; heute, in der Stadt der Erinnerung, feiern sie jedoch unzweifelhaft das Wesen jenes Frühlingstages, das Platschen des Matsches, den Beginn von Ziegenpeter, den zerzausten exotischen Vogel mit einem blutunterlaufenen Auge auf Mademoiselles Hut.

6

Sieben Jahre lang wohnte sie bei uns, und die Unterrichtsstunden wurden immer seltener und ihre Laune immer schlechter. Dennoch schien sie im Vergleich zu der Ebbe und Flut englischer Gouvernanten und russischer Hauslehrer, die in unserem großen Haushalt kamen und gingen, wie ein Felsblock von ingrimmiger Beständigkeit. Sie stand mit allen von ihnen auf gespanntem Fuß. Im Sommer fanden sich zu den Mahlzeiten selten weniger als fünfzehn Leute ein, und zumal an Geburtstagen, wenn ihre Zahl auf dreißig oder mehr stieg, wurde die Frage der Tischordnung für Mademoiselle zu einem besonders brennenden Problem. Onkel und Tanten und Vettern kamen an solchen Tagen von den Nachbargütern herüber, der Dorfarzt traf in seinem Dogcart ein, und im kühlen Flur hörte man den Dorfschulmeister die Nase schneuzen, wenn er mit einem grünlichen, feuchten, knarrenden Maiglöckchenstrauß in der Faust oder einem aus himmelblauen, kurzlebigen Kornblumen von Spiegel zu Spiegel ging.

Wenn Mademoiselle meinte, daß sie zu weit unten am Tisch saß, und besonders wenn sie hinter einer gewissen armen Verwandten rangierte, die fast ebenso beleibt war wie sie (*«Je suis une sylphide à côté d'elle»*, pflegte Mademoiselle mit einem verächtlichen Achselzucken zu sagen), verzog ihr das Gefühl, daß ihr ein Schimpf angetan worden sei, die Lippen zu einem zuckenden, vermeintlich ironischen Lächeln – und wenn dann ein naiver Nachbar zurücklächelte, schüttelte sie, als komme sie aus tiefster Kontemplation, schnell den Kopf und bemerkte: *«Excusez-moi, je souriais à mes tristes pensées.»*

Und als hätte die Natur ihr nichts ersparen wollen, was einen überempfindlich macht, hörte sie schwer. Bei Tisch bemerkten wir Jungen bisweilen, wie zwei große Tränen Mademoiselles stattliche Wangen herunterkullerten. «Laßt euch nicht stören», sagte sie mit leiser Stimme und aß weiter, bis die nicht fortgewischten Tränen ihr die Sicht raubten; dann schluchzte sie gebrochenen Herzens auf, erhob sich und wankte aus dem Speisezimmer. Nach und nach kam die Wahrheit ans Licht. Das Tischgespräch hatte sich etwa um das Kriegsschiff gedreht, das unter dem Kommando meines Onkels stand, und sie hatte darin eine hinterhältige Stichelei gegen ihre Schweiz gesehen, die keine Marine besaß. Oder sie bildete sich ein, daß jedesmal, wenn Französisch gesprochen wurde, unser abgekartetes Spiel darin bestand, sie mutwillig daran zu hindern, die Konversation zu lenken und mit ihren Kleinodien zu zieren. Die arme Frau, sie war immer in so nervöser Hast, sich verständlicher Tischgespräche zu bemächtigen, bevor sie wieder ins Russische verfielen, daß es kein Wunder ist, wenn sie ihr Stichwort verpaßte.

«Und Ihr Parlament, Monsieur, was treibt es so?» platzte sie etwa an ihrem Tischende pfiffig heraus, als Herausforderung an meinen Vater, der nach einem aufreibenden Tag wenig Lust verspürte, seine politischen Sorgen mit einem höchst unwirklichen Menschen zu erörtern, dem sie ebenso unbegreiflich wie gleichgültig waren. Glaubte sie, daß von Musik die Rede war, so sprudelte sie hervor: «Aber auch Stille kann schön sein. Wirklich, eines Abends habe ich in einem menschenleeren Alpental die Stille tatsächlich *gehört*.» Zumal als ihre zunehmende Taubheit sie Fragen beantworten ließ, die niemand gestellt hatte, führten Salven dieser Art zu peinlichem Schweigen, anstatt die Raketen einer angeregten *causerie* zu zünden.

Und dabei war ihr Französisch so wunderschön! Sollte man an der Seichtheit ihrer Bildung, der Bitternis ihrer Launen, der Banalität ihres Geistes Anstoß nehmen, wenn ihre perlende Sprache rieselte und funkelte, so bar jedes Sinns wie die alliterativen Sünden in Racines frommen Versen? Der Buchbestand meines Vaters und nicht ihr begrenzter Wissensschatz lehrte mich wahre Poesie schätzen; dennoch haben Glanz und Transparenz ihrer Sprache höchst erfrischend auf mich gewirkt, wie eins jener Brausesalze, die man einnimmt, um das Blut zu reinigen. Darum auch macht es mich heute so traurig, daran zu denken, welche Seelenqual es Mademoiselle bereitet haben muß, die Nachtigallenstimme, die aus ihrem Elefantenkörper drang, so wenig beachtet und so gering geschätzt zu wissen. Sie wohnte lange, viel zu lange bei uns und hoffte beharrlich auf irgendein Wunder, das sie in eine Art Madame de Rambouillet verwandeln würde, die einen gülden-seidenen Salon von Dichtern, Fürsten und Staatsmännern in ihrem geistvollen Bann hält.

Sie hätte weiter gehofft, wäre nicht Lenskij dazwischengekommen, ein junger russischer Hauslehrer mit milden kurzsichtigen Augen und entschiedenen politischen Ansichten, der engagiert worden war, um uns in verschiedenen Fächern zu unterrichten und mit uns Sport zu treiben. Er hatte mehrere Vorgänger gehabt, denen allen Mademoiselle nicht gewogen war, doch er, er war «*le comble*», wie sie sich ausdrückte. Während er meinen Vater verehrte, gingen ihm gewisse Aspekte unseres Haushalts ziemlich wider den Strich, Diener und Französisch zum Beispiel, welch letzteres er für einen aristokratischen Brauch hielt, der im Hause eines Liberalen nichts zu suchen hätte. Auf der anderen Seite kam Mademoiselle zu dem Schluß, daß es nicht an Lenskijs fehlenden Französischkenntnissen lag, wenn er ihre unverblümten Fragen nur mit kurzen Grunzlauten beantwortete (die er in Ermangelung einer besseren Sprache zu germanisieren suchte), sondern daß er sie vor allen Leuten beleidigen wollte.

Ich höre und sehe noch, wie Mademoiselle ihn mit honigsüßer Stimme und einem unheilvollen Beben ihrer Oberlippe ersuchte, ihr das Brot zu reichen; und ebenso sehe und höre ich Lenskij unbeirrt und bar aller Französischkenntnisse seine Suppe weiterlöffeln; schließlich stieß Mademoiselle mit einem schneidenden «Pardon, Monsieur» direkt über seinen Teller hinweg auf den Brotkorb nieder, raffte ihn an sich und lehnte sich mit einem «Merci!» zurück, in das so viel Ironie gepackt war, daß Lenskijs flaumige Ohren geranienrot anliefen. «Der Halunke! Der Lump! Der Nihilist!» schluchzte sie später in ihrem Zimmer – das nicht mehr neben unserem, aber noch immer auf der gleichen Etage lag.

Wenn Lenskij zufällig die Treppe heruntergesprungen kam, während sie sich hinaufschleppte und alle zehn Schritte eine asthmatische Pause einlegen mußte (denn der kleine hydraulische Fahrstuhl in unserem Petersburger Haus verweigerte ständig und in ziemlich gemeiner Weise den Dienst), behauptete Mademoiselle, er habe sie boshaft angerempelt, zur Seite gestoßen, niedergeschlagen, und wir sahen schon, wie er ihren hingestreckten Körper mit Füßen trat. Immer häufiger verließ sie die Tafel, und das Dessert, welches

ihr entgangen wäre, wurde ihr diplomatisch nachge-
schickt. Aus ihrem entlegenen Zimmer schrieb sie
einen sechzehnseitigen Brief an meine Mutter, die hin-
aufeilte und sie dabei antraf, wie sie theatralisch den
Koffer packte. Und eines Tages hinderte man sie nicht
am Weiterpacken.

7

Sie kehrte in die Schweiz zurück. Der Erste Weltkrieg
kam, dann die Revolution. In den frühen zwanziger
Jahren, lange nachdem unser Briefwechsel versickert
war, fügte es eine zufällige Wendung in meinem Emi-
grantendasein, daß ich mit einem Kommilitonen nach
Lausanne kam; ich sagte mir, daß ich ruhig Mademoiselle aufsuchen könne, falls sie noch am Leben sei.

Sie lebte noch. Fülliger denn je, stark ergraut und fast
völlig taub, begrüßte sie mich mit einem ungestümen
Ausbruch von Herzlichkeit. Die Stelle der Ansichtskarte von Schloß Chillon nahm jetzt ein Prunkstück von
einer Trojka ein. Sie fand so warme Worte für ihr Leben
in Rußland, als handele es sich um ihre eigene verlorene
Heimat. Und wirklich entdeckte ich in der Nachbarschaft eine ganze Kolonie solcher alten Schweizer Gouvernanten. Sie hatten sich zusammengetan, um ihre
konkurrierenden Reminiszenzen immer wieder von
neuem durchzuhecheln, und bildeten ein kleines Eiland
in einer Umwelt, die ihnen fremd geworden war. Mademoiselles Busenfreundin war jetzt die mumiengleiche
Mlle Golay, die frühere Gouvernante meiner Mutter,

mit fünfundachtzig immer noch gedrechselt und pessimistisch; sie war lange nach der Heirat meiner Mutter in der Familie geblieben und nur ein paar Jahre vor Mademoiselle in die Schweiz zurückgekehrt; als beide noch unter unserem Dach wohnten, hatten sie nicht miteinander geredet. In seiner Vergangenheit ist man immer zu Hause, was zu einem Teil wenigstens die postume Liebe erklärt, die diese rührenden Damen einem fernen und offen gesagt ziemlich abschreckenden Land entgegenbrachten, das sie niemals wirklich gekannt hatten und in dem keine von ihnen so recht glücklich gewesen war.

Da Mademoiselles Taubheit keine Unterhaltung zuließ, beschlossen mein Freund und ich, ihr am nächsten Tag das Gerät zu bringen, das sie sich anscheinend nicht leisten konnte. Anfangs hielt sie den unhandlichen Gegenstand falsch, aber kaum hatte sie ihn angesetzt, da wandte sie sich mir mit einem betroffenen Ausdruck feuchter Verwunderung und Glückseligkeit in ihren Augen zu. Sie schwor, daß sie jedes Wort, jedes Murmeln von mir hören könne. Sie konnte es nicht, denn da ich meine Zweifel hatte, hatte ich kein Wort gesprochen. Hätte ich es getan, so hätte ich ihr gesagt, daß sie sich bei meinem Freund, der das Instrument bezahlt hatte, bedanken solle. War es die Stille, die sie damals hörte, jene alpine Stille, von der sie einst gesprochen hatte? Damals hatte sie sich selber angelogen; jetzt log sie mich an.

Bevor ich nach Basel und Berlin weiterreiste, geschah es, daß ich in der kalten, nebligen Nacht am See entlangging. An einer Stelle verdünnte ein einsames, trübes Licht die Dunkelheit und verwandelte den Nebel in einen sichtbaren Nieselregen. «*Il pleut toujours en Suisse*», war eine jener beiläufigen Bemerkungen, die Mademoiselle früher zu Tränen gerührt hatten. Unten zogen eine weite Kräuselung, fast eine Welle und etwas undeutlich Weißes meinen Blick auf sich. Als ich mich dem schwappenden Wasser näherte, sah ich, was es war – ein alter Schwan, ein großes, schwerfälliges, drontenhaftes Tier, das lächerliche Anstrengungen machte, in ein vertäutes Boot hinaufzuklettern. Er schaffte es nicht. Das schwere, ohnmächtige Flappen seiner Flügel, das schlüpfrige Geräusch, das sie an dem schwankenden und plätschernden Boot machten, der klebrige Glanz der dunklen Wogen, wo der Lichtschein sie traf – all dem schien für einen Augenblick jene seltsame Bedeutung eigen, die in Träumen bisweilen einem Finger zukommt, der an stumme Lippen gedrückt wird und dann auf etwas hinweist, das der Träumer nicht mehr zu erkennen vermag, ehe er aus seinem Schlaf hochfährt. Obwohl ich jene düstere Nacht bald vergaß, war es seltsam genug gerade sie, gerade dieses komplexe Bild – Schauder und Schwan und schwellende Welle –, das mir zuerst in den Sinn kam, als ich einige Jahre darauf erfuhr, daß Mademoiselle gestorben war.

Sie hatte ihr ganzes Leben damit zugebracht, sich elend zu fühlen; die Misere war ihr ureigenes Element; allein ihre Schwankungen, ihre wechselnden Tiefen hatten ihr das Gefühl gegeben, sich zu bewegen und zu leben. Was mich stört, ist, daß die Empfänglichkeit für Elend und nichts außer ihm nicht hinlangt für eine dauerhafte Seele. Meine gewaltige und verdrossene Made-

moiselle ist wohl auf Erden, nicht aber in der Ewigkeit
möglich. Habe ich sie wirklich aus der Dichtung gerettet? Kurz bevor der Rhythmus, den ich vernehme,
stockt und verklingt, ertappe ich mich bei der Frage, ob
mir nicht während all der Jahre, da ich mit ihr zu tun
hatte, irgend etwas in ihr völlig entgangen war, das viel
mehr war als ihre Kinnfalten oder ihre Eigenheiten oder
selbst ihr Französisch – irgend etwas, das möglicherweise ihrem letzten Anblick verwandt war, dem sinnreichen Täuschungsmanöver, zu dem sie ihre Zuflucht
genommen hatte, damit ich zufrieden über meine
eigene Güte von ihr gehe, oder jenem Schwan, dessen
Qual künstlerischer Wahrheit so viel näher kam als die
bleichen Arme einer niedersinkenden Tänzerin; kurz,
irgend etwas, das ich erst gewahren konnte, als die
Dinge und Wesen, die ich in der Sicherheit meiner
Kindheit am meisten geliebt hatte, zu Asche geworden
oder mitten ins Herz getroffen waren.

Mademoiselles Geschichte hat einen Anhang. Als ich
sie niederschrieb, wußte ich nicht, daß es auch noch andere erstaunliche Langlebigkeiten gegeben hatte. So erzählte mir 1960 mein Londoner Cousin Peter de Peterson, daß ihre englische Nanny, welche mir schon 1904
in Abbazia alt vorgekommen war, inzwischen über
neunzig sei und bei bester Gesundheit; auch hatte ich
keine Ahnung, daß die Gouvernante der beiden jüngeren Schwestern meines Vaters, Mlle Bouvier (die
spätere Mme Conrad), meinen Vater um fast ein halbes
Jahrhundert überlebte. Sie war 1889 ins Haus gekommen und als letzte in einer Serie von Gouvernanten
sechs Jahre lang geblieben. Ein hübsches kleines An-

154

denken, das Peters Vater Iwan de Peterson 1895 gezeichnet hatte, zeigte Vignetten verschiedener Ereignisse des Lebens in Batowo und darunter eine Inschrift
in der Handschrift meines Vaters: *A celle qui a toujours su
se faire aimer et qui ne saura jamais se faire oublier*; angefügt
waren die Unterschriften vier junger männlicher Nabokovs und dreier ihrer Schwestern, Natalia, Jelisaweta
und Nadeshda, desgleichen von Natalias Mann, ihrem
kleinen Sohn Mitik, zwei Cousinen und von Iwan
Alexandrowitsch Tichozkij, dem russischen Hauslehrer. Fünfundsechzig Jahre später entdeckte meine
Schwester Elena in Genf Mme Conrad, die sich in der
zehnten Dekade ihres Lebens befand. Die greise Dame
übersprang eine Generation und hielt Elena naiver-
weise für unsere Mutter, damals ein achtzehnjähriges
Mädchen, das mit Mlle Golay von Wyra nach Batowo
herübergefahren kam – in jener fernen Zeit, deren Licht
so viele ingeniöse Weisen findet, mich zu erreichen.

Kapitel 6

1

An Sommermorgen im sagenhaften Rußland meiner Kindheit galt mein erster Blick nach dem Erwachen dem Spalt zwischen den inneren Fensterläden. Zeigte sich darin eine wässerige Farblosigkeit, so tat man besser daran, die Läden gar nicht zu öffnen und so des Anblicks eines trüben Tages, der seinem Bild in einer Pfütze Modell stand, enthoben zu sein. Wie widerwillig schloß man von einem Strich matten Lichts auf den bleiernen Himmel, den aufgeweichten Sand, das haferbreiartige Tohuwabohu abgerissener brauner Blüten unter den Fliederbüschen – und auf jenes flache, fahle Blatt (das erste Opfer der Jahreszeit), welches auf einer nassen Gartenbank klebte!

Doch war der Spalt ein langer Strahl tauiger Helligkeit, dann konnte ich das Fenster nicht schnell genug dazu bringen, seinen Schatz preiszugeben. Mit einem Schlag wurde das Zimmer in Licht und Schatten gespalten. Das Laub der Birken, das sich in der Sonne regte, war durchsichtig grün wie Weinbeeren, und als Kontrast dazu gab es den dunklen Samt von Tannen vor einem ungewöhnlich intensiven Blau, wie ich es erst viele Jahre später im gebirgigen Teil von Colorado wiederfand.

Von meinem siebenten Lebensjahr an wurde alles, was ich im Zusammenhang mit einem Rechteck eingerahmten Sonnenscheins empfand, von einer einzigen Leidenschaft beherrscht. Gehörte der erste Blick am Morgen der Sonne, so gehörte mein erster Gedanke den Schmetterlingen, die sie hervorbringen würde. Das Ereignis ganz am Anfang war banal genug gewesen. Mein Schutzengel (dessen Flügel denen von Fra Angelicos Gabriel ähneln, nur daß ihnen der florentinische Limbus fehlt) hatte mich auf einen seltenen Besuch auf der Heckenkirsche hingewiesen, die über der geschnitzten Rückenlehne einer Bank direkt gegenüber dem Haupteingang hing, ein herrliches, blaßgelbes Geschöpf mit schwarzen Flecken, blauen Zackungen und einem zinnoberroten Augenfleck über jedem der chromgelb eingefaßten schwarzen Schwänze. Während er die geneigte Blume untersuchte, an der er mit leicht gekrümmtem Puderkörper hing, zuckten seine großen Flügel ruhelos, und mein Wunsch, ihn zu besitzen, war einer der heftigsten, die ich je verspürt habe. Der wendige Ustin, unser Hausmeister in der Stadt, der in jenem Sommer aus einem (an anderer Stelle erklärten) komischen Grund bei uns auf dem Land war, fing ihn irgendwie in meiner Mütze, worauf er mitsamt der Mütze in eine Kleiderkammer befördert wurde, wo ihn, wie Mademoiselle in übertriebener Zuversicht hoffte, der Naphthalingeruch über Nacht töten sollte. Als sie am andern Morgen jedoch die Garderobe aufschloß, um irgend etwas herauszunehmen, flatterte ihr mein

Schwalbenschwanz mit kraftvollem Rascheln ins Gesicht, schoß aufs Fenster zu und war kurz darauf nur noch ein goldener Fleck, der taumelnd und sich duckend gen Osten segelte, über Wälder und Tundra nach Wologda, Wjatka und Perm und über die hagere Uralkette hinweg nach Jakutsk und Werchne-Kolimsk, und von Werchne-Kolimsk, wo er einen Schwanz einbüßte, zur schönen St. Lorenz-Insel und durch Alaska nach Dawson und südwärts die Rocky Mountains entlang – um schließlich nach vierzigjähriger Jagd auf einem immigrierten Löwenzahn unter einer endemischen Espe in der Nähe von Boulder eingeholt und gefangen zu werden. In einem in der Bodleian-Sammlung befindlichen Brief von Mr. Brune an Mr. Rawlins vom 14. Juni 1735 heißt es, ein gewisser Mr. Vernon habe einen Schmetterling neun Meilen weit verfolgt, ehe er ihn fangen konnte (*The Recreative Review or Eccentricities of Literature and Life*, Band 1, Seite 144, London 1821).

Bald nach der Geschichte mit der Garderobe fand ich einen herrlichen Nachtfalter, der in einer Fensterecke des Vestibüls festsaß, und meine Mutter beförderte ihn mit Äther ins Jenseits. In späteren Jahren benutzte ich viele Tötungsmittel, doch bei dem geringsten Kontakt mit dem ursprünglichen Giftstoff wird die Vorhalle zur Vergangenheit wieder hell, um jene verirrte Schönheit anzulocken. Als ich als Erwachsener bei einer Blinddarmoperation eine Äthernarkose erhielt, sah ich mich klar wie auf einem Abziehbild in einem Matrosenanzug unter der Aufsicht einer chinesischen Dame, von der ich wußte, daß sie meine Mutter war, ein frisch ausgeschlüpftes Kleines Nachtpfauenauge präparieren.

Nichts fehlte, alles war in meinem Traum leuchtend reproduziert, während meine eigenen Organe bloßgelegt wurden: die nasse, eiskalte Watte, die gegen den lemurenhaften Kopf des Falters gedrückt wurde; die nachlassenden Zuckungen seines Körpers; das angenehme Knacken der Nadel, als sie die harte Schale des Thorax durchbohrte; das behutsame Einstecken der Nadelspitze in die unten mit Kork ausgelegte Rinne des Spannbretts; die symmetrische Anordnung der dicken, stark geäderten Flügel unter den sauber darübergelegten Pergaminpapierstreifen.

2

Ich muß acht gewesen sein, als ich in einem Speicher unseres Landhauses unter einem Sammelsurium verstaubten Trödels auf einige wundervolle Bücher stieß, die in jenen Zeiten erworben worden waren, als meine Großmutter mütterlicherseits sich für Naturwissenschaft interessierte und ihrer Tochter durch einen berühmten Zoologieprofessor (Schimkewitsch) Privatstunden erteilen ließ. Einige dieser Bücher waren bloße Kuriositäten, wie die vier gewaltigen Folianten des Werkes von Albertus Seba (*Locupletissimi Rerum Naturalium Thesauri Accurata Descriptio...*), um 1750 in Amsterdam gedruckt. Auf ihren grobkörnigen Seiten fand ich Holzschnitte von Schlangen und Schmetterlingen und Embryos. Der Fetus eines weiblichen äthiopischen Kindes, das am Hals in einem Glasgefäß hing, versetzte mir jedesmal, wenn ich darauf stieß, einen argen

Schreck; auch für die ausgestopfte Hydra auf Tafel CII mit ihren sieben mit Löwengebissen ausgestatteten Schildkrötenköpfen auf sieben schlangenartigen Hälsen und mit ihrem seltsamen, gedunsenen Körper, der an den Seiten knopfartige Tuberkeln trug und in einem verknoteten Schwanz endete, hatte ich wenig übrig.

Andere Bücher, die ich auf jenem Dachboden zwischen Herbarien voll von alpinen Akeleien, blauen Himmelsleitern, Jupiterblumen, orangeroten Lilien und anderen Davoser Blumen aufstöberte, kamen meinem Gegenstand näher. Ich nahm prächtige Stapel phantastisch verlockender Bände in die Arme und trug sie nach unten: Maria Sibylla Merians (1647–1717) wunderschöne Tafeln surinamensischer Insekten, Espers vornehme *Die Schmetterlinge* (Erlangen 1777), Boisduvals *Icones Historiques de Lépidoptères Nouveaux ou Peu Connus* (Paris, ab 1832). Noch aufregender waren die Erzeugnisse der zweiten Jahrhunderthälfte – Newmans *Natural History of British Butterflies and Moths*, Hofmanns *Die Groß-Schmetterlinge Europas*, des Großfürsten Nikolaj Michajlowitsch *Mémoires* über asiatische Lepidopteren (mit den unvergleichlich schönen Figuren von Kawrigin, Rybakow und Lang), Scudders stupendes Werk über die *Butterflies of New England*.

In der Rückschau ist der Sommer 1905 zwar in vieler Hinsicht recht lebendig, doch noch animiert ihn kein einziges schnelles Flattern, kein einziger farbiger Flaum neben oder über den Spazierwegen, die ich mit dem Dorfschulmeister ging: Der Schwalbenschwanz vom Juni 1906 befand sich noch im Larvenstadium auf einem Doldengewächs am Wegesrand; doch im Laufe dieses Monats lernte ich etwa zwei Dutzend gewöhnlicher Schmetterlinge kennen, und Mademoiselle sprach bereits von einem gewissen Waldweg, der in einer Sumpfwiese voller Braunscheckiger Perlmutterfalter gipfelte (wie mein erstes unvergeßliches und nach wie vor magisches kleines Handbuch den Kleinen Perlmutterfalter nennt, *The Butterflies of the British Isles* von Richard South, das damals gerade herausgekommen war), als von *le chemin des papillons bruns*. Im Jahr darauf wurde mir klar, daß viele unserer Schmetterlinge und Nachtfalter in England und Mitteleuropa nicht vorkamen, und vollständigere Atlanten halfen mir, sie zu bestimmen. Eine ernste Krankheit (Lungenentzündung mit bis zu 41 Grad Fieber) beseitigte Anfang 1907 auf geheimnisvolle Weise die recht unheimliche Zahlenbegabung, die mich während einiger Monate zu einem Wunderkind gemacht hatte (heute kann ich 13 mal 17 nicht ohne Bleistift und Papier ausrechnen; ich kann sie jedoch im Nu zusammenzählen, und die Zähne der Drei passen sehr schön); die Schmetterlinge jedoch überlebten. Meine Mutter stellte um mein Bett herum eine Bibliothek und ein Museum zusammen, und das Verlangen, eine neue Art zu beschreiben, ersetzte vollständig das Verlangen, eine neue Primzahl zu entdecken. Eine Reise nach Biarritz im August 1907 fügte neue Wunder hinzu (obwohl nicht so leuchtend und zahlreich, wie sie dann 1909 sein sollten). 1908 waren mir die europäischen Lepidopteren, soweit sie Hofmann bekannt waren, ganz und gar geläufig. 1910 hatte ich mich durch die ersten Bände von Seitz' großartigem Bildband *Die Groß-Schmetterlinge der Erde* hindurchgeträumt, hatte etliche unlängst beschriebene Raritäten gekauft und verschlang entomologische Zeitschriften, vor allem englische und russische. Große Umwälzungen vollzogen sich auf dem Gebiet der Systematik. Seit der Mitte des Jahrhunderts war die kontinentale Lepidopterologie im großen und ganzen ein simples und stabiles Geschäft gewesen, das glatt und reibungslos von Deutschen betrieben wurde. Ihr Hohepriester, Dr. Staudinger, war gleichzeitig Chef der größten Insektenhandlung. Bis heute, ein halbes Jahrhundert nach seinem Tod, ist es den deutschen Lepidopterologen nicht ganz gelungen, den hypnotischen Bann abzuschütteln, der von seiner Autorität ausgegangen war. Noch zu seinen Lebzeiten begann die wissenschaftliche Macht seiner Schule in der Welt an Boden zu verlieren. Während er und seine Anhänger bei den seit langem eingebürgerten Art- und Gattungsnamen blieben und sich damit begnügten, die Schmetterlinge nach Merkmalen zu klassifizieren, die mit dem bloßen Auge erkennbar waren, führten englischsprachige Autoren durch strikte Befolgung des Prioritätsgesetzes Änderungen der Nomenklatur ein, und das mikroskopische Studium der Organe brachte taxonomische Umstellungen mit sich. Die Deutschen taten, was sie konnten, um diese neuen Tendenzen zu ignorieren, und blieben auch weiterhin der philatelistischen Seite der Entomologie treu. Ihre Sorge um den «Durchschnittssammler, den man nicht zum Sezieren anhalten sollte», ist der Art und Weise vergleichbar, in der nervöse Verleger den «Durchschnittsleser» hätscheln – der ja vor dem Nachdenken bewahrt werden muß.

Noch ein anderer und allgemeinerer Wandel, der sich damals vollzog, traf mit meinem brennenden jugendlichen Interesse für Tag- und Nacht-Schmetterlinge zusammen. An der Stelle der hermetischen und homogenen viktorianischen und Staudingerschen Arten, denen gleichsam von außen wie nebensächliche Beigaben diverse (alpine, polare, insulare und andere) «Varietäten» angehängt waren, traten neue, vielgestaltige und in fließendem Übergang befindliche Arten, die organisch aus geographischen Rassen oder Unterarten *bestanden*. Elastischere Klassifikationsmethoden verdeutlichten solchermaßen die evolutionäre Seite der Sache, und die biologische Forschung erbrachte weitere Verbindungen zwischen Schmetterlingen und den Hauptproblemen der Natur.

Besonders faszinierten mich die Geheimnisse der Mimikry. Ihre Erscheinungen waren von einer künstlerischen Vollkommenheit, wie man sie gewöhnlich nur mit Gebilden von Menschenhand in Zusammenhang bringt. Hierher gehörte die Nachahmung heraussickernden Giftes durch bläschenartige Makeln auf den Flügeln (einschließlich scheinbarer Brechungseffekte) oder durch glänzende gelbe Knötchen auf der Puppe («Friß mich nicht – man hat mich bereits ausgequetscht, probiert und verschmäht»). Hierher gehörten die Tricks einer akrobatischen Raupe (der des Buchenspinners), die in der Kindheit wie Vogelkot aussieht, nach der Häutung jedoch krabbelige hymenopteroide Ansatzgebilde und barocke Eigenheiten entwickelt, die es diesem Könner erlauben, zwei Rollen auf einmal zu spielen (wie der Schauspieler in orientalischen Shows, der zu einem Paar verschlungener Ringer wird): die einer sich krümmenden Larve und die einer großen Ameise, welche ihr scheinbar zusetzt. Wenn ein bestimmter Nachtfalter in Form und Farbe einer bestimmten Wespe gleicht, so bewegt er auch seine Beine und Fühler in Wespenmanier und nicht wie ein Nachtfalter. Wenn ein Schmetterling wie ein Blatt aussehen muß, so sind nicht nur alle Einzelheiten eines Blattes wunderschön nachgemacht, es sind großzügig auch noch Markierungen hinzugefügt, die Raupenfraß vortäuschen. «Natürliche Auslese» im Darwinschen Sinn konnte die wunderbare Übereinstimmung von imitiertem Aussehen und imitiertem Verhalten nicht erklären, noch konnte man sich auf die Theorie des «Kampfes ums Dasein» berufen, wenn eine Schutzmaßnahme bis zu einem Grad der Feinheit, der Extravaganz, der Aufwendigkeit getrieben war, der das Unterscheidungsvermögen des Freßfeindes bei weitem überforderte. In der Natur entdeckte ich die zweckfreien Wonnen, die ich in der Kunst suchte. Beide waren eine Form der Magie, beide waren ein Spiel intrikater Bezauberung und Täuschung.

3

Ich habe Schmetterlinge in den verschiedensten Landstrichen und Verkleidungen gejagt: als hübscher Junge mit Knickerbockern und einer Matrosenmütze; als schlaksiger heimatvertriebener Kosmopolit in Flanellhosen und Baskenmütze; als dicker hutloser alter Mann

in kurzen Hosen. Die meisten meiner Sammlungs-
schränke haben das Schicksal unseres Hauses in Wyra
geteilt. Der in unserem Stadthaus und die kleine Ergänzung, die ich im Museum von Jalta hinterließ, sind
zweifellos von Teppichkäfern und anderem Ungeziefer
vernichtet worden. Eine Sammlung südeuropäischer
Fänge, die ich im Exil begann, verschwand während
des Zweiten Weltkriegs in Paris. Meine ganze amerikanische Ausbeute von 1940 bis 1960 (einige tausend Exemplare, unter ihnen große Raritäten und Typen) befindet sich im Mus. of Comp. Zoology, im Am. Nat. Hist.
Mus. und im Cornell Univ. Mus. of Entomology, wo sie
sicherer sind, als sie es in Tomsk oder Atomsk je wären.
Unglaublich glückliche Erinnerungen, denen meiner
russischen Knabenzeit durchaus vergleichbar, sind mit
meiner Forschungsarbeit am MCZ, Cambridge, Mass.,
(1941–1948) verbunden. Nicht weniger glücklich waren die vielen Fangreisen, die mich zwanzig Jahre lang
fast jeden Sommer durch die meisten Staaten meiner
Wahlheimat führten.

In Jackson Hole und im Grand Canyon, auf den
Berghängen über Telluride, Colo., und auf einer gefeierten Tannenlichtung bei Albany, N.Y., sind die
Schmetterlinge zu Hause, die ich als erster beschrieben
habe, und werden sie noch zu Hause sein, wenn mehr
Generationen als Auflagen ins Land gegangen sind. Mit
einigen meiner Funde haben sich andere Forscher be-
faßt; einige sind nach mir benannt. Einer von ihnen,
Nabokovs Blütenspanner (*Eupithecia nabokovi* McDunnough), den ich 1943 eines Nachts an einem Aussichts-
fenster von James Laughlins Alta Lodge in Utah in

einer Schachtel fing, paßt auf höchst philosophische Weise in die thematische Spirale, die in einem Wald an der Oredesh um 1910 begann – oder vielleicht noch früher, an jenem Fluß auf Nowaja Semlja vor anderthalb Jahrhunderten.

An Gefühlen und Begierden, an Ehrgeiz und Erfüllung habe ich in der Tat nur wenig kennengelernt, was reicher und stärker gewesen wäre als die Erregung entomologischer Erkundungszüge. Von Anfang an hatte sie eine große Zahl durcheinanderfunkelnder Facetten. Eine davon war das akute Verlangen, allein zu sein, da jeder Begleiter, wie still er sich auch verhielt, dem konzentrierten Genuß meiner Manie im Wege stand. Ihre Befriedigung duldete keinen Kompromiß und keine Ausnahme. Schon in meinem zehnten Lebensjahr wußten die Hauslehrer und Gouvernanten, daß der Morgen mir gehörte, und kamen mir dann vorsichtigerweise nicht zu nahe.

In diesem Zusammenhang muß ich an den Besuch eines Schulfreundes denken, eines Jungen, den ich sehr gerne mochte und mit dem ich viel Amüsantes erlebte. Eines Abends im Sommer – ich glaube, es war 1913 – kam er aus einer etwa vierzig Kilometer entfernten Stadt zu uns aufs Land. Sein Vater war kurz vorher bei einem Unfall ums Leben gekommen, seine Familie war ruiniert, und da er sich keine Fahrkarte leisten konnte, hatte er beherzt die ganze Strecke per Rad zurückgelegt, um ein paar Tage bei mir zu verbringen.

Am Morgen nach seiner Ankunft tat ich alles, um zu meiner Morgenwanderung aus dem Haus zu gelangen, ohne daß er wußte, wohin ich gegangen war. Ich verzichtete auf das Frühstück, raffte mit hysterischer Hast Netz, Pillenschachteln und Tötungsglas an mich und suchte durchs Fenster das Weite. Im Wald war ich sicher; doch lief ich mit bebenden Waden weiter, die Augen voller heißer Tränen, aus lauter Scham und Abscheu vor mir selber am ganzen Leibe zuckend, während ich mir vorstellte, wie mein armer Freund mit seinem langen, blassen Gesicht und seiner schwarzen Krawatte im heißen Garten Trübsal blies, in Ermangelung einer besseren Beschäftigung die jappenden Hunde kraulte und nach Kräften bemüht war, sich meine Abwesenheit zu rechtfertigen.

Ich will meinen Dämon objektiv ins Auge fassen. Mit Ausnahme meiner Eltern verstand kein Mensch meine Besessenheit wirklich, und es vergingen viele Jahre, bevor ich einen Leidensgefährten traf. Eins der ersten Dinge, die ich lernte, war, mich bei der Vergrößerung meiner Sammlung nicht auf andere zu verlassen. An einem Sommernachmittag im Jahre 1911 kam Mademoiselle mit einem Buch in der Hand in mein Zimmer, eröffnete mir, daß sie mir vorlesen wollte, wie geistreich Rousseau die Zoologie (zugunsten der Botanik) herunterputzte, und war in dem Gravitationsprozeß, mit dem sie ihre Masse in den Sessel senkte, dann schon zu weit fortgeschritten, als daß mein Entsetzensschrei sie noch hätte stoppen können: Auf jenem Platz hatte ich einen Sammelkasten mit Glasdeckel abgestellt, der lange, wunderschöne Serien Großer Kohlweißlinge enthielt. Ihre erste Reaktion war eine gekränkter Eitelkeit: Ihr Gewicht konnte doch gewißlich nicht beschädigt haben, was es tatsächlich zerstört hatte; ihre zweite bestand darin, mich zu trösten: *Allons donc, ce ne sont que des papillons de potager!* – was die Sache nur noch schlimmer machte. Ein unlängst bei Staudinger gekauftes sizilianisches Paar war zerdrückt und gequetscht. Ein riesiges Exemplar aus Biarritz war total verstümmelt. Ebenfalls ruiniert waren einige meiner wertvollsten lokalen Fänge. Unter diesen hätte sich eine Aberration, die der kanarischen Rasse der Spezies ähnelte, mit ein paar Tropfen Leim kleben lassen; doch ein kostbarer Scheinzwitter mit einer männlichen linken und einer weiblichen rechten Seite, dessen Hinterleib sich nicht wiederfinden ließ und dessen Flügel sich gelöst hatten, war ein für allemal verloren: Man konnte wohl die Flügel wieder anbringen, doch war nicht zu beweisen, daß alle vier zu dem kopflosen Thorax auf seiner krummen Nadel gehörten. Am nächsten Morgen brach die arme Mademoiselle mit sehr heimlichtuerischer Miene nach St. Petersburg auf und kam am Abend mit einer banalen, auf Gips montierten Urania-Eule zurück. («Was Besseres als deine Kohlschmetterlinge.») «Wie du mich umarmt hast, wie du vor Freude getanzt hast!» rief sie zehn Jahre später aus, als sie dabei war, eine nagelneue Vergangenheit zu erfinden.

Unser Landarzt, dem ich vor einer Reise ins Ausland die Puppen eines seltenen Nachtfalters anvertraut hatte, schrieb mir, daß sie alle einwandfrei ausgeschlüpft seien; doch in Wahrheit hatte eine Maus die kostbaren Puppen aufgefressen, und als ich wieder daheim war, rückte der hinterlistige Alte mit ein paar gemeinen Großen Füchsen heraus, die er vermutlich in aller Eile im Garten gefangen und als (seiner Meinung nach) plausible Ersatzstücke in den Zuchtbehälter gesteckt hatte. Besser war ein enthusiastischer Küchenjunge, der sich zuweilen meine Ausrüstung auslieh und zwei Stunden später triumphierend mit einem Beutel voll wimmelnden wirbellosen Lebens und einiger zusätzlicher Stücke wiederkam. Er lockerte die Öffnung des Netzes, die er mit einer Schnur zugebunden hatte, und schüttete die Beute aus seinem Füllhorn – eine Menge Heuschrecken, etwas Sand, die zwei Teile eines Pilzes, den er, praktisch veranlagt wie er war, auf dem Heimweg herausgerupft hatte, noch mehr Heuschrekken, noch mehr Sand sowie einen arg ramponierten Kleinen Kohlweißling.

In den Werken der bedeutenderen russischen Dichter kann ich nur zwei lepidopterologische Bilder von wirklich sinnlicher Qualität entdecken: Bunins tadellose Evokation eines Schmetterlings, der mit Sicherheit ein Großer Fuchs ist:

> Ins Zimmer kommt hereingeflogen
> Ein bunter Falter ganz in Seide
> Der flattert, raschelt und erregt
> An die blaue Decke trommelt...

und Fets monologisierender «Falter»:

> Woher ich komme und wohin ich eile
> Darfst du nicht fragen;
> Jetzt sitze ich auf einer holden Blume
> Schöpfe jetzt Atem.

Der Vater und die Mutter des Autors, Jelena Iwanowna Nabokow, geborene Rukawischnikow (1876–1939) im Jahre 1900 auf der Gartenterrasse in Wyra, ihrem Landsitz im Gouvernement St. Petersburg. Die Birken und Tannen des Parks hinter meinen Eltern gehören zur gleichen Kulisse vergangener Sommer wie das Laubwerk auf dem Photo Seite 189.

In der französischen Lyrik fallen Mussets bekannte Zeilen (in *Le Saule*) ins Auge:

> *Le phalène doré dans sa course légère*
> *Traverse les prés enbaumés.*

Es ist dies eine absolut genaue Beschreibung des Abenddämmerungsflugs eines Geometridenmännchens, des Schlehenspanners; außerdem gibt es Fargues faszinierend treffenden Satz (in *Les Quatres Journées*) über einen Garten, der bei Einbruch der Nacht *se glace de bleu comme l'aile du grand Sylvain* (des Großen Eisvogels). Und unter den sehr wenigen echten lepidopterologischen Bildern in der englischen Lyrik ist das mir liebste Brownings:

> Hoch ragt der Fels auf unsrer andern Seite;
> Ein Pfad führt zwischen Schlucht und ihm hindurch
> An Findlingen vorbei auf denen Flechten
> Nachtfalterzeichnung äffen und die Zähne
> Von kleinen Farnen sich an blanke Blöcke schmiegen
> *(Am Kamin).*

Es ist erstaunlich, wie wenig der normale Sterbliche Schmetterlinge bemerkt. «Keine», erwiderte seelenruhig der rüstige Schweizer Wandersmann mit Camus im Rucksack, als ich ihn meiner ungläubigen Gefährtin zuliebe fragte, ob er auf dem Wege, den er gerade herabgekommen war und auf dem Du und ich vor wenigen Augenblicken noch in ganzen Schwärmen von ihnen geschwelgt hatten, irgendwelche Schmetterlinge gesehen

Mein Bruder Sergey und ich im Alter von ein beziehungsweise zwei Jahren (und wie ein und dasselbe Kind aussehend, einmal ohne und einmal mit Perücke) im Dezember 1901 in Biarritz. Wir waren, vermute ich, von Pau aus, wo wir jenen Winter verbrachten, dorthin weitergereist. Ein glänzendes nasses Dach – das ist meine einzige Erinnerung an jene erste Reise nach Südfrankreich. Andere sollten ihr folgen, zwei nach Biarritz (Herbst 1907 und 1909) und zwei an die Riviera (Spätherbst 1903 und Frühsommer 1904).

Mein Vater im Alter von fünfunddreißig Jahren und ich im Alter von sieben, St. Petersburg, 1906.

habe. Es ist auch richtig, daß ich bei der Erinnerung an das Bild eines bestimmten Pfades, den ich in allen Einzelheiten im Gedächtnis habe, der jedoch zu einem Sommer vor dem von 1906 gehört, das heißt vor dem Datum auf meinem ersten Fundortzettel, und den ich nie wieder sah, einen Flügel, einen Flügelschlag, einen blauen Blitz, eine mit Nachtfalterjuwelen besetzte Blume nicht zu erkennen vermag, als hätte ein auf der adriatischen Küste ruhender böser Zauber alle ihre *leps* (wie die slangfreudigeren unter uns sagen) unsichtbar gemacht. Ähnliches mag eines Tages ein Entomologe empfinden, wenn er neben einem triumphierenden und bereits helmlosen Botaniker durch die gräßliche Flora eines Parallelplaneten streift, auf dem kein einziges Insekt in Sicht ist; und ähnlich ist (als sonderbarer Beweis für den sonderbaren Umstand, daß ein auf Sparsamkeit bedachter Produzent wo immer möglich die Szenerie unserer Kindheit als fertige Kulisse für unsere erwachsenen Träume verwendet) in einem meiner immer wiederkehrenden Alpträume die Hügelkuppe an der See voll von Thymian und Honigklee, doch unbegreiflicherweise bar aller Falter, die sich dort eigentlich befinden müßten.

Bald fand ich auch heraus, daß ein Lepidopterologe, der seiner stillen Suche nachgeht, in anderen Wesen leicht seltsame Reaktionen auslöst. Wie oft, wenn es zu einem Picknick ging und ich verlegen versuchte, meine bescheidenen Gerätschaften unbemerkt in den nach Teer riechenden Char-à-bancs (ein Teerpräparat sollte die Fliegen von den Pferden fernhalten) oder in das nach Tee riechende Opel-Cabriolet (so roch Benzin vor vier-

zig Jahren) hineinzuschmuggeln, bemerkte irgendeine
Cousine oder Tante: «Mußt du dieses Netz da wirklich
mitnehmen? Kannst du dich nicht wie ein normaler
Junge beschäftigen? Findest du nicht, daß du allen den
Spaß verdirbst?» Gerade als ich im Begriff stand, in der
Nähe eines Wegweisers NACH BODENLAUBE bei Bad
Kissingen in Bayern meinen Vater und den majestätischen alten Muromzew (der vier Jahre vorher, 1906,
Präsident des ersten russischen Parlaments gewesen
war) auf einen langen Spaziergang zu begleiten, wandte
dieser mir, einem verletzlichen Elfjährigen, sein mar-
mornes Haupt zu und sagte mit seiner berühmten
Feierlichkeit: «Komm auf jeden Fall mit, aber jage
keine Schmetterlinge, Kind. Es stört den Rhythmus
des Spaziergangs.» Auf einem Pfad oberhalb des
Schwarzen Meeres auf der Krim, zwischen Sträuchern,
die in wächserner Blüte standen, versuchte mich im
März 1918 ein o-beiniger bolschewistischer Posten fest-
zunehmen, weil ich (mit meinem Netz, sagte er) einem
britischen Kriegsschiff Zeichen gegeben hätte. Jedesmal, wenn ich im Sommer 1929 durch ein Dorf in den
östlichen Pyrenäen kam und mich zufällig umblickte,
sah ich die Dorfbewohner in den verschiedenen Stellungen erstarrt, in denen mein Erscheinen sie angetrof-
fen hatte, ganz als wäre ich Sodom, und sie wären Lots
Weib. Ein Jahrzehnt später, in den Seealpen, fiel mir
einmal auf, daß sich hinter mir eine Spur im Gras ent-
langschlängelte, weil mir ein fetter Landgendarm auf
dem Bauch nachkroch, um zu sehen, ob ich etwa Sing-
vögeln Fallen stellte. Amerika hat meiner verfänglichen
Beschäftigung sogar noch mehr krankhaftes Interesse

dieser Art entgegengebracht als andere Länder – vielleicht, weil ich in den Vierzigern war, als ich dorthin übersiedelte, und je älter ein Mensch ist, desto wunderlicher nimmt er sich mit einem Schmetterlingsnetz in der Hand aus. Strenge Farmer wiesen mich auf Schilder mit der Aufschrift ANGELN VERBOTEN hin; aus Autos, die auf der Landstraße an mir vorbeifuhren, erscholl wildes Hohngebrüll; schläfrige Hunde, die dem schlimmsten Landstreicher keine Beachtung schenkten, reckten sich auf und kamen knurrend zu mir herüber; kleine Kinder zeigten mich ihren verwirrten Mamas; verständnisinnige Urlauber fragten mich, ob ich Krabbeltiere als Köder suche; und eines Morgens folgte mir in einer öden, von hohen blühenden Yuccas erleuchteten Gegend bei Santa Fé über eine Meile weit eine große schwarze Stute.

4

Wenn ich alle Verfolger abgeschüttelt hatte und den roten Lehmweg einschlug, der von unserem Haus in Wyra auf die Felder und in die Wälder führte, schienen mir die Munterkeit und das Leuchten des Tages um mich her voller bebenden Mitgefühls.

Sehr frische, sehr dunkle Milchflecken, die nur jedes zweite Jahr ausschlüpften (passenderweise stimmt die Rückschau damit überein), flitzten zwischen den Tannen hin und her oder boten ihre roten Flecken und schachbrettgemusterten Fransen dar, während sie sich auf den Adlerfarnen am Rand des Wegs sonnten. Übers

Gras hüpfend, entging ein winziger Mohrenfalter namens Wald-Wiesenvögelchen meinem Netz. Auch verschiedene Nachtfalter flogen – prunkvolle Sonnenliebhaber, die angemalten Fliegen gleich von Blume zu Blume segelten, oder schlaflose Männchen auf der Suche nach versteckten Weibchen, wie jener rostfarbige Große Eichenspinner, der über die Büsche setzte. Ich bemerkte (eins der größten Geheimnisse meiner Kindheit) einen weichen blaßgrünen Flügel in einem Spinnennetz (inzwischen wußte ich auch, was es war: Teil eines Grünen Birkenspanners). Die gewaltige Larve eines Weidenbohrers kreuzte ostentativ segmentiert, flachköpfig, fleischfarben und glänzend gerötet meinen Weg, ein seltsames Wesen «so nackt wie ein Wurm», um einen französischen Vergleich zu gebrauchen, das panisch nach einem Ort suchte, wo es sich verpuppen konnte (der schreckliche Drang der Metamorphose, die Aura eines schmählichen Anfalls an öffentlichem Ort). Auf der Rinde jener Birke, der gedrungenen dort neben dem Parktor, habe ich letztes Frühjahr eine dunkle Variante von Sievers' Carmeliterin gefunden (für den Leser nur ein weiterer grauer Nachtfalter). Im Graben unter der kleinen Brücke scharwenzelte ein hellgelber schwarzfleckiger Golddickkopf mit einer Wasserjungfer (für mich nur eine blaue Libelle). Von einer Blume stiegen zwei männliche kleine Feuerfalter in eine gewaltige Höhe, während des ganzen Fluges im Kampf miteinander – und nach einer Weile kam einer aufleuchtend herabgeschossen und kehrte zu seiner Distel zurück. Dies waren bekannte Insekten, doch jeden Augenblick konnte etwas Besseres mich stehenbleiben und schnell

Atem holen lassen. Ich entsinne mich eines Tages, da ich mein Netz dichter und dichter an einen seltenen Ulmenhain-Zipfelfalter heranbrachte, der sich elegant auf einem Zweig niedergelassen hatte. Auf seiner schokoladenbraunen Unterseite konnte ich deutlich das weiße W erkennen. Seine Flügel waren geschlossen, und die hinteren rieben sich in seltsam kreisender Bewegung aneinander – vielleicht, daß sie einen leisen, fröhlichen Ton hervorbrachten, der zu hoch war für das menschliche Ohr. Jene Art hatte ich schon seit langem haben wollen, und als ich nahe genug war, schlug ich zu. Man hat Tennismeister stöhnen hören, wenn sie einen leichten Ball verpatzt hatten. Man hat vielleicht das Gesicht des weltberühmten Großmeisters Wilhelm Edmundson gesehen, als er während einer Simultanpartie in einem Minsker Café durch eine absurde Unachtsamkeit seinen Turm an den lokalen Amateur und Kinderarzt Dr. Schach verlor, der schließlich gewann. Aber an jenem Tag sah niemand (außer meinem älteren Selbst), wie ich ein Zweigstückchen aus einem sonst leeren Netz schüttelte und auf ein Loch im Tarlatan starrte.

5

In der Nähe der Kreuzung zweier Fahrwege (der eine, gepflegte, verband unseren «alten» mit unserem «neuen» Park in nordsüdlicher Richtung, und der andere, der lehmig und ausgefahren war, führte, wenn man nach Westen abbog, nach Batowo), an einer Stelle, wo Espen sich beidseits einer Bodensenke drängten,

fand ich in der dritten Juniwoche unfehlbar große blau-
schwarze, mit reinem Weiß gestreifte Nymphaliden,
die niedrig über den fetten Lehm glitten und kurvten,
welcher der Färbung ihrer Unterseite entsprach, wenn
sie sich niederließen und die Flügel schlossen. Es waren
dies die den Dung schätzenden Männchen des Großen
Eisvogels, vielmehr gehörten sie zu einer bukowini-
schen Unterart. Als neunjährigem Jungen, der diese
Rasse nicht kannte, fiel mir auf, wie stark sich unsere
nordrussischen Exemplare von der bei Hofmann abgebildeten mitteleuropäischen Form unterscheiden, und
übereilt schrieb ich an Kusnezow, einen der größten
russischen und nicht nur russischen Lepidopterologen
aller Zeiten; meine neue Unterart nannte ich *Limenitis
populi rossica*. Einen langen Monat später schickte er
mir meine Beschreibung und Tuschzeichnung von «*rossica* Nabokov» mit nichts als zwei auf der Rückseite meines Briefes gekritzelten Worten zurück: «*bucovinensis*
Hormuzaki». Wie habe ich Hormuzaki gehaßt! Und
wie war ich gekränkt, als ich in einer von Kusnezows
späteren Arbeiten einen barschen Hinweis auf die
«Schuljungen» fand, «die immer wieder geringfügige
Varietäten der Eisvogelnymphe mit Namen belegen»!
Ungeknickt jedoch von dem Fiasko mit *populi*, «entdeckte» ich im Jahr darauf einen «neuen» Nachtfalter.
Jenen Sommer hatte ich in mondlosen Nächten auf
einer Lichtung des Parks emsig gesammelt, indem ich
ein Bettlaken über das Gras und seine verärgerten Glüh-
würmchen breitete und das Licht einer Karbidlampe
darauf richtete (die sechs Jahre später Tamara bescheinen sollte). In diese strahlende Lichtzone zog es Nacht-

falter aus der massiven Schwärze, die mich umgab, und auf diese Weise fing ich auf jenem Zauberlaken eine schöne Höckereule (*Plusia*, jetzt *Phytometra*), die sich, wie ich sofort sah, von ihrem nächsten Verbündeten durch ihre mauvefarbenen und kastanienbraunen (statt goldbraunen) Vorderflügel und ihren schmaleren Bracteafleck unterschied und in keinem meiner Bücher erkennbar abgebildet war. Ich schickte ihre Beschreibung und ihr Bild zur Veröffentlichung in *The Entomologist* an Richard South. Er kannte sie auch nicht, ging dem Fall aber überaus liebenswürdig in der Sammlung des British Museum nach – und stellte fest, daß sie von Kretschmar längst als *Plusia excelsa* beschrieben worden war. Ich nahm die traurige Nachricht, die höchst mitfühlend formuliert war («... sollte beglückwünscht werden zu dem Fang... sehr seltener Wolga-Falter... hervorragende Darstellung...»), mit größtem Stoizismus entgegen; doch viele Jahre später rechnete ich mittels eines geglückten Stoßes (ich weiß, daß ich die Leute nicht auf diese Rosinen aufmerksam machen sollte) mit dem Entdecker *meines* Nachtfalters ab, indem ich einem Blinden in einem Roman seinen Namen gab.

Auch die Schwärmer möchte ich beschwören, die Jets meiner Jugend! An Juniabenden starben die Farben einen langsamen Tod. Die blühenden Fliederbüsche, vor denen ich mit dem Netz in der Hand stand, waren in der Abenddämmerung voller Trauben flaumigen Graus – der Geist des Lilas. Ein feuchter junger Mond hing über den Nebeln einer benachbarten Wiese. In manchem Garten habe ich in späteren Jahren so gestanden – in Athen, Antibes, Atlanta –, doch nie habe ich mit so brennendem Verlangen gewartet wie vor jenem dunkelnden Flieder. Und plötzlich – das tiefe Summen von Blume zu Blume, der Schwirrhof um den stromlinienförmigen Körper eines oliv- und pinkfarbenen Taubenschwanzes, der in der Luft über der Blumenkrone stand, in die er seine lange Zunge getaucht hatte. Seine hübsche schwarze Larve (einer diminutiven Kobra ähnlich, wenn sie die ocellierten Vordersegmente aufbläst) konnte man zwei Monate später auf feuchten Weidenröschen finden. So barg jede Stunde und jede Jahreszeit ihre Freuden. Und schließlich konnte man in kalten, sogar noch in frostigen Herbstnächten Nachtfalter mit Zuckerködern fangen, indem man Baumstämme mit einer Mischung aus Melasse, Bier und Rum bestrich. In der stürmischen Dunkelheit beschien die Laterne die klebrig glänzenden Furchen der Borke und zwei oder drei große Nachtfalter, die darauf saßen und die Süßigkeit saugten, die nervösen Flügel nach Tagfalterart halb geöffnet, so daß die hinteren unter den flechtengrauen Vorderflügeln hervorschauten und ihre unwahrscheinlich karmesinrote Seide bloßlegten. *«Catocala adultera!»* rief ich triumphierend zu den erleuchteten Fenstern hinüber, als ich nach Hause stolperte, um meinem Vater meine Ausbeute zu zeigen.

6

Der «englische» Park, der unser Haus von den Heuwiesen trennte, war eine ausgedehnte und kunstvolle Angelegenheit mit labyrinthischen Pfaden, turgenjewschen Bänken und importierten Eichen zwischen den einheimischen Tannen und Birken. Dem Kampf, der seit den Zeiten meines Großvaters im Gange war, um den Park vor einem Rückfall in seinen urwüchsigen Zustand zu bewahren, war zu keiner Zeit völliger Erfolg beschieden gewesen. Kein Gärtner war den Hügeln lockerer schwarzer Erde gewachsen, welche die rosa Pfoten von Maulwürfen immer wieder auf dem ordentlichen Sand der Hauptallee aufhäuften. Unkraut und Fungi und gratartige Baumwurzeln breiteten sich kreuz und quer über die sonnenfleckigen Wege. Der Bären war man in den achtziger Jahren Herr geworden, doch gelegentlich kam noch ein Elch zu Besuch in die Gegend. Eine kleine Eberesche und eine noch kleinere Espe hatten Hand in Hand wie zwei unbeholfene schüchterne Kinder einen Findling erklommen. Andere, schwerer zu fassende unbefugte Eindringlinge – verirrte Ausflügler und fröhliche Bauern – brachten unseren grauköpfigen Wildhüter Iwan dem Wahnsinn nahe, indem sie zotige Wörter auf Bänke und Tore kritzelten. In einem anderen Sinne dauert dieser Auflösungsprozeß immer noch an, denn wenn ich heute versuche, in der Erinnerung die gewundenen Pfade von einer bestimmten Stelle zu einer anderen entlangzugehen, stelle ich mit Bestürzung fest, daß Vergeßlichkeit und Unkenntnis so manche Lücke hinterlassen haben, den weißen Terra-incognita-Flecken ähnlich, die von den Kartographen einstmals «Dornröschen» genannt wurden.

Jenseits des Parkes lagen Felder mit einem fortwährenden Flimmern von Schmetterlingsflügeln über einem Flimmer von Blumen – Gänseblümchen, blauen

Glockenblumen, Skabiosen und anderen –, die jetzt in einer Art farbigen Dunstes vor meinem Auge vorüberziehen, wie jene wunderschönen, üppigen Wiesen, die man auf der Fahrt quer durch den Kontinent vom Speisewagen aus sieht und die man niemals erforschen soll. Am Ende dieses grasigen Wunderlands erhob sich wie eine Mauer der Wald. Dort wanderte ich umher und suchte die Baumstämme (den verzauberten, den stillen Teil des Baumes) nach bestimmten winzigen Nachtfaltern ab, die man in England *pugs* nennt und die auf deutsch Blütenspanner heißen – zarte kleine Lebewesen, die sich tagsüber an gesprenkelte Oberflächen schmiegen, von denen sich ihre flach ausgebreiteten Flügel und nach oben gekrümmten Hinterleiber nicht unterscheiden. Dort, auf dem Grund jenes sonnendurchwirkten grünen Meeres, strich ich langsam um die Stämme herum. Nichts auf der Welt schien mir verlockender, als durch einen Glückstreffer der langen Reihe dieser kleinen Blütenspanner, die andere benannt hatten, irgendeine bemerkenswerte neue Art hinzuzufügen. Und meine buntscheckige Phantasie, die sich meinem Verlangen zum Schein und fast grotesk fügte (aber währenddessen in gespenstischen Verschwörungen hinter den Kulissen kühl die fernsten Ereignisse meines Lebens plante), gaukelte mir Kleingedrucktes wie dieses vor: «das einzige bisher bekanntgewordene Exemplar...», «...das einzige bekannte Exemplar der *Eupithecia petropolitanata* wurde von einem russischen Schüler gefangen...», «...von einem jungen russischen Sammler...», «...von mir selbst im Gouvernement St. Petersburg, Kreis Zarskoje Selo, im Jahre

1910... 1911... 1912... 1913...» Und dreißig Jahre später dann jene gesegnete schwarze Nacht in der Wasatch Range.

Anfangs – als ich etwa acht oder neun war – ging ich selten weiter als in die Felder und Wälder zwischen Wyra und Batowo. Später, wenn ich es auf einen bestimmten Ort in zehn oder mehr Kilometer Entfernung abgesehen hatte, benutzte ich ein Fahrrad und schnallte mein Netz an den Rahmen; nicht viele Waldwege jedoch waren mit dem Rad passierbar; man konnte natürlich hinreiten, doch wegen unserer wilden russischen Bremsen konnte man ein Pferd nicht für längere Zeit angehalftert lassen: Mein temperamentvoller Brauner kletterte eines Tages fast auf den Baum, an den er gebunden war, um ihnen zu entgehen, großen Viechern mit Augen wie moirierte Seide und Tigerkörpern, und grauen, aber sehr viel schwerfälligeren Zwergen mit einem noch schmerzhafteren Stechrüssel: Zwei oder drei dieser schmuddeligen Säufer mit einem Zudrücken der behandschuhten Hand ins Jenseits zu befördern, wenn sie sich an den Hals meines Reittiers hefteten, verschaffte mir eine wunderbare mitfühlende Erleichterung (die ein Dipterologe wohl mißbilligen würde). Auf meinen Schmetterlingsjagden jedenfalls ging ich immer lieber zu Fuß (von allen Fortbewegungsmitteln hätte ich nur einen fliegenden Sesselsitz vorgezogen, der gemütlich über die Pflanzenmatten und Felsen eines unerkundeten Bergs gleitet oder über das blumige Dach eines Regenwaldes schwebt); denn wenn man geht, besonders in einer Gegend, die man gründlich studiert hat, hat man das herrliche Vergnügen, von der

183

Route abbiegen und am Wegrand hier und da eine bestimmte Lichtung, ein bestimmtes Tal, diese oder jene Kombination von Erde und Flora aufsuchen zu können – sozusagen einem vertrauten Schmetterling in seinem eigensten Habitat einen Besuch abzustatten, um zu sehen, ob er geschlüpft ist und, wenn ja, wie es ihm geht.

Dann kam – um 1910, vermute ich – ein Julitag, an dem es mich trieb, noch weiter vorzudringen und das weite Marschland jenseits der Oredesh zu erkunden. Nachdem ich etwa fünf Kilometer am Fluß entlanggegangen war, fand ich einen wackligen Fußsteg. Von ihm aus sah ich zu meiner Linken die Hütten eines Dörfchens, Apfelbäume, Reihen lohfarbener Kiefernstämme, die auf einer grünen Uferböschung lagen, und auf dem Gras bunte Flecken – die verstreuten Kleider von Bauernmädchen, die im seichten Wasser splitternackt tobten und schrien und mir so wenig Beachtung schenkten, als wäre ich der körperlose Träger meiner jetzigen Erinnerungen.

Auf der anderen Seite des Flusses erhob sich eine dichte Schar kleiner hellblauer männlicher Schmetterlinge, die auf dem satten, zertrampelten Schlamm und Kuhdung, durch den ich stapfte, ein Zechgelage gehalten hatten, stieg auf in die getüpfelte Luft und ließ sich wieder nieder, sobald ich vorüber war.

Nachdem ich mir meinen Weg durch ein paar Kiefernwälder und einiges Erlengestrüpp gebahnt hatte, kam ich zu dem Moor. Kaum hatte mein Ohr das Gesumm von Zweiflüglern um mich her vernommen, den kehligen Schrei einer Schnepfe über mir und das Glucksen des Morastes unter meinen Füßen, da wußte ich, daß ich hier einige ganz besondere arktische Schmetterlinge finden würde, deren Bilder – oder, besser noch, unbebilderte Beschreibungen – ich mehrere Jahre lang angehimmelt hatte. Und im nächsten Augenblick war ich mitten unter ihnen. Über Moorbeersträucher voller matt und verträumt blauer Beeren, über die braunen Augen stehender Gewässer, über Moos und Moor, über die Blütenstiele des duftenden Sumpfweichkrauts (der *notschnaja fialka* der russischen Dichter) strich in niedrigem raschen Flug ein dunkler kleiner Perlmutterfalter, der den Namen einer nordischen Göttin trug. Eine hübsche Moorbunteule, ein Nachtfalter wie ein Edelstein, summte auf und ab an ihrer sumpfigen Futterpflanze. Ich setzte rosagerandeten Gelblingen nach und graumarmorierten Satyrfaltern. Ohne der Mücken zu achten, die mir die Unterarme bedeckten, bückte ich mich mit einem kehligen Freudenlaut, um das Leben eines silberbesetzten Lepidopterons, das in den Falten meines Netzes zuckte, mit meinen Fingern auszulöschen. Unter all den Gerüchen des Sumpfes bemerkte ich an meinen Fingern den feinen Duft von Schmetterlingsflügeln, einen von Art zu Art verschiedenen Duft – Vanille oder Zitrone oder Moschus oder einen modrigen, süßlichen Geruch, der schwer zu definieren ist. Immer noch nicht befriedigt, drängte ich weiter. Endlich sah ich, daß ich das Ende des Sumpflands erreicht hatte. Das ansteigende Gelände dahinter war ein Paradies von Lupinen, Kolumbinen und Bartfaden. Mariposalilien blühten unter Ponderosakiefern. In der Ferne fleckten ziehende Wolkenschatten das stumpfe Grün der Hänge über der Baumgrenze und das Grau und Weiß von Longs Peak.

Ich gestehe, ich glaube nicht an die Zeit. Es macht mir Vergnügen, meinen Zauberteppich nach dem Gebrauch so zusammenzulegen, daß ein Teil des Musters über den anderen zu liegen kommt. Mögen Besucher ruhig stolpern. Und am meisten genieße ich die Zeitlosigkeit, wenn ich – in einer aufs Geratewohl herausgegriffenen Landschaft – unter seltenen Schmetterlingen und ihren Futterpflanzen stehe. Das ist Ekstase, und hinter der Ekstase ist etwas anderes, schwer Erklärbares. Es ist wie ein kurzes Vakuum, in das alles strömt, was ich liebe. Ein Gefühl der Einheit mit Sonne und Stein. Ein Schauer der Dankbarkeit, wem sie auch zu gelten hat – dem kontrapunktischen Genius menschlichen Schicksals oder den freundlichen Geistern, die einem glücklichen Sterblichen zu Willen sind.

Kapitel 7

1

In den ersten Jahren dieses Jahrhunderts stand im Schaufenster eines Reisebüros auf dem Newskij-Prospekt das meterlange Modell eines eichenbraunen internationalen Schlafwagens. In seiner zierlichen Naturgetreuheit stellte es das bemalte Blech meiner Aufzieheisenbahnen völlig in den Schatten. Unglücklicherweise war es nicht verkäuflich. Im Innern konnte man die blaue Polsterung erkennen, die bossierte Lederverkleidung der Abteilwände, ihre polierte Holztäfelung, eingelassene Spiegel, tulpenförmige Leselampen und andere betörende Einzelheiten. Breite Fenster wechselten mit schmaleren, die einzeln oder paarweise angeordnet waren, und einige von den schmaleren hatten Milchglasscheiben. In mehreren Abteilen waren die Betten gemacht.

Der Nordexpreß, in jenen Tagen noch groß und herrlich (nach dem Ersten Weltkrieg, als sein elegantes Braun zu einem neureichen Blau wurde, war er nie wieder der gleiche), bestand ausschließlich aus solchen Wagen, verkehrte nur zweimal die Woche und verband St. Petersburg mit Paris. Ich hätte gesagt: direkt mit Paris, wären die Reisenden nicht genötigt gewesen, einmal in einen ihm oberflächlich gleichenden Zug umzusteigen – an der russisch-deutschen Grenze (Wershbolowo-Eydtkuhnen), wo die normale europäische Spurweite von 1 m 435 mm die breite und behäbige russische von 1 m 524 mm ablöste und Kohle an die Stelle der Birkenscheite trat.

Am anderen Ende meines Geistes vermag ich mindestens fünf solcher Reisen nach Paris, deren endgültiges Ziel die Riviera oder Biarritz war, aus einem Knäuel zu lösen. Im Jahre 1909, das ich jetzt herausgreifen möchte, bestand unsere Reisegesellschaft aus elf Personen und einem Dackel. Mit Handschuhen und einer Reisemütze saß mein Vater in einem Abteil, das er mit unserem Hauslehrer teilte, und las ein Buch. Ein Waschraum trennte sie von meinem Bruder und mir. Meine Mutter und ihr Mädchen Natascha hatten ein Abteil neben unserem. Danach kamen meine beiden kleinen Schwestern, ihre englische Gouvernante Miss Lavington und ein russisches Kindermädchen. Der Überzählige unserer Reisegesellschaft, Ossip, der Diener meines Vaters (den die pedantischen Bolschewisten zehn Jahre später erschießen sollten, weil er sich unsere Fahrräder angeeignet hatte, statt sie dem Volk zu überlassen), teilte sein Coupé mit einem Fremden.

Historisch und künstlerisch hatte das Jahr mit einer politischen Karikatur in *Punch* begonnen: Göttin England beugt sich über Göttin Italien, auf deren Kopf ein Ziegel aus Messina gelandet ist – wahrscheinlich das schlechteste Bild, das ein Erdbeben je inspiriert hat. Im April jenes Jahres hatte Peary den Nordpol erreicht. Im

Ein Gruppenbild, das im August 1908 ein Petersburger Photograph in unserem Garten in Wyra aufgenommen hat; mein Vater war gerade aus dem Gefängnis heimgekehrt und reiste am Tag darauf mit meiner Mutter nach Stresa. Die runde Form am Baumstamm ist eine Zielscheibe fürs Bogenschießen. Meine Mutter hat den photophobischen Trainy auf den Eisentisch gehoben, der in Kapitel 2 in Zusammenhang mit Pilzen erwähnt ist. Meine Großmutter väterlicherseits hält in dekorativer, aber prekärer Pose meine beiden jüngeren Schwestern, die sie im wirklichen Leben niemals hielt: Olga auf dem Knie, Elena an der Schulter. Die dunkle Tiefe des älteren Teils unseres Parks stellt den Hintergrund. Die Dame in Schwarz ist die Tante meiner Mutter mütterlicherseits, Praskowia Nikolajewna Tarnowskij, geborene Koslow (1848 bis 1910), die sich während der Italienreise meiner Eltern um uns und unsere Erziehung kümmern sollte. Mein Bruder Sergey hat ihren linken Ellenbogen untergefaßt; ihre andere Hand stützt mich. Ich sitze auf der Lehne der Bank und hasse meinen Kragen und Stresa.

Mai hatte Schaljapin in Paris gesungen. Im Juni hatte das Kriegsministerium der Vereinigten Staaten, beunruhigt von Gerüchten über neue und bessere Zeppeline, Reportern gegenüber etwas von Plänen für eine Luftflotte verlauten lassen. Im Juli war Blériot von Calais nach Dover geflogen (mit einer kleinen zusätzlichen Schleife, als er seine Orientierung verlor). Jetzt war es Ende August. Die Tannen und Sümpfe Nordwestrußlands flogen vorüber und wichen am Tag danach deutschen Kiefernwäldern und Heiden.

An einem herabklappbaren Tischchen spielten meine Mutter und ich ein Kartenspiel, das sich *duratschki* nannte. Obwohl es noch hell am Tage war, spiegelten sich im Fenster unsere Karten, ein Glas und auf einer anderen Ebene die Kofferschlösser. Durch Feld und Wald, in plötzlichen Trasseneinschnitten und unter enteilenden Hütten spielten jene körperlosen Hasardeure unentwegt um unentwegt funkelnde Einsätze. Es war ein langes, sehr langes Spiel: An diesem grauen Wintermorgen sehe ich im Spiegel meines hellen Hotelzimmers genau dieselben Schlösser dieser nun siebzig Jahre alten Reisetasche glänzen, eines ziemlich hohen, ziemlich schweren *nécessaire de voyage* aus Schweinsleder, das ein kunstvoll verwebtes «H. N.» aus dickem Silber unter einer ähnlichen Krone trägt und das 1897 für die Hochzeitsreise meiner Mutter nach Florenz angeschafft worden war. 1917 transportierte es eine Handvoll Edelsteine von St. Petersburg auf die Krim und von dort weiter nach London. Um 1930 verlor es seine teuren Behältnisse aus Kristall und Silber an einen Pfandleiher, so daß die schlau ausgedachten ledernen

Halterungen innen an seinem Deckel leer zurückblieben. Doch dieser Verlust ist während der dreißig Jahre, die es mich auf meinen Reisen begleitete, reichlich wettgemacht worden – von Prag nach Paris, von St. Nazaire nach New York und durch die Spiegel von mehr als zweihundert Motelzimmern und gemieteten Häusern in sechsundvierzig Staaten. Der Umstand, daß sich eine Reisetasche als der robusteste Überlebende unserer russischen Erbschaft erwies, ist sowohl logisch als auch emblematisch.

«*Ne budet-li, ty wed ustal* [hast du nicht genug, du bist doch müde]?» fragte meine Mutter und versank in Gedanken, während sie langsam die Karten mischte. Die Abteiltür stand offen, und ich konnte das Gangfenster sehen, wo die Drähte – sechs dünne schwarze Drähte – ihr Bestes taten, um anzusteigen, um sich himmelwärts zu schwingen, den blitzartigen Schlägen zum Trotz, die ihnen ein Telegraphenmast nach dem anderen versetzte; doch gerade, wenn alle sechs in einem triumphalen Aufschwung rührender Begeisterung im Begriff standen, den oberen Rand des Fensters zu erreichen, holte ein besonders tückischer Schlag sie auf ihre vormalige Tiefe herunter, und sie waren gezwungen, von vorn anzufangen.

Wenn der Zug auf Reisen wie dieser durch irgendeine große deutsche Stadt kam, seine Geschwindigkeit zu einem würdigen Paßgang minderte und um ein Haar Hausfassaden und Ladenschilder streifte, fühlte ich eine zweifache Erregung, wie sie mir die Zielbahnhöfe nie verschaffen konnten. Ich sah eine Stadt mit ihren Spielzeugstraßenbahnen, Linden und Ziegelmauern ins Abteil dringen, mit den Spiegeln kumpelhaft tun und die Fenster auf der Seite des Ganges bis zum Rand füllen. Diese zwanglose Berührung von Zug und Stadt machte den einen Teil des Reizes aus. Der andere bestand darin, daß ich mich an die Stelle irgendeines Passanten versetzte, der – so stellte ich mir vor – ebenso entzückt war, wie ich es an seiner Stelle gewesen wäre, die langen, romantischen, nußbraunen Wagen mit ihren fledermausflügelschwarzen Harmonikas und ihren in der niedrigstehenden Sonne kupfern glänzenden Metallaufschriften gemächlich eine Eisenbahnbrücke, die über eine alltägliche Hauptstraße führte, überqueren und dann mit aufblitzenden Fenstern um einen letzten Häuserblock entschwinden zu sehen.

Diese optischen Amalgamierungen hatten auch ihre Kehrseiten. Der breitfenstrige Speisewagen, eine Allee keuscher Mineralwasserflaschen, mitraartig gefalteter Servietten und bunter Schokoladentafelattrappen (deren Hüllen – Cailler, Kohler und so weiter – nichts als Holz enthielten), schien nach den schwankenden blauen Gängen zunächst ein kühles Refugium; aber während die Mahlzeit auf ihren verhängnisvollen letzten Gang zustrebte und auf jedes Mal schrecklichere Weise ein Äquilibrist mit einem vollen Tablett rückwärts an unseren Tisch trat, um einen anderen Äquilibristen mit einem vollen Tablett vorbeizulassen, ertappte man den Wagen immer wieder dabei, daß er mitsamt seinen taumelnden Kellnern rücksichtslos in die Landschaft gestoßen wurde, die ihrerseits eine komplizierte Folge von Bewegungen durchlief – ein Tagmond hielt beharrlich Schritt mit dem Teller, die fernen

Wiesen öffneten sich wie Fächer, die nahen Bäume flogen auf unsichtbaren Schaukeln an den Bahndamm heran, ein Parallelgleis beging unversehens Selbstmord durch Anastomose, und eine Böschung blinzelnden Grases stieg und stieg und stieg, bis der kleine Zeuge durcheinandergeratener Geschwindigkeiten seine Portion *omelette aux confitures de fraises* wieder von sich geben mußte.

Nachts jedoch wurde die *Compagnie Internationale des Wagons-Lits et des Grands Express Européens* dem Zauber ihres Namens erst wirklich gerecht. Von meinem Bett unter der Koje meines Bruders aus (schlief er? war er überhaupt da?) beobachtete ich im Halbdunkel unseres Abteils, wie sich Gegenstände und Teile von Gegenständen und Schatten und Stücke von Schatten behutsam hin und her bewegten, ohne irgendwohin zu gelangen. Leise knarrte und ächzte die Holztäfelung. Ein undeutliches Kleidungsstück an einem Haken und die Quaste einer blauen, doppelschaligen Nachtlampe schwangen neben der Tür zur Toilette im Rhythmus hin und her. Es war schwer, eine Beziehung zwischen diesen zögernden Annäherungen, dieser verkappten Heimlichkeit und der ungestüm vorüberrauschenden Nacht draußen herzustellen, von der ich nur wußte, daß sie tatsächlich vorüberrauschte – funkengestreift, unlesbar.

Wenn ich einschlafen wollte, brauchte ich mir nur vorzustellen, ich sei der Lokomotivführer. Ein Gefühl schläfrigen Wohlbehagens durchströmte meine Adern, sobald ich alles wohlgeordnet wußte – die unbekümmerten Reisenden in ihren Abteilen waren die Fahrt zufrieden, die sie mir verdankten, sie rauchten, lächelten einander wissend zu, nickten und dösten; die Kellner und Köche und Schaffner (die ich irgendwo unterbringen mußte) veranstalteten im Speisewagen ein Trinkgelage; und ich selber starrte rußig und mit einer Schutzbrille vor den Augen aus dem Lokführerstand auf die spitz zulaufenden Gleise, auf den rubinroten oder smaragdgrünen Punkt in der schwarzen Ferne. Und im Schlaf dann erblickte ich etwas ganz anderes – eine Glasmurmel, die unter einen Konzertflügel rollte, oder eine Spielzeuglokomotive, die auf der Seite lag und deren Räder sich munter weiterdrehten.

Manchmal, wenn der Zug seine Geschwindigkeit änderte, wurde der Strom meines Schlafs unterbrochen. Langsame Lichter stolzierten vorüber; jedes lugte im Vorbeigehen in denselben Spalt, und ein leuchtender Zirkel maß die Schatten. Kurz darauf hielt der Zug mit einem langgezogenen Westinghouseschen Seufzer. Irgend etwas (die Brille meines Bruders, wie sich am nächsten Tag herausstellte) fiel von oben herunter. Es war wunderbar aufregend, zum Fußende des Bettes zu kriechen – ein Teil des Bettzeugs kam einem dabei nach –, um vorsichtig den Haken des Fenstervorhangs zu lösen, den man nur bis zur Hälfte des Fensters hochschieben konnte, da ihm die Kante des oberen Bettes im Wege war.

Wie die Monde um den Jupiter kreisten bleiche Nachtfalter um eine einsame Lampe. Auf einer Bank regte sich eine zergliederte Zeitung. Irgendwo im Zug konnte man gedämpfte Stimmen und ein behagliches Husten hören. Das Stück Bahnsteig vor mir war nicht besonders interessant, und dennoch konnte ich mich nicht von ihm losreißen, bis es sich aus eigenen Stücken zurückzog.

Am nächsten Morgen sagten mir nasse Felder mit mißgestalteten Weiden, die einen radialen Graben säumten, oder eine ferne Pappelreihe, durch die sich ein milchigweißer Nebelstreifen zog, daß der Zug durch Belgien hastete. Um vier Uhr nachmittags war er in Paris, und selbst wenn wir nur eine Nacht dort blieben, hatte ich immer Zeit, mir irgend etwas zu kaufen – einen kleinen, ziemlich schludrig mit Silberfarbe bemalten Eiffelturm aus Messing zum Beispiel –, bevor wir am folgenden Mittag in den Südexpreß stiegen, der uns auf seinem Weg nach Madrid um zehn Uhr vormittags auf dem Bahnhof Biarritz-La Négresse absetzte, einige Kilometer vor der spanischen Grenze.

2

Biarritz hatte in jenen Tagen noch seine Eigenart bewahrt. Staubige Brombeersträucher und *terrains à vendre* voller Unkraut säumten die Straße, die zu unserer Villa führte. Das Carlton-Hotel war noch im Bau. Etwa sechsunddreißig Jahre sollten noch verstreichen, bis Brigadegeneral Samuel McCroskey die Königssuite des Hôtel du Palais bezog, eines Gebäudes, das auf dem Grundstück eines früheren Palastes steht, wo man in den sechziger Jahren jenes unerhört gelenkige Medium, Daniel Home, dabei überrascht haben soll, wie er mit seinem bloßen Fuß (in Nachahmung einer Geisterhand) das gütige, vertrauensvolle Gesicht der Kaiserin Eugé-

nie streichelte. Auf der Promenade am Casino steckte
eine ältliche Blumenfrau mit Kohleaugenbrauen und
einem angemalten Lächeln die dicke Wulst einer Nelke
behende in das Knopfloch eines angehaltenen Spazier-
gängers, dessen linke Wange sich noch königlicher faltete, als er auf die Blume hinunterschielte, die ihm da
gewandt angesteckt wurde.

Die farbenfrohen großen Eichenspinner, die im Ge-
büsch auf der Suche waren, waren den unseren ganz
unähnlich (welche jedenfalls nicht auf Eichen brüte-
ten), und die Waldbrettspiele geisterten hier nicht
durch Wälder, sondern durch Hecken und hatten
bräunliche, nicht hellgelbe Flecken. Kleopatra, ein tropisch wirkender Zitronenfalter in Gelb und Orange,
der schmachtend in den Gärten umherflappte, war
1907 eine Sensation gewesen, und sein Fang machte
immer noch Spaß.

Auf dem hinteren Teil der *plage* standen die verschiedenen Strandstühle und -hocker, und auf ihnen
saßen die Eltern der Kinder, die Strohhüte trugen und
vorne im Sand spielten. Mich zum Beispiel konnte
man auf den Knien mit dem Versuch beschäftigt sehen, einen gefundenen Kamm mit Hilfe eines Brenn-
glases in Brand zu setzen. Die Männer hatten weiße
Hosen an, die für heutige Begriffe aussähen, als seien
sie in der Wäsche lächerlich eingelaufen; die Damen
trugen in jener Saison leichte Mäntel mit Seidenauf-
schlägen, Hüte mit großem Kopf und weitem Rand,
dicht bestickte weiße Schleier, Blusen mit Brustkrau-
sen, Krausen an den Handgelenken, Krausen an den
Sonnenschirmen. Die Brise machte einem die Lippen

salzig. Mit gewaltiger Geschwindigkeit kam ein verirrter Postillon über den wimmelnden Strand geschossen.

Für weitere Bewegung und weiteren Lärm sorgten die Verkäufer, die *cacahuètes*, kandierte Veilchen, himmlisch grünes Pistazieneis, Cachous und riesige, konvexe Stücke einer trockenen, spröden, waffelartigen Masse aus einem roten Faß feilboten. Mit einer Klarheit, die keine späteren Erinnerungsüberlagerungen getrübt haben, sehe ich den Waffelmann mit dem schweren Faß auf dem gebeugten Rücken durch den tiefen, mehligen Sand stapfen. Wenn man ihn rief, streifte er es mit einer Drehung des Gurtes von der Schulter, knallte es auf den Sand, wo es wie der schiefe Turm von Pisa zu stehen kam, wischte sich das Gesicht mit dem Ärmel und setzte eine Art Wahlvorrichtung mit einem Pfeil und Zahlen auf dem Faßdeckel in Bewegung. Der Pfeil scharrte und schwirrte im Kreis herum. Fortuna war es überlassen, die Größe einer Waffel zu bestimmen, die man für einen Sou bekam. Je größer das Stück, desto mehr tat er mir leid.

Die Badeprozedur spielte sich an einem anderen Teil des Strandes ab. Berufsmäßige Bademeister, stämmige Basken in schwarzen Badeanzügen, waren zur Stelle, um den Damen und Kindern behilflich zu sein, sich der Schrecken der Brandung zu erfreuen. Ein solcher *baigneur* stellte den *client* mit dem Rücken zur heranrollenden Welle und hielt ihn an der Hand, wenn der steigende, wirbelnde Schwall schäumenden grünen Wassers von hinten auf einen niederging und den Füßen mit einem mächtigen Schlag den Halt nahm. Nach einem Dutzend derartiger Stürze führte der *baigneur*, selber

glänzend wie ein Seehund, seinen keuchenden, frö-
stelnden, feucht schnüffelnden Schützling landwärts
zum flachen Strand, wo eine unvergeßliche alte Frau
mit grauen Haaren auf dem Kinn einem unverzüglich
einen Bademantel von mehreren aussuchte, die dort an
einer Wäscheleine hingen. In der Sicherheit einer kleinen Kabine half einem ein weiterer Wärter, sich des
triefenden, vom Sand schweren Badeanzugs zu entledigen. Er klatschte auf die Bretter, und immer noch zit-
ternd vor Kälte trat man aus ihm heraus und trampelte
auf seinen diffusen bläulichen Streifen herum. Die Ba-
dekabine roch nach Fichtenholz. Der Wärter, ein Buckliger mit vergnügt strahlenden Runzeln, brachte eine
Schüssel dampfend heißen Wassers, in die man die Füße
tauchte. Von ihm erfuhr ich etwas, das ich seitdem in
einer gläsernen Zelle meines Gedächtnisses verwahrte –
daß «Schmetterling» in der baskischen Sprache *miseri-*
coletea heißt – oder zumindest klang es so (unter den sieben Wörtern, die ich in Wörterbüchern gefunden habe,
kommt *micheletea* ihm noch am nächsten).

3

Auf dem brauneren und nasseren Teil der *plage*, der bei
Ebbe den besten Schlamm lieferte, um Burgen damit zu
bauen, geschah es, daß ich eines Tages Seite an Seite mit
einem kleinen französischen Mädchen namens Colette
buddelte.

Sie wurde zehn im November, ich war im April zehn
geworden. Ich wies auf ein zackiges violettes Muschel-

stückchen hin, auf das sie mit der bloßen Sohle ihres schmalen, langzehigen Fußes getreten war. Nein, Engländer war ich nicht. Ihre grünlichen Augen schienen mit dem Überschuß der Sommersprossen gesprenkelt, die die scharfen Züge ihres Gesichts bedeckten. Sie trug, was man heute einen Spielanzug nennen würde, ein blaues Trikothemd mit aufgekrempelten Ärmeln und kurze blaue Strickhosen. Ich hatte sie zunächst für einen Jungen gehalten, aber dann hatten mich das Armband um ihr schmales Handgelenk und die braunen Korkenzieherlocken, die unter ihrer Matrosenmütze hervorhingen, stutzig gemacht.

Ihre Sprache war ein jähes, vogelartiges, schnelles Gezwitscher, in dem sich Gouvernantenenglisch und Pariser Französisch vermengten. Zwei Jahre zuvor war ich auf dem gleichen Strand Sina zugetan gewesen, dem liebreizenden, sonnengebräunten, übellaunigen Töchterchen eines serbischen Naturheilkundigen – sie hatte, wie ich mich (absurderweise) erinnere (denn sie und ich waren zu jener Zeit erst acht gewesen), auf ihrer Aprikosenhaut gleich unterm Herzen ein *grain de beauté*, und in der Pension ihrer Familie, wo ich sie eines Morgens besuchte, um einen von der Katze aufgespürten toten Schwärmer in Empfang zu nehmen, stand eine entsetzliche Sammlung von Nachttöpfen, voll, halbvoll und einer mit Blasen an der Oberfläche. Doch als ich Colette kennenlernte, wurde mir sogleich klar, daß dies das Richtige war. Colette schien mir soviel fremdartiger als meine anderen zufälligen Spielgefährten in Biarritz! Irgendwie gewann ich den Eindruck, daß sie weniger glücklich war als ich, daß man ihr weniger Liebe entgegenbrachte. Ein blauer Fleck auf ihrem zarten, flaumigen Unterarm gab zu schrecklichen Vermutungen Anlaß. «Sie kneift genauso doll wie Mami», sagte sie und meinte eine Krabbe. Ich entwarf mehrere Pläne, sie vor ihren Eltern in Sicherheit zu bringen, die *des bourgeois de Paris* waren, wie irgend jemand in meinem Beisein mit einem leichten Achselzucken zu meiner Mutter bemerkt hatte. Ich deutete mir die Geringschätzung in meiner Art, da ich wußte, daß diese Leute die ganze Strecke von Paris in ihrer gelb-blauen Limousine gekommen waren (ein mondänes Abenteuer in jener Zeit), Colette jedoch schäbigerweise in Begleitung ihres Hundes und ihrer Gouvernante mit dem Personenzug geschickt hatten. Der Hund war ein weiblicher Foxterrier mit Schellen am Halsband und einem höchst wedligen Hinterteil. Aus lauter Übermut leckte er Salzwasser aus Colettes Spielzeugeimer. Ich erinnere mich an das Segel, den Sonnenuntergang und den Leuchtturm, die auf diesem Eimer abgebildet waren, aber mir will der Name des Hundes nicht einfallen, und das läßt mir keine Ruhe.

Während unseres zweimonatigen Aufenthalts in Biarritz übertraf meine Leidenschaft für Colette beinahe meine Leidenschaft für Kleopatra. Da meine Eltern keinen Wert darauf legten, mit den ihren zusammenzutreffen, sah ich sie nur am Strand; doch unablässig waren meine Gedanken bei ihr. Wenn ich feststellte, daß sie geweint hatte, fühlte ich einen hilflosen Schmerz in mir aufwallen, der mir Tränen in die Augen trieb. Ich konnte die Mücken nicht umbringen, die ihren zarten schmalen Hals zerstochen hatten, aber ich konnte mich erfolgreich mit einem rothaarigen Jungen prügeln (und ich tat's), der ruppig zu ihr gewesen war. Sie pflegte mir warme Hände voller harter Bonbons zu geben. Eines Tages, als wir uns zusammen über einen Seestern beugten und ihre Ringellocken mein Ohr kitzelten, drehte sie sich plötzlich zu mir um und drückte mir einen Kuß auf die Wange. Meine Bewegung war so groß, daß mir keine andere Antwort einfiel als: «Du Äffchen.»

Ich besaß eine Goldmünze, die ich ausreichend glaubte für unsere Flucht. Wohin wollte ich sie entführen? Nach Spanien? Amerika? In die Berge oberhalb von Pau? *«Là-bas, là-bas, dans la montagne»*, wie ich Carmen in der Oper singen gehört hatte. In einer merkwürdigen Nacht lag ich wach, lauschte auf das regelmäßige dumpfe Rauschen des Ozeans und schmiedete den Plan für die Flucht. Der Ozean schien sich in der Dunkelheit zu erheben, umherzutasten und dann schwer auf sein Gesicht zu fallen.

Von unserer eigentlichen Flucht habe ich wenig zu berichten. In meiner Erinnerung sehe ich, wie sie sich auf der Leeseite eines flatternden Zeltes gehorsam Leinenschuhe mit Hanfsohlen anzieht, dieweil ich ein zusammenklappbares Schmetterlingsnetz in eine braune Papiertüte stopfe. Als nächstes sehe ich, wie wir, um der Verfolgung zu entgehen, ein stockdunkles Kino in der Nähe des Casinos betreten (das uns selbstverständlich absolut verboten war). Dort saßen wir, reichten uns über den Hund hinweg, der auf Colettes Schoß hin und wieder ein leises Geklingel von sich gab, die Hände und betrachteten uns einen zittrigen, verregneten, aber höchst aufregenden Stierkampf in San Seba-

201

stián. Endlich sehe ich noch, wie ich von Linderowskij die Promenade entlanggeführt werde. Seine langen Beine schreiten unheilverkündend forsch aus, und ich kann erkennen, wie sich die Muskeln seiner grimmig verzogenen Kinnbacken unter der straffen Haut bewegen. Mein bebrillter neunjähriger Bruder, den er an der anderen Hand hält, geht hin und wieder ein Stück voraus, um wie eine kleine Eule mit entsetzter Neugier zu mir herüberzublicken.

Unter den trivialen Andenken, die ich vor der Abreise in Biarritz erwarb, sind mir weder der kleine Stier aus schwarzem Stein noch die tönende Muschel die liebsten, sondern etwas, das mir heute fast symbolisch vorkommt – ein Federhalter aus Meerschaum mit einem winzigen kristallenen Guckloch an seinem verzierten Ende. Man hielt es ganz dicht vor das Auge, kniff das andere zu, und wenn einem dann die eigenen flimmernden Wimpern nicht mehr im Wege waren, erblickte man im Innern eine wunderbare photographische Ansicht der Bucht und der Klippenreihe, die mit einem Leuchtturm endete.

Und jetzt geschieht etwas Köstliches. Indem ich mir jenen Federhalter und den Mikrokosmos in seiner kleinen Öffnung wieder vorstelle, wird mein Gedächtnis zu einer letzten Anstrengung angespornt. Noch einmal versuche ich, mich an den Namen von Colettes Hund zu erinnern – und wirklich, er kommt, er kommt, jene fernen Strände entlang, über die leuchtenden Abendsände der Vergangenheit, wo sich jeder Fußstapfen langsam mit Sonnenuntergangswasser füllt, widerhallend und tremolierend: Floss, Floss, Floss!

Colette war wieder in Paris, als wir unsere Heimreise dort für einen Tag unterbrachen; und eben dort sah ich sie (dank einer Übereinkunft unserer Erzieher, glaube ich) in einem rehbraunen Park unter einem kalten blauen Himmel zum letzten Male. Sie trug einen Reifen und einen kurzen Stock, um ihn vor sich herzutreiben, und alles an ihr war außerordentlich adrett und elegant, war herbstliche, pariserische *tenue-de-ville-pour-fillettes*. Von ihrer Gouvernante nahm sie ein Abschiedsgeschenk entgegen, das sie meinem Bruder in die Hand steckte, eine Schachtel Mandeldragees, die – das wußte ich – ganz allein für mich bestimmt waren; und schon war sie wieder fort, trieb mit leichten Schlägen ihren schimmernden Reifen durch Licht und Schatten und immer im Kreis um einen von welken Blättern verstopften Springbrunnen, neben dem ich stand. Das Laub vermengt sich in meiner Erinnerung mit dem Leder ihrer Schuhe und Handschuhe, und irgendeine Einzelheit ihrer Kleidung (vielleicht ein Band an ihrer Schottenmütze oder das Muster ihrer Strümpfe) erinnerte mich, soviel weiß ich noch, an die Regenbogenspirale in einer Glasmurmel. Immer noch scheine ich jenes schimmernde Wölkchen zu halten, ungewiß, wohin damit, während sie mit ihrem Reifen schneller und schneller um mich herumwirbelt und sich endlich zwischen den schlanken Schatten auflöst, die von den verschlungenen Bögen eines niedrigen Schleifenzaunes auf den Kiesweg geworfen werden.

Kapitel 8

1

Ich habe vor, ein paar Lichtbilder vorzuführen, doch möchte ich ihnen einige Angaben über ihre zeitlichen und örtlichen Umstände vorausschicken. Mein Bruder und ich sind in St. Petersburg geboren, der Hauptstadt des kaiserlichen Rußland, er Mitte März 1900, ich elf Monate früher. Den englischen und französischen Gouvernanten, die wir als Kinder hatten, traten nach und nach russisch sprechende Privatlehrer zur Seite (die meisten von ihnen in den höheren Semestern an der Universität der Hauptstadt), und schließlich lösten sie sie ganz ab. Diese Hauslehrerepoche begann etwa 1906, dauerte fast ein ganzes Jahrzehnt und überschnitt sich von 1911 an mit unseren Gymnasialjahren. Jeder Hauslehrer wohnte zu seiner Zeit bei uns – im Winter in unserem Petersburger Haus, die übrige Zeit entweder auf unserem Landsitz fünfundsiebzig Werst von der Stadt entfernt oder in den ausländischen Kurorten, wo wir uns im Herbst des öfteren aufhielten. Ich brauchte nie länger als drei Jahre (in solchen Sachen war ich meinem Bruder überlegen), diese wackeren jungen Männer zu zermürben.

Bei der Wahl unserer Hofmeister schien mein Vater von dem sinnreichen Gedanken geleitet, jedesmal den Vertreter einer anderen Gesellschaftsschicht oder Rasse zu engagieren, um uns allen Winden auszusetzen, die über das Russische Reich hinwegbrausten. Ich glaube nicht, daß es ein ganz überlegter Plan seinerseits war, doch wenn ich zurückblicke, finde ich das Muster seltsam klar, und die Bilder jener Erzieher erscheinen wie von einer Laterna magica projiziert im leuchtenden Kreis des Gedächtnisses.

Der bewundernswerte und unvergeßliche Dorfschulmeister, der uns im Sommer 1905 die Anfangsgründe des russischen Rechtschreibens beibrachte, kam nur für ein paar Stunden am Tag und gehört also nicht eigentlich zur gegenwärtigen Serie. Er hilft jedoch, Anfang und Ende zu verknüpfen, da meine letzte Erinnerung an ihn mit den Osterferien 1915 zusammenhängt, während deren mein Bruder und ich zusammen mit meinem Vater und einem gewissen Wolgin – dem letzten und schlechtesten Hauslehrer – im dicht verschneiten Gelände um unser Anwesen unter einem intensiven, fast violetten Himmel Ski liefen. Unser alter Freund lud uns, angeblich zu einem kleinen Imbiß, zu sich ins Schulhaus mit seinen Eiszapfen an der Dachrinne; in Wirklichkeit galt es eine umständliche und mit Liebe bereitete Mahlzeit. Immer noch sehe ich sein glühendes Gesicht und das wundervoll simulierte Entzücken, mit dem mein Vater ein Gericht entgegennahm (Hasenbraten mit saurer Sahne), das ihm, wie ich wußte, zuwider war. Das Zimmer war überheizt. Meine tauenden Skistiefel waren nicht so wasserdicht,

205

wie sie es hätten sein sollen. Meine Augen, denen der blendende Schnee immer noch weh tat, versuchten, an der nahen Wand ein sogenanntes «typographisches» Portrait Tolstojs zu entziffern. Wie der Schwanz der Maus auf einer bestimmten Seite von *Alice im Wunderland* bestand es ganz und gar aus Druckbuchstaben. Eine vollständige Tolstoj-Geschichte (*Herr und Knecht*) war draufgegangen, um das bärtige Gesicht ihres Autors nachzubilden, dem übrigens die Züge unseres Gastgebers ein wenig ähnlich sahen. Wir standen gerade im Begriff, den unglückseligen Hasen in Angriff zu nehmen, als die Tür aufflog und Christofor, ein Diener mit blauer Nase, wollenem Frauenkopftuch und idiotischem Lächeln, einen riesigen Lunchkorb voller Speisen und Weine seitwärts hereinschleppte, den meine taktlose Großmutter (die in Batowo überwinterte) uns nachschicken zu müssen geglaubt hatte, für den Fall, daß sich die Kost unseres Schulmeisters als unzureichend erweisen sollte. Ehe unser Gastgeber noch Gelegenheit hatte, sich verletzt zu fühlen, ließ mein Vater den Eßkorb unberührt mit ein paar knappen Zeilen zurückgehen, welche die wohlmeinende alte Dame wahrscheinlich ebenso verwunderten wie das meiste, was er tat. In einem weiten Seidengewand und mit Fausthandschuhen aus einem Netzgewebe, ein Museumsstück eher als ein lebender Mensch, verbrachte sie die meiste Zeit ihres Lebens auf einer Couch und fächelte sich mit einem Elfenbeinfächer. Eine Schachtel mit *boules de gomme* oder ein Glas Mandelmilch befanden sich in ihrer Reichweite, desgleichen ein Handspiegel, denn ungefähr alle Stunde puderte sie sich mit einer großen rosa Quaste aufs neue das Gesicht, ohne doch mit all dem Mehl den kleinen Leberfleck verdecken zu können, der wie eine Rosine von ihrem Backenknochen abstand. Trotz den eher trägen Aspekten ihres Durchschnittstageslaufs blieb sie eine außerordentlich robuste Frau und bestand darauf, das ganze Jahr über bei offenem Fenster zu schlafen. Nach einem Schneesturm, der die ganze Nacht gedauert hatte, fand ihr Mädchen sie eines Morgens unter einer Schicht funkelnden Schnees, der auf ihr Bett und sie selber geweht war, ohne dem gesunden Glühen ihres Schlafs etwas anzuhaben. Wenn sie überhaupt jemanden liebte, dann höchstens ihre jüngste Tochter Nadeshda Wonljarljarskij, um derentwillen sie 1916 Batowo plötzlich verkaufte, ein Handel, der in jener Dämmerung des Zarentums niemandem nützte. Sie klagte allen Verwandten über die dunklen Mächte, die ihren Lieblingssohn dazu verführt hatten, die «großartige» Karriere im Dienste des Zaren, welche seine Vorfahren verfolgt hatten, zu verschmähen. Besonders schwer wollte ihr in den Kopf, daß mein Vater, von dem sie wußte, daß er all die Annehmlichkeiten des Reichtums durchaus zu schätzen wußte, imstande war, seine Vorteile aufs Spiel zu setzen, indem er Liberaler wurde und damit eine Revolution herbeizuführen half, die ihn am Ende, wie sie richtig voraussah, bettelarm machen würde.

2

Der Lehrer, der uns im Lesen und Schreiben unterrichtete, war der Sohn eines Tischlers. In der folgenden Laterna-magica-Serie zeigt mein erstes Lichtbild einen jungen Mann, den wir Ordo nannten, den aufgeklärten Sohn eines russisch-orthodoxen Diakons. Auf den kühlen Spaziergängen mit meinem Bruder und mir im Sommer 1907 trug er einen schwarzen Byronschen Mantel mit einer S-förmigen Silberspange. Im stillen Wald von Batowo an einer Stelle, wo angeblich der Geist eines Gehenkten spukte, jagte uns Ordo jedesmal mit einer reichlich despektierlichen und törichten Darbietung, um die mein Bruder und ich ihn baten, sooft wir an jenem Ort vorbeikamen, ein angenehmes Gruseln ein. Mit gesenktem Kopf und unheimlich vampirhaft flatterndem Mantel hüpfte er langsam um die alte schaurige Espe herum. Eines nassen Morgens verlor er während dieses Rituals sein Zigarettenetui, und als ich ihm danach suchen half, entdeckte ich zwei gerade ausgeschlüpfte Exemplare des in unserer Gegend seltenen Amurschwärmers – wunderschöne, samtene, purpurgraue Wesen –, die sich, die chinchillabesetzten Beine an das Gras zu Füßen des Baumes geklammert, in aller Ruhe begatteten. Im Herbst desselben Jahres begleitete uns Ordo nach Biarritz, und ein paar Wochen später reiste er unvermittelt ab; auf seinem Kissen ließ er einen angesteckten Zettel und ein Geschenk zurück, das wir ihm einmal gemacht hatten, einen Gillette-Rasierapparat. Es geschieht nur selten, daß ich mir nicht ganz sicher bin, ob mir eine Erinnerung selber gehört oder ob ich sie aus zweiter Hand habe, doch in diesem Fall schwanke ich tatsächlich, besonders da meine Mutter später, wenn ihr der Sinn nach Erinnerungen stand, erheitert von der Flamme zu erzählen pflegte, die sie, ohne es zu ahnen, da entfacht hatte. Ich scheine mich an eine angelehnte Salontür zu erinnern, und mitten auf dem Fußboden liegt Ordo, unser Ordo, auf den Knien und ringt die Hände vor meiner jungen, schönen und entgeisterten Mutter. Die Tatsache, daß ich aus dem Augenwinkel meines Geistes die Falten eines romantischen Mantels über Ordos auf und ab wogenden Schultern zu sehen meine, läßt darauf schließen, daß ich irgend etwas aus dem früheren Waldtanz in das undeutliche Zimmer unseres Biarritzer Appartements übertragen habe (unter dessen Fenstern, auf einem durch Stricke abgesperrten Teil des Platzes, Sigismond Lejoyeux, ein ortsansässiger Aeronaut, gerade einen gewaltigen mostrichfarbenen Ballon aufblies).

Der nächste war ein Ukrainer, ein übermütiger Mathematiker mit einem dunklen Schnurrbart und einem blitzenden Lächeln. Er verbrachte einen Teil des Winters 1907/08 bei uns. Auch er verstand sich auf manches, und besonders fesselnd war sein Kunststück, eine Münze verschwinden zu lassen. *Ein Geldstück, das auf einem Blatt Papier liegt, wird mit einem Trinkglas bedeckt und verschwindet auf der Stelle.* Man nehme ein gewöhnliches Wasserglas. Ein rundes Stück Papier wird sauber über die Öffnung geklebt. Das Papier ist am besten liniiert (oder anders gemustert) – das erhöht die Illusion. Auf ein ähnlich liniiertes Blatt wird eine kleine Münze gelegt (ein silbernes Zwanzig-Kopeken-

Stück reicht für den Zweck). Das Glas wird schnell über die Münze gestülpt, wobei darauf zu achten ist, daß die beiden Muster übereinstimmen. Die Übereinstimmung von Mustern ist eins der Wunder der Natur. Die Wunder der Natur begannen mir in jenen jungen Jahren Eindruck zu machen. An einem seiner freien Sonntage brach der arme Zauberkünstler auf der Straße zusammen und wurde von der Polizei mit einem Dutzend Betrunkener zusammen in eine kalte Zelle gesperrt. Dabei hatte er ein Herzleiden, an dem er einige Jahre später starb.

Das nächste Bild sieht aus, als stünde es verkehrt herum. Auf ihm sieht man unseren dritten Privatlehrer kopfstehen. Er war ein großer, beängstigend athletischer Lette, der auf den Händen laufen, enorme Gewichte heben, mit Hanteln jonglieren und ein großes Zimmer im Handumdrehen mit dem Schweißgeruch einer ganzen Garnison erfüllen konnte. Wenn er es für angebracht hielt, mich für irgendein geringfügiges Vergehen zu strafen (ich erinnere mich zum Beispiel, daß ich von einem oberen Treppenabsatz eine Murmel auf seinen anziehenden, hart aussehenden Kopf fallen ließ, als er hinunterging), griff er zu der bemerkenswerten pädagogischen Maßnahme, mich meine Boxhandschuhe anlegen zu lassen und zu einem kleinen Sparring herauszufordern. Mit schmerzvoller Präzision versetzte er mir dann einen Hieb ins Gesicht. Obwohl ich das den Strafarbeiten vorzog, die Mademoiselle sich ausdachte und die mir die Finger verkrampften, etwa wenn ich zweihundertmal das Sprichwort *Qui aime bien, châtie bien* abschreiben mußte, vermißte ich den guten

Mann nicht, als er uns nach einem stürmischen Monat
verließ.

Dann kam ein Pole. Er war ein gutaussehender Medizinstudent mit klaren und feuchten braunen Augen
und glattem Haar, der dem französischen Schauspieler
Max Linder ähnlich sah, einem beliebten Filmkomiker.
Max hielt sich von 1908 bis 1910 und verdiente sich an
einem Wintermorgen in St. Petersburg meine Bewunderung, als ein plötzlicher Aufruhr unseren üblichen
Morgenspaziergang unterbrach. Peitschenschwingende
Kosaken mit wilden, schwachsinnigen Gesichtern
trieben ihre sich bäumenden Pferde in eine dichte
Menschenmenge. Eine Menge Mützen und mindestens drei Galoschen lagen schwarz im Schnee. Einen
Augenblick schien es, als käme einer der Kosaken auf
uns zu, und ich sah Max nach einem glänzenden Revolver in seiner Tasche greifen – doch leider wich der
Tumult zurück. Ein- oder zweimal nahm er uns zu
seinem Bruder mit, einem ausgemergelten, hochvornehmen katholischen Priester, dessen bleiche Hände
geistesabwesend über unseren kleinen russisch-orthodoxen Köpfen schwebten, während er und Max sich in
zischend dahinströmendem Polnisch über politische
oder familiäre Dinge unterhielten. Ich sehe meinen
Vater mit Max an einem Sommertag um die Wette
schießen – mit Pistolenschüssen durchlöcherten sie ein
rostiges Jagdverbotsschild in unserem Wald. Er war ein
kräftiger junger Mann, der liebenswürdige Max, und
darum wunderte es mich, wenn er über Migräne klagte
und matt ablehnte, mit mir Fußball zu spielen oder
schnell einmal in den Fluß zu springen. Heute weiß ich,

daß er jenen Sommer eine Liebesaffaire mit einer verheirateten Dame hatte, deren Gut knapp zwanzig Kilometer entfernt lag. Am Tag schlich er sich dann und
wann zum Hundezwinger, um unsere angeketteten
Wachhunde zu füttern und sich bei ihnen lieb Kind zu
machen. Sie wurden um elf Uhr abends losgelassen
und strichen dann um unser Haus, und er mußte ihnen
mitten in der Nacht gegenübertreten, wenn er sich aus
dem Haus und zu den Büschen schlich, wo ihm ein
Bundesgenosse, der polnische Diener meines Vaters,
ein Fahrrad mit allem Zubehör – Klingel, Luftpumpe,
Werkzeugtasche aus braunem Leder und sogar Hosen-
klammern – bereitgestellt hatte. Auf ungepflasterten
Straßen voller Schlaglöcher und auf holprigen Wald-
wegen gelangte Max zu seinem entlegenen Liebesnest,
einer Jagdhütte – im Einklang mit der großen Tradition eleganten Ehebruchs. Die kühlen Morgennebel
und vier Dänische Doggen mit kurzem Gedächtnis sahen ihn auf seinem Fahrrad zurückkehren, und um
acht begann ein neuer Tag. Ich frage mich, ob Max
den Schauplatz seiner nächtlichen Unternehmungen
nicht mit einer gewissen Erleichterung verließ, als er
uns im Herbst jenes Jahres (1909) auf unserer zweiten
Reise nach Biarritz begleitete. Fromm und reumütig
ließ er sich für ein paar Tage beurlauben, um in Gesellschaft eines hübschen und lockeren irischen Mädchens
nach Lourdes zu reisen; sie war die Gouvernante Colettes, meiner liebsten Spielgefährtin am Strand. Im
folgenden Jahr verließ uns Max, um eine Stellung in
der Röntgenabteilung eines Petersburger Krankenhau-
ses anzutreten, und soviel ich höre, brachte er es zwi-

schen den Weltkriegen in Polen zu beträchtlichem medizinischem Ruhm.

Auf den Katholiken folgte der Protestant – ein Lutheraner jüdischer Abstammung. Hier wird er unter dem Namen Lenskij figurieren müssen. Mein Bruder und ich fuhren mit ihm gegen Ende 1910 nach Deutschland, und als wir nach unserer Rückkehr ab Januar des darauffolgenden Jahres eine Petersburger Schule besuchten, blieb Lenskij noch drei Jahre lang bei uns, um uns bei den Schularbeiten zu helfen. Während seiner Regierungszeit war es, daß Mademoiselle, die seit dem Winter 1905 bei uns gewohnt hatte, endlich ihren Kampf gegen die moskowitischen Eindringlinge aufgab und nach Lausanne zurückkehrte. Lenskij stammte aus armen Verhältnissen und erinnerte sich gerne daran, daß er sich zwischen dem Abitur, welches er in seiner Heimatstadt am Schwarzen Meer gemacht hatte, und seiner Zulassung zur Petersburger Universität den Lebensunterhalt damit verdient hatte, daß er flache Kiesel vom steinigen Strand mit bunten Meeresszenen dekorierte und als Briefbeschwerer verkaufte. Er hatte ein ovales, rosiges Gesicht, merkwürdig nackte Augen mit kurzen Wimpern hinter einem randlosen Zwicker und einen hellblauen kahlgeschorenen Schädel. Dreierlei fanden wir sogleich heraus: Er war ein vortrefflicher Lehrer; es ging ihm jeder Sinn für Humor ab; und im Gegensatz zu unseren früheren Erziehern war er jemand, den wir in Schutz nehmen mußten. Solange meine Eltern in der Nähe waren, fühlte er sich sicher, doch waren sie nicht da und machte eine unserer Tanten irgendeine sarkastische Bemerkung, so war es um seine

Sicherheit geschehen. Für sie waren die gegen Pogrome und andere Praktiken der Regierung gerichteten leidenschaftlichen Schriften meines Vaters nur die Grillen eines launenhaften Adligen, und ich hörte oft, wie sie mit Schaudern von Lenskijs Herkunft und den «wahnsinnigen Experimenten» meines Vaters sprachen. Bei solchen Gelegenheiten pflegte ich im Anschluß furchtbar frech zu ihnen zu sein und in der Abgeschiedenheit einer Toilette in heiße Tränen auszubrechen. Nicht daß ich Lenskij besonders gern mochte. Seine trockene Stimme, seine übertriebene Ordentlichkeit hatten etwas Irritierendes, auch seine Angewohnheit, mit einem eigens dafür reservierten Tuch dauernd seine Brille zu putzen oder mit einem eigens dafür bestimmten Knipser seine Fingernägel zu schneiden, seine pedantisch korrekte Redeweise und vielleicht am meisten seine phantastische morgendliche Angewohnheit, scheinbar direkt aus dem Bett, doch bereits angetan mit Schuhen und Hosen, an denen hinten rote Hosenträger herabhingen, sowie einem sonderbaren ärmellosen Netzunterhemd, das seinen dicklichen behaarten Oberkörper umspannte, zum nächsten Wasserhahn zu marschieren und seine Körperreinigung dortselbst darauf zu beschränken, daß er sich das rosa Gesicht, den blauen Schädel und den fetten Hals gründlich naßmachte, und sich darauf nach russischer Art herzhaft die Nase zu schneuzen, um dann mit den gleichen zielstrebigen Schritten, doch nunmehr triefend und halb blind, in sein Schlafzimmer zurückzumarschieren, wo er an einem geheimen Ort drei sakrosankte Handtücher aufbewahrte (im übrigen war er im unübersetzbaren russischen Sinn so *bresgliw*, daß er sich die Hände wusch, wenn er Banknoten oder Geländerläufe angefaßt hatte).

Er beschwerte sich bei meiner Mutter, daß Sergey und ich kleine Ausländer wären, Freaks, Gecken, *snoby*, die Gontscharow, Grigorowitsch, Korolenko, Stanjukowitsch, Mamin-Sibirjak und andere stumpfsinnige Langweiler («Heimatschriftsteller» sozusagen) «pathologisch kalt» ließen, während sie doch seiner Meinung nach «normale Jungen bezauberten». Zu meinem dunklen Ärger erteilte er meinen Eltern den Rat, ihre beiden Söhne – die drei jüngeren Kinder waren seiner Gerichtsbarkeit entzogen – einen demokratischeren Lebenswandel führen zu lassen, was zum Beispiel bedeutete, daß wir in Berlin aus dem Adlon-Hotel in eine düstere Pension in einer Sackgasse umzogen und nicht mehr in internationalen Expreßzügen mit weichen Teppichen reisten, sondern statt dessen in schwankenden und schlingernden Schnellzügen mit schmutzigen Fußböden und abgestandenem Zigarrenrauch. In fremden Städten und in St. Petersburg desgleichen konnte er wie angefroren vor Geschäften stehenbleiben und Dinge bestaunen, die uns völlig gleichgültig ließen. Er wollte demnächst heiraten, besaß nichts als sein Gehalt und plante seinen künftigen Hausstand mit der größten Findigkeit und Sorgfalt. Hin und wieder brachte irgendeine unbesonnene Tat sein Budget in Unordnung. Als er eines Tages sah, wie eine zerlumpte alte Hexe gierig einen Hut mit karmesinroten Federn anstarrte, der im Schaufenster eines Modewarenladens lag, kaufte er ihn für sie – und hatte einige Schwierigkei-

Meine Mutter mit vierunddreißig Jahren, ein Pastellportrait (60 mal 40 cm) von Leon Bakst, 1910 im Musikzimmer unseres Petersburger Hauses gemalt. Die hier abgebildete Reproduktion wurde im gleichen Jahr unter seiner Aufsicht angefertigt. Er hatte enorme Mühe mit dem fluktuierenden Umriß ihrer Lippen und verwendete bisweilen eine ganze Sitzung auf ein einziges Detail. Das Ergebnis ist eine außerordentliche Ähnlichkeit und repräsentiert ein interessantes Stadium in seiner

Meine Mutter und ihr Bruder, Wassilij Iwanowitsch Rukawischnikow (1874 bis 1916), im Oktober 1913 auf der Terrasse seines Châteaus in Pau, Basses Pyrénées.

künstlerischen Entwicklung. Meine Eltern besaßen ebenfalls eine Reihe von Aquarellskizzen, die er für das Ballett *Scheherazade* gemacht hatte. Fünfundzwanzig Jahre später erzählte mir Alexandre Benois in Paris, daß er bald nach der Sowjetrevolution alle Bakstschen Werke und dazu einige eigene wie den *Regentag in der Bretagne* aus unserem Haus in das (nunmehr staatliche) Museum Alexanders III. schaffen ließ.

ten, die Frau wieder abzuschütteln. Bei seinen eigenen Anschaffungen verfuhr er mit großer Umsicht. Geduldig hörten mein Bruder und ich seine detaillierten Tagträume an, in denen er jeden Winkel der gemütlichen, aber schlichten Wohnung analysierte, die er für seine Frau und sich selber im Geiste einrichtete. Zuweilen schwang sich seine Phantasie empor. Einmal ließ sie sich auf einer teuren Deckenlampe bei Alexander nieder, einem Petersburger Geschäft, das ziemlich unerquicklichen bürgerlichen Trödel führte. Da er nicht wünschte, daß im Laden ein Verdacht aufkäme, auf welchen Gegenstand er es abgesehen hatte, wollte er ihn uns nur zeigen, wenn wir ihm gelobten, uns völlig in der Gewalt zu haben und keine unnötige Aufmerksamkeit zu erregen, indem wir etwa direkt hinschauten. Unter allen möglichen Vorsichtsmaßregeln führte er uns unter einen entsetzlichen bronzenen Kraken, und nur mit einem schnurrenden Seufzer gab er uns zu verstehen, daß dies der begehrte Gegenstand sei. Mit der gleichen Vorsicht – flüsternd und auf Zehenspitzen, um ja das Schicksalsungeheuer nicht zu wecken (von dem er offenbar annahm, daß es gegen ihn einen persönlichen Groll hegte) – stellte er uns seiner Verlobten vor, einer kleinen, zierlichen jungen Dame mit verängstigten Gazellenaugen, an deren schwarzem Schleier der Geruch frischer Veilchen haftete. Wir trafen sie, erinnere ich mich, vor einer Apotheke Potsdamer Straße Ecke Privatstraße, einer engen Straße voller dürren Laubs, wo sich unsere Pension befand, und er beredete uns, die Gegenwart seiner Braut in Berlin vor unseren Eltern geheimzuhalten, und im Schaufenster der Apotheke

machte eine mechanische Reklamefigur Rasierbewe-
gungen, und Straßenbahnen fuhren quietschend vorbei, und es begann zu schneien.

3

Nunmehr sind wir bereit, das Hauptthema dieses Kapitels anzugehen. Irgendwann im Laufe des folgenden
Winters kam Lenskij auf den entsetzlichen Gedanken,
in unserem Petersburger Haus jeden zweiten Sonntag
pädagogische Lichtbildervorträge zu veranstalten. Er
hatte sich vorgenommen, mit den Lichtbildern instruk-
tive Lesungen zu illustrieren («reichlich» zu illustrieren, sagte er und schmatzte mit seinem schmalen
Mund); gutgläubig hoffte er wohl, damit einer Schar
hingerissener Jungen und Mädchen ein denkwürdiges
gemeinsames Erlebnis zu verschaffen. Diese Veran-
staltungen, so glaubte er, würden nicht nur unsere
Kenntnisse erweitern, sondern auch dazu beitragen,
aus meinem Bruder und mir gute kleine gesellige Wesen
zu machen. Wir dienten ihm als Kern, und um diesen
widerspenstigen Mittelpunkt herum sammelte er mehrere Schichten von Rekruten – gleichaltrige Cousins
und Cousinen, die gerade greifbar waren, verschiedene
Kinder, mit denen wir jeden Winter auf mehr oder weniger öden Gesellschaften zusammentrafen, einige unserer Schulkameraden (sie waren ungewöhnlich still –
aber ach, es entging ihnen keine Einzelheit) sowie die
Sprößlinge der Dienerschaft. Nachdem ihm meine
freundliche und optimistische Mutter völlig freie Hand

gegeben hatte, entlieh er einen komplizierten Apparat und stellte einen mutlos aussehenden Studenten zu seiner Bedienung ein; heute scheint es mir, als habe der warmherzige Lenskij unter anderem versucht, einen mittellosen Kommilitonen zu unterstützen.

Niemals werde ich die erste Lesung vergessen. Lenskij hatte eine Verserzählung von Lermontow ausgesucht, die Abenteuer eines jungen Mönches, der seine kaukasische Einsiedelei verläßt, um in den Bergen herumzuwandern. Wie gewöhnlich bei Lermontow vereinte das Gedicht platte Aussprüche mit superben verschwimmenden Fata-Morgana-Effekten. Es war von erklecklicher Länge, und seine siebenhundertfünfzig reichlich monotonen Verse wurden von Lenskij großzügig über ganze vier Bilder verteilt (ein fünftes hatte ich kurz vor der Vorführung ungeschickterweise zerbrochen).

Mit Rücksicht auf die Feuergefahr war für die Vorstellung ein ausgedientes Kinderzimmer gewählt worden, in dessen einer Ecke ein bronzebraun gestrichener säulenförmiger Badeofen stand sowie eine Wanne auf Schwimmfüßen, die zu diesem Anlaß keusch zugedeckt worden war. Die dicht zugezogenen Fenstervorhänge entzogen dem Blick den Hof, die Stapel von Birkenscheiten und die düsteren Mauern des Anbaus, der den Pferdestall beherbergte (dessen einer Teil in eine Garage für zwei Automobile umgewandelt worden war). Obwohl ein uralter Kleiderschrank und ein paar Kabinenkoffer hinausgeworfen worden waren, sah dieses trostlose Hinterzimmer, in dem an einem Ende die Laterna magica und im übrigen schräge Reihen von Stühlen, Fußpolstern und Sofas für etwa zwei Dutzend Zuschauer standen (eingeschlossen Lenskijs Verlobte und drei oder vier Gouvernanten, unsere eigene Mademoiselle und Miss Greenwood nicht mitgezählt), überfüllt aus und fühlte sich muffig an.

Eine meiner zappeligsten Cousinen, eine nebelhafte, ungefähr elfjährige kleine Blondine mit langem Alice-im-Wunderland-Haar und muschelrosa Teint, saß zu meiner Linken so eng neben mir, daß ich jedesmal, wenn sie sich anders hinsetzte, ihren schmalen Hüftknochen gegen meinen stoßen fühlte; sie spielte mit ihrem Medaillon, strich mit dem Handrücken zwischen ihrem parfümierten Haar und ihrem Nackenansatz entlang, oder sie schlug unter der raschelnden Seide ihres gelben Unterrocks, der durch die Spitzen ihres Röckchens hindurchschimmerte, die Knie aneinander.

Zu meiner Rechten saß der Sohn des polnischen Dieners meines Vaters, ein völlig regloser Junge in einem Matrosenanzug; er sah dem Zarewitsch auffallend ähnlich, und ein noch auffälligerer Zufall wollte, daß er an der gleichen tragischen Krankheit – Hämophilie – litt, so daß eine Hofequipage mehrmals im Jahr einen berühmten Arzt in unser Haus brachte und im schräg fallenden Schnee wartete und wartete, und wenn man sich die größte dieser grauen Flocken heraussuchte und ihren Weg abwärts (vorbei an dem Erkerfenster, durch das man hinaussah) im Blick behielt, konnte man ihre ziemlich grobe, unregelmäßige Form und ihr Schwanken während des Flugs ausmachen, und es wurde einem schwummrig und schläfrig, schläfrig und schwummrig.

Das Licht ging aus. Lenskij ließ die Eingangsverse vom Stapel:

> Die Zeit – es sind nur wenig Jahr'.
> Der Ort – dort wo ein Strömepaar
> Sich trifft zu schwesterlichem Gruß,
> Aragwa und Kura; am Fluß
> Dortselbst ein Kloster stand . . .

Das Kloster mit seinen beiden Flüssen erschien pflichtschuldig und blieb etwa hundert Verse lang in unheimlicher Trance auf der Leinwand (wenn doch nur ein einziger Mauersegler darüber hätte hinwegstreifen können!), bis es von irgendeinem georgischen Mädchen mit einem irdenen Krug in der Hand abgelöst wurde. Als der Vorführer das Rähmchen zur Seite schob, huschte das Bild mit einem eigentümlichen Schwung von der Leinwand, da die Vergrößerung nicht nur die gezeigte Szene, sondern auch die Geschwindigkeit ihrer Entfernung beeinflußte. Sonst jedoch gab es wenig Zauberei. An Stelle von Lermontows wunderbaren Bergen

> Die in des Morgenhimmels Pracht
> Wie rauchende Altäre ragten

wurden uns konventionelle Gipfel vorgeführt, und während der junge Mönch einem anderen Einsiedler von seinem Kampf mit einem Leoparden berichtete –

Oh, ich war schrecklich anzusehn!
Ich selbst ein Panther, wild und kühn,
Sein Rasen war, sein Brüllen mein

– ertönte hinter mir ein gedämpftes Miau; vielleicht
kam es aus dem Mund des jungen Rshewuskij, mit dem
zusammen ich Tanzstunden nahm, oder aus dem von
Alek Nitte, der sich ein oder zwei Jahre darauf durch
Poltergeistphänomene ein gewisses Renommee erwarb,
oder aus dem eines Vetters. Während Lenskijs dünne
Stimme weiter und weiter las, merkte ich langsam, daß
die Zuhörer – mit einigen Ausnahmen vielleicht, etwa
einem sensiblen Schulkameraden namens Samuel Ro-
soff – sich insgeheim über die Vorführung lustig machten und ich hinterher mit verschiedenen beleidigenden
Bemerkungen fertig zu werden hätte. Ich empfand ein
stechendes Mitleid mit Lenskij – mit den bescheidenen
Falten an seinem kahlgeschorenen Hinterkopf, mit seiner Courage, mit den nervösen Bewegungen seines Zei-
gestocks, über den bisweilen wie spielende Kätzchen-
pfoten die Farben huschten, wenn er ihn zu dicht an die
Leinwand heranbrachte. Zum Ende hin wurde die Mo-
notonie des Ganzen vollends unerträglich; der verwirrte Vorführer konnte das letzte Rähmchen nicht finden, das unter die schon gezeigten geraten war, und
während Lenskij in der Dunkelheit geduldig wartete,
begannen einige Zuschauer, die schwarzen Schatten ihrer erhobenen Hände auf die erschreckte weiße Leinwand zu werfen, und prompt gelang es einem respektlo-
sen und gelenkigen Jungen (war ich es am Ende doch
selber – der Hyde meines Jekyll?), die Silhouette sei-

nes Fußes zu projizieren, was natürlich einen lärmenden Wettstreit auslöste. Als sich das Dia schließlich doch gefunden hatte und auf der Leinwand erschien, fühlte ich mich an eine Reise meiner frühen Kindheit durch den langen, finsteren St. Gotthard-Tunnel erinnert, in den unser Zug während eines Gewitters einfuhr, doch es war ganz vorüber, als wir wieder ans Tageslicht kamen, und

> Blau, grün, orangerot, so stand,
> Vom eignen holden Glück gebannt,
> Ein Regenbogen überm Schroffen
> Und unter ihm, still und betroffen,
> Eine Gazelle...

Ich sollte hinzufügen, daß ich währenddessen und während der folgenden, noch überfüllteren, noch schrecklicheren Sonntagnachmittagsveranstaltungen von dem Nachhall gewisser Familiengeschichten verfolgt wurde, die mir zu Ohren gekommen waren. In den frühen achtziger Jahren hatte mein Großvater mütterlicherseits, Iwan Rukawischnikow, als er für seine Söhne keine Privatschule nach seinem Geschmack fand, eine eigene Akademie ins Leben gerufen, indem er ein Dutzend der besten Professoren anstellte, deren er habhaft werden konnte, und etwa zwanzig Knaben in den Sälen seines Petersburger Hauses (Admiralitätskai Nummer 10) für einige Semester schulgeldfreien Unterrichts zusammentrommelte. Dem Unternehmen war kein Erfolg beschieden. Jene seiner Bekannten, deren Söhne er mit seinen eigenen zusammentun wollte, waren nicht immer willfährig, und von den Knaben, die er erhielt, enttäuschten ihn einige. Ich machte mir ein höchst ungünstiges Bild von ihm, sah ihn zu seinem eigensinnigen Zweck Schulen durchkämmen und mit seinen seltsamen und traurigen Augen, die mir von Photographien her wohlbekannt waren, unter den gescheitesten die hübschesten Schüler auswählen. Er soll notleidenden Eltern tatsächlich Geld gezahlt haben, um Kameraden für seine beiden Söhne anzuwerben. So wenig auch die naiven Lichtbildervorträge unseres Hauslehrers mit den überspannten Rukawischnikowschen Einfällen zu tun hatten, trug die Tatsache, daß ich die beiden Unternehmungen miteinander in Beziehung brachte, nicht gerade dazu bei, mich mit Lenskijs lächerlichem und langweiligem Ehrgeiz abzufinden, und so war ich froh, als nach drei weiteren Vorführungen (Puschkins *Eherner Reiter*, *Don Quijote* und *Afrika – das Land der Wunder*) meine Mutter meinen inständigen Bitten nachgab und die ganze Sache abgeblasen wurde.

Wenn ich jetzt daran denke – wie billig und geschwollen sahen sie doch aus, diese geleeartigen Bilder, wenn sie auf die angefeuchtete Leinwand projiziert wurden (die Feuchtigkeit sollte sie um so herrlicher erstrahlen lassen), aber welche Schönheiten offenbarten die Glasrähmchen als solche, wenn man sie einfach zwischen Daumen und Zeigefinger gegen das Licht hielt – durchscheinende Miniaturen, Taschenmärchenländer, schmucke kleine Welten aus stillen, leuchtenden Farben! In späteren Jahren entdeckte ich die gleiche genaue und stille Schönheit von neuem in der Helligkeit unter dem Zauberrohr eines Mikroskops. Auf dem Glas eines

Diapositivs war eine Landschaft verkleinert, und das
beflügelte die Phantasie; unter dem Mikroskop war ein
Insektenorgan zu nüchternem Studium vergrößert. In
den Größenverhältnissen der Welt, so scheint es mir,
gibt es einen feinen Punkt, wo sich Phantasie und Wissen treffen, einen Punkt, den man erreicht, wenn man
Großes verkleinert und Kleines vergrößert, und der seinem Wesen nach künstlerisch ist.

4

In Anbetracht der augenscheinlich vielseitigen Begabung Lenskijs, der Gründlichkeit, mit der er uns alles
zu erklären wußte, was mit unserem Schulpensum zusammenhing, kamen seine dauernden akademischen
Nöte überraschend. Wie sich langsam herausstellte,
hatten sie ihre Ursache darin, daß ihm jegliche Begabung für die finanziellen und politischen Probleme ab-
ging, an denen er sich hartnäckig versuchte. Ich weiß
noch, welches Lampenfieber er vor einer seiner wichtigsten Abschlußprüfungen hatte. Ich war nicht weniger beunruhigt als er und konnte kurz vor dem Ereignis
der Versuchung nicht widerstehen, an der Tür des
Zimmers zu horchen, wo mein Vater auf Lenskijs
dringliche Bitte hin eine private Probe aufs Exempel
machte, indem er ihm abfragte, was er über Charles Gi-
des *Grundzüge der Nationalökonomie* wußte. Während er
das Buch durchblätterte, stellte mein Vater Fragen wie:
«Was bestimmt den wirtschaftlichen Wert?» oder «Was
ist der Unterschied zwischen Banknoten und Papier-

geld?», und eifrig räusperte sich Lenskij – aber es blieb völlig still, als hätte er den Geist aufgegeben. Nach einer Weile verstummte auch dieses lebhafte Hüsteln, und das einzige, was in den Zwischenräumen noch das Schweigen unterbrach, waren die Finger meines Vaters, die auf den Tisch trommelten; einmal allerdings flammte ein schneller und hoffnungsvoller Protest in dem Dulder auf, und er rief plötzlich: «Diese Frage steht aber nicht im Buch!» – doch sie stand drin. Schließlich seufzte mein Vater, schloß das Lehrbuch leise, aber hörbar und bemerkte: «*Golubtschik* [mein Lieber], Sie können nur durchfallen, Sie wissen ja nicht das allergeringste.» – «Das möchte ich bestreiten», gab Lenskij nicht ohne Würde zurück. So steif, als sei er ausgestopft, wurde er in unserem Wagen zur Universität gefahren; er blieb dort bis zum Abend und kehrte in einem Pferdeschlitten, in völliger Niedergeschlagenheit, in einem Schneesturm zurück und ging in stiller Verzweiflung auf sein Zimmer.

Gegen Ende seiner Zeit bei uns heiratete er, machte eine Hochzeitsreise in den Kaukasus, in Lermontows Berge, und kam für einen weiteren Winter zu uns zurück. Während seiner Abwesenheit im Sommer 1913 übernahm ein Schweizer Hauslehrer, Monsieur Noyer, seine Pflichten. Er war ein Mann von kräftiger Statur, hatte einen borstigen Schnurrbart und las uns Rostands *Cyrano de Bergerac* vor, wobei er jede Zeile überaus genießerisch artikulierte und entsprechend den Figuren, die er darstellte, seine Stimme aus Flötenhöhe in Fagottiefe verlegte. Wenn er beim Tennis den Aufschlag hatte, stand er, die dicken Beine in der zerknitterten

Nankinghose weit gespreizt, fest auf der Grundlinie und beugte jäh die Knie, um dem Ball einen gewaltigen, aber höchst wirkungslosen Schlag zu versetzen.

Nachdem uns Lenskij im Frühjahr 1914 endgültig verlassen hatte, zog ein junger Mann aus der Wolgagegend bei uns ein. Er war ein charmanter Mensch von adliger Herkunft, ein recht guter Tennisspieler, ein hervorragender Reiter; mit großer Erleichterung verließ er sich auf derartige Fertigkeiten, denn in jener späten Phase hatten weder mein Bruder noch ich einen großen Bedarf an jener Bildungshilfe, die der Wicht uns eigentlich geben sollte, wie ein optimistischer Gönner meinen Eltern versprochen hatte. Im Laufe unseres Kolloquiums setzte er mich beiläufig davon in Kenntnis, daß Dickens *Onkel Toms Hütte* geschrieben habe, woraufhin ich unverzüglich mit ihm wettete und seinen Schlagring gewann. Danach hütete er sich, in meiner Gegenwart die Rede auf literarische Figuren oder Themen zu bringen. Er war sehr arm, und seiner ausgeblichenen Universitätsuniform entströmte ein seltsamer, staubiger und ätherischer, nicht gänzlich unangenehmer Geruch. Gewinnende Umgangsformen hatte er schon, ein liebreizendes Gemüt, eine unvergeßliche Handschrift, die ganz aus Dornen und Stacheln bestand (und dergleichen ich erst in den Briefen von Verrückten wiedergesehen habe, die ich seit dem Jahre der Gnade 1958 manchmal bekomme), und einen unbegrenzten Vorrat an obszönen Geschichten (mit denen er mich unter dem Siegel der Verschwiegenheit in einer träumerischen, samtigen Stimme fütterte, ohne einen einzigen vulgären Ausdruck zu gebrauchen), Geschichten über seine

Kumpel und Nutten und auch über verschiedene Verwandte von uns, von denen er eine, eine vornehme Dame, die fast doppelt so alt war wie er, bald darauf heiratete, nur um sie – während seiner anschließenden Karriere in Lenins Verwaltungsapparat – loszuwerden, indem er sie in ein Arbeitslager expedierte, wo sie umkam. Je mehr ich über jenen Menschen nachdenke, desto mehr bin ich der Überzeugung, daß er vollkommen wahnsinnig war.

Lenskij verlor ich nicht ganz aus den Augen. Noch während er bei uns wohnte, begann er mit einem Darlehen seines Schwiegervaters irgendein phantastisches Geschäft, das unter anderem den Ankauf und die Verwertung verschiedener Erfindungen mit sich brachte. Es wäre weder nett noch fair, wenn ich sagte, daß er sie als seine eigenen ausgab; doch adoptierte er sie an Kindes Statt und sprach über sie mit soviel Wärme und Zärtlichkeit, daß es auf eine natürliche Vaterschaft hindeutete – eine Gefühlshaltung seinerseits, die von keinen Fakten gestützt war und keinen Betrug beabsichtigte. Eines Tages lud er uns alle stolz ein, mit unserem Wagen eine neue Straßenpflasterung auszuprobieren, für die er verantwortlich zeichnete und die (soweit ich jenes seltsame Glänzen durch den Schleier der Zeit hindurch erkennen kann) aus einem absonderlichen Gewaber von Metallstreifen bestand. Das Resultat war ein platter Reifen. Der Kauf einer anderen verfänglichen Sache jedoch tröstete ihn wieder: die fertigen Entwürfe zu einem «Elektroplan», wie er das Ding nannte, das wie eine alte Blériotsche Maschine aussah, aber – und hier zitiere ich ihn wieder – einen «voltaischen» Motor hatte. Er flog nur in seinen Träumen – und meinen. Im Ersten Weltkrieg brachte er ein fladenförmiges Wunder-Pferdefutter auf den Markt (er pflegte selber daran zu knabbern und es auch seinen Bekannten anzubieten), doch die meisten Pferde blieben lieber bei ihrem Hafer. Er handelte mit einer Reihe anderer, ausnahmslos verrückter Patente und war tief verschuldet, als er durch den Tod seines Schwiegervaters ein kleines Vermögen erbte. Das muß Anfang 1918 gewesen sein, denn ich erinnere mich, daß er uns schrieb (wir waren in der Gegend von Jalta gestrandet) und uns Geld und jede Art von Unterstützung anbot. Die Erbschaft investierte er prompt in einen Vergnügungspark an der Küste der Krim, gab sich endlose Mühe damit, eine gute Kapelle aufzutreiben, eine Rollschuhbahn aus irgendeinem ganz besonderen Holz zu bauen und Fontänen und Kaskaden anzulegen, die von roten und grünen Glühbirnen illuminiert waren. 1919 kamen die Bolschewisten und löschten die Lichter, und Lenskij floh nach Frankreich; das letzte Mal hörte ich von ihm in den zwanziger Jahren, und damals soll er sich an der Riviera mit Mühe und Not damit über Wasser gehalten haben, daß er Muscheln und Kiesel mit Bildern bemalte. Ich weiß nicht, was mit ihm geschah, als die Nazis in Frankreich einfielen – und stelle es mir auch lieber nicht vor. Trotz etlicher Schrullen war er im Grunde ein sehr reiner und sehr anständiger Mensch, dessen private Prinzipien so streng waren wie seine Grammatik und an dessen erfrischende Diktate ich mich mit Freuden erinnere: *kolokololitejschtschiki perekolotili wykarabkawschichsja wychucholej* – «die Glockengießer schlachteten die herausgekrochenen Desmans». Viele Jahre später zitierte ich im American Museum of Natural History diesen Zungenbrecher einem Zoologen, der mich gefragt hatte, ob Russisch so schwierig sei, wie sein Ruf es behauptete. Einige Monate später sahen wir uns wieder, und er fragte mich: «Wissen Sie, ich mußte eine Menge an diese moskowitischen Bisamratten denken: Wo sind sie herausgekrochen? Hatten sie Winterschlaf gehalten oder sich versteckt oder was?»

5

Wenn ich an meine aufeinanderfolgenden Lehrer denke, beschäftigen mich die seltsamen Dissonanzen, die sie in mein junges Leben brachten, weniger als die fundamentale Stabilität und Unversehrtheit dieses Lebens. Mit Freude nehme ich die höchste Leistung des Gedächtnisses wahr, nämlich den meisterlichen Gebrauch, den es von den angeborenen Harmonien macht, wenn es die schwebenden und unsteten Klänge der Vergangenheit in seinen Pferch treibt. Um jene mißtönenden Akkorde zu vervollständigen und aufzulösen, stelle ich mir gerne etwas vor, was in der Rückschau ebenso dauerhaft ist wie die lange Tafel, die an Geburts- und Namenstagen im Sommer zur Nachmittagsschokolade im Freien gedeckt wurde, in einer von Eichen, Linden und Ahornbäumen bestandenen Allee, dort, wo sie in den glatten Sand des Gartens mündete, der zwischen Park und Haus lag. Ich sehe das Tischtuch und die Gesichter der Menschen, die dort sitzen

und an dem Spiel von Licht und Schatten unter dem
bewegten, phantastischen Laubwerk teilhaben, das
zweifellos von der gleichen Fähigkeit leidenschaftlichen
Gedenkens und unablässiger Rückkehr übertrieben
wird, die mich auch nötigt, mich jener Festtafel immer
von außen zu nähern, von den Tiefen des Parkes her –
und nicht vom Haus –, so als müßte der Geist, um dorthin zurückzugelangen, lautlos wie ein barfüßiger Verlorener Sohn herantreten, der schwach ist vor Erregung.
Durch ein bebendes Prisma erkenne ich die Züge von
Angehörigen und Freunden, stumme Lippen, die hei-
ter vergessene Worte bilden. Ich sehe den Dampf der
Schokolade und die Teller mit Blaubeertorte. Ich bemerke den kleinen Hubschrauber einer rotierenden
Flügelfrucht, die sacht auf dem Tischtuch niedergeht,
und den bloßen Arm eines jungen Mädchens, der lässig
weit über den Tisch gestreckt ist, die türkisgeäderte
Unterseite nach oben in den schuppigen Sonnenschein
gedreht, die Hand in träger Erwartung geöffnet – vielleicht, daß sie dem Nußknacker gilt. An der Stelle, wo
mein damaliger Lehrer sitzt, ist das Bild unbeständig,
wird es immer von neuem ein- und ausgeblendet; das
Pulsieren meiner Gedanken vermischt sich mit dem der
Blätterschatten und verwandelt Ordo in Max und Max
in Lenskij und Lenskij in den Schulmeister, und die
ganze Reihe zitternder Verwandlungen beginnt von
vorn. Und unversehens dann, gerade in dem Augenblick, da Farben und Konturen sich anschicken, ihren
verschiedenen Obliegenheiten – lächelnden, gering-
fügigen Obliegenheiten – nachzukommen, wird ein
Knopf berührt, und ein Sturzbach von Lauten erwacht

zum Leben: Stimmen, die alle zugleich reden, eine Walnuß, die geknackt wird, das Klappern eines Nußknackers, den man achtlos weiterreicht, dreißig menschliche Herzen, deren regelmäßiges Klopfen das meine übertönt; das Rauschen und Ächzen von tausend Bäumen, der ortstypische Zusammenklang lauter Sommervögel und jenseits des Flusses hinter den rhythmischen Bäumen das verworrene und begeisterte Freudengeheul badender junger Dorfbewohner wie ein Hintergrund stürmischen Beifalls.

Kapitel 9

1

Vor mir habe ich ein großes, schmuddeliges Sammel-album, das in schwarzes Leinen gebunden ist. Es ent-hält alte Dokumente, darunter Diplome, Entwürfe, Tagebücher, Ausweise, Bleistiftnotizen und einige Drucksachen, alles von meiner Mutter bis zu ihrem Tod in Prag penibel aufbewahrt, doch danach, zwischen 1939 und 1961, einem wechselvollen Schicksal ausge-setzt. Mit Hilfe dieser Papiere und meiner eigenen Erinnerungen habe ich die folgende kurze Biographie meines Vaters zusammengestellt:

Wladimir Dmitrijewitsch Nabokow, Rechtswissen-schaftler, Publizist und Staatsmann, Sohn von Dmitrij Nikolajewitsch Nabokow, Justizminister, und Ba-ronesse Maria von Korff, wurde am 20. Juli 1870 in Zarskoje Selo bei St. Petersburg geboren und starb am 28. März 1922 in Berlin durch die Kugel eines Mörders. In den ersten dreizehn Lebensjahren wurde er zu Hause von französischen und englischen Gouvernanten und von russischen und deutschen Hauslehrern erzogen; einer der letzteren steckte ihn mit der *passio et morbus aureliani* an, die er an mich weitervermachte. Vom

Herbst 1883 an besuchte er das Gymnasium in der damaligen Gagarin-Straße (die vermutlich in den zwanziger Jahren von den kurzsichtigen Sowjets umbenannt wurde). Sein Wunsch, sich auszuzeichnen, war übermächtig. Da ihm eine Lungenentzündung lieber war als die Blamage an der Tafel, nahm er in einer Winternacht, als er mit einer Schulaufgabe in Rückstand war, in der Hoffnung auf eine gelegen kommende Erkrankung den polaren Frost auf sich, indem er sich mit nichts bekleidet als mit seinem Nachthemd ans offene Fenster setzte (es ging auf den Schloßplatz und seine vom Mond polierte Säule); am nächsten Morgen war er noch kerngesund, und unverdienterweise war es der gefürchtete Lehrer, der krank im Bett lag. Im Mai 1887 schloß er als Sechzehnjähriger das Gymnasium mit einer Goldmedaille ab und studierte an der Universität von St. Petersburg Jura; die Abschlußprüfungen machte er im Januar 1891. Er setzte sein Studium in Deutschland (vor allem in Halle) fort. Dreißig Jahre später schickte ein Kommilitone, mit dem er im Schwarzwald eine Radtour gemacht hatte, meiner verwitweten Mutter das Exemplar von *Madame Bovary*, das mein Vater seinerzeit bei sich gehabt und auf dessen Vorsatzblatt er geschrieben hatte: «Die unübertroffene Perle der französischen Literatur» – ein Urteil, das nach wie vor Bestand hat.

1897, am 14. November (ein in unserer jubiläumsbewußten Familie in jedem Jahr gewissenhaft gefeiertes Datum), heiratete er Jelena Iwanowna Rukawischnikow, die einundzwanzigjährige Tochter eines Nachbarn auf dem Land, mit der er sechs Kinder hatte (das erste war ein totgeborener Junge).

1895 war er zum Kammerjunker ernannt worden. Von 1896 bis 1904 las er an der Kaiserlichen Schule für Jurisprudenz (*Prawowedenije*) in St. Petersburg. Von Kammerherren wurde erwartet, daß sie vor jedem öffentlichen Akt die Genehmigung des «Hofministers» einholten. Die Genehmigung beantragte er natürlich nicht, als er in der Zeitschrift *Prawo* seinen berühmten Artikel *Das Blutbad von Kischinjow* veröffentlichte, in dem er verurteilte, wie die Polizei dem Kischinjow-Pogrom von 1903 Vorschub geleistet hatte. Durch kaiserlichen Erlaß wurde ihm im Januar 1905 sein Hoftitel wieder aberkannt, und daraufhin brach er jede Verbindung zu der Regierung des Zaren ab und stürzte sich entschlossen in die antidespotische Politik, während er seine rechtswissenschaftliche Arbeit fortsetzte. Von 1905 bis 1915 war er Vorsitzender der russischen Sektion der Internationalen Gesellschaft für Kriminologie, und auf Kongressen in Holland amüsierte er sich und erstaunte er sein Publikum, indem er, wenn nötig, russische und englische Reden ins Deutsche und Französische übersetzte oder umgekehrt. Mit großer Beredsamkeit trat er gegen die Todesstrafe ein. In privaten wie in öffentlichen Dingen hielt er sich standfest an seine Prinzipien. Bei einem öffentlichen Bankett im Jahre 1904 weigerte er sich, auf die Gesundheit des Zaren anzustoßen. Es heißt, er habe per Zeitungsinserat ungerührt seine Hofuniform zum Verkauf angeboten. Von 1906 bis 1917 gab er zusammen mit I. W. Hessen und A. I. Kaminka eine der wenigen liberalen Tageszeitungen Rußlands heraus, die *Retsch* (‹Rede›), ebenso die juristische Zeitung *Prawo*. Politisch war er «Kadett», das heißt

Mitglied der KD (*Konstituzionno-demokratitscheskaja partija*), die später passender in Partei der Volksfreiheit umgetauft wurde (*partija Norodnoj Swobody*). Bei seinem ausgebildeten Sinn für Humor hätte er sehr komisch gefunden, wie hilflos, wiewohl boshaft sowjetische Lexikographen in ihren seltenen biographischen Erwähnungen seine Überzeugungen und Leistungen verhackstückten. 1906 wurde er in das Erste Russische Parlament (*Perwaja Duma*) gewählt, eine humane und heroische, überwiegend liberale Institution (die unwissende ausländische Journalisten, infiziert von der sowjetischen Propaganda, indessen oft mit den alten «Bojarendumas» verwechseln!). Dort hielt er einige hervorragende Reden, die in ganz Rußland Widerhall fanden. Als der Zar kaum ein Jahr später die Duma auflöste, begaben sich eine Reihe ihrer Mitglieder zu einer illegalen Sitzung nach Wyborg, darunter mein Vater (der seine Fahrkarte unter dem Hutband trug, wie aus einem im Finnländischen Bahnhof aufgenommenen Photo hervorgeht). Im Mai 1908 trat er eine dreimonatige Gefängnishaft an, die reichlich spät kommende Strafe für das revolutionäre Manifest, das er und seine Gruppe in Wyborg aufgesetzt hatten. «Hat V. in diesem Sommer irgendwelche ‹Aegerias› [Waldbrettspiele] gefangen?» fragt er in einer seiner heimlichen Botschaften aus dem Gefängnis, die durch einen bestochenen Wärter und einen treuen Freund (Kaminka) meiner Mutter in Wyra übermittelt wurden. «Sag ihm, daß ich im Gefängnishof nichts als Zitronenfalter und Kohlweißlinge sehe.» Nach seiner Freilassung durfte er an Wahlen nicht mehr teilnehmen, konnte jedoch (eins der Paradoxe, die unter dem Zaren so häufig waren) frei bei der streng liberalen *Retsch* arbeiten, eine Aufgabe, auf die er bis zu neun Stunden am Tag verwandte. 1913 legte ihm die Regierung für eine Reportage aus Kiew, wo Bejlis nach einem stürmischen Prozeß von der Anklage des «Ritual»-Mords an einem Christenknaben freigesprochen wurde, die symbolische Geldstrafe von einhundert Rubel auf (nach heutigem Wert etwa vierhundert Mark); Gerechtigkeit und die öffentliche Meinung konnten im alten Rußland gelegentlich noch obsiegen – es blieben ihnen nur noch fünf Jahre. Bald nach Ausbruch des Ersten Weltkrieges wurde er eingezogen und an die Front geschickt. Schließlich wurde er dem Generalstab in St. Petersburg zugewiesen. Militärische Moral hielt ihn davon ab, sich aktiv am ersten Aufruhr der liberalen Revolution vom März 1917 zu beteiligen. Von Anbeginn an scheint ihm die Geschichte zielstrebig jede richtige Gelegenheit vorenthalten zu haben, seine große staatsmännische Begabung in einer russischen Republik westlichen Stils zu entfalten. 1917, im Anfangsstadium der Provisorischen Regierung – das heißt, solange sich die Kadetten noch an ihr beteiligten –, hatte er im Ministerium das verantwortungsvolle, aber unscheinbare Amt eines Staatssekretärs inne. Im Winter 1917/18 wurde er in die Konstituierende Versammlung gewählt, nur um von energischen bolschewistischen Matrosen verhaftet zu werden, als sie aufgelöst wurde. Die Novemberrevolution hatte bereits ihren blutigen Lauf angetreten, ihre Polizei war schon aktiv, doch in jenen Tagen war das Chaos der Befehle und Gegenbefehle manchmal auf unserer Seite: Mein Vater folgte einem dämmerigen Korridor, sah am Ende eine offene Tür, trat auf eine Nebenstraße hinaus und erreichte die Krim, ausgerüstet mit einem Ranzen, den er sich von seinem Diener Ossip an einen abgelegenen Ort bringen ließ, sowie einem Päckchen Kaviarbrote, das der gute Nikolaj Andrejewitsch, unser Koch, aus eigenen Stücken dazugetan hatte. Von Mitte 1918 bis Anfang 1919 war er zwischen zwei bolschewistischen Besetzungen und unter dauernden Reibereien mit schießwütigen Elementen in Denikins Armee Justizminister («Minimaljustizminister», wie er ironisch sagte) in einer der Regionalregierungen, der der Krim. 1919 ging er freiwillig ins Exil, lebte erst in London, dann in Berlin, wo er zusammen mit Hessen die liberale Emigrantenzeitung *Rul* (‹Das Ruder›) herausgab, bis er 1922 von einem finsteren Schurken ermordet wurde, den Hitler im Zweiten Weltkrieg zum Beauftragten für russische Emigrantenangelegenheiten machte.

Er war ein fruchtbarer Autor, der vorwiegend über politische und kriminologische Themen schrieb. Die Prosa und Poesie mehrerer Länder war ihm von Grund auf vertraut, Hunderte von Versen kannte er auswendig (seine russischen Lieblingsdichter waren Puschkin, Tjuttschew und Fet – über letzteren veröffentlichte er einen schönen Essay), war eine Dickens-Autorität und schätzte außer Flaubert auch Stendhal, Balzac und Zola, in *meinen* Augen drei gräßlich mittelmäßige Schriftsteller. Immer wieder gestand er, daß das Hervorbringen einer Geschichte oder eines Gedichts, irgendeiner Geschichte oder irgendeines Gedichts, für ihn ein ebenso unbegreifliches Wunder darstelle wie der

Bau einer elektrischen Maschine. Andererseits fiel es ihm überhaupt nicht schwer, über politische und juristische Dinge zu schreiben. Er hatte einen korrekten, wenngleich recht monotonen Stil, der heute – zumindest für mein übersättigtes Gehör – trotz allen seinen altmodisch europäischen Metaphern aus der klassischen Bildung und den schwülstigen Klischees des russischen Journalismus eine ansprechende graue Würde eigener Art besitzt, die (so als gehörte sie einem älteren und ärmeren Verwandten) in krassem Gegensatz zu seinen farbigen, kuriosen, oft poetischen und manchmal lästerlichen Alltagsäußerungen stand. Die erhaltenen Entwürfe einiger seiner Aufrufe (sie beginnen mit «*Grashdanje!*», «Bürger!») und Leitartikel sind in einer schulhaft-schrägen, wunderbar schlanken, unglaublich regelmäßigen Handschrift fast frei von Korrekturen geschrieben – eine Reinheit, eine Bestimmtheit, eine Kofunktion von Geist und Materie, die ich belustigt mit meiner mäusehaften Schrift und meinen unsauberen Entwürfen vergleiche, mit den Metzeleien der Revisionen, Neufassungen und neuen Revisionen dieser Zeilen hier, in denen ich in zweistündiger Anstrengung einen zweiminütigen Fluß seiner makellosen Handschrift beschreibe. Seine Entwürfe waren wie Reinschriften unmittelbarer Gedanken. In dieser Art schrieb er mit phänomenaler Leichtigkeit und Geschwindigkeit (unbequem an einem Kinderpult im Schulzimmer eines trauervollen Schlosses sitzend) den Abdankungstext für Großfürst Michail (den nächsten in der Erbfolge, nachdem der Zar für sich und seinen Sohn auf den Thron verzichtet hatte). Kein Wunder, daß er auch ein hervorragender Sprecher war, ein Redner im kühlen «englischen Stil», der die Fleischhauergestik und das rhetorische Gebell der Demagogen verschmähte, und auch hier hat der lächerliche Kakologe, der ich bin, wenn ich kein schreibmaschinenbeschriebenes Blatt vor mir habe, nichts geerbt.

Erst unlängst habe ich zum ersten Mal seinen wichtigen *Sbornik statej po ugolownomu prawu* (eine Artikelsammlung zum Strafrecht) gelesen, der 1904 in St. Petersburg veröffentlicht wurde und von dem mir ein freundlicher Reisender, Andrew Field, ein sehr seltenes, vielleicht das einzige Exemplar schenkte (ehemals im Besitz von «Michajl Jewgrafowitsch Chodunow», wie aus einem violetten Stempel auf dem Vorsatzblatt hervorgeht), das er 1961 bei einem Besuch in Rußland in einem Antiquariat erworben hatte. Es ist ein Band von 316 Seiten, der neunzehn Aufsätze enthält. In einem von ihnen (*Sexualverbrechen*, geschrieben 1902) behandelt mein Vater in einem gewissen merkwürdigen Sinn recht prophetisch (Londoner) Fälle von «kleinen Mädchen *à l'âge le plus tendre [w njeshnjejschem wosraste]*, das heißt zwischen acht und zwölf Jahren, die Lüstlingen *[slastoljubzam]* zum Opfer fielen». Im selben Essay legt er eine sehr liberale und «moderne» Haltung gegenüber verschiedenen anomalen Praktiken an den Tag und prägt beiläufig ein kommodes russisches Wort für «homosexuell»: *rawnopolyj*.

Es wäre unmöglich, die buchstäblich Tausende seiner Artikel in verschiedenen Zeitungen und Zeitschriften wie *Retsch* oder *Prawo* aufzuzählen. In einem späteren Kapitel spreche ich von seinem historisch interessanten Buch über einen halboffiziellen England-Besuch während des Krieges. Einige seiner Erinnerungen an die Jahre 1917 bis 1919 sind in dem von Hessen in Berlin veröffentlichten *Archiw russkoj rewoljuzii* erschienen. Am 16. Januar 1920 hielt er am King's College, London, einen Vortrag über «Sowjetherrschaft und die Zukunft Rußlands», der eine Woche darauf in der Beilage zu *The New Commonwealth*, Nr. 15, gedruckt wurde (er ist ordentlich in das Album meiner Mutter geklebt). Im Frühling desselben Jahres lernte ich den größten Teil davon auswendig, als ich für eine *Union*-Debatte in Cambrigde eine Rede gegen den Bolschewismus vorbereitete; der siegreiche Apologet war ein Mann vom *Manchester Guardian*; seinen Namen habe ich vergessen, aber in Erinnerung ist mir, wie ich total versiegte, nachdem ich rezitiert hatte, was ich auswendig wußte, und das war meine erste und letzte politische Rede. Einige Monate vor dem Tod meines Vaters hatte die Emigrantenzeitung *Teatr i shisn* (‹Theater und Leben›) damit begonnen, in Fortsetzungen seine Jugenderinnerungen zu drucken (er und ich überlappen hier – zu kurz). Hervorragend finde ich darin die schrecklichen Wutanfälle seines pedantischen Lateinlehrers am Dritten Gymnasium beschrieben, desgleichen meines Vaters sehr früh einsetzende und lebenslange Opernleidenschaft: Zwischen 1880 und 1922 muß er praktisch jeden erstklassigen europäischen Sänger gehört haben, und obwohl er selber nichts spielen konnte (ausgenommen die ersten Takte der *Ruslan*-Ouvertüre, die er höchst majestätisch zum besten gab), hatte er jede Note seiner Lieblingsopern im Kopf. Auf dieser Saite gleitet ein melodisches

Gen, das mich übersprungen hat, von Wolfgang Graun, dem Organisten des sechzehnten Jahrhunderts, durch meinen Vater weiter zu meinem Sohn.

2

Elf Jahre war ich alt, als mein Vater zu dem Schluß kam, daß mein bisheriger und immer noch andauernder Privatunterricht nutzbringend durch den Besuch der Tenischew-Schule zu ergänzen wäre. Diese Schule, eine der bemerkenswertesten in St. Petersburg, bestand erst seit verhältnismäßig kurzer Zeit und war sehr viel fortschrittlicher als die gewöhnlichen Gymnasien, denen sie ihrer Art nach gleichgestellt war. Ihre sechzehn «Semester» (acht Gymnasialklassen) entsprachen acht deutschen Oberschuljahren. Bei meiner Aufnahme im Januar 1911 fand ich mich im dritten Semester, nach deutschen Begriffen also in der Quinta.

Das Schuljahr dauerte vom 15. September bis zum 25. Mai, mit einigen Unterbrechungen: einer zweiwöchigen Lücke zwischen den Semestern – gleichsam um dem gewaltigen Weihnachtsbaum Platz zu machen, der mit seinem Stern die zartgrüne Decke des hübschesten unserer Salons berührte – und einer Woche Osterferien, während deren gefärbte Eier den Frühstückstisch aufheiterten. Da Schnee und Frost vom Oktober bis tief in den April anhielten, ist es kein Wunder, daß meine Schulerinnerungen im Durchschnitt entschieden winterlich sind.

Wenn Iwan der Erste (der eines Tages verschwand)

ander von Stampf- und Scharrgeräuschen kam. Dort fand ich meinen Vater, einen großen, kräftigen Mann, der in seinem weißen Trainingsanzug noch größer wirkte; er stieß zu und parierte, während sein wendiger Lehrer dem Klirren der Rapiere forsche Ausrufe («*Battez!*», «*Rompez!*») hinzufügte.

Ein wenig außer Atem nahm mein Vater die konvexe Fechtermaske von seinem schweißgebadeten, geröteten Gesicht und gab mir den Gutenmorgenkuß. In dem Zimmer waren das Gelehrsame und das Sportliche, das Leder der Bücher und das der Boxhandschuhe auf angenehme Weise vereint. Dicke Sessel standen vor den Bücherwänden. Ein kompliziertes, in England gekauftes Punchingball-Gestell – vier Stahlstangen, die das Brett trugen, an dem der Birnball hing – leuchtete aus dem Hintergrund des weiten Raumes. Einige schwerbewaffnete Straßenkämpfer, die 1917 durch das Fenster einstiegen, stellten hauptsächlich im Hinblick auf das maschinengewehrartige Tacktacktack des Balles den Zweck des Gerätes in Frage und schenkten der Erklärung des Butlers nur widerstrebend Glauben. Als die Sowjetrevolution uns gebot, St. Petersburg zu verlassen, wurde auch diese Bibliothek zerstreut, doch immer wieder tauchten seltsame kleine Überreste davon im Ausland auf. Etwa zwölf Jahre später fand ich in einem Berliner Bücherstand ein solches Relikt mit dem Exlibris meines Vaters. Passenderweise erwies es sich als Wells' *Krieg der Welten*. Und nach einem weiteren Jahrzehnt entdeckte ich eines Tages in der New York Public Library, unter dem Namen meines Vaters katalogisiert, ein Exemplar des gediegenen Katalogs, den er sich pri-

oder Iwan der Zweite (der die Zeit erleben sollte, da ich ihm amouröse Botengänge auftrug) mich um acht Uhr früh wecken kam, war die Welt draußen noch in braune hyperboreische Finsternis gehüllt. Das elektrische Licht im Schlafzimmer war von einer verdrossenen, grellen, gelbsüchtigen Farbe, die meinen Augen weh tat. Ein klingendes Ohr in die Hand gelegt und den Ellbogen aufs Kissen gestützt, zwang ich mich dazu, zehn Seiten unerledigter Schularbeiten zu machen. Auf meinem Nachttisch stand neben einer stämmigen Lampe mit zwei bronzenen Löwenköpfen eine kleine unkonventionelle Uhr: ein hohes Kristallbehältnis, in dem elfenbeinweiße, papierblattartige Lamellen mit schwarzen Ziffern von rechts nach links schnippten und wie Werbedias auf alten Kinoleinwänden eine Minute lang stillhielten. Ich gab mir zehn Minuten, den Text in mein Gehirn zu stanzen (heutzutage brauchte ich zwei Stunden dazu!), und etwa zwölf Minuten, zu baden, mich (mit Iwans Hilfe) anzuziehen, nach unten zu hasten und eine Tasse lauwarmen Kakaos hinunterzustürzen, von dessen Oberfläche ich in der Mitte einen runden Fleck schrumpeliger brauner Haut abhob. Um die Morgenstunden war es geschehen, und die Box- und Fechtstunden, die mir ein erstaunlicher, gummiartiger Franzose, Monsieur Loustalot, erteilt hatte, mußten aufgegeben werden.

Dennoch kam er fast täglich, um mit meinem Vater zu boxen oder zu fechten. Halb im Pelzmantel, lief ich durch den grünen Salon (in dem noch lange nach Weihnachten der Geruch von Tanne, heißem Wachs und Mandarinen hing) zur Bibliothek, aus der ein Durchein-

vat hatte drucken lassen, als die Buchgespenster, die darin aufgeführt waren, noch rosig und prall auf seinen Regalen standen.

3

Er schob seine Schutzmaske wieder vors Gesicht und fuhr in seinen Stampf- und Ausfallübungen fort, während ich den Weg zurückeilte, den ich gekommen war. Nach der Wärme der Eingangshalle, wo Holzscheite in dem großen Kamin prasselten, versetzte die Luft draußen den Lungen einen eisigen Schock. Ich ermittelte, welcher unserer beiden Wagen, der Benz oder der Wolseley, da war, mich zur Schule zu bringen. Jener, ein mausgraues Landaulett, das von Wolkow, einem sanftmütigen, bleichen Chauffeur, gesteuert wurde, war der ältere. Im Vergleich zu dem faden, nasen- und lautlosen elektrischen Coupé, das ihm vorausgefahren war, hatten seine Formen geradezu dynamisch gewirkt; doch sobald die vergleichsweise lange, schwarze englische Limousine die Garage mit ihm teilte, schien es mit seiner ärmlich geschrumpften Haube seinerseits altmodisch und viel zu oberlastig.

Wenn ich den neueren Wagen bekommen konnte, begann der Tag würzig. Pirogow, der zweite Chauffeur, war ein kleiner, untersetzter Mann mit rotbraunem Teint, der gut zu dem Orangenbraun seiner Gamaschen und zu der Farbe des Pelzes paßte, den er über seinem Cordanzug trug. Wenn ihn irgendein Verkehrshindernis zwang, die Bremsen zu betätigen (zu welchem Behuf er sich plötzlich eigentümlich federnd streckte), oder wenn ich ihn ärgerte, indem ich versuchte, durch das kreischende und nicht sehr zweckmäßige Sprachrohr mit ihm zu reden, so lief sein breiter Nacken, den ich durch die Glaswand sehen konnte, hochrot an. Er machte kein Hehl daraus, daß er vorzog, das wackere Opel-Cabriolet zu steuern, welches uns drei oder vier Sommer lang auf dem Land Dienst tat, und er fuhr es mit hundert Stundenkilometern (um sich klarzumachen, wie rasant das 1912 war, sollte man die heutige Geschwindigkeitsinflation berücksichtigen): Ja, für mich bleibt das Wesen sommerlicher Freiheit – schulfreier stadtferner Ländlichkeit – mit dem extravaganten Motorenlärm verbunden, der auf der langen, einsamen Landstraße aus dem geöffneten Auspufftopf drang. Als Pirogow im zweiten Jahr des Ersten Weltkrieges eingezogen wurde, rückte Ziganow an seine Stelle, ein dunkler Mann mit wirrem Blick, der früher Rennfahrer gewesen war, an mehreren Autorennen in Rußland und im Ausland teilgenommen und sich bei einem schlimmen Unfall in Belgien mehrere Rippen gebrochen hatte. Später, irgendwann im Jahre 1917, bald nachdem mein Vater aus Kerenskijs Kabinett ausgeschieden war, beschloß Ziganow – den energischen Protesten meines Vaters zum Trotz –, den starken Wolseley vor möglicher Beschlagnahme zu bewahren, indem er ihn auseinandernahm und seine Teile an Orten versteckte, die nur ihm bekannt waren. Noch später, in der Düsternis eines tragischen Herbstes, als die Bolschewisten die Oberhand gewannen, bat einer von Kerenskijs Adjutanten meinen Vater um einen robusten Wagen, den der

Premier benutzen könnte, falls er zu einem schnellen Aufbruch gezwungen sein sollte; doch unser schwächlicher Benz war nicht gut genug, und der Wolseley war peinlicherweise verschwunden, und wenn ich an der Erinnerung an jene Anfrage hänge (die mein prominenter Freund unlängst dementierte, sein Adjutant jedoch mit Sicherheit vorgebracht hatte), dann nur aus kompositorischen Gründen – als amüsantes thematisches Echo auf Christina von Korffs Rolle bei der Varennes-Episode von 1791.

Obwohl schwere Schneefälle in St. Petersburg viel häufiger waren als etwa in der Gegend von Boston, schienen die wenigen Automobile, die vor dem Ersten Weltkrieg zwischen den zahlreichen Pferdeschlitten verkehrten, aus irgendeinem Grund niemals in so furchtbare Schwierigkeiten zu geraten wie moderne Autos bei einer richtigen weißen Weihnacht in New England. Viele seltsame Mächte hatten beim Bau der Stadt mitgewirkt. Die Vermutung drängt sich auf, daß die Verteilung der Schneemassen – ordentliche Wehen entlang der Gehsteige und eine glatte feste Decke auf den achteckigen Holzblöcken des Straßenpflasters – die Folge einer ruchlosen Zusammenarbeit zwischen der Geometrie der Straßen und der Physik der Schneewolken war. Jedenfalls dauerte die Fahrt zur Schule nie länger als eine Viertelstunde. Unser Haus war die Nummer 47 der Bolschaja Morskaja. Danach kam das Haus des Fürsten Oginskij (Nummer 45), dann die italienische Botschaft (Nummer 43), dann die deutsche Botschaft (Nummer 41), dann der weite Marienplatz, hinter dem es mit den Hausnummern weiter abwärts

248

ging. An der Nordseite des Platzes war eine kleine Gartenanlage. Auf einer ihrer Linden hatte man eines Tages ein Ohr und einen Finger gefunden – die Überreste eines Terroristen, dem die Hand ausgerutscht war, als er in seinem Zimmer auf der anderen Seite des Platzes ein tödliches Päckchen zurechtmachte. Die gleichen Bäume (ein silbriges Filigranmuster in einem perlmutternen Dunst, aus dem sich im Hintergrund die Bronzekuppel der Isaaks-Kathedrale erhob) hatten auch erlebt, wie Kinder aufs Geratewohl von ihren Ästen geschossen wurden, auf die sie in dem vergeblichen Versuch geklettert waren, den berittenen Gendarmen zu entgehen, welche die erste Revolution (1905/06) niederschlugen. Eine Menge solcher Histörchen waren mit Petersburger Straßen und Plätzen verknüpft.

Dann kam man auf den Newskij-Prospekt, den man ein ganzes Stück geradeaus fuhr, und es war ein Vergnügen, hier mühelos irgendeinen in seinen Mantel gemummten Gardisten zu überholen, dessen leichter Schlitten von einem Paar schwarzer Hengste gezogen wurde; schnaubend eilten sie unter dem blauen Netzwerk dahin, welches verhinderte, daß harte Schneeklumpen dem Passagier ins Gesicht flogen. Schließlich bog man links in eine Straße mit dem wunderschönen Namen Karawannaja (Karawanenstraße) ein, auf der man an einem unvergeßlichen Spielzeugladen vorbeikam. Dann kam der Zirkus Ciniselli (berühmt für seine Ringerturniere). Und wenn man schließlich einen zugefrorenen Kanal überquert hatte, gelangte man vor die Pforten der Tenischew-Schule in der Mochowaja (Moosstraße).

4

Da er sich dafür entschieden hatte, der großen klassen-
losen Intelligenzija Rußlands anzugehören, hielt mein
Vater es für richtig, daß ich eine Schule besuchte, die
sich durch ihre demokratischen Prinzipien, ihren
Grundsatz, keine Klassen-, Rassen- und Glaubensun-
terschiede gelten zu lassen, und durch ihre modernen
Erziehungsmethoden auszeichnete. Davon abgesehen
unterschied sich die Tenischew-Schule in nichts von
anderen Schulen, egal wo und wann. Wie in allen Schulen duldeten die Jungen einige Lehrer und fanden andere unausstehlich, und wie in allen Schulen tauschte
man unablässig obszöne Witzeleien und erotische Informationen aus. Da ich kein schlechter Sportler war, hätte
ich das alles nicht so schlimm gefunden – wären nur
meine Lehrer weniger darauf versessen gewesen, meine
Seele zu retten.

Sie warfen mir vor, daß ich mich meiner Umwelt
nicht einfügte; daß ich «angab» (hauptsächlich, indem
ich meine russischen Aufsätze reichlich mit englischen
und französischen Brocken spickte, die mir ganz selbstverständlich waren); daß ich mich weigerte, die
schmutzigen nassen Handtücher auf der Toilette anzufassen; daß ich bei Schlägereien die Außenseite der
Faust gebrauchte und nicht den ohrfeigenartigen
Schwinger mit der Unterseite der Faust, der sich bei
russischen Raufbolden eingebürgert hatte. Den Direk-
tor, der wenig von Sport verstand, wiewohl er viel von
seinen dem Gemeinschaftsgeist förderlichen Tugenden
hielt, erfüllte es mit Mißtrauen, daß ich beim Fußball-

spiel immer Torwart war, «anstatt mit den anderen Spielern herumzurennen». Ebenfalls erregte es Verdruß, daß ich den Schulweg im Auto zurücklegte, anstatt wie die anderen Jungen, gute kleine Demokraten sie alle, die Straßenbahn oder eine Pferdedroschke zu nehmen. Das ganze Gesicht zu einer Grimasse des Abscheus verzogen, gab mir ein Lehrer den Rat, den Wagen wenigstens zwei oder drei Straßen weiter halten zu lassen, damit meinen Schulkameraden der Anblick eines die Mütze ziehenden livrierten Chauffeurs erspart bliebe. Es war, als erlaube mir die Schule, eine tote Ratte unter der Bedingung am Schwanz herumzutragen, daß ich sie den Leuten nicht unter die Nase hielt.

Die unangenehmste Situation jedoch ergab sich daraus, daß ich auch damals schon eine heftige Abneigung dagegen hatte, in irgendwelchen Bewegungen oder Vereinigungen mitzutun. Ich zog mir den Zorn des freundlichsten und wohlmeinendsten meiner Lehrer zu, als ich die Teilnahme an Arbeitsgemeinschaften ablehnte – Debattierklubs, die feierlich ihre Vorsitzenden wählten und Referate über historische Fragen anhörten, und in den höheren Klassen ehrgeizigere Versammlungen, die aktuelle politische Ereignisse diskutierten. Der unablässige Druck, irgendeiner Gruppe beizutreten, konnte meinen Widerstand nicht brechen, doch schuf er immerhin einen gespannten Zustand, der durch die Tatsache, daß mir alle Welt dauernd das Beispiel meines Vaters vorhielt, kaum gemildert wurde.

Mein Vater war in der Tat ein sehr aktiver Mensch, aber wie so oft bei Kindern berühmter Väter sah ich seine Tätigkeit durch mein eigenes Prisma, welches das ziemlich strenge Licht, das meine Lehrer wahrnahmen, in viele bezaubernde Farben zerlegte. Seine mannigfachen (kriminologischen, staatsrechtlichen, politischen, publizistischen und philanthropischen) Interessen brachten es mit sich, daß er vielen Versammlungen beiwohnen mußte, die oft bei uns zu Hause stattfanden. Daß eine solche Versammlung bevorstand, konnte man jedesmal aus einem eigentümlichen Geräusch am anderen Ende des großen und hallenden Hausflurs schließen. Wenn ich aus der Schule zurückkam, war unser «*schwejzar*» in einer Nische unter der Marmortreppe nämlich damit beschäftigt, Bleistifte anzuspitzen. Zu diesem Zweck benutzte er ein sperriges altmodisches Gerät mit einem surrenden Rad, dessen Griff er mit der einen Hand schnell drehte, während er mit der anderen einen Stift hielt, der in einer Seitenöffnung steckte. Jahrelang war er der alltäglichste Typ eines «treuen Dieners» gewesen, den man sich nur denken kann, voller Weisheit und Witz und alter Sprüche, der eine schneidige Art hatte, rechts und links den Schnurrbart mit zwei Fingern zu glätten, und von dem immer ein leichter Geruch nach gebratenem Fisch ausging: Er rührte aus einer geheimnisvollen Kellerwohnung, wo er eine dicke Frau und Zwillinge hatte – einen Schuljungen in meinem Alter und eine betörende kleine Aurora mit einem blauen Augenzwinkern und Kupferlocken; doch diese Plackerei mit den Stiften muß den armen Ustin ziemlich verbittert haben – denn ich kann leicht mit ihm sympathisieren, ich, der ich meine Sachen nur mit sehr spitzen Bleistiften schreibe, Bouquets von B 3s in kleinen Vasen um mich herum stehen habe und die Kurbel jenes (an den Tischrand geklemmten) Instruments wohl hundertmal täglich drehe, in dessen kleinem Schubfach sich so geschwind soviel gelbbrauner Shag ansammelt. Später kam heraus, daß er sich schon vor langem mit der zaristischen Geheimpolizei in Verbindung gesetzt hatte – Stümpern zwar im Vergleich zu Dsershinskijs oder Jagodas Leuten, aber dennoch einigermaßen lästig. Schon 1906 beispielsweise hatte die Polizei, die meinen Vater im Verdacht hatte, in Wyra geheime Zusammenkünfte abzuhalten, Ustin um seine Dienste ersucht, und der hatte meinen Vater daraufhin unter irgendeinem Vorwand, an den ich mich nicht erinnere, jedoch in der tiefen Absicht, alle Vorgänge auszuspionieren, darum gebeten, in jenem Sommer als Extradiener aufs Land mitgenommen zu werden (er war Küchenjunge im Hause Rukawischnikow gewesen); und er auch war es, der allgegenwärtige Ustin, der im Winter 1917/18 Vertreter der siegreichen Sowjets heldenhaft in das Arbeitszimmer meines Vaters im zweiten Stock geleitete und von dort durch ein Musikzimmer und das Boudoir meiner Mutter in das südöstliche Eckzimmer, wo ich geboren wurde, und dort zu der Nische in der Wand, zu den Diademen aus farbigem Feuer, die eine angemessene Entlohnung bildeten für den Schwalbenschwanz, den er einst für mich gefangen hatte.

Um acht Uhr abends dann beherbergte der Flur eine Ansammlung von Wintermänteln und Galoschen. In einem Konferenzzimmer neben der Bibliothek kamen an einem langen, mit Flanell bezogenen Tisch (auf dem jene wunderbar spitzen Bleistifte verteilt worden waren) mein Vater und seine Kollegen zusammen, um irgendeine Phase ihrer Opposition gegen den Zaren zu erörtern. Über dem Stimmengewirr ließ eine hohe Standuhr in einer dunklen Ecke ihre Westminster-Glockenschläge hören; und hinter dem Versammlungs-zimmer waren geheimnisvolle Tiefen – Speicher, eine Wendeltreppe, eine Art Speisekammer –, wo mein Cousin Jurij und ich auf dem Weg nach Texas mit gezo-genen Pistolen anhielten und wo die zaristische Polizei eines Abends einen fetten, triefäugigen Spitzel postier-te, der sich vor unserer Bibliothekarin Ljudmila Boris-sowna Grinberg mühsam auf die Knie niederließ, als man ihn entdeckte. Doch wie in aller Welt sollte ich mit Lehrern über all dies sprechen?

5

Die reaktionäre Presse griff die Partei meines Vaters unaufhörlich an, und ich hatte mich an die mehr oder minder vulgären Karikaturen, die hin und wieder er-schienen – mein Vater und Miljukow, wie sie dem Welt-judentum auf einem Teller das Heilige Rußland über-reichen, und anderes von der gleichen Sorte – einiger-maßen gewöhnt. Doch eines Tages – es war, glaube ich, im Winter 1911 – heckte irgendein zweifelhafter Jour-nalist im Auftrag der mächtigsten rechtsextremen Zei-tung einen skurrilen Artikel aus, in dem meinem Vater Dinge unterstellt wurden, die er nicht auf sich sitzenlas-sen konnte. Die bekannte Charakterlosigkeit des eigent-lichen Autors machte diesen «satisfaktionsunfähig» (*neduelesposobnyj*, wie es im russischen Duellantenkodex hieß), und so forderte mein Vater den nicht ganz so verrufenen Herausgeber der Zeitung heraus, in der der Artikel erschienen war.

Ein russisches Duell war eine sehr viel ernstere Angelegenheit als die konventionelle Pariser Spielart. Der Herausgeber brauchte mehrere Tage, bis er sich entschieden hatte, ob er die Herausforderung annehmen solle. Am Ende der Frist, einem Montag, ging ich wie gewöhnlich zur Schule. Da ich keine Zeitungen las, hatte ich von der ganzen Sache nicht die geringste Ahnung. Irgendwann im Laufe des Tages bemerkte ich, daß eine auf einer bestimmten Seite geöffnete Zeitschrift von Hand zu Hand ging und überall bekichert wurde. Ein rechtzeitiger Zugriff brachte mich in den Besitz des Heftes, das sich als die letzte Ausgabe einer billigen Wochenzeitschrift erwies, in der ein grotesker Bericht über die Forderung meines Vaters stand, samt blödsinnigen Bemerkungen zu der Wahl der Waffe, die er seinem Gegner angeboten hatte. Einige verstohlene Seitenhiebe galten dem Umstand, daß er zu einem feudalen Brauch zurückgekehrt war, den er in seinen eigenen Schriften verdammt hatte. Auch über die Zahl seiner Diener und seiner Anzüge war eine Menge zu lesen. Ich erfuhr, daß er seinen Schwager, den Admiral Kolomejzew, einen Helden des Russisch-Japanischen Krieges, als Sekundanten gewählt hatte. Während der Schlacht von Tsushima hatte dieser Onkel – er war damals Kapitän gewesen – es fertiggebracht, seinen Zerstörer längsseits des brennenden Flaggschiffs zu bringen und den Oberbefehlshaber der russischen Flotte zu retten.

Nach dem Unterricht stellte ich fest, daß die Zeitschrift einem meiner besten Freunde gehörte. Ich bezichtigte ihn, mich verraten und verspottet zu haben. Bei der anschließenden Schlägerei flog er rückwärts in eine Schulbank, blieb mit dem Fuß in einer Fuge hängen und brach sich den Knöchel. Er mußte einen Monat lang das Bett hüten, verschwieg jedoch seinen Eltern wie unseren Lehrern ritterlich meinen Anteil an der Sache.

Der Schmerz, mitanzusehen, wie man ihn hinuntertrug, verlor sich in meinem Elend. Aus irgendeinem Grund holte mich an jenem Tag kein Wagen ab, und während der kalten, trostlosen, unglaublich langsamen Heimfahrt in einem gemieteten Pferdeschlitten hatte ich Zeit genug zum Nachdenken. Jetzt wurde mir klar, warum meine Mutter am Vortag so wenig Zeit für mich übrig gehabt hatte und zum Abendessen nicht heruntergekommen war. Es wurde mir auch klar, welchen Spezialunterricht Thernant, ein besserer *maître d'armes* noch als Loustalot, meinem Vater in letzter Zeit erteilt hatte. Was würde der Gegner wählen, fragte ich mich immer wieder – die Klinge oder die Kugel? Oder war die Wahl bereits getroffen? Vorsichtig nahm ich das geliebte, das vertraute, das höchst lebensvolle Bild meines fechtenden Vaters und versuchte, es ohne Maske und Schutzpolster auf den Schauplatz des Duells in irgendeiner Scheune oder Reitschule zu versetzen. Ich sah ihn und seinen Gegner, beide in schwarzen Hosen und mit entblößter Brust, in wildem Kampf miteinander; ihren heftigen Bewegungen war jene seltsame Schwerfälligkeit eigen, die selbst die elegantesten Fechter in einem richtigen Rencontre nicht vermeiden können. Das Bild war so widerwärtig, so lebhaft fühlte ich die Reife und Nacktheit eines wild klopfenden Herzens, welches jeden Augenblick durchbohrt werden konnte, daß ich auf eine mir im Augenblick abstrakter scheinende Waffe hoffte. Doch bald wurde mein Kummer noch tiefer.

Während der Schlitten den Newskij-Prospekt entlangkroch, wo trübe Lichter in der sinkenden Dunkelheit schwammen, dachte ich an den schweren schwarzen Browning, den mein Vater im rechten oberen Schubfach seines Schreibtisches verwahrte. Ich kannte diese Pistole ebensogut wie all die anderen, mehr in die Augen springenden Gegenstände in seinem Arbeitszimmer; die *objets d'art* aus Kristall oder geädertem Stein, die in jenen Tagen modern waren; die glänzenden Familienphotos; den riesigen Perugino, auf den ein mildes Licht fiel; die kleinen, honiggelben niederländischen Ölgemälde; und direkt über dem Tisch Baksts aus Rosa und Dunst bestehendes Pastellporträt meiner Mutter: Der Künstler hatte ihr Gesicht schräg von vorn gezeichnet und dessen zarte Züge wunderschön zum Ausdruck gebracht – das nach oben gekämmte aschgraue Haar (es war ergraut, als sie noch in ihren Zwanzigern war), die reine Krümmung der Stirn, die taubenblauen Augen, die zierliche Linie des Halses.

Wenn ich den alten, lumpenpuppenhaften Kutscher zur Eile trieb, lehnte er sich nur zur Seite und beschrieb mit dem Arm eine Halbkreisbewegung, um das Pferd glauben zu machen, er werde gleich die kleine Peitsche herausholen, die in seinem rechten Filzstiefel steckte; und das genügte dem zottigen kleinen Gaul, um eine

Beschleunigung seiner Gangart vorzutäuschen, die ebenso vage war wie der vorgebliche Griff des Kutschers nach seinem *knutischko*. In dem fast halluzinatorischen Zustand, den unsere leise Fahrt über den Schnee zur Folge hatte, kämpfte ich im Geist all die berühmten Duelle noch einmal, die einem russischen Jungen so geläufig waren. Ich sah Puschkin, nach dem ersten Schuß tödlich verwundet, sich grimmig entschlossen aufrichten und seine Pistole auf d'Anthès abfeuern. Ich sah Lermontow lächeln, während er Martynow gegenüberstand. Ich sah den kräftigen Sobinow in der Rolle Lenskijs zu Boden krachen und seine Waffe ins Orchester fliegen. Keiner der angeseheneren russischen Schriftsteller hatte es unterlassen, ein Rencontre zu beschreiben, eine feindliche Begegnung, immer natürlich eins der klassischen *duels à volonté* (nicht die lächerliche Rücken-an-Rücken-los-umgedreht-piffpaff-Szene, der Film und Karikatur zu Ruhm verholfen haben). In mehreren prominenten Familien hatte es in den letzten Jahren auf dem Kampfplatz Todesfälle gegeben. Langsam glitt mein Traumschlitten die Morskaja-Straße entlang, und langsam gingen undeutliche Silhouetten von Duellanten aufeinander zu und zielten und drückten ab – im frühen Morgenlicht, auf den feuchten Lichtungen alter Landgüter, auf kahlen Truppenübungsplätzen oder im Schneegestöber zwischen zwei Tannenreihen.

Und hinter all dem gab es noch einen anderen Gefühlsabgrund, den ich verzweifelt zu umgehen suchte, um nicht in einen Tränensturm auszubrechen, und das war die zarte Freundschaft, die dem Respekt für meinen Vater zugrunde lag; der Zauber unseres vollkomme-

Der Autor im Jahre 1915, St. Petersburg.

nen Einverständnisses; die Wimbledon-Turniere, die wir in den Londoner Zeitungen verfolgten; die Schachprobleme, die wir lösten; die Puschkinschen Jamben, die so triumphierend über seine Lippen kamen, wenn ich irgendeinen unbedeutenderen Dichter der Zeit erwähnte. Unsere Beziehung war gekennzeichnet von jenem unablässigen Austausch von selbstgemachtem Nonsens, komisch verdrehten Wörtern, vorgeblichen Imitationen angeblicher Intonationen und all jenen privaten Scherzen, der der Geheimcode glücklicher Familien ist. Dabei war er in Fragen des Verhaltens außerordentlich streng und neigte zu schneidenden Bemerkungen, wenn er auf ein Kind oder einen Diener ärgerlich war, doch seine tiefe Humanität war zu groß, um Ossip wirklich kränkend zu rügen, wenn er das falsche Hemd herausgelegt hatte, so wie sein unmittelbares Verständnis für den Stolz eines Jungen die Schroffheit des Tadels milderte und zu plötzlichem Verzeihen führte. Als er eines Tages erfuhr, daß ich mein Bein direkt überm Knie mit einem Rasiermesser aufgeschnitten hatte, um in der Klasse einer Rezitation zu entgehen, auf die ich nicht vorbereitet war (ich habe die Narbe noch immer), schien er nicht fähig, wirklichen Zorn aufzubringen, und ich war darüber eher verdutzt als erfreut; daß er in der Folge zugab, in der Jugend selber einen parallelen Verstoß begangen zu haben, war mein Lohn dafür, daß ich ihm die Wahrheit nicht vorenthalten hatte.

Ich dachte an jenen Sommernachmittag (der schon damals lange zurückzuliegen schien, obwohl seitdem doch in Wahrheit erst vier oder fünf Jahre vergangen waren), als er in mein Zimmer gestürzt kam, sich mein

Netz griff, die Verandastufen hinabstürmte – und bald darauf ruhig mit dem seltenen und prächtigen Weibchen des russischen Großen Eisvogels zwischen Daumen und Zeigefinger zurückkam, das er vom Balkon seines Arbeitszimmers aus auf einem Espenblatt sich sonnen gesehen hatte. Ich dachte an unsere langen Radtouren auf der glatten Landstraße nach Luga und an die kraftsparende Art, in der er sich – mit kräftigen Waden, Knickerbockern, Tweedmantel, Karomütze – auf sein hochgesatteltes ‹Dux› schwang, das sein Diener an den Haupteingang brachte, als wäre es ein Zelter. Während er den Zustand der Politur prüfte, zog mein Vater seine Wildlederhandschuhe an und kontrollierte unter Ossips ängstlichem Blick, ob die Reifen ausreichend aufgepumpt waren. Dann ergriff er den Lenker, stellte den linken Fuß auf einen Metallbolzen, der hinten am Rahmen hervorstand, stieß sich mit dem rechten Fuß auf der anderen Seite des Hinterrads ab, überführte nach drei oder vier solchen Schüben (auf dem nunmehr in Bewegung befindlichen Rad) gemächlich den rechten Fuß auf die Pedale, zog den linken herauf und ließ sich auf den Sattel nieder.

Endlich war ich zu Hause, und ich hatte kaum das Vestibül betreten, als ich laute, muntere Stimmen hörte. So prompt wie in Traumarrangements kam mein Onkel, der Admiral, die Treppe herunter. Von dem mit roten Teppichen ausgelegten oberen Treppenabsatz, wo eine armlose griechische Marmorfrau eine Visitenkarten-Schale aus Malachit beaufsichtigte, sprachen meine Eltern immer noch mit ihm, und während er die Stufen herabkam, blickte er lächelnd zurück und schlug mit den Handschuhen, die er in der Hand hielt, auf das Geländer. Ich wußte sogleich, daß kein Duell stattfinden würde, daß eine Entschuldigung der Forderung Genüge getan hatte, daß alles in Ordnung war. An meinem Onkel vorbei lief ich hinauf und erreichte den Treppenabsatz. Ich sah das heitere Alltagsgesicht meiner Mutter, doch meinen Vater vermochte ich nicht anzuschauen. Und dann geschah es: Mein Herz schwoll in mir wie jene Welle, mit der die *Bujnyj* nach oben getragen wurde, als ihr Kapitän sie an die brennende *Suworow* heranmanövrierte, und ich hatte kein Taschentuch, und zehn Jahre sollten noch bis zu einem gewissen Abend im Jahre 1922 vergehen, als mein Vater bei einem öffentlichen Vortrag in Berlin den Redner (seinen alten Freund Miljukow) vor den Kugeln zweier russischer Faschisten deckte und den einen Mörder zwar kraftvoll niederschlug, von dem anderen jedoch tödlich getroffen wurde. Indes warf jenes künftige Ereignis keinen Schatten auf die hellen Stufen unseres Petersburger Hauses voraus, die große kühle Hand auf meinem Scheitel zitterte nicht, und mehrere Spielverläufe einer diffizilen Schachkomposition waren auf dem Brett noch nicht aufeinander abgestimmt.

Kapitel 10

1

Die Wildwestromane des Captain Mayne Reid (1818 bis 1883) in vereinfachten Übersetzungen erfreuten sich am Anfang des Jahrhunderts, als sein Ruhm in Amerika längst verblaßt war, bei russischen Kindern außerordentlicher Beliebtheit. Dank meinen Englischkenntnissen konnte ich den *Reiter ohne Kopf* im ungekürzten Original genießen. Zwei Freunde tauschen Kleidung, Hüte und Pferde, und der Falsche wird ermordet – das ist der Hauptstrudel der komplizierten Handlung. Die Ausgabe, die ich besaß (möglicherweise eine englische), haftet als ein umfängliches Buch mit rotem Leineneinband und einem wäßrig-grauen Frontispiz, dessen Glanz ein Blatt Seidenpapier verschleierte, solange das Buch noch neu war, in meinem Gedächtnis. Ich sehe dieses Blatt im Zustand der Dekomposition – zuerst war es falsch gefaltet, dann riß es sich los –, doch das Bild neben der Titelseite selbst, auf dem ohne Zweifel Louise Pointdexters unglücklicher Bruder zu sehen war (und vielleicht auch noch ein paar Coyoten, sofern ich nicht den *Todesschuß* im Sinn habe, eine andere Mayne Reid-Geschichte), ist dem hellen Licht meiner Phantasie so lange ausgesetzt gewesen, daß es heute völlig ausgeblichen ist (doch wunderbarerweise hat die Wirklichkeit selber es ersetzt, wie mir klar wurde, als ich im Frühjahr 1953 dieses Kapitel ins Russische übertrug, nämlich durch die Aussicht von einer Ranch, die Du und ich in jenem Jahr gemietet hatten – auf eine Wüstenei aus Kaktus und Yucca, aus der an jenem Morgen der wehmütige Ruf einer Wachtel – einer Gambel-Wachtel, glaube ich – herüberdrang und mich mit einem Gefühl unverdienter Erfüllungen und Belohnungen überwältigte).

Wir lernen nunmehr meinen Cousin Jurij kennen, einen dünnen, bläßlichen Jungen mit rundem, kurzgeschnittenem Kopf und leuchtenden grauen Augen. Als Sohn geschiedener Eltern, ohne einen Hauslehrer, der sich um ihn kümmerte, nur in der Stadt zu Hause, war er in vieler Hinsicht von mir verschieden. Seine Winter verbrachte er in Warschau bei seinem Vater, Baron Jewgenij Rausch von Traubenberg, dem dortigen Militärgouverneur, und seine Sommer in Batowo oder Wyra, sofern ihn seine Mutter, meine exzentrische Tante Nina, nicht in öde mitteleuropäische Kurorte mitnahm, wo sie lange einsame Spaziergänge unternahm und ihn in der Obhut von Botenjungen und Zimmermädchen zurückließ. Auf dem Land stand Jurij spät auf, und ich sah ihn erst, wenn ich nach vier oder fünf Stunden Schmetterlingsjagd zum Mittagessen zurückkam. Von klein auf war er absolut furchtlos, doch er ekelte sich leicht und wollte mit «Naturgeschichte» nichts zu tun haben, konnte sich nicht überwinden, Krabbeltiere anzufassen, konnte das amüsante Kitzeln eines gefangenen Frosches nicht ertragen, der in der Faust wie ein Mensch umherspürte, und auch nicht die umsichtige, angenehm kühle, rhythmisch sich wellende Liebkosung einer Raupe, die das bloße Schienbein hinaufkroch. Er sammelte kleine Soldaten aus bemaltem Blei – mir bedeuteten sie nichts, aber er kannte sich mit ihren Uniformen so gründlich aus wie ich mit meinen Schmetterlingen. Er spielte nicht Ball, war außerstande, einen Stein richtig zu werfen, und konnte nicht schwimmen, sagte mir indessen nie, daß er es nicht konnte, und als wir eines Tages das andere Ufer des Flusses über die Kiefernstämme hinweg zu erreichen versuchten, die in der Nähe eines Sägewerks kreuz und quer aufgestaut waren, ertrank er beinahe, als ein besonders schlüpfriger Stamm unter seinen Füßen zu platschen und rollen begann.

Aufeinander aufmerksam geworden waren wir erstmals 1904 zur Weihnachtszeit in Wiesbaden (ich war fünfeinhalb, er sieben): Ich erinnere mich, wie er aus einem Andenkenladen trat und mit einem Uhranhängsel auf mich zugelaufen kam, einer ein Zoll langen kleinen Silberpistole, die er mir unbedingt zeigen wollte – und plötzlich lag er der Länge nach auf dem Bürgersteig, weinte jedoch nicht, als er sich wieder aufrappelte, ohne auf sein blutendes Knie zu achten, seine winzige Waffe noch immer fest in der Hand. Im Sommer 1909 oder 1910 weihte er mich begeistert in die dramatischen Möglichkeiten der Mayne Reid-Bücher ein. Er hatte sie auf russisch gelesen (denn in allem, seinen Nachnamen ausgenommen, war er sehr viel russischer als ich), und auf der Suche nach einer spielbaren Handlung neigte er dazu, sie mit Fenimore Cooper und seinen eigenen feurigen Erfindungen zu kombinieren. Ich sah unsere Spiele mit größerem Abstand und versuchte mich an den Text zu halten. Die Aufführungen fanden in der Regel im Park von Batowo statt, wo die Pfade noch gewundener und hinterhältiger waren als in Wyra. Für unsere gegenseitigen Verfolgungsjagden benutzten wir Federpistolen, die mit beträchtlicher Kraft bleistiftlange Bolzen ausstießen (von deren Messingspitzen wir mannhaft die Saugnäpfe aus Gummi abgedreht hatten). Später nahmen wir Luftgewehre verschiedener Art, die mit nicht tödlicher, aber doch recht schmerzhafter Wirkung Wachskugeln oder kleine gefiederte Pfeile abschossen. 1912 wurde ihm der perlmuttbesetzte Revolver, mit dem er eines Tages erschienen war, von meinem Hauslehrer Lenskij in aller Ruhe weggenommen, doch das erst, nachdem wir (als Vorspiel zu dem eigentlichen Ziel, einem As) einen Schuhkartondeckel kaputtgeschossen hatten, den wir in einer grünen Allee, wo vor vielen Jahren ein Duell ausgetragen worden sein sollte, in aristokratischem Abstand wechselseitig in die Höhe gehalten hatten. Im Sommer darauf war er mit seiner Mutter in der Schweiz – und als sie bald nach seinem Tod (im Jahre 1919) wieder im gleichen Hotel abstieg und die gleichen Zimmer erhielt, die sie in jenem Juli bewohnt hatten, steckte sie auf der Suche nach einer hinuntergefallenen Haarnadel die Hand in die Tiefen eines Sessels und holte einen winzigen Kürassier hervor, dessen nach außen gekrümmte Beine immer noch ein unsichtbares Kavalleriepferd umspannten.

Als er im Juni 1914 (nunmehr sechzehneinhalb im Vergleich zu meinen fünfzehn Jahren, und der Unterschied begann sich bemerkbar zu machen) für eine Woche zu Besuch kam, nahm er, sobald wir im Garten allein waren, als allererstes eine gelbliche Zigarette aus einem schicken Silberetui, auf dessen vergoldeter Innenseite, wie er mich zu beachten bat, die Formel $3 \times 4 = 12$ eingraviert war, zur Erinnerung an die drei Nächte, die er endlich doch mit der Gräfin G. verbracht hatte. Jetzt liebte er die junge Frau eines alten Generals in Helsingfors und eine Hauptmannstochter in Gattschina. Jede neuerliche Offenbarung seines weltmännischen Stils nahm ich mit einer Art von Verzweiflung auf. «Wo kann ich ein ziemlich privates Telephongespräch führen?» fragte er. So geleitete ich ihn an den fünf Pappeln und dem alten trockenen Brunnen vorbei (aus dem wir erst vor ein paar Jahren von drei verängstigten Gärtnern mit einem Seil heraufgeholt worden waren) zu einem Durchgang im Personalflügel, wo von einem einladenden Fenstersims her das Gurren von Tauben zu hören war und an einer sonnengestempelten Wand das entlegenste und älteste unserer Landtelephone hing, ein massiger, kistenförmiger Apparat, an dem man knarrend kurbeln mußte, damit er eine Telephonistin mit schwacher Stimme preisgab. Jurij war jetzt noch gelassener und geselliger als der Mustangreiter früherer Jahre. Er saß an die Wand gelehnt auf einem Tisch aus rohen Brettern, ließ die langen Beine baumeln und plauderte mit dem Dienstpersonal (was ich nicht sollte und nicht konnte) – mit einem betagten Diener mit Koteletten, den ich niemals grinsen gesehen hatte, oder mit einem Küchenflirt, auf deren bloßen Hals und vorwitzige Augen ich gerade erst aufmerksam wurde. Als Jurij sein drittes Ferngespräch hinter sich gebracht hatte (mit einer Mischung aus Erleichterung und Bekümmerung bemerkte ich, wie schrecklich sein Französisch war), gingen wir ins Dorf in den Kramladen, den zu betreten mir sonst niemals eingefallen wäre, und erst recht hätte ich mir dort nicht ein Pfund schwarzweiße Sonnenblumenkerne gekauft. Auf dem Rückweg kauten und spuckten wir inmitten der Spätnachmittagsfalter, die sich Schlafplätze suchten, und er zeigte mir, wie man es am Fließband machte: die Schale zwischen den rechten Backenzähnen aufknacken, den Kern mit der Zunge hervorholen, die Schalenhälften ausspucken, den glatten Kern zwischen die linken Bakkenzähne befördern und dort zermalmen, während der nächste Kern, der inzwischen rechts aufgeknackt wird, seinerseits der gleichen Behandlung unterzogen wird. Apropos rechts, er bekannte sich als standfester «Monarchist» (eher romantischen als politischen Charakters) und beklagte meinen angeblichen (und völlig abstrakten) «Demokratismus». Er rezitierte Beispiele seiner flüssigen Albumpoesie und bemerkte stolz, daß Dilanow-Tomskij ihn beglückwünscht habe, ein damals gerade moderner Dichter (der italienische Epigraphe und zusammengesetzte Titel wie *Lieder von verlorener Liebe*, *Nächtliche Urnen* und so fort pflegte), und zwar zu dem imposanten «langen» Reim *«wnimaju múse ja»* («ich horche auf die Muse») und *«ljubwi kontúsija»* («die Kontusion der Liebe»), dem ich meinen besten (und noch immer unbenutzten) Fund entgegensetzte:

«*sápowed*» (Gebot) und «*posápywat*» (schnüffeln). Er kochte vor Ärger über Tolstojs Ablehnung der Kriegskunst und glühte vor Bewunderung für Fürst Andrej Bolkonskij – denn er hatte soeben *Krieg und Frieden* entdeckt, den ich das erste Mal gelesen hatte, als ich elf war (in Berlin auf einem türkischen Sofa unserer düsteren Rokokowohnung in der Privatstraße, die auf einen dunklen, feuchten Hinterhof mit Lärchen und Gartenzwergen ging, welche wie eine alte Ansichtskarte für alle Zeiten in jenem Buch geblieben sind).

Plötzlich sehe ich mich in der Uniform einer Kadettenanstalt: Wieder wandern wir 1916 ins Dorf und haben (wie Maurice Gerald und der verlorene Henry Pointdexter) die Kleidung getauscht – Jurij trägt meine weiße Flanellhose und gestreifte Krawatte. Während der kurzen Woche, die er jenes Jahr blieb, erfanden wir eine einzigartige Unterhaltung, die ich nirgends sonst beschrieben gesehen habe. In der Mitte eines kleinen, runden, von Jasminbüschen umgebenen Spielplatzes hinten in unserem Garten stand eine Schaukel. Wir stellten die Länge der Seile so ein, daß das grüne Schaukelbrett nur etwa fünf Zentimeter über Stirn und Nase hinwegfegte, wenn man im Sand darunter auf dem Rücken lag. Einer von uns begann den Spaß, indem er sich aufs Bett stellte und mit zunehmendem Schwung schaukelte; der andere legte sich mit dem Hinterkopf auf eine markierte Stelle, und aus anscheinend gewaltiger Höhe sauste das Brett mit dem Schaukelnden über das Gesicht des Liegenden. Und drei Jahre später wurde er als Kavallerieoffizier in Denikins Armee beim Kampf gegen die Roten im Norden der Krim getötet.

Ich sah seinen Leichnam in Jalta, die ganze Vorderpartie seines Schädels war von mehreren Kugeln nach hinten gedrückt, die ihn wie das Eisenbrett einer monströsen Schaukel getroffen hatten, als er, verwegen seine Abteilung hinter sich lassend, ganz allein auf eine rote Maschinengewehrstellung losgestürmt war. Solchermaßen wurde sein lebenslanger Durst nach Unerschrockenheit in der Schlacht gestillt, nach jenem letzten tapferen Galopp mit gezückter Pistole oder gezogenem Schwert. Wäre ich imstande gewesen, sein Epitaph zu schreiben, so hätte ich die Dinge vielleicht resümiert, indem ich – in reicheren Worten, als sie mir hier zur Verfügung stehen – gesagt hätte, daß bei Jurij alle Gefühle, alle Gedanken von einer Gabe beherrscht waren: einem Ehrgefühl, das die moralische Entsprechung zu absolutem Gehör war.

2

Ich habe kürzlich den *Reiter ohne Kopf* (in einer schäbigen Ausgabe ohne Bilder) wiedergelesen. Die Geschichte hat ihre Stärken. So zum Beispiel die Schankstube jener texanischen Blockhaus-Herberge im Jahr unseres Herrn (wie der Captain sagen würde) 1850 mit ihrem hemdsärmeligen «Saloon-Kommis» – er selber schon ein rechter Geck, denn sein Hemd war mit Rüschen besetzt und «aus Linnen und Spitzen von feinster Art». Die bunten Karaffen (zwischen denen eine holländische Uhr «wunderlich tickte») glichen «einer hinter seinen Schultern funkelnden Iris», einer «Strahlenkrone um sein parfümiertes Haupt». Das Eis und der Wein und der Monongahela-Whiskey wurden von Glas zu Glas weitergereicht. Ein Geruch nach Moschus, Absinth und Zitronenschalen füllte den Saloon. Das grelle Licht seiner Kampferspirituslampen ließ die dunklen Sternchen hervortreten, die «durch Schleimauswurf» auf dem weißen Sand seines Fußbodens entstanden waren. In einem anderen Jahr unseres Herrn – nämlich 1941 – fing ich im Neonlicht einer Tankstelle zwischen Dallas und Fort Worth einige sehr schöne Nachtfalter.

In die Bar kommt der Schurke, der «sklavenpeitschende Mississippier», ehemals Captain eines Freiwilligenkorps, der gutaussehende, renommiersüchtige, finster dreinblickende Cassius Calhoun. Er bringt einen Trinkspruch aus, nämlich «Amerika den Amerikanern, und nieder mit allen ausländischen Eindringlingen, besonders den v...n [eine Auslassung, die mich in arge Verlegenheit setzte, als ich zum erstenmal darüber stolperte: verstorbenen? verachteten?] Iren!», dann kollidierte er vorsätzlich mit Maurice, dem Mustangmann (scharlachroter Schal, aufgeschlitzte Samthosen, heißes irisches Blut), einem jungen Pferdehändler, der in Wirklichkeit ein Baronet war, *Sir* Maurice Gerald, wie seine entzückte Braut am Ende des Buches entdecken sollte. Falsche Entzückungen wie diese könnten mit dazu geführt haben, daß der Ruhm des aus Irland gebürtigen Autors in seiner Wahlheimat so schnell verblaßte.

Unmittelbar nach dem Zusammenstoß führte Maurice mehrere Bewegungen in nachstehender Reihenfolge aus: Er stellte das Glas auf die Theke, zog ein seidenes Tuch aus der Tasche, wischte die «Whiskey-Sudelei» von der gestickten Hemdbrust, nahm das Taschentuch von der rechten Hand in die linke, griff sich das halbleere Glas von der Theke, kippte Calhoun den Rest des Inhalts ins Gesicht und stellte das Glas seelenruhig auf den Tresen zurück. Diese Reihenfolge weiß ich noch immer auswendig, so oft spielten mein Cousin und ich sie nach.

Das Duell fand auf der Stelle statt, in der geleerten Schankstube; die beiden Männer benutzten sechsschüssige Colts. Trotz meines Interesses für den Kampf (... beide wurden verletzt... ihr Blut spritzte über den ganzen Sandfußboden...) konnte ich nicht umhin, im Geiste den Saloon zu verlassen und mich unter die schweigende Menschenansammlung vor dem Hotel zu mischen, woselbst ich (im «parfümierten Dunkel») gewisse Señoritas von «zweifelhaftem Gewerbe» ausmachen konnte.

Noch spannender fand ich es, von Louise Pointdexter zu lesen, Calhouns schöner Cousine, der Tochter eines Zuckerpflanzers, «des höchsten und hochmütigsten seiner Klasse» (obwohl es mir ein Rätsel war, warum ein alter Mann, der Zuckerrohr anpflanzt, hoch und hochmütig sein sollte). Von Eifersucht geplagt tritt sie auf (die ich ihr auf elenden Partys so schmerzlich nachempfand, wenn Mara Rshewuskij, ein bleiches Kind mit einer weißen Seidenschleife im schwarzen Haar, mich plötzlich und unbegreiflicherweise nicht mehr bemerkte); sie steht am Rand ihrer *azotea*, ihre weiße Hand ruht auf dem Kappenstein der Brüstung, die noch «naß vom Tau der Nacht» ist, ihre Zwillingsbrüste heben und senken sich im Rhythmus ihrer raschen, krampfhaften Atemzüge, ihre Zwillingsbrüste, ich darf es noch einmal lesen, heben und senken sich, ihre Lorgnette richtet sich auf...

Diese Lorgnette, später fand ich sie in den Händen von Madame Bovary wieder, dann hatte Anna Karenin sie, und schließlich ging sie in den Besitz von Tschechows Dame mit dem Hündchen über, die sie auf der Hafenmole von Jalta verlor. Als Louise sie in der Hand hielt, war sie auf die bunten Schatten unter den Mesquiten gerichtet, wo der Reitersmann ihrer Wahl eine unschuldige Unterhaltung mit der Tochter eines reichen *haciendado* führte, mit Doña Isidora Covarubio de los Llanos (deren «Haartracht an Fülle dem Schweif einer wilden Stute gleichkam»).

«Ich hatte Gelegenheit», erklärte ihr Maurice später, in einem Zwiegespräch unter Reitern, «Doña Isidora einmal nützlich zu sein, indem ich sie aus den Händen einiger roher Indianer befreite.» – «Einen geringen Dienst nennen Sie es!» rief die junge Kreolin aus. «Ein Mann, der ebensoviel für mich täte...» – «Was täten Sie für ihn?» fragte Maurice begierig. «*Pardieu!* Ich würde ihn *lieben*!» – «Dann gäbe ich mein halbes Leben, um Sie in den Händen von Rotfuchs und seinen betrunkenen Stammesgenossen zu sehen – und die andere Hälfte, Sie aus der Gefahr zu erretten.»

Und an dieser Stelle schiebt der wackere Autor ein seltsames Geständnis ein: «Der süßeste Kuß, der mir je in meinem Leben zuteil wurde, war es, da eine Frau – ein schönes Wesen, in einer Jagdgesellschaft – sich aus ihrem Sattel herüberneigte und mich küßte, der ich in dem meinen weilte.»

Das «weilte», muß man zugeben, gibt dem Kuß, der dem Hauptmann so elegant «zuteil wurde», Dauer und Substanz, doch ich konnte mich sogar im Alter von elf Jahren des Gefühls nicht erwehren, daß zentaurische Liebe nicht ohne ihre besonderen Beschränkungen war. Außerdem kannten Jurij und ich einen Jungen, der es versucht hatte, aber das Pferd des Mädchens hatte seins in einen Graben gestoßen. Erschöpft von unseren Abenteuern lagen wir im Gras und sprachen über Frauen. Im Lichte verschiedener «erotischer Konfessionen» (wie man sie bei Havelock Ellis und anderswo finden kann), in denen kleine Gören es wie wild miteinander treiben, scheint mir unsere Unschuld heute fast ungeheuerlich. Die Slums der Liebe waren uns unbekannt. Hätten wir je von zwei normalen Jungs gehört, die gemeinsam schwachsinnig onanieren (wie moderne amerikanische Romane es mitsamt allen Gerüchen so einfühlsam beschreiben), so wäre uns die bloße Vorstellung eines solchen Aktes so komisch und unmöglich vorgekommen, wie mit einem Amelus zu schlafen. Unser Ideal waren Königin Genoveva, Isolde, eine nicht ganz unbarmherzige *belle dame*, die Frau eines anderen, stolz und fügsam, elegant und leichtlebig, mit schlanken Fußgelenken und schmalen Händen. Bei den kleinen Mädchen in den hübschen Söckchen und Pumps, mit denen wir und andere halbwüchsige Jungen bei Tanzstunden oder auf Weihnachtsfeiern zusammenkamen, waren alle Verzauberungen, alle Süßigkeiten und Sterne des Baums in der flammengesprenkelten Iris erhalten, und sie neckten uns, sie erwiderten unsere Blicke, sie wirkten zu unserer Freude an unseren vage festlichen Träumen mit, doch sie gehörten einer anderen Klasse von Wesen an, diese Nymphchen, als die heranwachsenden Schönheiten und die Vamps mit den großen Hüten, nach denen wir uns in Wahrheit sehnten. Nachdem ich ihm in einem mit Blut besiegelten Gelübde Stillschweigen geschworen hatte, erzählte mir Jurij von einer verheirateten Dame in Warschau, in die er mit zwölf oder dreizehn heimlich verliebt war und die ein paar Jahre später seine Geliebte wurde. Im Vergleich hätte es fade geklungen, so fürchtete ich, ihm von meinen Strandspielgefährtinnen zu erzählen, und ich kann mich nicht erinnern, welchen Ersatz ich erfand, um seiner Liebschaft etwas entgegenzusetzen. Im gleichen Jahr jedoch kam mir ein richtiges romantisches Abenteuer über den Weg. Ich will jetzt etwas ziemlich Schwieriges versuchen, eine Art Doppelsalto mit einem walisischen Twist (alte Akrobaten werden wissen, was ich meine), und ich bitte um absolute Ruhe.

3

Im August 1910 waren mein Bruder und ich mit unseren Eltern und unserem Hauslehrer (Lenskij) in Bad Kissingen; darauf reisten mein Vater und meine Mutter nach Paris weiter und zurück nach St. Petersburg und dann nach Berlin, wo wir Jungen den Herbst und den Anfang des Winters mit Lenskij verbrachten und unsere Zähne in Ordnung bringen ließen. Ein amerikanischer Zahnarzt – Lowell oder Lowen, ich kann mich an seinen Namen nicht mehr genau erinnern – zog uns ein paar Zähne und schnürte andere mit Zwirn zusammen, bevor er uns mit Spangen verunzierte. Noch höllischer als die birnenförmige Gummipumpe, die heißen Schmerz ins Zahnloch spie, waren die Wattepolster – ich konnte ihre trockene Berührung und ihr Quietschen nicht ertragen –, die zwischen Zahnfleisch und Zunge gesteckt wurden, um dem Operateur die Sache leichter zu machen; und vor den ohnmächtigen Augen befand sich im Fenster ein Transparent, ein trübsinniges Seestück oder graue Weintrauben, die vom dumpfen Nachhall ferner Straßenbahnen unter einem dumpfen Himmel erzitterten. «In den Zelten 18 a» – die Adresse kommt auf trochäischen Tanzfüßen in mein Gedächtnis zurück, unmittelbar gefolgt von der wispernden Bewegung der elektrischen Droschke, die uns hinbrachte. Als Entschädigung für diese schrecklichen Vormittage erwarteten wir jede erdenkliche Wiedergutmachung. Mein Bruder schätzte das Panoptikum in der Kaisergalerie Unter den Linden – Friedrichs Grenadiere, Bonaparte im Gedankenaustausch mit einer Mumie, der junge Liszt, der im Schlaf eine Rhapsodie komponierte, und Marat, der in einem Schuh starb; und für mich (der ich damals noch nicht wußte, daß Marat ein glühender Lepidopterologe gewesen war) gab es an der Ecke der Passage Grubers berühmten Schmetterlingsladen, ein kampferhaltiges Paradies über einer steilen, engen Treppe, die ich jeden zweiten Tag erstieg, um mich zu erkundigen, ob Chapmans neuer Grüner Zipfelfalter oder Manns unlängst neuentdeckter Weißling endlich für mich beschafft worden wären. Wir versuchten uns mit Tennis auf einem öffentlichen Platz; doch ein Wintersturm jagte welkes Laub darüber hinweg, und außerdem konnte Lenskij nicht wirklich spielen, obwohl er, ohne den Mantel abzulegen, unbedingt in einem asymmetrischen Dreier mitmachen wollte. In der Folge wurden die meisten Nachmittage auf einer Rollschuhbahn am Kurfürstendamm verbracht. Ich erinnere mich, wie Lenskij unerbittlich auf eine Säule zurollte, die er zu umarmen versuchte, während er mit großem Krach zu Boden stürzte; und nachdem er eine Weile durchgehalten hatte, begnügte er sich damit, in einer der Logen an der Plüschbrüstung zu sitzen und dort salzige Mokkatorte mit Schlagsahne zu verzehren, während ich selbstzufrieden immer wieder den armen, hartnäckig stolpernden Sergej überholte, eines jener quälenden kleinen Bilder, die im Geiste weiter- und weiterrotieren. Etwa alle zehn Minuten erwachte eine Militärkapelle (Deutschland war zu jener Zeit das Land der Musik) unter der Leitung eines ungemein ruckhaften Dirigenten zum Leben, vermochte jedoch das unaufhörliche sausende Dröhnen der Räder kaum zu übertönen.

Es gab und gibt in Rußland zweifellos immer noch einen besonderen Typ von Schuljungen, der nicht notwendig sportlich aussehen oder sich intellektuell hervortun mußte, ja, der in der Klasse oft ohne Antrieb war, ziemlich dürr gebaut und sogar vielleicht mit einem Anflug von Lungenschwindsucht, der aber ein phänomenal guter Fußball- *und* Schachspieler war und mit großer Leichtigkeit und Anmut jedwede Sportart, jedes Geschicklichkeitsspiel lernte (Borja Schik, Kostja Buketow, die berühmten Brüder Scharabanow – wo sind sie jetzt, meine Mannschaftskameraden und Rivalen?). Ich war ein guter Schlittschuhläufer, und der Umstieg auf Rollschule fiel mir nicht schwerer als der Wechsel von einem gewöhnlichen Rasiermesser zu einem Rasierapparat. Sehr rasch lernte ich zwei oder drei raffinierte Schritte auf dem Holzboden der Bahn, und in keinem Ballsaal habe ich je mit größerer Ausdauer und Geschicklichkeit getanzt (wir Schiks und Buketows sind in der Regel schlechte Ballsaaltänzer). Die verschiedenen Trainer trugen scharlachrote Uniformen, halb Husaren, halb Hotelpagen. Sie alle sprachen irgendeine Abart von Englisch. Unter den regelmäßigen Besuchern fiel mir bald eine Gruppe junger amerikanischer Damen auf. Anfangs verschmolzen sie alle zu einer einzigen Aura reizender Grazie. Die Differenzierung begann, als bei einem meiner Solotänze (und ein paar Sekunden vor dem schlimmsten Sturz meines Lebens auf einer Rollschuhbahn) irgend jemand irgend etwas über mich sagte, während ich vorbeiwirbelte, und eine entzückende näselnde weibliche Stimme antwortete: «Ja, ist er nicht fabelhaft?»

Ich sehe immer noch ihre große Gestalt in dem marineblauen Schneiderkostüm. Eine Brillantennadel durchstach ihren großen Samthut. Aus naheliegenden Gründen kam ich zu dem Schluß, daß ihr Name Louise sein müsse. Nachts lag ich wach, stellte mir alle möglichen romantischen Situationen vor, dachte an ihre gertenschlanke Taille und ihren weißen Hals und machte mir Sorgen über eine merkwürdige Beschwerde, die ich zuvor immer mit drückender Unterwäsche in Zusammenhang gebracht hatte. Eines Nachmittags sah ich sie im Vorraum der Rollschuhbahn stehen, und der schneidigste Lehrer, ein pomadiger Halunke vom Schlage Calhouns, hielt sie am Handgelenk und stellte ihr mit einem seltsamen schrägen Lächeln irgendwelche Fragen, und sie blickte weg und drehte ihr Handgelenk in seinem Griff kindisch hin und her, und in der Nacht darauf wurde er erschossen, mit dem Lasso gefesselt, lebendig begraben, noch einmal erschossen, erwürgt, ätzend beleidigt, kalt ins Visier genommen, verschont und einem Leben in Schande überlassen.

Lenskij, von edlen Grundsätzen erfüllt, aber ziemlich naiv, war zum ersten Mal im Ausland und hatte einige Mühe, die Freuden des Tourismus mit seinen pädagogischen Pflichten in Einklang zu bringen. Wir machten uns das zunutze und führten ihn an Orte, wohin unsere Eltern uns nie hätten gehen lassen. Zum Beispiel konnte er dem Wintergarten nicht widerstehen, und so fanden wir uns eines Abends, Eisschokolade trinkend, dort in einer Parkettloge. Die Vorführung nahm den üblichen Gang: ein Jongleur im Frack; danach eine Frau mit glitzerndem Straß auf dem Busen, die, abwechselnd von grünem und rotem Licht überschüttet, eine Konzertarie trällerte; dann ein Komiker auf Rollschuhen. Zwischen ihm und einer Fahrraddarbietung (von der weiter unten noch ausführlicher die Rede sein wird) gab es eine Programmnummer, die sich «Die Gala-Girls» nannte, und mit einem ähnlichen vernichtenden und schmählichen physischen Schock wie damals, als ich auf der Rollschuhbahn gestürzt war, erkannte ich meine Amerikanerinnen in der Girlande untergehakter, schamloser ‹Girls› mit schrillen Stimmen, die von links nach rechts und von rechts nach links über die Bühne wogten, während zehn identische Beine aus zehn Volantkorollen emporschossen. Ich fand das Gesicht meiner Louise – und wußte sofort, daß alles vorbei war, daß ich sie verloren hatte, daß ich ihr das laute Gesinge, das rote Gelächel und diese alberne Verkleidung nie verzeihen würde, die so schlecht zum Charme sowohl von «stolzen Kreolinnen» wie von «zweifelhaften Señoritas» paßte. Ganz konnte ich es natürlich nicht vermeiden, an sie zu denken, doch der Schock hatte in mir offenbar einen gewissen Induktionsvorgang ausgelöst, denn bald bemerkte ich, daß sich jedesmal, wenn ich mir weibliche Formen vorstellte, jene bereits vertraute rätselhafte Beschwerde einstellte. Ich fragte meine Eltern danach (sie waren nach Berlin gekommen, um bei uns nach dem Rechten zu sehen), und mein Vater raschelte mit der deutschen Zeitung, die er gerade geöffnet hatte, und erwiderte auf englisch (so, als handle es sich möglicherweise um die Parodie eines Zitats – ein Tonfall, den er oft annahm, um einen Anfang zu finden): «Das ist nur eine von vielen absurden Kombinationen der Natur, mein Junge – wie Scham und Erröten oder Kummer und Tränen. *Tolstoi vient de mourir*», fügte er plötzlich mit einer anderen, betroffenen Stimme hinzu und wandte sich zu meiner Mutter hin.

«*Da tscho ty* [so etwas wie ‹du meine Güte›]!» rief sie betrübt aus und faltete die Hände auf dem Schoß. «*Pora domoj* [Zeit nach Hause zu fahren]», schloß sie, als wäre Tolstojs Tod der Vorbote apokalyptischer Katastrophen.

4

Und jetzt kommt die Fahrraddarbietung – oder zumindest meine Version der Sache. Im Sommer darauf kam Jurij nicht zu uns nach Wyra, und ich mußte mit meiner romantischen Erregung allein fertig werden. An Regentagen saß ich in einer trüben Beleuchtung, die ihr möglichstes tat, um mich von meinen heimlichen Nachforschungen abzuhalten, zu Füßen eines wenig benutzten Bücherregals und schlug in der zweiundachtzigbändigen russischen Ausgabe der Brockhaus-Enzyklopädie unbekannte, dunkel quälende und beunruhigende Ausdrücke nach; um Platz zu sparen, war das Stichwort des einen oder anderen Artikels in der detaillierten Erläuterung auf seinen großen Anfangsbuchstaben reduziert, so daß die dickgedruckten Spalten in Kolonelschrift nicht nur die Aufmerksamkeit auf eine harte Probe stellten, sondern darüber hinaus die trügerische Faszination einer Maskerade annahmen, bei der die Abkürzung eines nicht gerade bekannten Wortes mit den begierigen Augen Versteck spielte: «Moses versuchte vergeblich, die P. abzuschaffen… In modernen Zeiten blühte die P. aus Gastfreundschaft in Österreich unter Maria Theresia… In vielen Teilen Deutschlands gingen die Einnahmen aus der P. an die Geistlichkeit… In Rußland wird die P. offiziell seit 1843 geduldet… Wenn eine Waise im Alter von zehn oder zwölf Jahren von ihrem Herrn, seinen Söhnen oder Dienstboten verführt wird, endet sie fast immer in der P.» – und so weiter; all das trug nicht eben dazu bei, die Anspielungen auf buhlerische Liebesabenteuer, die ich bei Tschechow oder Andrejew fand, Autoren, in deren Bücher ich mich damals zum ersten Male vertiefte, nüchtern zu erhellen, sondern umgab sie vielmehr mit Geheimnis. Die Schmetterlingsjagd und verschiedene Sportarten nahmen die sonnigen Stunden in Anspruch, aber alle körperlichen Anstrengungen konnten die Unruhe nicht verhindern, die mich Abend für Abend auf vage Entdeckungsreisen gehen ließ. Wenn ich den größten Teil des Nachmittags im Pferdesattel verbracht hatte, war es ein seltsam beschwingtes, fast körperloses Gefühl, in der farbigen Abenddämmerung mit dem Fahrrad unterwegs zu sein. Ich hatte die Lenkstange meines Enfield-Rades umgedreht und so verstellt, daß sie tiefer als der Sattel lag, und es entsprach nunmehr meiner Vorstellung von einem Rennmodell. So gondelte ich über die Parkwege den gemusterten Spuren nach, die die Dunlop-Reifen am Vortag eingedrückt hatten; kunstgerecht vermied ich die Grate der Baumwurzeln; ein loser Zweig wurde angepeilt und zersprang knackend unter meinem sensiblen Vorderrad; ich schlängelte mich zwischen zwei flachen Blättern und dann zwischen einem kleinen Stein und dem Loch hindurch, aus dem er am Vorabend herausgerissen worden war; ich genoß die kurze Ebenheit einer Brücke über einen Bach; ich fuhr am Drahtzaun entlang um den Tennisplatz herum; stieß mit der Radschnauze das kleine weißgetünchte Tor am Ende des Parkes auf; und radelte im melancholischen Genuß der Freiheit über die ausgetrockneten, angenehm zusammengebackenen Seitenstreifen langer Feldwege.

Jenen Sommer fuhr ich jedesmal an einer bestimmten

Hütte vorbei, in deren Eingang Polenka, die Tochter unseres ersten Kutschers Sachar, ein Mädchen in meinem Alter, in der Abendsonne stand, an den Türpfosten gelehnt, die bloßen Arme friedfertig und bequem gekreuzt, wie es im ländlichen Rußland Brauch ist. Wenn sie mich kommen sah, grüßte mich ihr Gesicht mit einem entzückenden Leuchten, doch wenn ich näher kam, wurde es zu einem halben Lächeln und dann zu einem schwachen Leuchten in den Winkeln ihres fest zusammengepreßten Mundes, und am Ende schwand auch das, so daß jeder Ausdruck aus ihrem runden, hübschen Gesicht gewichen war, wenn ich schließlich bei ihr war. Sobald ich jedoch vorbei war und einen Augenblick lang zurückblickte, ehe ich mit aller Kraft bergauf strampelte, war das Grübchen wieder da, und das rätselhafte Leuchten spielte wieder auf ihren mir so lieben Zügen. Ich wechselte kein Wort mit ihr, doch noch lange, nachdem ich es aufgegeben hatte, zu jener Stunde vorbeizufahren, wurde unsere Augenbekanntschaft zwei oder drei Sommer lang hin und wieder aufgefrischt. Wer weiß woher tauchte sie auf, hielt sich immer ein wenig abseits, immer barfuß, rieb den linken Spann an der rechten Wade oder kratzte mit dem Ringfinger den Scheitel ihres hellbraunen Haares, und immer lehnte sie gegen irgend etwas – gegen die Stalltür, wenn mein Pferd gesattelt wurde, oder gegen einen Baumstamm, wenn das ganze Aufgebot der Dienstboten an frischen Septembermorgen unserem Aufbruch in die Stadt beiwohnte. Jedesmal schien mir ihr Busen ein wenig weicher, ihr Unterarm ein wenig stärker, und kurz bevor ich sie aus meinem Gesichtskreis verlor (mit

fünfzehn heiratete sie einen Schmied in einem weit entfernten Dorf), bemerkte ich in ihren weit auseinander-
liegenden nußbraunen Augen ein- oder zweimal einen
Schimmer milden Spottes. Seltsam genug war sie die
erste, die einfach dadurch, daß sie nicht zu lächeln aufhörte, die schmerzliche Macht besaß, ein Loch in meinen Schlaf zu brennen und mich zu klammem Bewußtsein wachzurütteln, wenn ich von ihr träumte – und
das, obwohl im wirklichen Leben meine Angst, von ihren schlammüberkrusteten Füßen und muffigen Kleidern abgestoßen zu werden, noch größer war als die, sie
durch die Banalität quasiseigneurialer Annäherungs-
versuche zu verletzen.

5

Zum Abschluß möchte ich mir zwei besonders lebhafte
Bilder von ihr gleichzeitig vor Augen halten. Das erste,
das ich lange Zeit mit mir herumtrug, hatte mit der Polenka der Hauseingänge und Sonnenuntergänge nichts
zu tun – es war, als hätte ich eine nymphenhafte Inkar-
nation ihrer ergreifenden Schönheit erblickt, an die
man besser nicht rührte. An einem Junitag des Jahres,
da wir beide dreizehn waren, jagte ich am Ufer der
Oredesh einige Apollofalter – *Parnassius mnemosyne*, um
genau zu sein –, seltsame Schmetterlinge aus uraltem
Geschlecht mit raschelnden, glasigen, halbdurchsichti-
gen Flügeln und kätzchenartigem, seidenweichem Hinterleib. Meine Suche hatte mich in ein dichtes Unterholz aus milchig-weißen Racemosen und dunklen Erlen

284

hart am Ufer des kalten, blauen Flusses geführt, als ich es plötzlich spritzen und rufen hörte, und hinter einem duftenden Busch versteckt sah ich, wie Polenka und drei oder vier andere Kinder ein paar Schritte von mir entfernt von den Ruinen eines alten Badehauses aus splitternackt badeten. Naß und keuchend, mit einer Stupsnase, die ihr auf der einen Seite lief, die Rippen ihres jugendlichen Körpers unter der blassen Gänsehaut gewölbt, die Waden mit schwarzem Schlamm bespritzt, einen gebogenen Kamm im Haar, das die Feuchtigkeit dunkler machte, so floh sie vor dem Sausen und Klatschen der Wasserlilienstengel, die ein trommelbäuchiges Mädchen mit kahlgeschorenem Kopf und ein schamlos aufgeregtes grünes Bürschchen mit einer Art Schnur um die Lenden, einem örtlichen Brauch zufolge ein Mittel gegen den bösen Blick, aus dem Wasser gerissen hatten, um ihr damit zuzusetzen; und ein oder zwei Sekunden lang – bevor ich in einem elenden Nebel von Abscheu und Begierde wegkroch – sah ich eine fremde Polenka auf den Planken einer halbverfallenen Landungsbrücke kauern und zittern, die Arme gegen den Ostwind über die Brüste gekreuzt, während sie ihren beiden eifrigen Verfolgern die Zungenspitze herausstreckte.

Das andere Bild verweist auf einen Adventssonntag im Jahre 1916. Vom stillen, schneebedeckten Bahnsteig der kleinen Station Siwerskij an der Strecke nach Warschau (sie lag unserem Landsitz am nächsten) beobachtete ich ein fernes silbriges Gehölz, das sich unter dem Abendhimmel zu Blei verwandelte, und wartete darauf, daß es den stumpf violetten Rauch des Zuges ausstieß, der mich nach einem Tag auf Skiern nach St. Petersburg zurückbringen sollte. Pünktlich erschien der Rauch, und im selben Augenblick kamen sie und ein anderes Mädchen vorbei, beide mit dicken Kopftüchern, riesigen Filzstiefeln und schrecklichen, unförmigen, langen wattierten Jacken, deren Füllung an den aufgerissenen Stellen des groben schwarzen Tuchs hervorquoll, und im Vorbeigehen sagte Polenka – sie hatte einen blauen Fleck unter dem Auge und eine aufgeschwollene Lippe (wurde sie sonnabends von ihrem Mann verprügelt?) – mit wehmütiger und melodiöser Stimme zu niemand besonderem: «*A bartschuk-to menja nje prisnal* [Sieh, der junge Herr erkennt mich nicht]...», und das war das einzige Mal, daß ich je ihre Stimme hörte.

6

Die Sommerabende meiner Knabenzeit, an denen ich an ihrer Hütte vorbeifuhr, sprechen heute mit dieser ihrer Stimme zu mir. Dort, wo ein Feldweg auf die öde Landstraße stieß, stieg ich ab und lehnte mein Rad an eine Telegraphenstange. Ein Sonnenuntergang, fast beängstigend in seiner Herrlichkeit, verweilte am rundum bloßgelegten, nackten Himmel. Unter seinen sich unmerklich verändernden Massen konnte man die hellgefärbten Strukturelemente himmlischer Organismen, glühende Spalten in dunklen Dämmen oder flache, ätherische Gestade erkennen, die wie die Luftspiegelungen unbewohnter Inseln aussahen. Damals wußte

Der Autor, neunzehnjährig, im November 1918 mit seinen Geschwistern in Jalta. Kirill ist sieben; Sergey (unglücklicherweise von Flecken auf dem Photo entstellt) mit einem randlosen Pincenez und der Uniform des Gymnasiums von Jalta achtzehn; Olga fünfzehn; Elena (mit Box II. fest im Griff) zwölf.

ich nicht, was ich heute sehr wohl weiß, nämlich was mit derlei Dingen anzufangen ist – wie man sich ihrer entledigt, wie man sie in Druckbuchstaben umsetzen kann, damit dann der Leser mit dem seligen Schauer fertig werden muß –, und diese Unfähigkeit steigerte meine Bedrückung noch. Ein kolossaler Schatten begann über die Felder herzufallen, die Telegraphenmasten summten in der Stille, und die Raupen, die in der Nacht fressen, kletterten die Stiele ihrer Pflanzen hinan. Knabber, knabber, knabber – machte eine hübsche, gestreifte, bei Spuler nicht abgebildete Raupe an einem Glockenblumenstengel, als sich die Kauwerkzeuge am Rand des nächsten Blattes entlangarbeiteten, aus dem sie säuberlich einen Halbkreis fraß; dann streckte sie den Hals und krümmte ihn langsam wieder, während sie die saubere Einbuchtung vertiefte. Automatisch steckte ich sie mit einem Stück ihrer kleinen Pflanze in eine Streichholzschachtel, um sie mit nach Hause zu nehmen und im nächsten Jahr einen herrlichen Überraschungsfalter hervorbringen zu lassen, doch meine Gedanken waren anderswo: Sina und Colette, meine Strandgespielinnen; Louise, die Tänzerin; all die geröteten kleinen Mädchen mit Seidenschärpen und lockerem Haar auf festlichen Partys; die schmachtende Gräfin G., die Dame meines Cousins; Polenka, lächelnd in der Qual meiner neuen Träume – sie alle verschmolzen zu einem Wesen, das ich noch nicht kannte, bald jedoch kennenlernen mußte.

Ich erinnere mich an einen bestimmten Sonnenuntergang. Er überzog meine Fahrradglocke mit Glut. Droben, über der schwarzen Musik von Telegraphendrähten, hingen unbeweglich und fächerartig mehrere lange, dunkelviolette, flamingorot durchzogene Wolken; das Ganze war wie eine gewaltige Ovation aus Farbe und Form! Es verlosch jedoch, und auch alles andere dunkelte; doch dicht über dem Horizont fand das Auge in einem leuchtenden, türkisfarbenen Raum unter einer schwarzen Stratuswolke einen Anblick, den nur ein Narr für die übriggebliebenen Teile dieses oder irgendeines anderen Sonnenuntergangs halten konnte. Er nahm nur einen ganz kleinen Ausschnitt des gewaltigen Himmels ein und war so zierlich wie etwas, das man durch ein umgedrehtes Teleskop anschaut. Dort lag sie und wartete, eine Familie heiterer Miniaturwolken, eine Anhäufung strahlender Wölbungen, anachronistisch in ihrer sahnigen Helle und überaus fern; fern, doch in allen Einzelheiten vollkommen; phantastisch verkleinert, doch völlig fertig; meine wunderbare Zukunft, bereit, mir dargebracht zu werden.

Kapitel 11

1

Um den Sommer 1914 zu rekonstruieren, als mich zum
ersten Male der benommene Furor des Versemachens
überkam, brauche ich mir eigentlich nur einen bestimmten Pavillon vorzustellen. In ihm suchte der schlanke
fünfzehnjährige Junge, der ich damals war, während der
Gewitter Schutz, die es in jenem Juli in ungewöhnlicher
Zahl gab. Wenigstens zweimal im Jahr träume ich von
meinem Pavillon.

In der Regel erscheint er in meinen Träumen ganz
unabhängig von ihrem eigentlichen Inhalt, der natürlich alles mögliche umfassen kann, von Abalienation bis
Zoolatrie. Er ist sozusagen so unaufdringlich vorhan-
den wie eine Künstlersignatur. Ich sehe ihn an einer
Ecke der Traumleinwand haften oder raffiniert in eine
ornamentale Partie des Bildes verarbeitet. Zuweilen jedoch scheint er in einiger Entfernung zu schweben, ein
wenig barock und doch in Einklang mit den schönen
Bäumen, dunkler Tanne und heller Birke, deren Saft
einmal durch sein Holz sickerte. Weinrote und fla-
schengrüne und dunkelbraune Rhomben aus farbigem
Glas verleihen dem Gitterwerk seiner Fenster ein wenig

das Aussehen einer Kapelle. Er ist genau, was er in meiner Jugend war – ein robustes altes Holzgebäude über einer Schlucht voller Farnkraut in dem älteren, zum Fluß hin gelegenen Teil unseres Parks in Wyra. Genau was er war, oder vielleicht doch ein wenig vollkommener. In der Wirklichkeit fehlte hier und da ein Stück Glas, und der Wind hatte zerknüllte Blätter hineingetrieben. Die schmale kleine Brücke, die sich an der tiefsten Stelle über die waldige Schlucht wölbte und in deren Mitte sich der Pavillon wie ein geronnener Regenbogen erhob, war nach einem Regenguß so schlüpfrig, als wäre ihr eine dunkle und in gewissem Sinne magische Salbung zuteil geworden. Etymologisch sind ‹Pavillon› und ‹papilio› eng verwandt. Drinnen befand sich als Mobiliar nur ein Klapptisch, der an rostigen Scharnieren an der Wand unter dem Ostfenster hing, durch dessen zwei oder drei glaslose oder farblose verglaste Karrees unter all den angeberisch blauen und betrunkenen roten man einen Blick auf den Fluß werfen konnte. Zu meinen Füßen lag eine tote Pferdebremse auf dem Rücken neben den braunen Überresten eines Birkenkätzchens. Und die Flecken abbröckelnder weißer Tünche an der Innenseite der Tür waren von verschiedenen Eindringlingen für Vermerke wie «Dascha, Tamara und Lena waren hier» oder «Nieder mit Österreich!» benutzt worden.

Das Gewitter zog schnell vorüber. Der Regen, eben noch ein ungestümer Guß, in dem die Bäume wogten und sich krümmten, wurde mit einem Mal zu schrägen Linien stillen Golds, die vor dem Hintergrund nachlassenden pflanzlichen Aufruhrs zu kurzen und längeren

Strichen zerfielen. Buchten üppigen Blaus breiteten sich zwischen großen Wolken aus – ein Ballen aus reinem Weiß und violettem Grau auf dem anderen, *lepota* (ein altrussisches Wort für «majestätische Schönheit»), ziehende Mythen, Gouache und Guano –, zwischen deren Wölbungen man Anspielungen auf Brustformen oder die Totenmaske eines Dichters erkennen konnte.

Der Tennisplatz war eine große Seenplatte.

Über den dampfenden Feldern jenseits des Parks wurde ein Regenbogen sichtbar; die Felder endeten vor dem schartigen dunklen Rand eines fernen Tannenwaldes; ein Teil des Regenbogens spannte sich darüber, und dieser Teil des Waldsaums schimmerte höchst märchenhaft durch das Blaßgrün und Rosa des irisierenden Schleiers hindurch, der darüber herabgelassen war: eine Zärtlichkeit und eine Pracht, die aus den rautenförmigen bunten Lichtspielen, die die wiedergekehrte Sonne auf dem Boden des Pavillons trieb, arme Verwandte machte.

Einen Augenblick später begann mein erstes Gedicht. Was hatte es ausgelöst? Ich glaube es zu wissen. Bei völliger Windstille brachte das bloße Gewicht eines Regentropfens, der in parasitärem Luxus auf einem herzförmigen Blatt glänzte, dessen Spitze dazu, sich zu neigen; was aussah wie eine kleine Quecksilberkugel, vollführte ein plötzliches Glissando die Mittelader entlang, und das Blatt, seiner hellen Last ledig, schnellte erleichtert wieder hoch. Tropfen, Schwere, Glissando, Leere – der Augenblick, den das alles währte, schien mir nicht so sehr ein Bruchteil der Zeit als vielmehr ein Riß in ihr, ein übersprungener Herzschlag, der sogleich

durch ein Geprassel von Reimen wettgemacht wurde:
Ich sage mit Absicht «Geprassel», denn als jetzt ein
Windstoß kam, begannen die Bäume alle zusammen
ihre Tropfen abzuschütteln, und das Getropfe ahmte
den vorangegangenen Regenguß ebenso grob nach, wie
die Strophe, die ich bereits murmelte, an das selige
Staunen erinnerte, das ich gefühlt hatte, als Herz und
Blatt einen Augenblick lang eins waren.

2

In der lechzenden Hitze des frühen Nachmittags trock-
neten Bänke, Brücken und Baumstämme (alles, nur
nicht der Tennisplatz) mit unglaublicher Geschwindigkeit, und bald war nur noch wenig von meiner
usprünglichen Inspiration übrig. Obwohl sich der helle
Riß zugetan hatte, dichtete ich verbissen weiter. Meine
Sprache war zufällig Russisch, aber ebensogut hätte es
Ukrainisch oder Englisch für Anfänger oder Volapük
sein können. Gedichte, wie ich sie damals produzierte,
waren kaum mehr als Lebenszeichen, Zeichen dafür,
daß ich gewisse starke menschliche Empfindungen erlebte oder erlebt hatte oder zu erleben hoffte. Sie waren
mehr ein Phänomen des Sichzurechtfindens als eins der
Kunst und darum den Farbstreifen auf einem Felsblock
am Wegrand vergleichbar oder dem säulenförmigen
Steinhaufen, der einen Bergpfad bezeichnet.

Aber in gewissem Sinn ist schließlich alle Kunst eine
Sache der Orientierung: Der Versuch, die eigene Position in dem vom Bewußtsein umfaßten Universum aus-

zudrücken, ist ein unvordenkliches Bedürfnis. Die Arme des Bewußtseins greifen aus und tasten umher, und je länger sie sind, desto besser. Fühler, nicht Flügel sind die natürlichen Gliedmaßen Apolls. Vivian Bloodmark, ein philosophisch veranlagter Freund, pflegte in späteren Jahren zu sagen, daß der Wissenschaftler alles, was geschieht, in einem Punkt des Raumes sieht, der Dichter aber alles in einem Punkt der Zeit fühlt. Gedankenverloren klopft er mit dem zauberstabartigen Bleistift auf sein Knie, und im gleichen Augenblick fährt ein Wagen (New Yorker Nummernschild) auf der Straße vorbei, ein Kind schlägt die Drahtgazetür eines Hauses in der Nachbarschaft zu, ein Greis gähnt in einem dunstigen Obstgarten in Turkestan, auf der Venus bewegt der Wind ein Körnchen aschgrauen Sandes, ein Doctor Jacques Hirsch in Grenoble setzt sich die Lesebrille auf, und Myriaden anderer Bagatellen dieser Art ereignen sich – und sie alle bilden einen gleichzeitigen und durchsichtigen Organismus aus Ereignissen, dessen Kern der Dichter (etwa in einem Liegestuhl in Ithaca, N.Y.) ist.

In jenem Sommer war ich noch viel zu jung, um irgendeinen Reichtum an «kosmischer Synchronisierung» (um noch einmal mit meinem Philosophen zu reden) hervorzubringen. Doch wenigstens entdeckte ich, daß ein Mensch, der Dichter werden will, die Fähigkeit besitzen muß, gleichzeitig an verschiedene Dinge zu denken. Während der gemächlichen Spaziergänge, die das Entstehen meines ersten Gedichts begleiteten, traf ich den Dorfschulmeister, einen leidenschaftlichen Sozialisten, einen guten Kerl, meinem Vater aus ganzer

Seele ergeben (ich begrüße dies Bild aufs neue), immer mit einem dichten Feldblumenstrauß in der Hand, immer lächelnd, immer schwitzend. Während ich mit ihm höflich über die plötzliche Abreise meines Vaters in die Stadt plauderte, registrierte ich gleichzeitig und mit gleicher Klarheit nicht nur seine welkenden Blumen, seinen wehenden Binder und die schwarzen Mitesser auf den fleischigen Voluten seiner Nasenflügel, sondern auch die stumpfen leisen Rufe eines Kuckucks in der Ferne und das Aufblitzen eines Kleinen Perlmutterfalters, der sich auf dem Weg niederließ, und den erinnerten Eindruck der Bilder (vergrößerte Ackerschädlinge und bärtige russische Schriftsteller) in den gut durchlüfteten Klassenzimmern der Dorfschule, die ich ein- oder zweimal aufgesucht hatte; und um die Aufzählung fortzusetzen, die der ätherischen Einfachheit des ganzen Vorgangs kaum gerecht wird: Eine benachbarte Gehirnzelle löste eine blitzartige und völlig irrelevante Erinnerung aus (an einen Schrittzähler, den ich verloren hatte), der Geschmack des Grashalms, an dem ich kaute, vermischte sich mit dem Kuckucksruf und dem Start des Perlmutterfalters, und die ganze Zeit über war ich mir meiner vielfältigen Bewußtheit voll und heiter-gelassen bewußt.

Er strahlte, er verbeugte sich (überschwenglich wie alle radikal gesonnenen Russen), machte ein paar Schritte rückwärts, drehte sich um, ging munter seines Weges, und ich nahm den Faden meines Poems wieder auf. Während der kurzen Zeit, in der ich abgelenkt war, war den Worten, die ich bereits aneinandergeknüpft hatte, anscheinend etwas zugestoßen: Sie sahen nicht

ganz so leuchtend mehr aus wie vor der Unterbre-
chung. Mir kam der Verdacht, daß ich es möglicherweise mit Attrappen zu tun hatte. Glücklicherweise
war dieser kalte Augenblick kritischer Erkenntnis nicht
von Dauer. Die glühende Begeisterung, die ich auszudrücken versucht hatte, war wieder zur Stelle und
erweckte ihr Medium von neuem zu trügerischem Leben. Die Wortreihen, die ich musterte, waren mit ihren
vorgewölbten kleinen Brüsten und ihren schmucken
Uniformen wieder so strahlend, daß ich das Zusam-
mensinken, welches ich aus dem Augenwinkel wahrgenommen hatte, nur noch für bloße Einbildung hielt.

3

Nicht nur mit seiner leichtgläubigen Unerfahrenheit,
auch mit einem Handikap eigener Art hatte ein junger
russischer Dichter fertig zu werden. Im Gegensatz zu
dem reichen Wortschatz satirischer oder epischer Dichtung litt die russische Elegie an einem schlimmen Fall
verbaler Blutarmut. Nur in sehr geübten Händen
konnte sie ihren bescheidenen Ursprung verleugnen –
die bläßliche Poesie des französischen achtzehnten Jahrhunderts. Zwar war zu meiner Zeit eine neue Schule im
Begriff, die alten Rhythmen zu zerfetzen, doch auf der
Suche nach einem neutralen Werkzeug kam der konser-
vative Anfänger immer noch auf sie zurück – vielleicht
weil er nicht wünschte, daß ihn riskante formale Abenteuer vom simplen Ausdruck simpler Empfindungen
ablenkten. Die Form jedoch rächte sich. Die ziemlich

monotonen Muster, zu denen die russischen Dichter des frühen neunzehnten Jahrhunderts die gefügige Elegie verbogen hatten, führten dazu, daß bestimmte Wörter oder Wortarten (etwa die russischen Gegenstücke zu *fol amour* oder *langoureux et rêvant*) immer wieder zusammengestellt wurden, und das vermochten spätere Lyriker ein ganzes Jahrhundert lang nicht mehr abzuschütteln.

Ein besonders hartnäckiges, dem vier- bis sechshebigen Jambus eigentümliches Schema war jenes, bei dem ein langes, geschlängeltes Adjektiv die ersten vier oder fünf Silben der letzten drei Versfüße einer Zeile beanspruchte. Ein gutes vierhebiges Beispiel wäre etwa *sabud obmantschiwyje retschi* (vergiß betrügerische Reden). Der junge russische Dichter neigte dazu, mit verhängnisvoller Leichtigkeit in diesen Abgrund von Silben zu gleiten, für dessen Illustration ich nur deshalb *obmantschiwyj* gewählt habe, weil es sich gut übersetzen läßt; die eigentlichen Lieblingswörter waren typisch elegische Bausteine wie *tainstwennyj* (geheimnisvoll), *sadumtschiwyj* (nachdenklich), *utratschennyj* (verloren) und so weiter. Trotz seiner Länge hatte ein solches Wort nur eine einzige Hebung, und so fiel die vorletzte Hebung des Verses auf eine gewöhnlich unbetonte Silbe (‹*wy*› im russischen Beispiel, ‹ri› im deutschen). Das führte zu einer angenehmen Beschleunigung, die jedoch ein viel zu vertrauter Effekt war, um die Banalität des Inhalts wettzumachen.

Als naiver Anfänger ging ich in alle Fallen des wohlklingenden Epithetons. Nicht, daß ich nicht auch kämpfte. Im Gegenteil, ich plagte mich sehr ab mit meiner Elegie, verwandte endlose Mühe auf jede Zeile, wählte und verwarf, nahm die Worte mit dem glasigen Blick und der Feierlichkeit eines Teeschmeckers auf die Zunge, und dennoch verhinderte ich ihn nicht, den unerhörten Betrug. Der Rahmen bestimmte das Bild, die Schale formte das Fruchtfleisch. Die abgedroschene Wortfolge (kurzes Verb oder Pronomen – langes Adjektiv – kurzes Substantiv) brachte die abgedroschene Gedankenschluderei mit sich, und auf einen Vers wie *poeta gorestnyje grjosy* (des Dichters wehmutsvolle Träume) folgte etwas, das mit *rosy* (Rosen) oder *berjosy* (Birken) oder *grosy* (Gewitter) endete, so daß nicht der freie Wille, sondern das verblichene Band der Tradition bestimmte Gefühle an bestimmte Umgebungen knüpfte. Dennoch, je näher mein Gedicht der Vollendung kam, desto gewisser war ich, daß auch andere erblicken würden, was mir dabei vor Augen schwebte. Während ich meinen Blick auf ein nierenförmiges Blumenbeet richtete (und auf dem Lehm ein rosa Blütenblatt sah, dessen vermoderten Rand eine kleine Ameise inspizierte) oder den gebräunten Leib eines Birkenstammes betrachtete, wo irgendein junger Rowdy die papierene Pfeffer-und-Salz-Rinde abgerissen hatte, meinte ich wirklich, daß der Leser all dies durch den Zauberschleier meiner Worte hindurch – *utratschennyje rosy* oder *sadumtschiwyje berjosy* – wahrnehmen würde. Es kam mir damals nicht in den Sinn, daß jene armseligen Worte keineswegs ein Schleier, sondern vielmehr so undurchsichtig waren, daß sie eine Mauer bildeten, an der nichts weiter zu erkennen war als die abgenutzten Textstellen der größeren und geringeren Dichter, die ich nachmachte. Ich entsinne mich, daß ich Jahre später im schmutzigen Vorort einer Stadt im Ausland einen Lattenzaun sah, dessen Bretter offenbar woanders schon als Einzäunung eines Wanderzirkus gedient hatten. Ein vielseitiger Ausrufer hatte Tiere darauf gemalt; doch derjenige, der die Bretter abgenommen und wieder zusammengehämmert hatte, muß blind oder geisteskrank gewesen sein, denn der Zaun zeigte nur noch unzusammenhängende Körperteile (einige von ihnen obendrein verkehrt herum) – eine goldbraune Hüfte, einen Zebrakopf, ein Elefantenbein.

4

Auf physischer Ebene begleiteten eine Anzahl undeutlicher Tätigkeiten und Stellungen meine intensiven Anstrengungen – ich ging umher, saß oder lag. Jede von ihnen zerfiel wiederum in Bruchstücke ohne räumliche Bedeutung: Im Gehstadium etwa streifte ich jetzt durch die Tiefen des Parks, und im nächsten Augenblick ging ich durch die Zimmer des Hauses. Oder im Sitzstadium bemerkte ich plötzlich, daß irgendein Gericht, von dem ich mich nicht erinnern konnte auch nur gekostet zu haben, weggetragen wurde und daß meine Mutter, deren linke Wange zuckte, wie immer, wenn sie sich Sorgen machte, meine üble Laune und meine Appetitlosigkeit von ihrem Platz ganz oben an dem langen Tisch aus genau beobachtete. Ich hob den Kopf, um alles zu erklären – doch der Tisch war verschwunden, ich saß allein auf einem Baumstumpf am Straßenrand

und zeichnete mit dem Stock meines Schmetterlings-
netzes wie ein Metronom Bogen auf Bogen in den
bräunlichen Sand; irdene Regenbögen, bei denen die
wechselnde Tiefe der Striche die Farben darstellte.

Als es mir unwiderruflich auferlegt war, entweder
mein Gedicht zu beenden oder zu sterben, geriet ich in
den Zustand größter Entrückung. Ohne sonderliche
Überraschung fand ich mich ausgerechnet auf einem
Ledersofa in dem kalten, dumpfen, wenig benutzten
Zimmer, das einst das Arbeitszimmer meines Großvaters gewesen war. Dort lag ich in einer Art Reptilien-
starre auf dem Bauch, und ein Arm hing herunter, so
daß meine Fingergelenke lose die Blumenmuster des
Teppichs streiften. Als ich wenig später aus dieser
Trance erwachte, war die grünliche Flora immer noch
um mich, und immer noch hing mein Arm herunter,
doch jetzt lag ich am Rand eines wackligen Bootsstegs,
die Wasserlilien, die ich berührte, waren echt, und die
sich mit den Wellen hebenden und senkenden schwer-
fälligen Schatten des Erlenlaubes auf dem Wasser – ver-
klärte Tintenkleckse, überdimensionale Amöben –
zuckten rhythmisch, streckten dunkle Pseudopodien
aus und zogen sie wieder ein, ihre abgerundeten Ränder
zerfielen zu flüchtigen und fließenden Makeln, und
diese fanden wieder zusammen, um von neuem ta-
stende Spitzen zu bilden. Dann verlor ich mich in meinem privaten Nebel, und als ich wieder auftauchte,
ruhte mein Körper ausgestreckt auf einer niedrigen
Bank im Park; die lebendigen Schatten, unter die meine
Hand herabsank, bewegten sich jetzt auf der Erde, unter violetten Farbtönen und nicht mehr unter wässeri-

gem Schwarz und Grün. So bedeutungslos waren die gewöhnlichen Maßstäbe des Lebens in diesem Zustand, daß es mich nicht erstaunt hätte, wäre ich aus seinem Tunnel direkt in den Park von Versailles, den Tiergarten oder den Sequoia-Nationalforst gelangt; und wenn die alte Trance heute wiederkehrt, bin ich umgekehrt gewärtig, mich beim Erwachen hoch oben auf einem bestimmten Baum über der schattengesprenkelten Bank meiner Knabenzeit wiederzufinden, den Leib gegen einen dicken, behaglichen Ast gepreßt, einen Arm lose unter die Blätter hängen lassend, auf denen sich die Schatten anderer Blätter bewegen.

Verschiedene Laute drangen in den verschiedenen Positionen an mein Ohr. Es mochte der Essensgong sein oder etwas Ungewöhnlicheres, etwa das vulgäre Spiel einer Drehorgel. Irgendwo in der Nähe der Stallungen leierte der alte Landstreicher seine Weisen, und kraft direkterer Eindrücke, die ich in früheren Jahren in mich aufgenommen hatte, sah ich ihn von meinem Sitz aus im Geiste. Auf die Vorderseite seines Instrumentes waren Gestalten gemalt, die Balkanbauern vorstellen sollten und unter palmoiden Weiden tanzten. Hin und wieder nahm er die Kurbel von der einen Hand in die andere. Ich sah die Trikotjacke und den Rock seiner kahlen kleinen Äffin, ihren Kragen, die offene Wunde an ihrem Hals, die Kette, an die sie immer wieder faßte, wenn der Mann daran zog und ihr weh tat, und ich sah die verschiedenen Dienstboten gaffend und grinsend herumstehen – einfache Leute, denen die «Possen» eines Affen schrecklich komisch vorkamen. Neulich gerade begegnete ich in der Nähe des Ortes, wo ich dies niederschreibe, einem Farmer und seinem Sohn (einem hellen, gesunden Bengel, wie man ihn auf amerikanischen Frühstücksreklamen sieht), die ähnlich belustigt mitansahen, wie eine junge Katze einen winzigen Chipmunk quälte – kaum hatte sie ihn ein paar Zoll weit laufen lassen, da fing sie ihn wieder ein. Sein Schwanz fehlte zum größten Teil, der Stumpf blutete. Da es nicht davonlaufen konnte, versuchte das mutige kleine Tier ein letztes Mittel: Es blieb stehen und legte sich auf die Seite, um mit einem bißchen Licht und Schatten auf dem Boden zu verschmelzen, doch das zu heftige Beben seiner Flanke verriet es.

Das Familiengrammophon, das der hereinbrechende Abend in Betrieb setzte, war ein anderes Musikgerät, das ich durch meine Verse hindurch vernehmen konnte. Auf der Veranda, wo sich unsere Verwandten und Bekannten einfanden, erklangen aus seinem Schalltrichter die sogenannten *zyganskije romansy*, für die meine Generation eine Vorliebe hegte. Es waren mehr oder minder anonyme Nachahmungen von Zigeunerweisen – oder Nachahmungen solcher Nachahmungen. Ihre Zigeunerhaftigkeit bestand in einem tiefen, monotonen Stöhnen, das von einer Art Schluckauf unterbrochen wurde, dem hörbaren Brechen eines liebeskranken Herzens. Im besten Falle waren sie für den rauhen Klang verantwortlich, der hier und da in den Werken echter Dichter mitschwang (ich denke vor allem an Alexander Blok). Im schlimmsten Fall waren sie dem Apachenzeug vergleichbar, das, von milden *hommes des lettres* zu Papier gebracht, in Pariser Nachtclubs von dicklichen Damen vorgetragen wurde. Typisch für ihr natürliches Habitat waren weinende Nachtigallen, blühender Flieder und wispernde Baumalleen, wie sie die Parks des Landadels zierten. Diese Nachtigallen trillerten, und im Kiefernwäldchen versah die untergehende Sonne die Stämme in verschiedenen Höhen mit Streifen feurigen Rots. Ein noch vibrierendes Tamburin schien im dunkelnden Moos zu liegen. Eine Zeitlang noch verfolgten mich die letzten Töne der Altstimme der Sängerin durch die Dämmerung. Als wieder Stille eingekehrt war, war mein erstes Gedicht fertig.

5

Es war eine wahrhaft klägliche Ausgeburt, die neben ihren pseudopuschkinschen Modulationen noch manche andere Anleihe enthielt. Einzig ein Echo von Tjuttschews Donner und ein gebrochener Sonnenstrahl von Fet waren entschuldbar. Im übrigen erinnere ich mich dunkel an die Erwähnung des «Stachels der Erinnerung» – *wospominanija shalo* (in Wirklichkeit hatte ich ihn als den Legstachel einer Schlupfwespe gesehen, die rittlings auf einer Kohlraupe sitzt, doch hatte ich nicht gewagt, es zu sagen) – sowie an eine Bemerkung über den altertümlichen Charme eines fernen Leierkastens. Am schlimmsten waren die schmachvollen Entlehnungen aus den *zyganskij*-Versen Apuchtins und des Großfürsten Konstantin. Unaufhörlich wurden sie mir von einer jüngeren und recht attraktiven Tante aufgedrängt, die ebenfalls Louis Bouilhets berühmtes Gedicht (*A une femme*) zum besten zu geben wußte, in dem widersinnigerweise mit einem metaphorischen Geigenbogen auf einer metaphorischen Gitarre gespielt wird, sowie allerlei von Ella Wheeler Wilcox – die Kaiserin und ihre Hofdamen fanden es hinreißend. Es scheint kaum der Mühe wert hinzuzufügen, daß meine Elegie von einem geläufigen Thema handelte, dem Verlust einer Geliebten – Delia, Tamara oder Leonore –, die ich niemals verloren, niemals geliebt, niemals gefunden hatte, die ich jedoch zu finden, zu lieben und zu verlieren bereit war.

In meiner törichten Unschuld glaubte ich, etwas Schönes und Wunderbares vollbracht zu haben. Während ich es nach Hause trug, noch ungeschrieben, aber so vollständig, daß sich mir selbst seine Satzzeichen eingeprägt hatten wie eine Kissenfalte der Haut des Schläfers, zweifelte ich nicht daran, daß meine Mutter das Werk mit Tränen stolzer Freude aufnehmen würde. Die Möglichkeit, daß sie an jenem Abend von anderen Dingen viel zu sehr in Anspruch genommen sein könnte, um sich Verse anzuhören, kam mir überhaupt nicht in den Sinn. Nie in meinem Leben lag mir mehr an ihrem Lob. Niemals war ich verletzlicher. Meine Nerven waren gespannt – es lag an der Dunkelheit der Erde, deren Vermummung ich nicht bemerkt hatte, und der Nacktheit des Firmaments, dessen Entblößung mir ebenfalls entgangen war. Über mir, zwischen den formlosen Bäumen am Rande meines zerrinnenden Pfads, war der Himmel sternenbleich. In jenen Jahren verursachte mir jenes wunderbare Durcheinander von Sternbildern, Spiralnebeln, Himmelslücken und der Rest des furchterregenden Schauspiels eine unbeschreibliche Übel-

keit, eine grenzenlose Panik, so als hinge ich verkehrt-
herum am Rande der Unendlichkeit an der Erde, deren
Anziehungskraft mich noch an den Absätzen hielt,
mich aber jeden Augenblick loslassen konnte.

Bis auf die beiden Eckfenster im Obergeschoß (das
Boudoir meiner Mutter) war das Haus bereits dunkel.
Der Nachtpförtner ließ mich ein, und langsam und vorsichtig, damit das Wortgebilde in meinem schmerzenden Kopf nicht in Unordnung geriete, stieg ich die
Treppe hinauf. Meine Mutter ruhte auf dem Sofa, in
der Hand die Petersburger *Retsch* und auf dem Schoß
eine ungeöffnete Londoner *Times*. Auf der Glasplatte
eines Tisches neben ihr schimmerte ein weißes Telephon. Selbst zu so später Stunde erwartete sie aus
St. Petersburg immer noch den Anruf meines Vaters,
den die Spannung des näherrückenden Krieges dort zu-
rückhielt. Neben dem Sofa stand ein Sessel, den ich
seines goldenen Satinbezuges wegen mied; der bloße
Anblick jagte mir von der Wirbelsäule aus einen verzweigten Schauder wie Wetterleuchten über den
Rücken. Leise hüstelnd ließ ich mich auf einen Schemel
nieder und begann mit meiner Rezitation. Während ich
sprach, starrte ich auf die gegenüberliegende Wand, auf
der ich in der Rückschau deutlich einige kleine Daguer-
reotypien und Silhouetten in ovalen Rahmen sehe, ein
Aquarell von Somow (junge Birken, die Hälfte eines
Regenbogens – alles sehr zerfließend und feucht), eine
prächtige Versailler Herbstlandschaft von Alexandre
Benois sowie eine Kreidezeichnung, die die Mutter
meiner Mutter in ihrer Jugend angefertigt hatte – noch
einmal jener Parkpavillon, die hübschen Fenster teil-

Der Autor im Frühjahr 1920 in Cambridge. Es war nicht unnatürlich, daß ein Russe, der allmählich die Freuden des Cam entdeckte, anfangs ein Ruderboot dem angemesseneren Kanu oder Stechkahn vorzog.

weise von verflochtenem Zweigwerk bedeckt. Der Somow und der Benois sind jetzt in einem sowjetischen
Museum, aber jener Pavillon wird niemals verstaatlicht
werden.

Während mein Gedächtnis einen Augenblick lang an
der Schwelle zur letzten Strophe zögerte, wo ich so
viele Eingangsworte versucht hatte, daß jenes, für das
ich mich schließlich entschieden hatte, verdeckt war
von einer ganzen Reihe falscher Anfänge, hörte ich, wie
sich meine Mutter die Nase schneuzte. Ich sprach zu
Ende und blickte zu ihr auf. Durch die Tränen hindurch, die ihr das Gesicht herabströmten, lächelte sie
entzückt. «Wie wunderbar, wie schön», sagte sie, und
während ihr Lächeln noch zärtlicher wurde, reichte sie
mir einen Handspiegel, damit ich den blutigen Fleck
auf meinem Backenknochen sehen konnte, wo ich zu
einer unbestimmbaren Zeit eine vollgesaugte Mücke
zerdrückt hatte, indem ich unbewußt die Wange auf
meine Faust stützte. Doch ich sah noch mehr. Als ich
mir selbst in die Augen blickte, hatte ich das erschreckende Gefühl, nur noch die Reste meines normalen Ichs vorzufinden, die Überbleibsel einer verflage-
nen Identität, die mein Verstand nur mit erheblicher
Anstrengung im Spiegel wieder zusammenzusetzen
vermochte.

Kapitel 12

1

Als ich Tamara – um ihr einen Namen zu geben, der die gleiche Farbe hat wie ihr wirklicher – zum erstenmal begegnete, war sie fünfzehn und ich ein Jahr älter. Es war in der rauhen, aber anmutigen Gegend (schwarze Tannen, weiße Birken, Torfmoore, Heuwiesen und Ödland) nicht weit im Süden von St. Petersburg. Ein ferner Krieg schleppte sich hin. Zwei Jahre später sollte jener abgeschmackte *deus ex machina*, die russische Revolution, auf den Plan treten und meine Entfernung aus jener unvergeßbaren Landschaft veranlassen. Ja, damals schon, im Juli 1915, beeinflußten undeutliche Vorboten und das Gepolter hinter den Kulissen, der heiße Atem unvorstellbarer Umwälzungen, die sogenannte symbolistische Schule der russischen Poesie – vor allem die Dichtungen Alexander Bloks.

Zu Beginn jenes Sommers und schon den ganzen vorangegangenen hindurch war Tamaras Name (mit jener vorgetäuschten Naivität, die dem Schicksal eigen ist, wenn es wirklich zur Sache kommt) an verschiedenen Stellen unseres Landgutes (Betreten verboten) und auf der Besitzung meines Onkels jenseits der Oredesh (Be-

308

treten streng verboten) wiederholt aufgetaucht. Ich fand ihn mit einem Stock in den rötlichen Sand eines Parks gekritzelt, mit Bleistift auf eine weißgetünchte Pforte geschrieben oder frisch (aber unvollständig) in das Holz irgendeiner alten Bank geritzt, so als wollte mich Mutter Natur mit geheimnisvollen Fingerzeigen schon im voraus auf Tamaras Dasein aufmerksam machen. An dem stillen Julinachmittag, als ich sie reglos in einem Birkenwäldchen erblickte (nur ihre Augen bewegten sich), schien sie dort unter den wachsamen Bäumen mit der lautlosen Vollkommenheit einer mythologischen Erscheinung aus dem Boden gewachsen zu sein.

Sie schlug die Bremse tot, auf deren Hinsetzen sie gewartet hatte, und schickte sich an, die beiden anderen, weniger hübschen Mädchen einzuholen, die ihr etwas zuriefen. Kurz darauf sah ich von einem Beobachtungsposten über dem Fluß alle drei mit munteren hohen Absätzen über die Brücke klappern; die Hände steckten in den Taschen ihrer marineblauen Jacken, und hin und wieder warfen sie ihre bebänderten und blumengeschmückten Köpfe hoch, um die Fliegen zu verscheuchen. Sehr bald hatte ich Tamara in der bescheidenen *datschka* aufgespürt, die ihre Familie im Dorf gemietet hatte. Auf dem Fahrrad oder dem Pferd trieb ich mich in der Nachbarschaft herum, und mit dem jähen Gefühl einer blendenden Explosion (nach der mein Herz eine ganze Zeit brauchte, um von der Stelle, wo es gelandet war, zurückzugelangen) begegnete ich Tamara an dieser oder jener sanften Biegung der Straße. Mutter Natur beseitigte erst die eine ihrer Freundinnen, dann die andere, doch erst im August – am 9. August 1915, um petrarkisch genau zu sein, um halb fünf am schönsten Nachmittag der Saison im Pavillon mit den Regenbogenfenstern, den ich meine Unbefugte betreten gesehen hatte – faßte ich mir ein Herz und sprach sie an.

Durch die sorgsam gereinigten Linsen der Zeit gesehen, ist die Schönheit ihres Gesichts so nahe und glühend wie je. Sie war klein und neigte ein wenig zur Rundlichkeit, doch ihre schmalen Fesseln und ihre biegsame Taille machten, daß sie dennoch sehr zierlich wirkte. Ein Tropfen Tataren- oder Tscherkessenblut mochte der Grund sein für die leichte Schräge ihrer fröhlichen dunklen Augen und den bräunlichen Teint ihrer blühenden Wangen. Ein leichter Flaum, wie man ihn auf den Früchten der Mandelfamilie findet, faßte ihr Profil in einen feinen glänzenden Rand. Sie beschuldigte ihr schwarzbraunes Haar der Unfügsamkeit und Schwere und drohte, es kurz schneiden zu lassen, und tatsächlich ließ sie es ein Jahr später kurz schneiden, doch immer habe ich vor Augen, wie es am Anfang aussah, trotzig zu einem dicken Zopf geflochten, der am Hinterkopf hochgeschlungen und dort mit einer großen schwarzen Seidenschleife festgebunden war. Ihr schöner Hals war immer unbedeckt, selbst im Winter in St. Petersburg, denn sie hatte sich die Erlaubnis erwirkt, den würgenden Kragen der russischen Schülerinnen-Uniform nicht zu tragen. Immer wenn sie eine komische Bemerkung machte oder aus ihrem unerschöpflichen Schatz zweitklassiger Dichtung irgendein Wortgeklingel hervorholte, hatte sie eine höchst gewinnende Art, mit einem leisen, erheiterten Atemholen die Nasenlöcher zu weiten. Dennoch war ich mir niemals ganz sicher, wann sie es ernst meinte und wann nicht. Das leise Lachen, zu dem sie stets aufgelegt war, ihr schneller Redefluß, das Rollen ihres sehr kehligen r, der zarte feuchte Schimmer gleich unter ihrem Auge – ja, alle ihre Züge wirkten hinreißend faszinierend auf mich, aber irgendwie gaben sie ihre Person nicht preis, sondern bildeten eher einen strahlenden Schleier, in dem ich mich jedesmal verfing, wenn ich sie genauer kennenzulernen wünschte. Als ich ihr sagte, daß wir gegen Ende 1917, wenn ich mit dem Gymnasium fertig wäre, heiraten würden, nannte sie mich ohne viel Aufhebens einen Dummkopf. Von ihrem Elternhaus hatte ich nur eine ungefähre Vorstellung. Vor- und Vatersname ihrer Mutter (mehr wußte ich nicht von der Frau) deuteten auf Kaufmannskreise oder Geistlichkeit. Ihr Vater, der sich, soviel ich erfuhr, kaum um die Familie kümmerte, war irgendwo im Süden Verwalter auf einem großen Gut.

Der Herbst kam früh in jenem Jahr. Ende August schon häuften sich knöcheltief Schichten gefallener Blätter. Samtschwarze Trauermäntel mit hellgelbem Saum segelten über die Lichtungen. Der Hauslehrer, dessen erratischer Obhut mein Bruder und ich damals anvertraut waren, versteckte sich in den Büschen, um mit Hilfe eines alten Teleskops, das er auf dem Boden aufgestöbert hatte, hinter Tamara und mir herzuspionieren; doch eines Tages wurde der Späher seinerseits von Apostolskij, dem rotnasigen alten Gärtner meines Onkels, beobachtet (übrigens einem großen Fäller jätender Mädchen), der es meiner Mutter sehr gutartig mitteilte. Sie konnte Schnüffelei nicht ausstehen, und im übrigen wußte sie (obwohl ich ihr nie von Tamara erzählte) alles, was sie über meine Liebesaffaire wissen wollte, aus meinen Gedichten, die ich ihr im Geiste lobenswerter Objektivität rezitierte und die sie liebevoll in ein eigens dafür angelegtes Album abschrieb. Mein Vater war bei seinem Regiment; als er einen Monat später von der Front zurückkam und das Zeug zur Kenntnis genommen hatte, hielt er es jedoch für seine Pflicht, mir einige recht peinliche Fragen zu stellen; doch die Reinheit ihres Herzens half meiner Mutter jetzt und auch in Zukunft über schlimmere Schwierigkeiten hinweg. Sie begnügte sich damit, skeptisch, doch nicht lieblos den Kopf zu schütteln und den Butler anzuweisen, für mich jeden Abend ein Stück Obst auf die erleuchtete Veranda zu stellen.

Ich nahm meine Allerliebste mit an die geheimen Orte im Wald, wo ich sie in meinen glühenden Tagträumen so oft getroffen, so oft erschaffen hatte. In einem bestimmten Fichtengehölz kam alles ins Lot, teilte ich das Fadenwerk der Phantasie, kostete ich von der Wirklichkeit. Da mein Onkel in jenem Jahr nicht da war, konnten wir auch in dem gewaltigen, dichten, zwei Jahrhunderte alten Park mit seinen klassischen Krüppeln aus grüngeflecktem Stein in der Hauptallee und den labyrinthischen Pfaden, die strahlenförmig von einem zentral gelegenen Brunnen ausgingen, ungehindert umherstreifen. Wir hielten beim Gehen die Hände und schwangen sie, wie auf dem Lande üblich. Ich pflückte ihr am Rand des kiesbestreuten Fahrwegs unter dem fernen wohlwollenden Blick des alten Priapostolskij Dahlien. Weniger sicher fühlten wir uns, wenn ich sie nach Hause brachte, oder fast nach Hause, oder doch wenigstens bis zur Dorfbrücke. Ich erinnere mich an das grobe Sgraffito auf einer gewissen weißen Pforte, das unsere beiden Vornamen in seltsamen Diminutiven verknüpfte, und in einiger Entfernung von diesem dorftrottelhaften Gekritzel stand das Sprichwort «Vorsicht ist der Leidenschaft Freundin» in einer stacheligen Handschrift, die mir wohlbekannt war. Einmal verbeugte sich bei Sonnenuntergang am orangefarbenen und schwarzen Fluß ein junger *datschnik* (Sommerfrischler) mit einer Reitpeitsche in der Hand im Vorübergehen vor ihr; woraufhin sie errötete wie ein Mädchen in einem Roman, doch mit sprühendem Spott sagte sie lediglich, daß er nie im Leben auf einem Pferd gesessen habe. Und als wir ein anderes Mal auf eine Biegung der Landstraße hinaustraten, fielen meine beiden kleinen Schwestern vor maßloser Neugier fast aus dem roten Familien-«Torpedo», der zur Brücke abbog.

An dunklen Regenabenden lud ich die Lampe meines Fahrrads mit magischen Karbidklumpen, schirmte ein Streichholz gegen den böigen Wind, sperrte eine weiße Flamme hinter das Glas und fuhr vorsichtig in die Dunkelheit hinein. Der Lichtkreis, den meine Lampe warf, suchte sich zwischen dem Pfützennetz in der Mitte und den langen Gräsern an der Seite das feuchte, glatte Bankett des Wegs. Wie ein taumelndes Gespenst schwankte ein blasser Lichtstrahl über das Lehmufer, wenn ich um die Kurve und dann zum Fluß hinunterfuhr. Hinter der Brücke stieg der Weg an, bis er auf die Landstraße von Roshestweno nach Luga traf, und kurz oberhalb jener Kreuzung kletterte ein Fußweg unter triefenden Jasminbüschen eine steile Böschung empor.

Ich mußte absteigen und mein Rad schieben. Wenn ich oben angekommen war, huschte mein fahles Licht über die sechs weißen Säulen des Portikus auf der Rückseite des stummen Hauses meines Onkels, dessen Fensterläden verriegelt waren – heute, ein halbes Jahrhundert später, mag es ebenso stumm und verriegelt sein. In einer Ecke jenes überdachten Vorbaus, von dem aus sie den Zickzackkurs meines heraufkommenden Lichts verfolgt hatte, wartete Tamara auf dem breiten Podest, den Rücken an eine Säule gelehnt. Ich löschte meine Lampe und tastete mich zu ihr hin. Man möchte gern beredter von diesen Dingen sprechen, von vielen anderen Dingen, die, wie man immerzu hofft, die Gefangenschaft im Zoo der Worte überleben sollten – doch die alten Linden, die das Haus dicht umstanden, übertönen Mnemosynes Monolog in der ruhelosen Nacht mit ihrem Ächzen und Rauschen. Ihr Seufzen ließ nach. Die Regenrinne an der einen Seite des Portals rieselte in einem fort, wichtigtuerisch und emsig. Bisweilen ließ ein anderes Rascheln, das den Rhythmus des Regens im Laub störte, Tamara den Kopf in die Richtung eingebildeter Schritte wenden, und dann vermochte ich, kraft eines schwachen Lichtscheins – der jetzt trotz all dem Regen über dem Horizont meiner Erinnerung sichtbar wird – die Konturen ihres Gesichts zu erkennen; doch nichts und niemand war zu fürchten, und gleich atmete sie sanft die Luft aus, die sie einen Augenblick lang angehalten hatte, und von neuem schlossen sich ihre Augen.

2

Mit dem Herannahen des Winters wurde unsere leichtfertige Liebschaft ins grimmige St. Petersburg verpflanzt. Schrecklich entbehrten wir die Waldessicherheit, an die wir uns gewöhnt hatten. Für Hotels, die zweifelhaft genug waren, uns aufzunehmen, reichte unser Wagemut nicht aus, und das große Zeitalter geparkter Amouren war noch fern. Die Heimlichkeit, die auf dem Land so angenehm gewesen war, wurde jetzt eine Last, doch keiner von uns mochte sich mit der Vorstellung beaufsichtigter Zusammenkünfte bei ihr oder bei uns zu Hause abfinden. So blieb uns nichts anderes übrig, als viel in der Stadt herumzuwandern (sie in ihrem kurzen Mantel mit grauem Pelzbesatz, ich mit weißen Gamaschen und Karakulkragen und einem Schlagring in der samtgefütterten Tasche), und diese ständige Suche nach irgendeinem Zufluchtsort brachte ein seltsames Gefühl der Heimatlosigkeit mit sich, das seinerseits ein Vorbote viel späterer und einsamerer Wanderungen war.

Wir schwänzten die Schule: Ich habe vergessen, wie Tamara es machte; meine Methode bestand darin, einen der beiden Chauffeure zu überreden, mich an dieser oder jener Ecke auf dem Weg zur Schule aussteigen zu lassen (beide waren keine Spielverderber und weigerten sich sogar, Geld von mir anzunehmen – handliche Fünfrubelstücke, die in appetitlichen, gewichtigen Würsten von zehn oder zwanzig glänzenden Münzen von der Bank bezogen wurden und deren ästhetischer Erinnerung ich mich heute, da meine stolze Emigranten-

armut der Vergangenheit angehört, ungehindert hinge-
ben kann). Auch hatte ich keine Probleme mit unserem
wundervollen, höchst bestechlichen Ustin, der die
Anrufe an unserem Telephon im Erdgeschoß entgegennahm, dessen Nummer 24-43 war, *dwadzat tschetyre
sorok tri*; er erwiderte kurz und bündig, ich hätte
Halsschmerzen. Ich frage mich übrigens, was passierte,
wenn ich jetzt sofort von meinem Schreibtisch aus ein
Ferngespräch anmeldete. Keine Antwort? Kein Anschluß unter dieser Nummer? Kein solches Land?
Oder Ustins Stimme, die *«mojo potschtenjeze!»* sagte (der
gewinnende Diminutiv von «habe die Ehre»)? Schließlich gibt es sehr publik gemachte Slawen und Kurden,
die über hundertfünfzig sind. Der Anschluß im Arbeitszimmer meines Vaters (584-51) stand nicht im
Telephonbuch, und die Versuche meines Klassenleh-
rers, die Wahrheit über meine nachlassende Gesundheit
in Erfahrung zu bringen, führten nirgendwohin, obwohl ich manchmal drei Tage hintereinander fehlte.

Wir gingen unter dem weißen Spitzenwerk bedichte-
ter Boulevards in öffentlichen Parks spazieren. Wir
schmiegten uns auf kalten Bänken aneinander – nachdem wir erst ihre unversehrte Schneedecke abgestreift
und dann unsere schneeverkrusteten Handschuhe ausgezogen hatten. Wir suchten Museen heim. An Wo-
chenvormittagen waren sie verschlafen und verlassen
und sehr warm, ganz im Gegensatz zu dem eisigen
Dunst und seiner roten Sonne, die wie ein schamerfüll-
ter Mond in den Ostfenstern hing. Dort suchten wir
uns die stillen hinteren Räume, die Lückenbüßermy-
thologien, die kein Mensch eines Blickes würdigte, die

Stiche, die Medaillen, die paläographischen Ausstellungsstücke, die Geschichte des Buchdrucks und ähnliche Armseligkeiten. Unser bester Fund, glaube ich, war eine Besen- und Leiterkammer; doch ein Stapel leerer Rahmen, die in der Dunkelheit plötzlich zu rutschen und zu kippen begannen, lockte einen wißbegierigen Kunstliebhaber an, und wir ergriffen die Flucht. Die Ermitage, St. Petersburgs Louvre, hatte vor allem in einem bestimmten Saal im Erdgeschoß nette Winkel zu bieten, zwischen Glasschränken mit Skarabäen, hinter dem Sarkophag des Nana, Pthas Oberpriester. Im Russischen Museum Kaiser Alexanders III. boten zwei Säle (Nr. 30 und 31 in der Nordostecke), die widerwärtig akademische Gemälde von Schischkin (*Föhrenlichtung*) und Charlamow (*Kopf eines Zigeunerknaben*) beherbergten, dank einigen hohen Gestellen mit Zeichnungen ein wenig Schutz – bis ein fluchender Veteran des Türkenfeldzugs mit der Polizei drohte. So stiegen wir von diesen großen Museen nach und nach zu kleineren hinab, dem Suworow-Museum zum Beispiel, wo ich einen überaus stillen Raum voller alter Rüstungen, Wandbehänge und zerfetzter Seidenbanner in Erinnerung habe, in dem uns mehrere Figuren mit Perücken, schweren Stiefeln und grünen Uniformen bewachten. Aber wohin wir auch gingen, nach ein paar Besuchen schöpfte unweigerlich der eine oder andere weißhaarige, triefäugige, auf Filzsohlen herumgehende Wärter Verdacht, und wir mußten unsere verstohlene Leidenschaft woandershin verlegen – ins Pädagogische Museum, ins Museum der Kaiserlichen Wagen oder ein winziges Museum alter Landkarten, das Reiseführer nicht einmal

erwähnen – und dann wieder hinaus in die Kälte, in eine
Gasse mit großen Toren und grünen Löwen mit Ringen
im Maul, in die stilisierte Schneelandschaft der Schule
«Der Welt der Kunst», *Mir Iskusstwa* – Dobushinskij,
Alexandre Benois –, an der in jenen Tagen mein Herz
hing.

Spät am Nachmittag setzten wir uns in die letzte
Reihe eines der beiden Filmtheater («Parisiana» und
«Piccadilly») auf dem Newskij-Prospekt. Die Kunst
machte Fortschritte. Die Meereswellen waren kränklich blau gefärbt, und wenn sie hoch aufgebäumt heran-
nahten und an einer schwarzen, mir bekannt vorkom-
menden Klippe zerschäumten (Rocher de la Vierge in
Biarritz – seltsam, dachte ich, den Strand meiner kosmopolitischen Kindheit wiederzusehen), imitierte ein
Spezialgerät das Geräusch der Brandung, eine Art ver-
waschenes schwächliches Brausen, dem es niemals gelang, mit der Szene abzubrechen, und das so das nächste Bild immer noch zwei oder drei Sekunden lang begleitete – eine flotte Beerdigung etwa oder zerlumpte
Kriegsgefangene mit ihren schmucken Besiegern.
Nicht selten war der Titel des Hauptfilms ein Zitat aus
irgendeinem bekannten Gedicht oder Lied und zuweilen ziemlich langatmig, wie *Die Chrysanthemen im Garten
sind längst verblüht* oder *Ihr Herz war ein Spielzeug in seinen
Händen, und ganz wie ein Spielzeug zerbrach's.* Die weiblichen Hauptdarstellerinnen hatten niedrige Stirnen,
prachtvolle Augenbrauen und üppige Lidschatten. Der
Liebling des Publikums war Mosshuchin. Ein berühmter Regisseur hatte in der Gegend von Moskau ein Herrenhaus mit weißen Säulen erworben (dem meines On-

kels nicht unähnlich), und es war in allen seinen Filmen zu sehen. Mosshuchin fuhr in einem eleganten Pferdeschlitten vor und richtete seinen stählernen Blick auf das Licht in einem Fenster, während unter der straffen Haut seines Kiefers ein gefeierter kleiner Muskel zuckte.

Wenn uns Museen und Kinos im Stich ließen und die Nacht gerade erst angefangen hatte, blieb uns nichts anderes übrig, als die Wildnis der unheimlichsten und rätselhaftesten Stadt der Welt zu erforschen. Die eisige Feuchtigkeit auf unseren Wimpern verwandelte einsame Straßenlampen in Seewesen mit prismatischen Wirbelsäulen. Wenn wir die weiten Plätze überquerten, ragten verschiedene Architekturphantome mit stiller Plötzlichkeit dicht vor uns auf. Wir fühlten einen kalten Schauder, wie er im allgemeinen nicht von der Höhe, sondern der Tiefe ausgeht – von einem Abgrund, der sich einem zu Füßen öffnet –, als große, monolithische Säulen aus geschliffenem Granit (Sklaven hatten sie zum ersten-, der Mond zum zweitenmal geschliffen, und gleichmäßig rotierten sie im geschliffenen Vakuum der Nacht) über uns aufschossen, die geheimnisvollen Rundungen der Isaaks-Kathedrale zu tragen. Wir blieben am Rand dieser gefahrvollen Massive aus Stein und Metall mit verschlungenen Händen in gleichsam liliputanischem Entsetzen stehen und reckten die Köpfe, um neue kolossale Visionen auf unserem Weg emporwachsen zu sehen – die zehn glänzend grauen Atlanten einer Palastsäulenhalle, eine riesige Porphyrvase neben einem eisernen Gartentor oder die gewaltige Säule mit einem schwarzen Engel auf der Spitze, die den Schloßplatz eher bedrückte als zierte und in einem vergeblichen Versuch, die unterste Basis von Puschkins Gedicht *Exegi monumentum* zu erreichen, aufwärts strebte.

Später, in den seltenen Augenblicken schlechter Laune, behauptete sie, daß unsere Liebe dem Druck des Winters nicht standgehalten habe; ein Sprung sei damals entstanden. Während all dieser Monate hatte ich Gedichte an sie, für sie und über sie geschrieben, zwei oder drei jede Woche; im Frühling 1916 ließ ich eine Auswahl davon drucken – und war entsetzt, als sie mich auf einen Umstand aufmerksam machte, der mir völlig entgangen war, als ich das Buch ausheckte. Da war er, der gleiche ominöse Sprung, der banale hohle Ton, der geschwätzige Hinweis darauf, daß unsere Liebe zum Tode verurteilt war, da sie niemals das Wunder ihrer ersten Augenblicke wiedereinfangen könne, das Rascheln und Rauschen jener Linden im Regen, das Mitgefühl der wilden Landschaft. Überdies – nur bemerkte es keiner von uns damals – waren meine Gedichte dilettantische jugendliche Machwerke und hätten niemals zum Verkauf gelangen sollen. Das Buch (von dem es im «Giftschrank» der Lenin-Bibliothek, Moskau, leider noch ein Exemplar gibt) hatte die Behandlung verdient, welche ihm die reißenden Pranken der wenigen Kritiker, die in obskuren Zeitschriften Notiz von ihm nahmen, angedeihen ließen. Der Lehrer, der uns in der Schule in russischer Literatur unterrichtete, Wladimir Hippius, selber ein erstklassiger, obwohl etwas esoterischer Dichter, den ich überaus bewunderte (er war meiner Ansicht nach talentierter als seine viel bekanntere Cousine, die Dichterin und Kritikerin Sinaida Hippius), brachte ein Exemplar mit in die Schule und rief bei den meisten meiner Klassenkameraden unbändige Heiterkeitsausbrüche hervor, als er meine romantischsten Verse mit seinen feurigen Sarkasmen bedachte (er war ein grimmiger und heftiger Mann mit rotem Haar). Auf einer Sitzung des Literaturfonds bat seine berühmte Cousine meinen Vater, der den Vorsitz hatte, mir doch bitte auszurichten, daß aus mir nie im Leben ein Schriftsteller würde. Ein wohlmeinender, bedürftiger und unbegabter Journalist, der Gründe hatte, meinem Vater dankbar zu sein, verfaßte einen unmöglich enthusiastischen Artikel über mich, an die fünfhundert Zeilen, triefend von widerlichem Lob; noch rechtzeitig wurde er von meinem Vater abgefangen, und ich entsinne mich, wie er und ich bei der Lektüre des Manuskriptes mit den Zähnen knirschten und stöhnten – ein Ritual, das sich in unserer Familie eingebürgert hatte, wenn sie sich einer Geschmacklosigkeit gegenübersah oder jemand eine Taktlosigkeit begangen hatte. Die ganze Angelegenheit kurierte mich für immer von allem Interesse an literarischem Ruhm und war wahrscheinlich die Ursache für meine fast krankhafte und nicht immer gerechtfertigte Gleichgültigkeit gegenüber Kritiken, welche mir in späteren Jahren die angeblich den meisten Schriftstellern bekannten Gefühle versagte.

Jener Frühling 1916 ist derjenige, den ich geradezu als das Muster eines Petersburger Frühlings sehe, wenn ich mir bestimmte Bilder ins Gedächtnis rufe: Tamara mit einem mir neuen weißen Hut unter den Zuschauern eines harten Fußballspiels zwischen zwei Schulen, bei dem mir an jenem Sonntag das funkelnde Glück half, einen Torschuß nach dem anderen abzuwehren; einen Trauermantel, genauso alt wie unsere Liebe, der seine zerrissenen schwarzen Flügel mit den durch die Überwinterung ausgebleichten Rändern auf der Lehne einer Bank im Alexandergarten sonnte; die dröhnenden Kathedralenglocken in der herzhaften Luft über dem welligen, wollüstig eisfreien Dunkelblau der Newa und den Jahrmarkt auf dem konfettiübersäten Schlamm des Boulevards der Garde zu Pferde während der Weidenkätzchenwoche mit ihrem quietschenden und knallenden Lärm, ihren Holzspielsachen und den lauten Rufen der Händler, die türkischen Honig und *amerikanskije shiteli* («amerikanische Einwohner») genannte kartesianische Taucher feilboten – winzige Glaskobolde, die in Glasröhrchen mit rosa oder lila Alkohol auf- und niederstiegen, ganz wie richtige Amerikaner (obwohl das Ephiteton nur «ausländisch» bedeutete) in den Schäften durchsichtiger Wolkenkratzer, während die Bürolichter im grünlichen Himmel ausgehen. Der Trubel in den Straßen machte einen trunken vor Sehnsucht nach Feldern und Wäldern. Tamara und mich trieb es zurück zu unseren alten Spielgründen, doch den ganzen April hindurch schwankte ihre Mutter, ob sie wieder das gleiche Sommerhaus mieten oder sparsamerweise in der Stadt bleiben sollte. Unter einer gewissen Bedingung (die Tamara mit der Seelenstärke der Andersenschen Meerjungfrau annahm) wurde das Haus schließlich gemietet, und sogleich waren wir inmitten eines herrlichen Sommers; da war sie, meine glückliche Tamara: Auf Zehenspitzen versuchte sie, einen Traubenkirschenzweig herabzuziehen, um seine runzligen Früchte zu pflücken, die ganze Welt samt ihren Bäumen kreiste in ihren lachenden Augen, und von ihren Anstrengungen in der Sonne bildete sich unter der Achselhöhle auf der Schantungseide ihres gelben Kleides ein dunkler Fleck. Wir verliefen uns in moosigen Wäldern, badeten in einer Märchenhöhle, schwuren uns bei den Kronen der Blumen, die sie wie alle russischen Nixen so gerne zu Kränzen wand, ewige Liebe, und im Frühherbst fuhr sie zurück in die Stadt, um eine Stellung anzutreten (das war die Bedingung, die ihre Mutter gestellt hatte); während der folgenden Monate sah ich sie gar nicht mehr, so in Anspruch genommen war ich von den abwechslungsreichen Erlebnissen, die ein eleganter *littérateur* meiner Meinung nach zu suchen hatte. Für mich hatte bereits eine extravagante Phase aus Sentiment und Sinnlichkeit begonnen, die etwa zehn Jahre lang andauern sollte. Wenn ich sie von meinem gegenwärtigen Turm aus ins Auge fasse, sehe ich mich als hundert verschiedene junge Männer auf einmal, die alle einem einzigen wechselhaften Mädchen nachstellen, verwickelt in eine Serie gleichzeitiger oder sich überschneidender, teils erfreulicher, teils greulicher Liebesaffairen, die von Abenteuern einer Nacht bis zu lange sich hinziehenden Verwicklungen und Heucheleien mit sehr mageren künstlerischen Ergebnissen reichten. Nicht nur sind die fraglichen Erlebnisse und Schatten der charmanten Damen, die dabei im Spiele waren, völlig unbrauchbar, wenn ich heute meine Vergangenheit zusammenzusetzen suche, sie bewirken darüber hinaus eine störende Unschärfe, und so kräftig ich auch die Schrauben der Erinnerung anziehe, ich kann mich nicht entsinnen, wie Tamara und ich auseinandergingen. Vielleicht hat diese Verschwommenheit auch noch einen anderen Grund: Wir waren davor schon zu viele Male auseinandergegangen. Jenen letzten Sommer auf dem Land trennten wir uns nach jedem heimlichen Treffen auf immer und ewig, wenn ich in der fließenden Schwärze der Nacht auf jener alten Holzbrücke zwischen maskiertem Mond und nebligem Fluß ihre warmen nassen Lider und ihr regenkühles Gesicht küßte und gleich darauf zu einem weiteren Abschied zu ihr zurückkehrte – und dann die lange dunkle schwankende Fahrt mit dem Rad bergauf, bei der meine langsamen, mühsam tretenden Füße versuchten, die ungeheuer starke und elastische Dunkelheit niederzudrücken, die nicht unten bleiben wollte.

Ich erinnere mich jedoch mit herzzerreißender Deutlichkeit an einen Abend im Sommer 1917, als ich nach einem Winter unbegreiflicher Trennung Tamara zufällig in einem Vorortzug traf. Im Vestibül eines schlingernden und schleifenden Wagens standen wir zwischen zwei Bahnhöfen einige Minuten lang nebeneinander; ich in würgender Reue und größter Verlegenheit, während sie eine Tafel Schokolade aß, von der sie mit Bedacht kleine, harte Stückchen abbrach, und mir von dem Büro erzählte, in dem sie arbeitete. Auf der anderen Seite der Gleise vermischte sich über bläulichen Mooren der dunkle Rauch brennenden Torfs mit den schwelenden Trümmern eines gewaltigen Ambrasonnenuntergangs. An Hand vorliegender Publikationen läßt sich meines Wissens nachweisen, daß Alexander Blok zur gleichen Zeit in seinem Tagebuch genau den-

selben Torfgeruch vermerkte, denselben zertrümmerten Himmel. Es gab eine spätere Zeit in meinem Leben,
da ich dem eine Bedeutung für meinen letzten Eindruck
von Tamara beigemessen hätte – sie wandte sich auf den
Stufen noch einmal nach mir um, bevor sie in die von
Jasminduft und Grillenlärm erfüllte Dämmerung eines
kleinen Bahnhofs hinabstieg; heute jedoch vermögen
keine fremden Marginalien die Reinheit des Schmerzes
zu trüben.

3

Als am Ende des Jahres Lenin an die Macht gelangte,
wurde von den Bolschewiki sogleich alles der Erhaltung
dieser Macht untergeordnet, und ein Regime des Blut-
vergießens, der Konzentrationslager und der Geisel-
nahmen begann seine stupende Karriere. Damals
glaubten viele, daß man gegen Lenins Bande kämpfen
und die Errungenschaften der Märzrevolution retten
könne. Mein Vater, der in die Konstituierende Versammlung gewählt worden war, die in ihrer ersten
Phase die Sowjets daran zu hindern suchte, sich festzu-
setzen, beschloß, selber so lange wie möglich in St. Petersburg zu bleiben, seine große Familie jedoch auf die
Krim zu schicken, die immer noch frei war (diese Freiheit sollte allerdings nur noch einige Wochen dauern).
Wir reisten in zwei Gruppen; die eine bestand aus meinem Bruder und mir, die andere aus meiner Mutter und
den drei jüngeren Kindern. Die Sowjet-Ära war gerade
eine öde Woche alt; noch erschienen liberale Zeitungen;

und als er uns zum Nikolajewskij-Bahnhof brachte und
mit uns wartete, setzte sich mein unerschütterlicher Vater an einen Tisch in der Ecke der Bahnhofsgaststätte,
um in seiner flüssigen, «himmlischen» Handschrift
(wie die Setzer sagten, die sich über das Fehlen von
Korrekturen wunderten) auf jenen langen Streifen lini-
ierten Papiers, die im Verhältnis einzelnen Druck-
kolumnen entsprachen, einen Leitartikel für die tod-
geweihte *Retsch* (oder vielleicht auch für irgendeine
andere Notveröffentlichung) zu schreiben. Soweit ich
mich erinnere, war der Hauptgrund dafür, daß mein
Bruder und ich so prompt weggeschickt wurden, die
Wahrscheinlichkeit, daß wir in die neue «rote» Armee
eingezogen werden konnten, wenn wir in der Stadt
blieben. Es ärgerte mich, mitten im November in eine
faszinierende Gegend zu fahren, lange nachdem die
Sammelsaison vorbei war, denn die Puppensuche war
niemals meine Stärke gewesen (obwohl ich unter einer
großen Eiche in unserem Garten auf der Krim schließlich doch ein paar auftreiben sollte). Ärger wandelte
sich in Kummer, als mein Vater über dem Gesicht
eines jeden von uns erst ein genaues kleines Kreuz
machte und dann recht beiläufig hinzufügte, daß er
uns sehr wahrscheinlich, *wesma wosmoshno*, nie wiedersehen würde; woraufhin er mit Trenchcoat und Khaki-
mütze und der Aktentasche unterm Arm in den dampfenden Nebel davonging.

Die lange Reise in den Süden ließ sich leidlich an,
denn im Erster-Klasse-Schlafwagen des D-Zugs von
Petrograd nach Simferopol summte noch die Heizung,
brannten die Lampen noch, und eine recht berühmte

Sängerin stand dramatisch geschminkt auf dem Gang, drückte einen Chrysanthemenstrauß in Packpapier an den Busen und klopfte an die Scheibe, mit der jemand winkend Schritt hielt, als der Zug sich in Bewegung setzte, und das ohne den geringsten Ruck, der angezeigt hätte, daß wir jene graue Stadt für alle Zeit verließen. Bald hinter Moskau jedoch hatte aller Komfort ein Ende. Mehrmals während unserer langsamen trostlosen Fahrt drangen mehr oder weniger bolschewisierte Soldaten, die von der Front nach Hause zurückkehrten (man nannte sie entweder «Deserteure» oder «rote Helden», je nach politischem Standort), in den Zug und auch in unseren Schlafwagen. Meinem Bruder und mir machte es Spaß, uns in unserem Abteil einzuschließen und alle Störungsversuche zu vereiteln. Mehrere Soldaten, die auf dem Dach des Wagens reisten, trugen zur Belustigung bei, indem sie nicht ohne Erfolg versuchten, den Ventilator unseres Abteils als Toilette zu benutzen. Mein Bruder, ein erstklassiger Schauspieler, simulierte alle Symptome einer schlimmen Typhuserkrankung, und das half uns, als die Tür schließlich nachgab. Während eines vagen Halts früh am dritten Morgen machte ich mir eine Ruhepause in jenem fröhlichen Treiben zunutze, um einmal kurz frische Luft zu schöpfen. Behutsam stieg ich im überfüllten Gang über die Körper schnarchender Männer hinweg und trat ins Freie. Ein milchiger Nebel hing über dem Perron eines anonymen Bahnhofs – wir waren irgendwo in der Gegend von Charkow. Ich trug Schuhgamaschen und einen steifen Hut. Der Spazierstock, den ich bei mir hatte, ein Sammlerstück aus dem Besitz meines Onkels

Ruka, war aus hellem, wunderschön gesprenkeltem Holz, und der Knauf war eine glatte, rötliche, in eine Goldkrone gebettete Korallenkugel. Wäre ich einer der düsteren Strolche gewesen, die im Dunst jenes Bahnsteigs herumlungerten, wo ein schwächlicher junger Geck auf und ab stolzierte, ich hätte der Versuchung nicht widerstanden und ihn zusammengeschlagen. Gerade als ich wieder einsteigen wollte, ruckte der Zug an; mein Fuß glitt aus, und der Spazierstock wurde unter die Räder geschleudert. Ich machte mir nicht besonders viel aus ihm (ja, ein paar Jahre später verlor ich ihn achtlos), doch man beobachtete mich, und das Feuer jugendlicher *amour propre* trieb mich zu einer Tat, die ich heute niemals übers Herz brächte. Ich wartete, bis ein, zwei, drei, vier Wagen vorbei waren (russische Züge gewannen notorisch langsam an Geschwindigkeit), und als schließlich die Schienen frei lagen, hob ich meinen Stock zwischen ihnen auf und rannte den alptraumhaft davongleitenden Puffern nach. Ein kräftiger proletarischer Arm hielt sich an die Regeln sentimentaler Romane (und nicht an die des Marxismus) und half mir hinauf. Wäre ich zurückgeblieben, so hätten jene Regeln immer noch Gültigkeit behalten, denn ich wäre in Tamaras Nähe verschlagen gewesen; sie war damals ebenfalls südwärts gezogen und wohnte in einem kleinen ukrainischen Nest knappe hundertfünfzig Kilometer von dem Schauplatz jenes lächerlichen Zwischenfalls.

4

Ihren Aufenthaltsort erfuhr ich unerwartet etwa einen Monat nach meiner Ankunft im Süden der Krim. Meine Familie ließ sich in der Nähe Jaltas, in Gaspra bei dem Dorf Koreis nieder. Der Ort nahm sich völlig fremdartig aus; die Gerüche waren nicht russisch, die Leute waren es nicht, und der Esel, der jeden Abend schrie, wenn gerade der Muezzin vom Dorfminarett herab zu rufen begann (einem schmalen blauen Turm, dessen Silhouette sich von einem pfirsichfarbenen Himmel abhob), erinnerte entschieden an Bagdad. Dort stand ich auf einem kalkigen Saumpfad neben einem kalkigen Flußbett, wo verschiedene gewundene Rinnsale seicht über ovale Steine flossen – dort stand ich und hielt einen Brief von Tamara in der Hand. Ich blickte zu den schroffen Jaila-Bergen hin, die bis zu ihrer felsigen Stirn mit dem Karakulfell der dunklen taurischen Fichte bedeckt waren; zu dem maquisartigen Streifen immergrüner Vegetation zwischen Gebirge und Meer; zu dem durchscheinenden rosa Himmel, an dem eine befangene Mondsichel mit einem einzigen feuchten Stern in ihrer Nähe leuchtete, und die ganze künstliche Szenerie kam mir vor wie aus einer hübsch illustrierten, wenngleich betrüblich gekürzten Ausgabe von *Tausendundeine Nacht*. Plötzlich fühlte ich den ganzen stechenden Schmerz des Exils. Es gab natürlich den Fall Puschkin – Puschkin, der in der Verbannung hier zwischen eben diesen naturalisierten Zypressen und Lorbeerbäumen herumgestreift war –, aber obwohl seine Elegien ein wenig nachgeholfen haben mögen, glaube ich nicht, daß meine Gemütsbewegung eine Pose war. Bis mich die Niederschrift eines Romans von jenem fruchtbaren Gefühl befreite, setzte ich von da an mehrere Jahre lang den Verlust meiner Heimat mit dem Verlust meiner Geliebten gleich.

Inzwischen hatte sich das Leben meiner Familie völlig verändert. Bis auf ein paar klugerweise in der normalen Füllung einer Talkumpuderdose versteckte Edelsteine waren wir vollkommen ruiniert. Doch das war von untergeordneter Bedeutung. Die lokale Tatarenregierung war von einem nagelneuen Sowjet hinweggefegt worden, und wir waren dem absurden und erniedrigenden Gefühl absoluter Unsicherheit preisgegeben. Während des Winters 1917/18 und bis weit in den windigen und strahlenden Krimfrühling hinein schlenderte ein idiotischer Tod neben uns einher. Tag um Tag wurden auf der weißen Mole von Jalta (wo die Dame aus Tschechows *Dame mit dem Hündchen*, wie man sich erinnern wird, im Gedränge der Touristen ihre Lorgnette verlor) mehrere harmlose Leute, denen im voraus Gewichte an die Füße gebunden worden waren, von hartgesottenen, eigens zu diesem Zweck aus Sewastopol herangeholten bolschewistischen Matrosen erschossen. Mein Vater, der nicht harmlos war, war inzwischen nach einer Reihe gefahrvoller Abenteuer zu uns gestoßen und gab sich in jener Gegend der Lungenspezialisten für einen Arzt aus, ohne seinen Namen zu ändern («einfach und elegant», so hätte ein Schachkommentator den entsprechenden Zug auf dem Brett genannt). Wir wohnten in einer unauffälligen Villa, die uns eine Freundin, die Gräfin Sophie Panin, zur Verfügung ge-

stellt hatte. Wenn sich in manchen Nächten die Gerüchte von nahenden Mördern besonders verdichteten,
patrouillierten die Männer abwechselnd um das Haus.
Die schmalen Schatten von Oleanderblättern bewegten
sich in der vom Meer wehenden Brise vorsichtig an der
Mauer entlang, als wollten sie mit einem großen Auf-
wand an Heimlichkeit auf irgend etwas aufmerksam
machen. Wir hatten eine Schrotflinte und einen belgischen Revolver und taten unser Bestes, den Erlaß her-
unterzuspielen, demzufolge jeder, der illegalerweise
Feuerwaffen besaß, auf der Stelle erschossen würde.

Das Glück war uns günstig; nichts geschah, bis auf
den Schrecken, den es uns eines Nachts mitten im Januar versetzte, als sich eine brigantenhafte, ganz in Leder und Pelz gehüllte Gestalt in unsere Mitte schlich –
doch wie sich herausstellte, war es nur unser ehemaliger
Chauffeur Ziganow, dem es nichts ausgemacht hatte,
auf Puffern und in Güterwagen den ganzen Weg von St.
Petersburg durch die ungeheure, frostige und wilde
Weite Rußlands zurückzulegen, nur um uns einen
höchst willkommenen Geldbetrag zu überbringen, den
uns ein guter Bekannter unerwartet geschickt hatte. Er
brachte auch einige Post, die an unsere Petersburger
Adresse gegangen war; darunter war der Brief von Tamara. Nach einem Monat erklärte Ziganow, daß die
Krim ihn langweile, und brach wieder auf – nach dem
Norden, einen großen Sack auf dem Buckel, in dem sich
verschiedene Gegenstände befanden, die wir ihm gern
geschenkt hätten, wären wir auf den Gedanken gekommen, daß ihm daran gelegen war (ein Hosenstrecker,
Tennisschuhe, Nachthemden, ein Wecker, ein Plätt-

eisen und einige andere lächerliche Sachen, die mir entfallen sind), und die hier und dort eine bescheidene Leere hinterließen; allmählich kam eine nach der anderen an den Tag oder wurde mit rachsüchtigem Eifer von einem anämischen Dienstmädchen aufgedeckt, dessen bleiche Reize er ebenfalls angetastet hatte. Seltsamerweise hatte er uns gedrängt, den Schmuck meiner Mutter aus der Puderdose (die er sofort aufgespürt hatte) zu nehmen und im Garten unter einer vielseitigen Eiche zu vergraben – und dort lag er wohlbehalten auch noch nach seiner Abreise.

An einem Frühlingstag im Jahre 1918 dann, als die rosa Bäusche blühender Mandelbäume Leben in die dunklen Berghänge brachten, verschwanden die Bolschewisten, und eine ungemein stille Armee von Deutschen trat an ihre Stelle. Patriotische Russen waren zwischen der kreatürlichen Erleichterung, ihren einheimischen Henkern entgangen zu sein, und der Notwendigkeit, für diesen Aufschub einem ausländischen Eindringling – und ausgerechnet den Deutschen – dankbar sein zu müssen, hin und her gerissen. Diese jedoch waren im Begriff, ihren Krieg im Westen zu verlieren, und kamen auf Zehenspitzen, mit verzagtem Lächeln und mäuschenstill nach Jalta. Einem Patrioten war es ein leichtes, diese Armee grauer Gespenster zu übersehen, und sie wurde übersehen, nur daß sich einige undankbare Leute über die Schilder mit der Aufschrift «Betreten des Rasens verboten» mokierten, die in den Parks erschienen. Ein paar Monate später, nachdem sie in mehreren von den Kommissaren geräumten Villen ordentlich die Wasserleitungen repariert hatten, ver-

schwanden die Deutschen ihrerseits; die Weißen sicker-
ten vom Osten herein und stellten sich bald den Roten,
die die Krim vom Norden aus angriffen, zum Kampf.
Mein Vater wurde Justizminister in der Regionalregie-
rung in Simferopol, und seine Familie wurde in der
Nähe von Jalta auf der einstmals kaiserlichen Domäne
Liwadia untergebracht. Die überstürzte, hektische
Ausgelassenheit in den Städten, die die Weißen besetzt
hielten, ließ die Annehmlichkeiten friedlicher Jahre in
vulgarisierter Form wieder aufleben. Cafés machten
große Geschäfte. Alle möglichen Theater gediehen.
Eines Morgens begegnete ich auf einem Bergpfad unversehens einem seltsamen Reiter in tscherkessischer
Kleidung mit einem angespannten, schwitzenden Gesicht, das phantastisch gelb geschminkt war. Wütend
versuchte er, sein Pferd zurückzureißen, das, ohne seiner zu achten, sonderbar zielstrebig den steilen Pfad
hinabschritt, wie jemand, der beleidigt eine Gesellschaft verläßt. Ich hatte durchgegangene Pferde gesehen, die davongaloppierten, aber niemals eins, das
langsam davonschritt, und mein Erstaunen wurde noch
angenehmer, als ich in dem unglücklichen Reiter Mosshuchin erkannte, den Tamara und ich so oft auf der
Leinwand bewundert hatten. Auf den alpinen Weiden
der Bergkette fanden die Proben zu dem Film *Hadschi
Murad* statt (nach Tolstojs Erzählung von dem ritter-
lichen, verwegenen Reiter und Berghäuptling). «Halten
Sie das verfluchte Biest *[dershite prokljatoje shiwotnoje]*»,
sagte er durch die Zähne, als er meiner ansichtig wurde,
doch im gleichen Augenblick kamen unter dem lauten
Gepolter und Gerumpel von Steinen zwei echte Tata-

ren ihm zu Hilfe herabgestürmt, und ich machte mich mit meinem Schmetterlingsnetz auf zu den höhergelegenen Felsen, wo mich die Schwarzmeer-Rasse des Sierra-Nevada-Samtfalters erwartete.

In jenem Sommer 1918, einer ärmlichen kleinen Oase in einer Fata Morgana der Jugend, hielten sich mein Bruder und ich oft bei der liebenswürdigen und exzentrischen Familie auf, der an der Küste das Gut Oljeis gehörte. Ein freundschaftliches Genecke entwickelte sich bald zwischen mir und Lidija T., die in meinem Alter war. Es waren immer viele junge Leute da, braungliedrige junge Schönheiten mit Armreifen, ein bekannter Maler namens Sorin, Schauspieler, ein Ballettänzer, fröhliche Offiziere der Weißen Armee, von denen einige sehr bald sterben sollten, und bei Strandpartys, Deckenpartys, Freudenfeuern, einem mondgetüpfelten Meer und einem reichlichen Vorrat an Krimwein (Muscat Lunel) gab es eine Menge amourösen Spaß; und vor diesem frivolen, dekadenten und irgendwie unwirklichen Hintergrund (der, wie ich mir wohlgefällig einbildete, die Atmosphäre von Puschkins Besuch auf der Krim ein Jahrhundert vorher heraufbeschwor) spielten Lidija und ich die ganze Zeit über ein kleines Oasenspiel eigener Erfindung. Die Idee bestand darin, eine sozusagen in die Zukunft projizierte biographische Haltung zu parodieren und damit eine höchst trügerische Gegenwart in eine Art paralysierter Vergangenheit zu verwandeln, wie ein tatteriger Memoirenschreiber sie wahrnähme, der sich durch einen Nebel der Hilflosigkeit hindurch an seine Bekanntschaft mit einem großen Schriftsteller in ihrer beider

Jugend erinnerte. So sagte zum Beispiel Lidija oder ich (es war eine Sache zufälliger Eingebung) nach dem Abendessen auf der Terrasse: «Der Schriftsteller hielt sich nach dem Abendessen gern auf der Terrasse auf»; oder: «Ich werde nie vergessen, was V. V. in einer warmen Nacht bemerkte: ‹Es ist›, bemerkte er, ‹eine warme Nacht›»; oder noch alberner: «Er hatte die Angewohnheit, sich die Zigarette anzuzünden, ehe er sie rauchte» – all dies mit einer nachdenklichen, erinnerungsschweren Inbrunst vorgebracht, die uns damals lachhaft und harmlos vorkam; doch heute ertappe ich mich bei dem Gedanken, ob wir nicht unwissentlich irgendeinen perversen und gehässigen Dämon aufstörten.

Während all dieser Monate war jedesmal, wenn ein Postsack aus der Ukraine nach Jalta kam, ein Brief für mich dabei. Nichts ist okkulter als die Art und Weise, in der Briefe unter dem Schutz unvorstellbarer Boten durch die unheimlichen Wirren von Bürgerkriegen reisen; doch immer, wenn dieser Wirren wegen unsere Korrespondenz unterbrochen wurde, benahm sich Tamara, als wären Postzustellungen gewöhnliche Naturerscheinungen wie Wetter und Gezeiten, die von menschlichen Angelegenheiten nicht berührt werden konnten, und warf mir vor, daß meine Antworten ausblieben, während ich doch all jene Monate hindurch nichts anderes tat, als ihr zu schreiben und an sie zu denken – trotz meiner vielen Treuebrüche.

5

Glücklich der Romancier, dem es gelingt, einen echten Liebesbrief aus seiner Jugend in einem Roman aufzubewahren, wo er wie eine saubere Kugel in schlaffem Fleisch eingebettet liegt und zwischen den fiktiven Existenzen völlig sicher ist. Ich wünschte, ich hätte auf diese Art und Weise unsere gesamte Korrespondenz aufgehoben. Tamaras Briefe waren eine unaufhörliche Beschwörung der ländlichen Gegend, die wir beide so genau kannten. In gewissem Sinne waren sie eine ferne, aber wunderbar klare antiphonische Antwort auf die viel ausdruckloseren Verse, die ich ihr einst gewidmet hatte. In schlichten Worten, deren Geheimnis ich nicht zu enträtseln vermag, konnte ihre Schulmädchenprosa mit volltönender Gewalt jedes leise Rascheln feuchten Laubes, jeden vom Herbst mit Rost überzogenen Farnwedel in der Landschaft um St. Petersburg heraufbeschwören. «Warum waren wir so glücklich, als es regnete?» fragte sie in einem ihrer letzten Briefe und kehrte damit sozusagen zur reinen Quelle der Rhetorik zurück. «*Boshe moj* [mein Gott], wo ist es hin, das Ferne, Lichte, Liebliche» (*Wsjo eto daljokoje, swetloje, miloje* – auch im Russischen ist hier kein Subjekt mehr vonnöten, da diese neutralen Adjektive die Rolle abstrakter Substantive spielen, auf kahler Bühne, in gedämpftem Licht).

Tamara, Rußland, der unmerklich in alte Gärten übergehende Naturwald, meine nördlichen Birken und Tannen, der Anblick meiner Mutter, die sich jedesmal, wenn wir für den Sommer aus der Stadt aufs Land zurückkehrten, auf Hände und Knie niederließ, die Erde zu küssen, *et la montagne et le grand chêne* – indem das Schicksal das alles eines Tages blindlings zusammenraffte und ins Meer warf, trennte es mich ganz und gar von meiner Kindheit. Allerdings frage ich mich, ob wirklich viel für ein stärker narkotisiertes Leben spricht, etwa für einen reibungslosen, sicheren, kleinstädtischen Gang der Dinge mit seinem primitiven Mangel an Perspektive, bei dem man mit fünfzig immer noch in der Holzvilla wohnt, in der man die Kindheit verbrachte, so daß man jedesmal, wenn man den Dachboden aufräumt, auf den gleichen Stapel vergilbter alter Schulbücher stößt, der zwischen späteren Ansammlungen toten Gerümpels beisammen geblieben ist, für einen Lebenslauf, bei dem die Gemahlin an Sonntagmorgenden im Sommer auf dem Bürgersteig stehenbleibt, um für ein Weilchen die fürchterliche, geschwätzige, auf dem Weg zur Kirche befindliche Mrs. McGee mit ihren gefärbten Haaren zu erdulden, die damals, im Jahre 1915, die hübsche, ungezogene Margaret Ann mit dem pfefferminzenen Mund und den behenden Fingern war.

Der Bruch in meinem eigenen Leben gewährt mir in der Rückschau eine synkopische Befriedigung, die ich um keinen Preis missen möchte. Seit jenem Briefwechsel mit Tamara ist das Heimweh für mich eine sinnliche und ganz eigene Sache gewesen. Heute berührt das geistige Bild der Grasmatten im Jailagebirge, einer Schlucht im Ural oder der salzigen Ebenen um den Aralsee meine Sehnsucht und meinen Patriotismus nicht mehr oder weniger als zum Beispiel Utah; aber man gebe mir nur irgend etwas auf irgendeinem Kontinent, das der Landschaft um St. Petersburg gleicht, und mein Herz wird schmelzen. Wie es wäre, meine einstige Umwelt tatsächlich wiederzusehen, vermag ich kaum auszudenken. Zuweilen stelle ich mir vor, daß ich sie mit falschem Paß und unter falschem Namen wieder aufsuche. Es ließe sich bewerkstelligen.

Doch ich werde es niemals tun, glaube ich. Zu vergeblich und zu lange habe ich davon geträumt. Ähnlich trug ich mich während der zweiten Hälfte meines sechzehnmonatigen Aufenthalts auf der Krim so lange mit dem Gedanken, in Denikins Armee einzutreten – nicht so sehr, um im Sattel eines federbuschgeschmückten Schlachtrosses über das Kopfsteinpflaster in den Vororten von St. Petersburg zu klappern (davon hatte der arme Jurij geträumt), sondern um Tamara in ihrem ukrainischen Flecken aufzuspüren –, daß die Armee nicht mehr existierte, als ich mich endlich entschlossen hatte. Im März 1919 gelang den Roten im Norden der Krim der Durchbruch, und in mehreren Häfen begannen sich antibolschewistische Gruppen Hals über Kopf einzuschiffen. Über das glasige Wasser der Bucht von Sewastopol und unter wildem Maschinengewehrfeuer von der Küste (die bolschewistischen Truppen hatten gerade den Hafen erobert) trat meine Familie auf einem kleinen und schäbigen griechischen Schiff namens *Nadeshda* (Hoffnung), das Dörrobst geladen hatte, die Reise nach Konstantinopel und Piräus an. Ich entsinne mich, daß ich versuchte, mich auf eine Partie Schach mit meinem Vater zu konzentrieren, während wir im Zickzackkurs aus der Bucht heraussteuerten – einer der Springer hatte den Kopf verloren, und eine Pokerspielmarke ersetzte einen fehlenden Turm –, und das Bewußtsein, Rußland zu verlassen, wurde gänzlich von dem qualvollen Gedanken verdunkelt, daß – ganz abgesehen von den Roten – Tamaras Briefe nach wie vor wunderbarer- und unnötigerweise in den Süden der Krim gelangen, dort nach einem geflüchteten Empfänger suchen und wie verwirrte Schmetterlinge herumflattern würden, die man in einer fremden Zone in der falschen Höhe und unter einer unbekannten Flora ausgesetzt hat.

Kapitel 13

1

Im Jahre 1919 floh ein ganzer Trupp von Nabokovs –
drei Familien alles in allem – über die Krim und Griechenland nach Westeuropa. Es wurde so eingerichtet,
daß mein Bruder und ich die Universität Cambridge besuchen konnten, mit einem Stipendium, das mehr zur
Linderung erlittener politischer Unbilden als in Anerkennung intellektueller Verdienste vergeben wurde.
Der Rest der Familie wollte für einige Zeit in London
bleiben. Für den Lebensunterhalt mußte eine Handvoll
Edelsteine aufkommen, die Natascha, eine voraus-
schauende alte Dienerin, vom Toilettentisch gerafft
und in ein Nécessaire gesteckt hatte und die in einem
Garten auf der Krim für kurze Zeit eingesperrt gewesen
waren oder vielleicht auch einen geheimnisvollen Reife-
prozeß durchgemacht hatten. Wir hatten geglaubt, unser Haus im Norden nur für kurze Zeit zu verlassen, für
eine Pause vorsichtiger Beobachtung an Rußlands süd-
licher Brüstung; doch das Wüten des neuen Regimes
hatte nicht nachgelassen. Dem dauernden Unwillen
unduldsamer Schäferhunde zum Trotz jagte ich in
Griechenland zwei Frühlingsmonate lang vergebens

Gruners Aurorafalter, Heldreichs Heufalter, Krüpers
Weißling: Ich war im falschen Teil des Landes. Auf
dem Cunard-Dampfer *Pannonia*, der am 18. Mai 1919
(was mich betraf, zwanzig Jahre zu früh) nach New
York auslief, uns jedoch in Marseille schon wieder absetzte, lernte ich Foxtrott. In kohlschwarzer Nacht rat-
terte Frankreich vorüber. Der bleiche Ärmelkanal
schwankte noch in uns, als der Zug Dover–London
ruhig zum Stillstand kam. Immer wieder die gleichen
Bilder grauer Birnen warben auf den rußigen Wänden
des Victoria-Bahnhofs für die Badeseife, mit der mich
englische Gouvernanten in meiner Kindheit gewaschen
hatten. Eine Woche später schlurrte ich bereits bei
einem Wohltätigkeitsball Wange an Wange mit meinem
ersten englischen Schatz über den Tanzboden, einem
wetterwendischen, geschmeidigen Mädchen, das fünf
Jahre älter war als ich.

Mein Vater war schon vorher in London gewesen –
das letzte Mal im Februar 1916, als er zusammen mit
fünf anderen prominenten Vertretern der russischen
Presse von der britischen Regierung eingeladen war,
Englands Kriegsanstrengungen in Augenschein zu nehmen (die, wie man ihnen zu verstehen gab, von der öffentlichen Meinung in Rußland nicht gebührend ge-
würdigt wurden). Auf der Hinreise hatten mein Vater
und Kornej Tschukowskij den Dichter und Romancier
Alexej Tolstoj (nicht verwandt mit Graf Lew Nikolajewitsch) herausgefordert, einen Reim auf Afrika zu finden, und obwohl seekrank, hatte der mit dem charmanten Couplet

Wishu palmu i Kafrika.
Eto – Afrika.

(Ich sehe eine Palme und ein Käfferchen. Das ist
Afrika.) aufgewartet. In England hatte man ihnen die
Flotte gezeigt. Sie hatten einer noblen Folge von Diners
und Reden beigewohnt. Die gelegen kommende Ein-
nahme Erzurums durch die Russen und die bevorste-
hende Einführung der allgemeinen Wehrpflicht in England («*Will you march too or wait till March 2?*», wie die
Plakate kalauerten) hatten die Redner mit leichten Themen versorgt. Sir Edward Grey hatte einem offiziellen
Bankett präsidiert, und in einem erheiternden Interview mit Georg V. hatte Tschukowskij, das *enfant terrible* der Gruppe, es sich nicht verdrießen lassen, den König zu fragen, ob ihm die Werke Oscar Wildes zusagten
– «dse uarks of Uald». Der König, befremdet von dem
Akzent des Fragestellers und ohnehin niemals ein eifriger Leser, hatte die Frage geschickt gekontert, indem er
sich erkundigte, wie seinen Gästen der Londoner Nebel
gefiele (Tschukowskij pflegte dies später triumphierend
als ein Beispiel britischer Scheinheiligkeit zu zitieren –
die einen Schriftsteller um seines Lebenswandels willen
für tabu erkläre).

Bei einem Besuch der New Yorker Public Library
konnte ich kürzlich feststellen, daß mein Vater diesen
Vorfall in seinem Buch *Is wojujuschtschej Anglii*, Petrograd 1916 (*Bericht aus dem kriegführenden England*) nicht
erwähnt – und überhaupt enthält es nicht viele Beispiele
seines gewohnten Humors (vielleicht mit Ausnahme
der Beschreibung eines Badminton-Spiels – oder war es

Fives? – mit H. G. Wells und eines amüsanten Berichts über den Besuch, den man einigen der vordersten Schützengräben in Flandern abgestattet hatte; die Gastfreundschaft war dabei so weit gegangen, daß eine deutsche Granate ein paar Meter von den Besuchern entfernt explodieren durfte). Vor seiner Veröffentlichung in Buchform erschien dieser Bericht in mehreren Fortsetzungen in einer russischen Tageszeitung. Mit einer gewissen altväterlichen Naivität hatte mein Vater erwähnt, daß er dem Admiral Jellicoe seinen Swan-Füllfederhalter verehrt habe, als sich dieser ihn ausbat, um eine Speisekarte mit seinem Autogramm zu versehen, und dabei seine flüssige und angenehm weiche Feder lobte. Diese unselige Enthüllung der Federhaltermarke wurde in den Londoner Zeitungen prompt von einem Inserat der Firma Mabie, Todd & Co., Ltd., aufgegriffen, das die betreffende Stelle in Übersetzung zitierte und dazu auf einem Bild demonstrierte, wie mein Vater unter dem chaotischen Himmel einer Seeschlacht das Produkt der Firma dem Oberbefehlshaber der *Grand Fleet* überreicht.

Jetzt jedoch gab es keine Banketts mehr, keine Festreden und auch kein Fives mit Wells, der sich nicht davon überzeugen ließ, daß der Bolschewismus lediglich eine besonders brutale und gründliche Abart barbarischer Unterdrückung war – und damit so alt wie der Wüstensand –, keineswegs aber das verlockend neue revolutionäre Experiment, für das mancher ausländischer Beobachter ihn hielt. Nach mehreren kostspieligen Monaten in einem gemieteten Haus in Elm Park Gardens zogen meine Eltern und die drei jüngeren Kinder von

343

London nach Berlin (wo mein Vater bis zu seinem Tod im Jahre 1922 mit Iossif Hessen zusammen, wie er ein Mitglied der Partei der Volksfreiheit, eine russische Emigrantenzeitung herausgab), während mein Bruder und ich nach Cambridge gingen – er aufs Christ, ich aufs Trinity College.

2

Ich hatte zwei Brüder, Sergey und Kirill. Kirill, das jüngste Kind (1911–1964), war auch mein Patensohn, wie das in russischen Familien vorkommen konnte. In einer bestimmten Phase der Taufzeremonie in unserem Salon in Wyra hielt ich ihn behutsam im Arm, ehe ich ihn seiner Patin aushändigte, Jekaterina Dmitrijewna Dansas (die Cousine meines Vaters und Großnichte von Oberst K. K. Dansas, Puschkins Sekundant bei dem tödlichen Duell). In seiner Kindheit gehörte Kirill zusammen mit meinen beiden Schwestern den entlegenen Kinderzimmern, die im Stadt- wie im Landhaus von den Räumen seiner älteren Brüder so deutlich getrennt waren. Während der zwei Jahrzehnte meines europäischen Exils, von 1919 bis 1940, sah ich ihn sehr wenig und danach bis zu meinem nächsten Besuch in Europa im Jahre 1960 gar nicht mehr; damals ergab sich eine kurze Periode sehr freundlicher und fröhlicher Begegnungen.

Kirill ging in London, Berlin und Prag zur Schule und studierte in Leuven. Er heiratete Gilberte Barbanson, eine junge Belgierin, leitete (wie zum Spaß, aber

Unbemerkt machte meine Frau dieses ungestellte Bild von mir; es zeigt mich in unserem Hotelzimmer beim Schreiben eines Romans. Das Hotel ist das Établissement Thermal in Le Boulou in den Ost-Pyrenäen. Das Datum (erkennbar auf dem miterfaßten Kalender) ist der 27. Februar 1929. Der Roman, *Saschtschita Lushina* (*Lushins Verteidigung*), handelt von der Verteidigung, die sich ein wahnsinniger Schachspieler erfindet. Man bemerke das passende Muster des Tischtuchs. Zwischen dem Tintenfaß und einem überfüllten Aschenbecher ist ein halbleeres Päckchen Gauloises zu erkennen. Familienphotos lehnen an den vier Bänden von Dahls russischem Wörterbuch. Das Ende meines robusten dunkelbraunen Federhalters (ein liebes Werkzeug aus jungem Eichenholz, das ich während all der zwanzig Jahre meiner literarischen Arbeiten in Europa benutzte und eines Tages vielleicht in einem der Koffer wiederfinde, die in Dean's, Ithaca, N. Y., lagern) ist bereits reichlich zerkaut. Meine schreibende Hand verdeckt zum Teil einen Stapel Spannbretter. Frühlingsnachtfalter kamen in bedeckten Nächten durch das offene Fenster herein und setzten sich auf die erleuchtete Wand zu meiner Linken. Auf diese

Weise sammelten wir eine Anzahl seltener Blütenspanner in vollkommenem Zustand und spannten sie auf der Stelle (heute befinden sie sich in einem amerikanischen Museum). Selten bildet ein Zufallsschnappschuß ein so genaues Kompendium eines Lebens.

Vor vielen Jahren amüsierten mich in St. Petersburg die Gesammelten Gedichte eines Straßenbahnschaffners und vor allem sein Bild, das ihn in Uniform, mit derben Stiefeln, einem Paar neuer Galoschen neben sich auf dem Fußboden und den Kriegsauszeichnungen seines Vaters auf der Konsole des Photographen zeigte, neben der der Dichter stramm stand. Weiser Straßenbahnschaffner, vorausschauender Photograph!

Ein Photo, das meine Frau von unserem dreijährigen Sohn Dmitri (geboren am 10. Mai 1934) gemacht hat, wie er mit mir im Dezember 1937 vor unserer Pension Les Hesperides in Menton steht. Zweiundzwanzig Jahre später statteten wir ihr aufs neue einen Besuch ab. Nichts hatte sich verändert, ausgenommen das Management und die Möbel auf der Veranda. Immer natürlich rührt es einen auf ganz selbstverständliche Art, wenn man eine Zeit wiederfindet; darüber hinaus jedoch finde ich keinen besonderen Spaß daran, alte Emigrationsorte in jenen zufälligen Ländern wiederzusehen. Die Mücken im Winter waren schrecklich, weiß ich noch. Kaum hatte ich in meinem Zimmer das Licht gelöscht, da kam es auch schon,

jenes ominöse Gesumm, dessen gelassener, klagender und achtsamer Rhythmus zu der tatsächlichen verrückten Geschwindigkeit der Kreisbewegungen des teuflischen Insekts in so sonderbarem Gegensatz stand. Man wartete im Dunkel auf die Berührung, man holte einen wachsamen Arm unter dem Bettzeug hervor – und gab sich selber eine mächtige Ohrfeige, so daß sich das plötzliche Summen im Ohr mit dem der fliehenden Mücke mischte. Aber wie begierig langte man am nächsten Morgen dann nach einem Schmetterlingsnetz, wenn man seinen gesättigten Folterer ausfindig gemacht hatte – ein dicker dunkler kleiner Strich auf dem Weiß der Zimmerdecke!

nicht ohne Erfolg) ein Reisebüro in Brüssel und starb in München an einem Herzanfall.

Er schätzte Badeorte am Meer und gutes Essen. Er verabscheute Stierkämpfe so sehr wie ich. Er sprach fünf Sprachen. Er spielte mit Hingabe Streiche. Seine eine große Realität im Leben war Literatur, vor allem russische Lyrik. Seine eigenen Gedichte reflektieren den Einfluß von Gumiljow und Chodassewitsch. Er veröffentlichte wenig und umgab seine Schriftstellerei mit der gleichen Verschwiegenheit wie sein in Persiflage eingenebeltes Innenleben.

Aus mehreren Gründen fällt es mir ungewöhnlich schwer, von meinem anderen Bruder zu sprechen. Die verschlungene Suche nach Sebastian Knight (1940) mit ihren Glorietten und Selbstmattkombinationen ist gar nichts im Vergleich zu der Aufgabe, um die ich mich in der ersten Fassung drückte und vor der ich hier nunmehr stehe. Von den zwei oder drei armseligen kleinen Abenteuern abgesehen, die ich in früheren Kapiteln skizziert habe, hatten unsere Kindheiten nur selten miteinander zu tun. Er ist ein bloßer Schatten auf dem Hintergrund meiner reichsten und detailliertesten Erinnerungen. Ich war der Verhätschelte; er der Zeuge der Verhätschelung. Am 12. März 1900 zehneinhalb Monate nach mir geboren, wurde er früher erwachsen und wirkte körperlich älter. Wir spielten selten miteinander, und das meiste, was mir am Herzen lag, war ihm gleichgültig – Spielzeugeisenbahnen, Spielzeugpistolen, Rothäute, rote Admirabelfalter. Mit sechs oder sieben packte ihn eine von Mademoiselle gutgeheißene leidenschaftliche Verehrung für Napoleon, und er nahm eine kleine Bronzebüste von ihm mit ins Bett. Als Kind war ich ein Rowdy, suchte Abenteuer und kommandierte andere herum. Er war still und ohne Schwung und verbrachte viel mehr Zeit mit unseren Hauslehrern als ich. Mit zehn begann er sich für Musik zu interessieren, und in der Folge nahm er unzählige Musiklektionen, ging mit unserem Vater in Konzerte und verbrachte Stunden über Stunden damit, auf einem Klavier im Obergeschoß, das sehr wohl noch in Hörweite war, Stücke aus Opern zu spielen. Ich schlich mich hinter ihn und piekte ihn in die Rippen – eine elende Erinnerung.

Wir besuchten verschiedene Schulen; er ging auf das *gimnasija* meines Vaters und trug die vorgeschriebene schwarze Uniform, der er mit fünfzehn einen illegalen Touch beigab: mausgraue Schuhgamaschen. Etwa zu jener Zeit führte eine Seite aus seinem Tagebuch, die ich auf seinem Schreibtisch gefunden und in dümmlicher Verwunderung meinem Hauslehrer gezeigt hatte, der sie seinerseits prompt meinem Vater zeigte, abrupt zu einer rückwirkenden Aufklärung gewisser Seltsamkeiten seines Verhaltens.

Der einzige Sport, den wir beide mochten, war Tennis. Wir spielten des öfteren zusammen, vor allem in England, auf einem unebenen Grasplatz in Kensington, auf einem guten Hartplatz in Cambridge. Er war Linkshänder. Er stotterte stark, und das behinderte Diskussionen um zweifelhafte Punkte. Obwohl sein Aufschlag schwach war und ihm eine wirkliche Rückhand fehlte, war er nicht leicht zu schlagen, denn er gehörte zu jenen Spielern, die keinen Doppelfehler machen und alles mit der Gleichmäßigkeit einer Übungswand zurückschlagen. In Cambridge sahen wir uns mehr denn je zuvor und hatten sogar einige gemeinsame Freunde. Die Abschlußprüfungen legten wir in den gleichen Fächern mit der gleichen ausgezeichneten Note ab, woraufhin er nach Paris übersiedelte, wo er in den Jahren darauf genau wie ich in Berlin Englisch- und Russischstunden gab.

Wir sahen uns in den dreißiger Jahren wieder und standen von 1938 bis 1940 in Paris recht freundschaftlich miteinander. Oft kam er auf ein kurzes Gespräch in der rue Boileau vorbei, wo ich mit Dir und unserem Sohn zwei schäbige Zimmer bewohnte, doch es traf sich so (er war eine Weile fort gewesen), daß er von unserer Abreise nach Amerika erst erfuhr, als wir schon weg waren. Mit Paris sind meine allertrübsten Erinnerungen verbunden, und übergroß war die Erleichterung, der Stadt den Rücken zu kehren, doch ich bedauere, daß er sein Erstaunen einer gleichgültigen Concierge vorstottern mußte. Von seinem Leben während des Krieges weiß ich wenig. Eine Zeitlang arbeitete er als Übersetzer in einem Berliner Büro. Ein offener und furchtloser Mann, kritisierte er das Regime vor Kollegen, die ihn denunzierten. Er wurde verhaftet, beschuldigt, ein «britischer Spion» zu sein, und in ein Konzentrationslager in Hamburg geschickt, wo er am 10. Januar 1945 an Entkräftung starb. Es ist dies eines jener Leben, die hoffnungslos ein verspätetes Etwas beanspruchen – Mitleid, Verständnis, egal was –, welches die bloße Anerkennung eines solchen Bedürfnisses weder zu ersetzen noch aufzuwiegen vermag.

3

Mein Studium in Cambridge begann nicht eben verheißungsvoll. Mit dem Gefühl, eine absonderliche Bühnenrolle zu spielen, legte ich spät am Nachmittag eines trüben und feuchten Oktobertags meinen neuerworbenen, dunkelbläulichen Umhang und die schwarze viereckige Mütze an, um E. Harrison, meinem Tutor, in aller Form den Antrittsbesuch abzustatten. Ich ging einen Treppenabsatz hinauf und klopfte an eine massive Tür, die einen Spaltweit offenstand. «Herein», sagte eine ferne Stimme mit hohler Abruptheit. Ich durchquerte eine Art Wartezimmer und betrat die Arbeitsstube meines Tutors. Die braune Dämmerung war mir zuvorgekommen. Es war kein Licht im Zimmer, bis auf den Schein eines großen Kamins, vor dem eine undeutliche Gestalt in einem noch undeutlicheren Sessel saß. Mit den Worten «Mein Name ist...» trat ich näher – und in das Teegeschirr, das auf dem Teppich neben Mr. Harrisons niedrigem Korbsessel stand. Grunzend bückte er sich zur Seite, um die Kanne wieder hinzustellen, scharrte das nasse schwarze Teekraut zusammen, das sie von sich gegeben hatte, und stopfte es wieder in sie hinein. So begann die Studentenepoche in meinem Leben mit einem Ton der Verlegenheit, einem Ton, der sich in den drei Jahren, die ich in Cambridge zubrachte, mit ziemlicher Beharrlichkeit wiederholen sollte.

Mr. Harrison hielt es für angezeigt, zwei «weiße Russen» zusammen unterzubringen, und so teilte ich meine Wohnung in der Trinity Lane zunächst mit einem befremdeten Landsmann. Nach einigen Monaten verließ er die Universität, und ich blieb der alleinige Bewohner jener Räumlichkeiten. Im Vergleich zu meinem fernen und inzwischen nicht mehr existenten elterlichen Haus schienen sie mir unerträglich erbärmlich. Ich erinnere mich genau an den Schmuck auf dem Kaminsims (einen gläsernen Aschenbecher mit dem Trinity-Wappen, den ein früherer Bewohner zurückgelassen hatte; eine Muschel, in der ich das eingeschlossene Summen eines meiner eigenen Sommer am Meer wiederfand) und an das alte mechanische Klavier meiner Wirtin, eine rührende Apparatur voller zerrissener, zerdrückter, verknoteter Musik, die man einmal und nie wieder probierte. Die enge Trinity Lane war eine gesetzte und ziemlich traurige kleine Straße, fast ohne Verkehr, dafür aber mit einer langen, düsteren Vergangenheit, die mit dem sechzehnten Jahrhundert anfing, als sie Findsilver Lane hieß, obwohl man ihr gewöhnlich, des damals schauderhaften Zustands ihrer Gossen wegen, einen gröberen Namen gab. Ich litt beträchtlich unter der Kälte, aber es ist unrichtig, daß die polare Temperatur in Cambridger Schlafzimmern das Wasser im Waschkrug zu einem Klumpen Eis gefrieren ließ, wie manche Leute behaupten. In Wirklichkeit entstand selten mehr als eine dünne Eisschicht an der Oberfläche, und die ließ sich mit Hilfe der Zahnbürste in hell klirrende Stücke zerschlagen – ein Klang, der für mein amerikanisiertes Ohr in der Erinnerung sogar einen gewissen festlichen Reiz besitzt. Aber sonst war das Aufstehen keine Freude. Noch immer kann ich die Trostlosigkeit des morgendlichen Gangs die Trinity Lane hinunter zu den «Bädern» in meinen Knochen spüren; in einem dünnen Morgenrock über dem Pyjama, einen kalten, fetten Waschbeutel unter dem Arm, bleiche Atemwölkchen vor dem Mund, schlurfte man seines Wegs. Nichts in der Welt konnte mich dazu bringen, auf der Haut die Wollsachen zu tragen, von denen die Engländer insgeheim warm gehalten wurden. Mäntel galten als weichlich. Die normale Kleidung des durchschnittlichen *undergraduate*-Studenten in Cambridge, ob Sportler oder linksintellektueller Lyriker, hatte eine derbe und griese Note: Die Schuhe hatten dicke Gummisohlen, die Flanellhose war dunkelgrau, und der als *jumper* bezeichnete zugeknöpfte Pullover unter der Norfolk-Jacke war von einem konservativen Braun. Was man vielleicht die Lebewelt nennen könnte, trug alte Lackschuhe, sehr helle graue Flanellhosen, einen leuchtend gelben *jumper* und das Jackett eines guten Anzugs. Mein jugendliches Interesse für Kleidung war damals zwar bereits im Abnehmen, dennoch kam es mir nach den steifen russischen Moden ganz angenehm vor, in Pantoffeln herumzulaufen, Sockenhalter zu verschmähen und den Kragen ans Hemd genäht zu tragen – eine gewagte Neuerung in jenen Tagen.

Die harmlose Maskerade, an der ich gleichgültig teilnahm, hat mir so geringfügige Eindrücke hinterlassen, daß es langweilig wäre, in dieser Art fortzufahren. Die Geschichte meiner Universitätsjahre in England ist in Wahrheit die Geschichte meines Versuchs, ein russischer Schriftsteller zu werden. Ich hatte das Gefühl, daß Cambridge und alle seine berühmten Wahrzeichen – ehrwürdige Ulmen, heraldisch verzierte Fenster, geschwätzige Turmuhren – für sich selbst genommen bedeutungslos waren und nur existierten, um meiner tiefen Sehnsucht einen Rahmen und einen Halt zu geben. Was meine Gefühle anging, war ich in der Lage eines Mannes, der gerade eine geliebte Verwandte verloren hat und – zu spät – einsieht, daß er infolge der Trägheit seiner von der täglichen Routine abgestumpften Seele versäumt hat, sie nach Gebühr kennenzulernen oder ihr seine damals nicht ganz bewußte, aber jetzt hoffnungslos gewordene Zuneigung zu beweisen. Während ich mit brennenden Augen neben dem Kaminfeuer meines Cambridger Zimmers saß und grübelte, bedrängte mich die ganze mächtige Banalität der glühenden Asche, der Einsamkeit und der fernen Glocken, ja, sie verzerrte geradezu die Falten meines Gesichts, wie die phantastische Geschwindigkeit des Flugs das Gesicht eines Piloten entstellt. Und ich dachte an all das, was mir in meiner Heimat entgangen war, an die Dinge, die ich unbedingt bemerkt und bewahrt hätte, hätte ich nur rechtzeitig geahnt, daß mein Leben eine so brüske Wendung nehmen würde.

Einigen der anderen russischen Emigranten, denen ich in Cambridge begegnete, war der allgemeine Hang meiner Gefühle so selbstverständlich und vertraut, daß es keinen Eindruck gemacht, ja fast ungehörig geschienen hätte, darüber zu sprechen. Bei den weißeren jener «weißen Russen» jedoch waren Patriotismus und Politik, wie ich bald herausfand, zu einem mürrischen Unwillen zusammengeschrumpft, der sich mehr gegen Kerenskij als gegen Lenin richtete und einzig und allein materiellen Unbequemlichkeiten und Einbußen ent-

sprang. Außerdem ergaben sich einige gänzlich unerwartete Schwierigkeiten mit jenen meiner englischen
Bekannten, die zwar als gebildet und feinsinnig und hu-
man galten, aber bei aller Anständigkeit und Kultiviert-
heit die erstaunlichsten Dummheiten von sich gaben,
wenn von Rußland die Rede war. Insbesondere habe ich
hier einen jungen Sozialisten im Sinn, groß und
schlank, dessen langsame und mannigfaltige Manipula-
tionen mit seiner Pfeife höchst aufreizend wirkten,
wenn man ihm nicht beipflichtete, sonst jedoch höchst
besänftigend. Mit ihm hatte ich viele politische Reibereien, deren Bitterkeit jedesmal verflog, wenn wir auf
die Dichter zu sprechen kamen, die uns beiden am Herzen lagen. Er ist heute unter seinesgleichen nicht unbekannt, eine ziemlich sinnlose Feststellung, wie ich bereitwillig zugebe, doch tue ich nur mein bestes, seine
Identität zu verbergen; hier mag er ‹Nesbit› heißen,
wie ich ihn für mich nannte (oder jetzt behaupte, ihn
genannt zu haben), nicht nur seiner auffallenden Ähnlichkeit mit frühen Gorkij-Portraits wegen, eine dessen
früher Erzählungen (*Mein Reisegefährte* – noch so ein
passender Ton) von einem gewissen R. Nesbit Bain
übersetzt worden war, sondern auch weil ‹Nesbit› den
Vorzug hat, in einer wollüstigen palindromischen Beziehung zu ‹Ibsen› zu stehen, einem Namen, auf den
ich gleich noch zu sprechen kommen muß.

Wahrscheinlich ist es so, wie wiederholt behauptet
wurde: Die Sympathie, welche liberal gesonnene Engländer und Amerikaner in den zwanziger Jahren dem
Leninismus entgegenbrachten, entsprang innenpoliti-
schen Erwägungen. Sie beruhte aber auch einfach auf

Fehlinformation. Mein Bekannter wußte wenig von Rußlands Vergangenheit, und dieses Wenige war durch verunreinigte kommunistische Kanäle zu ihm gedrungen. Forderte man ihn auf, den bestialischen Terror zu rechtfertigen, den Lenin zugelassen hatte – die Folterkammer, die blutbespritzte Mauer –, so klopfte er am Knauf des Kaminschirms die Asche aus seiner Pfeife, schlug seine gewaltigen, schwer beschuhten, nach rechts gekreuzten Beine in die andere Richtung übereinander und brummelte etwas über die «alliierte Blockade». Russische Emigranten aller Schattierungen, vom sozialistischen Kleinbauern bis zum weißgàrdistischen General, warf er als «zaristische Elemente» in einen Topf – etwa in der gleichen Weise, in der heutige sowjetische Schriftsteller das Wort «Faschist» gebrauchen. Es kam ihm niemals in den Sinn, daß er und andere ausländische Idealisten als Russen in Rußland von Lenins Regime ebenso selbstverständlich ausgelöscht worden wären wie Kaninchen von Frettchen und Farmern. Seiner Ansicht nach war die Ursache für die im Vergleich zu den finstersten Tagen des Zarentums «geringere Meinungsvielfalt», wie er es nachsichtig nannte, «das Fehlen jeder russischen Tradition der Redefreiheit», eine Behauptung, die er wohl aus den einfältigen Elaboraten bezog, in denen beredte englische und amerikanische Leninisten damals die «Morgenröte in Rußland» feierten. Aber was mich wohl am meisten aufbrachte, war Nesbits Einstellung Lenin selber gegenüber. Alle gebildeten und urteilsfähigen Russen wußten, daß dieser gerissene Politiker in künstlerischen Dingen ebensoviel Geschmack und Interesse hatte wie ein gewöhnlicher russischer Spießer vom Schlag des Flaubertschen *épicier* (der Typ, der Puschkin auf Grund von Tschaikowskijs elenden Libretti bewundert, von italienischen Opern zu Tränen gerührt wird und sich von jedem Gemälde, das eine Geschichte erzählt, angezogen fühlt); Nesbit jedoch und seine schöngeistigen Freunde sahen in ihm eine Art sensiblen, für alle Poesie empfänglichen Gönner und Förderer der neuesten künstlerischen Richtungen und verzogen den Mund zu einem überlegenen Lächeln, wenn ich zu erklären versuchte, daß die Verbindung zwischen avantgardistischer Politik und avantgardistischer Kunst rein verbaler Natur war (aber gern von der sowjetischen Propaganda ausgenutzt wurde) und daß ein Russe künstlerisch um so konservativer sei, je radikaler er sich in der Politik gebärdete.

Mir standen eine ganze Anzahl derartiger Wahrheiten zur Verfügung, die ich anzubringen liebte, die Nesbit jedoch, fest verschanzt hinter seiner Unwissenheit, für pure Hirngespinste hielt. Die Geschichte Rußlands (so verkündete ich zum Beispiel) könnte unter zwei Gesichtspunkten betrachtet werden (aus irgendeinem Grund mißfielen Nesbit beide gleichermaßen): einmal als die Evolution der Polizei (eine sonderbar unpersönliche und abseits stehende Macht, die manchmal in einer Art Vakuum arbeitete, manchmal hilflos war und dann wieder die Regierung in brutalen Verfolgungen übertraf); und zweitens als die Entwicklung einer bewundernswürdigen Kultur. Unter den Zaren (so fuhr ich etwa fort) hatte ein freiheitsliebender Russe trotz ihrer letztlich unzulänglichen und grausamen Herrschaft unvergleichlich mehr Möglichkeiten, sich auszudrücken, als unter Lenin, und es war unvergleichlich weniger riskant für ihn. Seit den Reformen der sechziger Jahre sei das Land im Besitz einer Gesetzgebung gewesen (auch wenn es sich nicht immer daran hielt), auf die jede westliche Demokratie hätte stolz sein können, einer kräftigen öffentlichen Meinung, welche Despoten in Schach hielt, weitverbreiteter Zeitschriften in allen Spielarten des Liberalismus und, besonders auffallend, im Besitz furchtloser und unabhängiger Richter («Ach was...», warf Nesbit ein). Wurde ein Revolutionär ertappt, so war die Verbannung nach Tomsk oder Omsk ein erholsamer Urlaub im Vergleich zu den von Lenin eingeführten Konzentrationslagern. Die politischen Verbannten flohen mit grotesker Leichtigkeit aus Sibirien, wie die berühmte Flucht bezeugt, bei der Trotzkij wie Sankt Nikolaus in seinem weihnachtlichen Renschlitten zurückfuhr: Hü Flitzer, hü Simpel, hü Fleischer und Blitzer!

Ich merkte bald, daß meine Ansichten, die nicht ungewöhnlichen Ansichten exilierter russischer Demokraten, von eingesessenen englischen Demokraten mit verlegener Überraschung oder höflichem Hohn aufgenommen wurden, daß sich dafür aber eine andere Gruppe, die englischen Erzkonservativen, um so eifriger auf meine Seite schlug, jedoch aus so unverhohlen reaktionären Gründen, daß mir ihre verächtliche Unterstützung nur peinlich war. Ja, ich halte mir etwas darauf zugute, schon damals die Symptome dessen erkannt zu haben, was heute so klar zutage liegt, da sich allmählich eine Art Familienkreis gebildet hat, der Ver-

treter aller Nationen vereint, wackere Empire-Erbauer
auf ihren Dschungel-Lichtungen, französische Polizisten, das unsägliche deutsche Produkt, den guten,
alten, treu zur Kirche gehenden russischen oder polnischen *pogromtschik*, den hageren amerikanischen Lyn-
cher, den Mann mit den schlechten Zähnen, der in Bars
oder Toiletten gegen Minderheiten hetzt, und an einer
anderen Stelle des gleichen untermenschlichen Zirkels
jene unbarmherzigen Roboter mit ihren Pappmaché-
gesichtern, weiten Hosenbeinen und hochschultrigen
Röcken, jene Sitzriesen, die sich an allen unseren Kon-
ferenztischen auftürmen und die der Sowjetstaat um
1945 nach über zwei Jahrzehnten selektiver Züchtung
und Schneiderei zu exportieren begann, während deren
die Herrenmode im Ausland Zeit gehabt hatte, sich zu
ändern, so daß das Symbol unbegrenzt verfügbaren
Stoffes nur grausamen Spott ernten konnte (so wie es
sich im Nachkriegs-England zutrug, als eine berühmte
Profi-Fußballmannschaft aus Sowjetrußland einmal in
Zivilkleidung vorbeidefilierte).

4

Sehr bald wandte ich mich von der Politik ab und konzentrierte mich auf die Literatur. Ich lud in meine Cambridger Zimmer die zinnoberroten Schilde und blauen
Blitze des Lieds von *Igors Feldzug* (jenes unvergleich-
lichen und geheimnisvollen Epos aus dem späten zwölf-
ten oder späten achtzehnten Jahrhundert), die Lyrik
Puschkins und Tjuttschews, die Prosa Gogols und Tol-

stojs und auch die herrlichen Werke der großen russischen Naturforscher, die die Wildnis Innerasiens erkundet und beschrieben hatten. An einem Bücherstand auf dem Marktplatz fiel mir unverhofft ein russisches Werk in die Hände, ein antiquarisches Exemplar von Dahls *Erklärendem Wörterbuch der lebenden russischen Sprache* in vier Bänden. Ich kaufte es und beschloß, jeden Tag mindestens zehn Seiten darin zu lesen und mir alle farbigen Wörter und Ausdrücke, die mir besonders gefielen, zu notieren, und eine ganze Zeit lang hielt ich es auch durch. Meine Angst, durch den Einfluß der Fremde das einzige, was ich aus Rußland gerettet hatte – seine Sprache –, zu verlieren oder zu verderben, wurde nachgerade krankhaft und beunruhigte mich viel mehr als die andere Angst, die ich zwei Jahrzehnte später verspürte: meine englische Prosa nie auch nur entfernt dem Niveau meiner russischen angleichen zu können. Ich blieb bis spät in die Nacht auf, umgeben von einer fast donquichottesken Ansammlung unhandlicher Bände, und verfertigte glatte und ziemlich sterile russische Gedichte, nicht so sehr aus den lebenden Zellen irgendeines zwingenden Gefühls als vielmehr um ein bildhaftes Wort oder eine Metapher herum, die ich um ihrer selbst willen gebrauchen wollte. Damals wäre ich entsetzt gewesen, hätte ich entdeckt, was mir heute sonnenklar ist, nämlich den direkten Einfluß, den verschiedene zeitgenössische («georgianische») englische Versmuster, welche wie zahme Mäuse in meinem Zimmer herum- und über mich hinwegliefen, auf meine russischen Gebilde ausübten. Und welche Mühe ich mir gab! Plötzlich, in den frühen Stunden eines Novembermorgens, wurde ich der Stille und Kälte um mich gewahr (mein zweiter Winter in Cambridge scheint der kälteste und produktivste gewesen zu sein). Die roten und blauen Flammen, in denen ich eine epische Schlacht gesehen hatte, waren zu dem tristen Licht eines arktischen Sonnenuntergangs unter flechtenbefransten Tannen zusammengesunken. Dennoch konnte ich mich immer noch nicht überwinden, zu Bett zu gehen; die Schlaflosigkeit fürchtete ich weniger als die unvermeidliche doppelte Systole, die von der Kälte der Bettwäsche ausgelöst werden würde, und als einen Anfall jener seltsamen, *Anxietas tibiarum* genannten Krankheit, eines schmerzhaften Zustands der Unruhe, einer qualvollen Zunahme des Muskelgefühls, die einen keinen Augenblick still liegen läßt. Also schüttete ich noch mehr Kohlen auf und half, die Flammen von neuem zu entfachen, indem ich einen Bogen der Londoner *Times* über den qualmenden schwarzen Rachen des Kamins breitete und so seine offene Feuerstätte völlig abdeckte. Hinter dem straff gespannten Papier, das so glatt wurde wie ein Trommelfell und so schön wie leuchtendes Pergament, begann es zu summen. Kurz darauf, während das Summen in Getöse überging, erschien in der Mitte des Bogens ein orangefarbener Fleck, und die Textstelle, die sich zufällig dort befand (zum Beispiel: «Der Völkerbund verfügt über kein Geld und kein Gewehr», oder: «...die Rache, die Nemesis an dem Zögern und der Unentschlossenheit der Alliierten in Ost- und Mitteleuropa genommen hat...»), leuchtete mit unheildrohender Deutlichkeit auf – bis plötzlich der orangene Fleck zerbarst. Dann flog der flammende Bogen mit dem Rauschen eines befreiten Phönix auf in den Schornstein, um sich zu den Sternen zu gesellen. Es kostete zwölf Shilling Strafe, wenn jemand diesen Feuervogel bemerkte.

Der literarische Clan, Nesbit und seine Freunde, lobte zwar meine nächtlichen Bemühungen, mißbilligte jedoch etliche andere Dinge, denen ich mich widmete, so etwa die Entomologie, Foppereien, Mädchen und besonders meine sportliche Betätigung. Von den Sportarten, die ich in Cambridge betrieb, ist mir Fußball eine windige Lichtung inmitten einer ziemlich wirr-nutzlosen Zeit geblieben. Mit Begeisterung war ich Torwart. In Rußland und den romanischen Ländern ist jene edle Kunst immer von der Aura eines beispiellosen Glanzes umgeben gewesen. Erhaben, einsam, unbeteiligt, so schreitet der Held des Fußballtors durch die Straßen, verfolgt von hingerissenen kleinen Jungs. Er wetteifert mit dem Matador und Flieger-As als ein Gegenstand verzückter Verehrung. Sein Pullover, seine Schirmmütze, seine Knieschoner, die Handschuhe, die aus der Gesäßtasche seiner kurzen Hose ragen, heben ihn von der übrigen Mannschaft ab. Er ist der einsame Adler, der Geheimnisvolle, der letzte Verteidiger. Photographen, ein Knie ehrwürdig gebeugt, knipsen ihn, wenn er sich mit einem spektakulären Kopfsprung quer über die Öffnung des Tores wirft, um mit den Fingerspitzen einen niedrigen, blitzartigen Schuß abzuwehren, und beifällig brüllt das ganze Stadion, während er in dem unversehrten Tor noch einen Augenblick der Länge lang liegenbleibt, wie er fiel.

In England hingegen, zumindest in dem England

meiner Jugend, waren der nationale Horror vor aller Angeberei und eine zu humorlose Vorliebe für solide Team-Arbeit der Entwicklung der exzentrischen Kunst des Torwarts immer abträglich. Auf diese These jedenfalls verfiel ich, um zu erklären, warum ich auf den Sportplätzen von Cambridge nicht sonderlich erfolgreich war. Gewiß, ich hatte auch meine hellen, heldischen Tage – wohltuender Rasengeruch, der berühmte Stürmer der gegnerischen College-Mannschaft dribbelt den neuen, gelbbraunen Ball vor seiner flink zustoßenden Fußspitze immer dichter heran, dann der stechende Schuß, die geglückte Abwehr, ihr lange anhaltendes Prickeln... Doch es gab andere, denkwürdigere, esoterischere Tage unter trostlosem Himmel, wenn der Boden um das Tor herum zu schwarzem Schlamm aufgeweicht war, der Ball fettig wie ein Plumpudding und mein Kopf nach einer Nacht des Versemachens von Neuralgie zermürbt. Glücklos verfehlte ich den Ball – und holte ihn aus den Maschen. Gnädig verlagerte sich das Spiel zum anderen Ende des durchweichten Feldes. Ein leichter, matter Nieselregen setzte ein, zögerte und begann von neuem. Mit einer beinahe gurrenden Zärtlichkeit in ihrem gedämpften Gekrächz flatterten ramponierte Krähen um eine entblätterte Ulme. Nebel bildete sich. Jetzt war das Spiel nur noch ein vages Auf und Ab von Köpfen vor dem fernen Tor der College-Mannschaft, gegen die wir gerade spielten, St. John oder Christ oder irgendeine andere. Der entfernte, verschwommene Lärm, ein Ruf, eine Trillerpfeife, der dumpfe Laut des Kickens, all das war ohne jede Bedeutung und ging mich nichts an. Ich war weniger Hüter eines Fußballtores als Hüter eines Geheimnisses. Während ich mich mit verschränkten Armen an den linken Torpfosten lehnte, genoß ich den Luxus, meine Augen zu schließen, und so lauschte ich dem Pochen meines Herzens, fühlte den blinden Nieselregen auf meinem Gesicht, hörte in der Ferne den gebrochenen Lärm des Spiels und dachte an mich wie an ein sagenhaftes exotisches Wesen, das, verkleidet als englischer Fußballspieler, in einer Sprache, die niemand verstand, Verse über ein entlegenes Land dichtete, das niemand kannte. Kein Wunder, daß ich bei den anderen Spielern meiner Mannschaft nicht sonderlich beliebt war.

Kein einziges Mal während meiner drei Jahre in Cambridge – ich wiederhole: kein einziges Mal – war ich in der Universitätsbibliothek oder erkundigte mich auch nur, wo sie lag (ihr neues Gebäude ist mir heute wohlvertraut) oder ob es irgendeine College-Bibliothek gab, in der man Bücher ausleihen konnte, um sie mit auf die Bude zu nehmen. Ich schwänzte Vorlesungen. Ich stahl mich fort nach London und anderswohin. Ich widmete mich mehreren Liebesaffairen gleichzeitig. Ich hatte fürchterliche Unterredungen mit Mr. Harrison. Ich übersetzte eine Handvoll Gedichte von Rupert Brooke, *Alice im Wunderland* und Romain Rollands *Colas Breugnon* ins Russische. Was die Wissenschaft anging, hätte ich ebensogut auf das Inst. M. M. in Tirana gehen können.

Dinge wie das Gebäck – heiße *muffins* und *crumpets* –, das man nach dem Spiel zum Tee aß, oder die wie «peiper, peiper!» klingenden cockneyischen Rufe der Zeitungsjungen, die sich in den dunkelnden Straßen mit den Fahrradglocken mischten, schienen mir damals typischer für Cambridge als heute. Ich kann mich der Einsicht nicht verschließen, daß – abgesehen von den auffallenden, aber mehr oder minder vergänglichen Bräuchen und über alles Ritual oder Reglement hinaus – Cambridge etwas eigen war, was schon so mancher feierliche Alumnus zu definieren versucht hat. Für mich liegt diese Grundeigenschaft in dem ständigen Bewußtsein einer uneingeschränkten Ausdehnung der Zeit. Ich habe keine Ahnung, ob je irgendwer nach Cambridge kommen wird, um die Abdrücke zu suchen, die die Warzennägel meiner Fußballstiefel im schwarzen Matsch vor dem klaffenden Tor zurückgelassen haben, oder um dem Schatten meiner Kopfbedeckung durch den Quadrangle zur Treppe meines Tutors zu folgen; ich weiß jedoch, daß ich mit mehr als touristischem Interesse an Milton und Marvell und Marlowe dachte, wenn ich an den ehrwürdigen Mauern vorüberkam. Nichts, worauf der Blick fiel, war zeitlich abgeriegelt, alles war eine natürliche Öffnung zur Zeit hin, so daß sich der Geist daran gewöhnte, in einer besonders reinen und weitläufigen Umgebung zu arbeiten, und gerade weil einen die enge Gasse, der klösterliche Rasen, der dunkle Bogengang räumlich einengten, war diese nachgebende durchscheinende Textur der Zeit dem Geist um so willkommener, genau wie man seine helle Freude daran haben kann, vom Fenster aus auf das Meer zu blicken, auch wenn man sich aus Bootsfahrten gar nichts macht. An der Geschichte des Ortes hatte ich keinerlei Interesse, und ich war sicher, daß er meine Seele nicht im geringsten berührte, obwohl Cambridge in Wahrheit nicht nur den zufälligen Rahmen, sondern selbst die Farben und inneren Rhythmen meiner höchst privaten russischen Gedanken beisteuerte. Die Umwelt wirkt vermutlich auf einen Menschen ein, sobald irgend etwas in ihm, ein winziges Teilchen seiner selbst, eine geringe Beimischung, ihn dafür empfänglich macht (in meinem Fall die englische Sprache, die ich in meiner Kindheit in mich aufgenommen hatte). Dunkel ahnte ich das zum ersten Male, kurz bevor ich Cambridge verließ, im letzten Frühling, den ich dort zubrachte, als ich plötzlich fühlte, daß irgend etwas in mir ebenso selbstverständlichen Kontakt zu meiner unmittelbaren Umgebung fand wie zu meiner russischen Vergangenheit und daß dieser Zustand der Harmonie in genau dem Augenblick erreicht war, da ich die sorgsame Rekonstruktion meiner künstlichen, aber wunderbar genauen russischen Welt endlich abgeschlossen hatte. Ich glaube, eine der sehr wenigen «praktischen» Handlungen, die ich mir jemals zuschulden kommen ließ, war, einen Teil jenes kristallklaren Materials zur Ablegung der akademischen Abschlußprüfung zu benutzen.

5

Ich denke an das verträumte Aufundabgleiten der Stechkähne und Kanus auf dem Cam, an das hawaiische Geplärr der Grammophone, die gemächlich durch Sonne und Schatten trieben, und an eine Mädchenhand, die den Griff ihres pfauenbunten Sonnenschirms sacht hin und her dreht, indes sie sich auf die Kissen des

Stechkahns zurücklehnt, den ich träumerisch steuere. Die Kastanien mit ihren rosa Spindeln standen in voller Blüte; die Ufer entlang bildeten sie überhängende Massen, verdrängten den Himmel aus dem Fluß, und ihr eigentümliches Muster von Blüten und Blättern rief eine Art *en escalier*-Effekt hervor, die Eckenornamente einer prächtigen grünen und blaßrosa Tapisserie. Die Luft war so warm wie auf der Krim und voll von dem gleichen süßen, flockigen Geruch eines blühenden Busches, den ich niemals ganz identifizieren konnte (einen Hauch davon nahm ich später in den Gärten der amerikanischen Südstaaten wahr). Die drei Bögen einer italienisch wirkenden Brücke, die sich über den schmalen Fluß spannte, verbanden sich mit ihren fast vollkommenen, von keiner Welle gestörten Spiegelbildern im Wasser zu drei wunderschönen Ovalen. Das Wasser wiederum warf einen Widerschein klöppelspitzenfeinen Lichts auf den Stein der Gewölbe, unter denen das Boot dahinglitt. Dann und wann löste sich ein Blütenblatt von einem der blühenden Bäume, es fiel und fiel und fiel, und mit dem seltsamen Gefühl, etwas zu sehen, was weder für das Auge des Andächtigen noch für das des zufälligen Zeugen bestimmt war, erhaschte man einen Blick seines Spiegelbildes, welches schnell aufstieg, schneller, als das Blütenblatt fiel – um sich dann mit ihm zu vereinen; und den Bruchteil einer Sekunde lang fürchtete man, das Kunststück würde mißlingen, das geweihte Öl sich nicht entzünden, das Spiegelbild würde das Blütenblatt verfehlen, und dieses müßte allein wegtreiben. Aber jedesmal fand die zarte Vereinigung statt, magisch genau wie das Wort eines Dichters, das seiner eigenen Erinnerung oder der eines Lesers auf halbem Wege entgegenkommt.

Als ich nach fast siebzehn Jahren wieder nach England kam, beging ich den schrecklichen Fehler, Cambridge nicht in seiner Herrlichkeit am Ende des Ostertrimesters aufzusuchen, sondern an einem naßkalten Februartag, der mich nur an mein altes wirres Heimweh erinnerte. Hoffnungslos versuchte ich, in England eine akademische Anstellung zu finden (die Leichtigkeit, mit der ich in den USA solche Jobs fand, erscheint mir nachträglich als eine beständige Quelle dankbarer Verwunderung). In jeder Hinsicht war der Besuch ein Mißerfolg. Den Lunch nahm ich mit Nesbit in einer kleinen Wirtschaft ein, die voller Erinnerungen hätte sein sollen, es jedoch infolge verschiedener Veränderungen nicht war. Er hatte das Rauchen aufgegeben. Die Zeit hatte seine Züge gemildert, und mit Gorkij oder Gorkijs Übersetzer hatte er keine Ähnlichkeit mehr; dafür sah er ein wenig wie Ibsen aus, abzüglich die Affenvegetation. Ein zufälliger Kummer (die Cousine oder unverheiratete Schwester, die seinen Haushalt besorgte, war gerade in Binets Klinik oder sonstwohin gebracht worden) schien ihn daran zu hindern, sich auf jene sehr persönliche und dringliche Angelegenheit zu konzentrieren, über die ich mit ihm zu sprechen vorhatte. Auf einem Tisch in einer Art kleinem Flur, wo früher ein rundes Gefäß mit Goldfischen gestanden hatte, lag jetzt ein Haufen gebundener Jahrgänge der Zeitschrift *Punch* – und alles sah so anders aus. Anders waren auch die grellen Uniformen der Kellnerinnen, von denen keine so hübsch war wie die eine, die ich so klar in Erinnerung hatte. Einigermaßen verzweifelt, als hätte er gegen Langeweile anzukämpfen, begann Ibsen über Politik zu reden. Ich wußte genau, was mir bevorstand – eine Verurteilung des Stalinismus. In den frühen zwanziger Jahren hatte Nesbit seinen eigenen aufwallenden Idealismus fälschlich für ein romantisches und humanes Etwas in Lenins gräßlicher Herrschaft gehalten. Jetzt, zur Zeit des nicht weniger gräßlichen Stalin, hielt er eine quantitative Erweiterung seines Wissens für einen qualitativen Wandel des Sowjetregimes. Der Donnerschlag der Säuberungen, denen «Alte Bolschewisten», die Helden seiner Jugend, zum Opfer gefallen waren, hatten ihm einen heilsamen Schock versetzt, etwas, was in Lenins Tagen alles Stöhnen aus dem Zwangsarbeitslager Solowki und den Kerkern der Lubjanka nicht vermocht hatte. Mit Abscheu brachte er die Namen Jeshow und Jagoda über die Lippen – aber ihre Vorgänger, Urizkij und Dsershinskij, hatte er völlig vergessen. Während die Zeit sein Urteil über die zeitgenössische Politik der Sowjets geschärft hatte, machte er sich keine Mühe, die vorgefaßten Ansichten seiner Jugend zu revidieren, und immer noch sah er in Lenins kurzer Herrschaft eine Art ruhmvolles *quinquennium Neronis.*

Er blickte auf seine Uhr und ich auf meine, dann verabschiedeten wir uns, und ich wanderte im Regen umher, besuchte die *backs* und beobachtete eine Zeitlang die Krähen in dem schwarzen Nestwerk der kahlen Ulmen und die ersten Krokusse auf dem Rasen, der voller perlengleicher Nebeltröpfchen hing. Während ich unter jenen besungenen Bäumen umherschlenderte, ver-

Der kleine Schmetterling – an der Oberseite hellblau, grau an der Unterseite –, von dem die beiden Typenexemplare (männlicher Holotypus links, beide Seiten, ein Hinterflügel leicht beschädigt; und männlicher Paratypus rechts, beide Seiten) im Amerikanischen Museum der Naturgeschichte aufbewahrt werden und hier nach Photos jener Institution erstmals abgebildet sind, ist *Plebeius* (*Lysandra*) *cormion* Nabokov. Der erste Name ist der der Gattung (Bläulinge), der zweite der der Untergattung, der dritte der der Art und der vierte der des Autors der ersten Beschreibung, die ich im September 1941 veröffentlichte (*Journal of the New Entomotological Society*, Band 49, Seite 265); später bildete ich auch die Genitalien des Paratypus ab (*Psyche*, Band 52, 26. Oktober 1945, Abb. 1). Möglicherweise, so erklärte ich, verdankte mein Schmetterling

seine Entstehung einer Hybridisierung zwischen *Plebeius (Lysandra) coridon* Poda (im weiten Sinn) und *Plebeius (Meleageria) daphnis* Schiffermüller. Lebende Wesen sind sich der Unterschiede zwischen Arten und Untergattungen weniger bewußt als der Systematiker. Ich fing die beiden abgebildeten Männchen in etwa 1300 Meter Höhe bei dem Dorf Moulinet in den Seealpen, wo ich mindestens noch zwei weitere sah (aber keine Weibchen), und zwar am 20. (Paratypus) und 22. (Holotypus) Juli 1938. Vielleicht rangiert er nicht hoch genug, um einen eigenen Namen zu verdienen, doch was immer er auch ist – eine in Entstehung begriffene neue Art, ein frappierender Scherz, eine zufällige Kreuzung –, er bleibt eine große und entzückende Seltenheit.

suchte ich, in mir die gleiche verzückte Erinnerungs-
seligkeit im Hinblick auf meine Studentenjahre her-
vorzurufen, die ich dereinst im Hinblick auf meine
Knabenjahre verspürt hatte, allein, ich konnte nur
bruchstückhafte kleine Bilder heraufbeschwören:
M. K., einen dyspeptischen Russen, der die Folge-
erscheinungen eines College-Hall-Essens verwünscht;
N. R., einen anderen Russen, der wie ein Kind auf dem
Fußboden umherkrabbelt; P. M., der mit einem Exemplar des *Ulysses*, das er heimlich aus Paris mitgebracht
hat, in mein Zimmer stürmt; J. C., der still herein-
schaut, um mir zu sagen, daß auch er gerade seinen
Vater verloren habe; R. C., der mich liebenswürdig ein-
lädt, mit ihm in die Schweizer Alpen zu reisen; Christo-
pher Soundso, der sich aus einem geplanten Tennisdop-
pel herauswindet, als er erfährt, daß sein Partner ein
Hindu sein soll; T., einen sehr alten und gebrechlichen
Kellner, der in der Mensa die Suppe auf Professor A. E.
Housman verschüttet, worauf dieser wie aus einer
Trance hochfährt und aufspringt; S. S., der nicht das
geringste mit Cambridge zu tun hatte, aber ebenfalls
aufsprang, als er während einer literarischen Gesellschaft (in Berlin) eingeschlummert war und von seinem
Nachbarn einen Rippenstoß erhielt – mitten in einer
Geschichte, die jemand vorlas; Lewis Carrolls Hasel-
maus, die unerwartet anfängt, eine Geschichte zu erzählen; E. Harrison, der mir unerwartet *The Shropshire
Lad* schenkt, einen kleinen Band mit Gedichten über
junge Mannsbilder und den Tod.

Der trübe Tag war zu einem hellgelben Streifen im
grauen Westen geschrumpft, als ich einer plötzlichen

Eingebung folgend beschloß, meinem alten Tutor einen Besuch abzustatten. Wie ein Schlafwandler ging ich die vertraute Treppe hinauf und klopfte automatisch an eine halb geöffnete Tür, an der sein Name stand. Mit einer Stimme, die um eine Kleinigkeit weniger abrupt und um ein geringes hohler klang, bat er mich, einzutreten. «Ich weiß nicht, ob Sie sich an mich erinnern...», begann ich, während ich durch das dunkle Zimmer auf das gemütliche Kaminfeuer zuging, vor dem er saß. «Warten Sie», sagte er und wandte sich in seinem niedrigen Stuhl langsam herum, «anscheinend kann ich mich nicht mehr so ganz...» Es knirschte schrecklich, klapperte unheilvoll: Ich war in das Teegeschirr getreten, das zu Füßen seines Korbstuhls stand. «Ach natürlich», sagte er, «ich weiß, wer Sie sind.»

Kapitel 14

1

Die Spirale ist ein vergeistigter Kreis. In der Form der Spirale hat der Kreis, gelöst und entrollt, alles Teuflische eingebüßt; er ist befreit. Das dachte ich mir als Schüler aus, und ich entdeckte gleichfalls, daß Hegels triadische Serie lediglich die fundamentale Spiralität aller Dinge in ihrem Verhältnis zur Zeit ausdrückt. Windung folgt auf Windung, und jede Synthese ist die These der nächsten Gruppe. Wenn wir die einfachste Spirale nehmen, lassen sich drei Phasen unterscheiden, die denen der Triade entsprechen: Die kleine Kurve, mit der die Spirale in der Mitte beginnt, wäre die «These»; die «Antithese» der größere Bogen, der dem ersten gegenüberliegt und ihn fortsetzt; und die «Synthese» dann der noch weitere Bogen, der den zweiten fortsetzt, indem er sich außen um den ersten legt. Und so weiter.

Eine farbige Spirale in einer kleinen Glaskugel, so sehe ich mein eigenes Leben. Die zwanzig Jahre, die ich in meiner russischen Heimat verbracht habe (1899 bis 1919), wären dann der thetische Bogen. Einundzwanzig Jahre freiwilligen Exils in England, Deutschland und Frankreich (1919 bis 1940) bilden dazu die offensichtliche Antithese. Die Periode, die ich in meiner Wahlheimat verbracht habe (1940 bis 1960), bildet eine Synthese – und eine neue These. Im Augenblick habe ich es mit meinen antithetischen Jahren zu tun, genauer mit meinem Leben in Mittel- und Westeuropa, nachdem ich mein Studium in Cambridge 1922 zum Abschluß gebracht hatte.

Wenn ich auf jene Jahre des Exils zurückschaue, sehe ich mich und Tausende anderer Russen ein seltsames, aber keineswegs unangenehmes Leben in materieller Armut und intellektuellem Luxus führen, ein Leben unter völlig belanglosen Fremden, geisterhaften Deutschen und Franzosen, in deren mehr oder minder unwirklichen Städten wir, die Emigranten, zufällig unser Domizil genommen hatten. Diese Einheimischen schienen genauso flach und durchsichtig wie aus Zellophanpapier geschnittene Figuren, und obwohl wir ihre Einrichtungen benutzten, ihren Clowns Beifall klatschten und am Straßenrand ihre Pflaumen und Äpfel pflückten, bestand zwischen uns und ihnen keine wirkliche Beziehung von der herzlichen, menschlichen Art, wie sie in unserer eigenen Mitte so verbreitet war. Zuzeiten schien es, als ignorierten wir sie so, wie ein entweder arroganter oder aber sehr dummer Eroberer eine form- und gesichtslose Menge von Eingeborenen ignoriert, doch gelegentlich, recht häufig sogar, überkam ein schrecklicher Krampf diese Geisterwelt, durch die wir in heiterer Gelassenheit unsere Kümmernisse und Künste trugen, und sie zeigte uns, wer der immaterielle Gefangene war und wer der wahre Herr. Unsere völlige physische Abhängigkeit von dieser oder jener Nation, die uns kühl politisches Asyl gewährt hatte, wurde schmerzlich offenbar, wenn irgendein erbärmliches «Visum», irgendein teuflischer «Personalausweis» beantragt oder verlängert werden mußte, denn dann versuchte die gierige bürokratische Hölle, sich um den Bittsteller zu schließen, und er mochte alt und grau werden, während seine Akte in den Schreibtischen von Konsuln und Polizeibeamten mit Rattenbärten praller und praller anschwoll. *Dokumenty*, hat man gesagt, seien die Plazenta des Russen. Der Völkerbund rüstete Emigranten, die ihre russische Staatsangehörigkeit verloren hatten, mit dem sogenannten Nansenpaß aus, einem höchst minderwertigen Dokument von kränklich grüner Farbe. Sein Inhaber war wenig mehr als ein auf Bewährung entlassener Verbrecher und hatte die größten Strapazen auf sich zu nehmen, wenn er etwa ins Ausland reisen wollte – je kleiner die Länder, desto mehr Umstände machten sie. Irgendwo an der Rückseite ihrer Drüsen sekretierten die Behörden die Vorstellung, daß, so übel ein Staat – zum Beispiel Sowjetrußland – auch sein mochte, ein Flüchtling etwas von vornherein Verächtliches war, da er außerhalb einer nationalen Verwaltung lebte; und so begegnete man ihm mit der hanebüchenen Mißbilligung, die gewisse religiöse Kreise einem unehelichen Kind entgegenbringen. Nicht alle von uns waren willens, Bastarde oder Gespenster zu sein. Manche russische Emigranten erinnern sich mit süßer Genugtuung, wie sie hohe Beamte in verschiedenen Ministerien, *Préfectures* und Polizeipräsidien beschimpften und beschummelten.

376

In Berlin und Paris, den beiden Hauptstädten des Exils, bildeten die Russen kompakte Kolonien mit einem Kulturkoeffizienten, der den kulturellen Durchschnitt der notwendigerweise verdünnteren ausländischen Bevölkerungen, in die es sie verschlagen hatte, bei weitem übertraf. Innerhalb dieser Kolonien blieben sie unter sich. Ich habe natürlich russische Intellektuelle im Sinn, zumeist Angehörige demokratischer Gruppierungen, und nicht jene pompöseren «Berater des Zaren oder so ähnlich», an die amerikanische Clubdamen denken, wenn von einem «weißen Russen» die Rede ist. Das Leben in jenen Siedlungen war so reichhaltig und intensiv, daß diese russischen *intelligenty* (ein Wort, das eine mehr gesellschaftlich-idealistische und eine weniger schöngeistig-hochmütige Bedeutung hat als «Intellektueller») weder Zeit noch Grund hatten, Kontakte außerhalb ihres eigenen Kreises zu suchen. Erzähle ich heute in einer neuen Welt, die ich liebe und in der ich mich so leicht heimisch zu fühlen gelernt habe, wie ich aufhörte, meine Sieben mit einem Querstrich zu versehen, kosmopolitischen und weltläufigen Menschen von dieser Vergangenheit, so glauben sie, ich scherze, oder aber sie werfen mir umgekehrten Snobismus vor, wenn ich versichere, daß ich im Laufe von nahezu einem Fünfteljahrhundert, das ich in Westeuropa zubrachte, unter den wenigen deutschen und französischen Bekannten (meistens Zimmervermieterinnen und Literaten) alles in allem nicht mehr als zwei gute Freunde hatte.

Aus irgendeinem Grund begegnete ich während meiner abgeschiedenen Jahre in Deutschland nie jenen sanftmütigen Musikern von einst, die in Turgenjews Romanen ihre Rhapsodien bis spät in die Sommernacht hinein spielen; oder jenem trödeligen, altmodischen Schmetterlingssammler, der sich seine Beute an den Strohhut steckt und über den sich die Zeit der Aufklärung so lustig machte: La Bruyères Herrn, der Tränen ob einer parasitierten Raupe vergießt, Gays «Philosophen, eher ernst denn weise», die, bittesehr, «die Wissenschaft in Schmetterlingen jagen», und, weniger beleidigend, Poppes «wißbegierigem Deutschen», der «holde Kerbetiere» so «innig aestimiere»; oder einfach den sogenannten gesunden und schlichten Menschen, die heimwehkranke Soldaten aus dem Mittelwesten im letzten Weltkrieg dem reservierten französischen Bauern und der schnippischen Madelon II. offenbar bei weitem vorgezogen haben. Im Gegenteil, das deutlichste Bild, das ich finde, wenn ich im Gedächtnis den mageren Vorrat meiner nicht russischen und nicht jüdischen Bekannten in den Jahren zwischen den beiden Weltkriegen durchgehe, ist das eines jungen deutschen Studenten, wohlerzogen, still und bebrillt, dessen Steckenpferd die Todesstrafe war. Bei unserem zweiten Zusammentreffen zeigte er mir eine Sammlung von Photographien, unter ihnen eine fertig gekaufte Serie («ein bißchen retuschiert», sagte er und rümpfte seine sommersprossige Nase), welche die aufeinanderfolgenden Stadien einer Routinehinrichtung in China zeigte; er äußerte sich höchst fachmännisch über die edle Schönheit des todbringenden Schwertes und den Geist vollkommener Zusammenarbeit zwischen Scharfrichter und Opfer, die in einem wahren Geysir von nebel-

378

grauem Blut gipfelte, das aus dem sehr deutlich photographierten Hals des Geköpften hervorschoß. Da er einigermaßen begütert war, konnte dieser junge Sammler es sich leisten, zu reisen, und so war er unterwegs, solange er sich nicht gerade den geisteswissenschaftlichen Studien widmete, mit deren Hilfe er den Doktorgrad zu erwerben gedachte. Er beklagte jedoch sein dauerndes Pech und fügte hinzu, daß er vielleicht den Druck nicht aushalten würde, wenn er nicht bald etwas Ordentliches zu sehen bekäme. Auf dem Balkan wohnte er einigen passablen Hinrichtungen durch den Strang bei und auf dem Boulevard Arago in Paris einer groß angekündigten, aber ziemlich öden und mechanischen *guillotinade* (mit Vorliebe gebrauchte er, was er für umgangssprachliches Französisch hielt); aus dem einen oder anderen Grund jedoch war er niemals nahe genug, um alle Einzelheiten beobachten zu können, und der sündhaft teure klitzekleine Photoapparat im Ärmel seines Regenmantels funktionierte nicht so wie erhofft. Einer starken Erkältung zum Trotz war er nach Regensburg gefahren, wo die Enthauptung gewalttätig mit Hilfe einer Axt durchgeführt wurde; von diesem Schauspiel hatte er sich eine Menge versprochen; doch zu seiner großen Enttäuschung war das Opfer offenbar vorher betäubt worden und hatte kaum reagiert, sondern nur ein paar matte Zuckungen auf dem Boden vollführt, während der maskierte Scharfrichter und sein ungeschickter Gehilfe über ihn herstürzten. Dietrich (so hieß mein Bekannter mit Vornamen) hoffte, eines Tages nach Amerika fahren zu können, um ein paar Elektrokutionen beizuwohnen; von diesem Wort leitete

er in seiner Unschuld das Adjektiv *cute* (niedlich) ab, das
er von einem Cousin gelernt hatte, der drüben gewesen
war – und mit einem leichten, sehnsüchtiger Besorgnis
entspringenden Stirnrunzeln fragte er sich, ob während
des Vorgangs tatsächlich sensationelle Rauchwölkchen
aus den Körperöffnungen entwichen. Bei unserem dritten und letzten Zusammentreffen (es waren noch einige
Kleinigkeiten an ihm übrig, die ich im Hinblick auf eine
etwaige spätere Verwendung zu registrieren wünschte)
erzählte er mir mehr bekümmert als ärgerlich, daß er
einmal eine ganze Nacht damit verbracht habe, geduldig einen guten Freund zu beobachten, der beschlossen
hatte, sich zu erschießen, und bereit gewesen war, im
Beisein des Amateurs bei guter Beleuchtung die Waffe
auf den Gaumen zu richten, sich jedoch – da ihm Ehrgeiz und Ehrgefühl völlig abgingen – statt dessen sinn-
los betrunken hatte. Obschon ich Dietrich seit langem
aus den Augen verloren habe, kann ich mir gut den
Blick stiller Genugtuung in seinen fischblauen Augen
vorstellen, wenn er heutzutage (vielleicht in eben der
Minute, da ich dies niederschreibe) seinen Kove256tera-
nen, die sich unter brüllendem Gelächter auf die Schenkel klatschen, eine unverhoffte Fülle von Schätzen vorweist – die absolut wunderbaren Bilder, die er in der
Hitler-Zeit gemalt hat.

2

In meinen russischen Romanen, und vor allem im besten von ihnen, *Dar* (Die Gabe), habe ich genug gesagt über Glanz und Elend des Exils; doch vielleicht ist eine rasche Rekapitulation angebracht. Mit ganz wenigen Ausnahmen hatten alle liberal gesinnten schöpferischen Kräfte – Lyriker, Romanciers, Kritiker, Historiker, Philosophen und so weiter – Lenins und Stalins Rußland verlassen. Die geblieben waren, kümmerten entweder dahin oder ruinierten ihr Talent, indem sie sich den politischen Forderungen des Staates fügten. Was den Zaren niemals gelungen war, nämlich die Geister völlig an die Kandare zu legen und dem Willen der Regierung gefügig zu machen, erreichten die Bolschewisten in kürzester Frist, nachdem die Hauptmasse der Intellektuellen ins Ausland geflohen oder liquidiert war. Die glücklich ins Exil Entronnenen konnten ihren Interessen jetzt so gänzlich ungestraft nachgehen, daß sie sich manchmal fragten, ob das Gefühl, völlige geistige Freiheit zu genießen, nicht darauf zurückzuführen war, daß sie in einem absoluten Vakuum arbeiteten. Gewiß, unter den Emigranten waren gute Leser in genügender Zahl, um in Berlin, Paris und anderen Städten die Veröffentlichung russischer Bücher in verhältnismäßig großem Umfang zu gewährleisten; doch da keine dieser Schriften in der Sowjetunion verbreitet werden konnte, hatte das alles in gewisser Weise den Anschein einer hinfälligen Unwirklichkeit. Die Zahl der Titel war eindrucksvoller als die Zahl der Exemplare, die von irgendeinem dieser Werke verkauft wurden, und die

Namen der Verlagshäuser – Orion, Kosmos, Logos und so weiter – wirkten hektisch, labil und ein wenig illegal, wie die von Firmen, die astrologische Traktate oder erotische Aufklärungsliteratur herausbringen. In heitergelassener Rückschau jedoch und allein an künstlerischen und wissenschaftlichen Maßstäben gemessen, scheinen heute die von Emigrantenschriftstellern im luftleeren Raum geschaffenen Bücher bei allen ihren individuellen Mängeln dauerhafter und dem menschlichen Bedarf angemessener als die sklavischen, beispiellos provinziellen und konventionellen politischen Bewußtseinsströme, die in derselben Zeit aus den Federn junger sowjetischer Schriftsteller flossen, denen Vater Staat Tinte, Pfeifen und Pullover zur Verfügung stellte.

Der Herausgeber der Tageszeitung *Rul* (er war auch Verleger meiner ersten Bücher), Iossif Wladimirowitsch Hessen, gestattete mir mit großer Nachsicht, seinen Lyrikteil mit meinen unreifen Reimen zu füllen. Blaue Abende in Berlin, der blühende Kastanienbaum an der Ecke, Verwirrungen, Armut, Liebe, der Mandarinenschimmer frühreifer Ladenbeleuchtungen und eine geradezu physisch schmerzende Sehnsucht nach dem noch frischen Geruch Rußlands – all dies wurde in gebundene Rede gebracht, mit der Hand abgeschrieben und ins Büro des Herausgebers geschleppt, wo der kurzsichtige I. W. sich das neue Poem dicht vor die Augen hielt und es nach diesem kurzen, mehr oder minder taktilen Akt der Wahrnehmung auf seinen Schreibtisch plazierte. Ab 1928 brachten mir deutsche Übersetzungen meiner Romane ein wenig Geld, und im Frühjahr

1929 fuhren Du und ich zur Schmetterlingsjagd in die Pyrenäen. Doch erst Ende der dreißiger Jahre verließen wir Berlin endgültig, obwohl ich schon lange davor zu öffentlichen Lesungen meiner Schreibereien des öfteren nach Paris gefahren war.

Ein hervorstechendes Merkmal des Emigrantendaseins, das mit seiner Vagantenhaftigkeit und Theatralik ganz in Einklang stand, war die ungewöhnliche Häufigkeit dieser literarischen Lesungen bei Privatleuten oder in gemieteten Sälen. Die verschiedenen Kategorien der Vortragenden heben sich in dem Puppentheater, das sich in meinem Geist abspielt, deutlich voneinander ab. Etwa die welke Schauspielerin mit den Edelsteinaugen, die einen Augenblick lang ein zusammengeknülltes Taschentuch an ihren fiebernden Mund drückte und dann anfing, sehnsüchtige Echos des Moskauer Künstler-Theaters heraufzurufen, indem sie irgendeine berühmte Dichtung mit ihrer langsamen, klaren Stimme halb sezierte und halb liebkoste. Oder der hoffnungslos zweitrangige Schriftsteller, dessen Stimme sich durch einen Nebel rhythmischer Prosa schleppte und dessen arme, plumpe, aber behutsame Finger man zittern sehen konnte, wenn er ein beendetes Blatt unter die noch bevorstehenden schob, so daß sein Manuskript während des ganzen Vortrags seine erschreckende und mitleiderregende Dicke behielt. Oder der junge Dichter, in dem seine neidischen Ordensbrüder einen beunruhigenden Anflug von Genie erkennen mußten, ebenso augenfällig wie der Streifen eines Skunks; aufrecht auf der Bühne, bleich, glasigen Blicks und nichts in der Hand, was ihn in dieser Welt verankerte, warf er den Kopf zurück, rezitierte sein Gedicht in einem höchst irritierenden, wogenden Singsang und kam brüsk zum Ende, als werfe er die Tür der letzten Zeile ins Schloß und warte darauf, daß Applaus die Stille fülle. Und schließlich der alte *cher maître*, der Perle um Perle eine bewundernswerte Erzählung fallenließ, die er schon ungezählte Male und immer auf die gleiche Weise vorgelesen hatte; auf dem Frontispiz seiner Gesammelten Werke wies sein vornehm gefurchtes Gesicht genau den gleichen Ausdruck blasierten Widerwillens auf.

Vermutlich fiele es einem unbeteiligten Beobachter leicht, sich über alle diese beinahe immateriellen Leute lustig zu machen, die sich da in fremden Städten eine tote Kultur vorspielten, die fernen, fast sagenhaften, fast sumerischen Luftspiegelungen von St. Petersburg und Moskau zwischen 1900 und 1916 (was auch damals schon, in den zwanziger und dreißiger Jahren, wie 1916 bis 1900 vor Christus klang). Aber wenigstens waren sie Rebellen, wie die meisten bedeutenderen russischen Schriftsteller seit dem Bestehen einer russischen Literatur, und dieser aufsässigen Natur getreu, nach der ihr Sinn für Gerechtigkeit und Freiheit ebenso stark verlangte wie einst unter der zaristischen Gewaltherrschaft, hielten die Emigranten das Verhalten der verwöhnten sowjetrussischen Autoren, die servile Eilfertigkeit, mit der diese auf jede Nuance eines regierungsamtlichen Erlasses reagierten, für haarsträubend unrussisch und menschenunwürdig; denn in der Sowjetunion wuchs die Kunst der Unterwerfung genau in dem Maß, in dem erst Lenins und dann Stalins politische Polizei tüchtiger wurde, und Erfolg hatte derjenige

Sowjetschriftsteller, dessen feines Ohr das leise Wispern einer offiziellen Anregung auffing, lange bevor sie lauthals verkündet wurde.

Da ihre Werke im Ausland nur einen beschränkten Leserkreis hatten, konnten selbst die Emigrantenschriftsteller der älteren Generation, deren Ruhm im vorrevolutionären Rußland fest begründet war, nicht daran denken, von ihren Büchern zu leben. Eine wöchentliche Kolumne für eine Emigrantenzeitung zu schreiben reichte niemals ganz aus, Leib und Feder zusammenzuhalten. Hin und wieder brachten Übersetzungen in andere Sprachen einen unverhofften Verdienst; im übrigen aber waren ältere Autoren, um ihr Leben zu fristen, auf die Unterstützung durch verschiedene Emigrantenorganisationen, auf die Einnahmen aus öffentlichen Vorträgen und auf private Freigebigkeit angewiesen. Jüngere, weniger bekannte, aber anpassungsfähigere Schriftsteller ergänzten zufällige Geldzuwendungen durch irgendeine andere Arbeit. Ich entsinne mich, Englisch- und Tennisunterricht gegeben zu haben. Geduldig ging ich gegen den hartnäckigen Hang Berliner Geschäftsleute an, «*business*» so auszusprechen, als reimte es sich auf «*dizziness*»; und unter den langsam dahinziehenden Wolken eines langen Sommertags spielte ich wie ein flotter Roboter ihren sonnengebräunten, bubiköpfigen Töchtern auf staubigen Plätzen einen Ball nach dem anderen zu. Fünf Dollar (eine beträchtliche Summe während der deutschen Inflation) bekam ich für meine russische *Alice im Wunderland*. Ich half bei der Zusammenstellung eines Russischlehrbuchs für Ausländer, dessen erste Übung mit den Worten *Madam, ja doktor, wot banan* (Gnädige Frau, ich bin der Arzt, hier ist eine Banane) begann. Vor allem aber habe ich für eine Emigranten-Tageszeitung, den Berliner *Rul*, die ersten russischen Kreuzworträtsel angefertigt, die ich *krestoslowizy* taufte. Es ist seltsam, an jenes absonderliche Leben zurückzudenken. Klappentextschreiber hegen eine tiefe Vorliebe für die Liste der mehr oder minder erdverbundenen Berufe, die ein junger Autor (der über das Leben und über Ideen schreibt – was natürlich sehr viel wichtiger ist als bloße «Kunst») ausgeübt hat: Zeitungsjunge, Kellner, Mönch, Ringer, Vorarbeiter in einem Stahlwerk, Autobusfahrer und so weiter. Ach, keinen dieser Berufe habe ich je mein genannt.

Meine Leidenschaft für gute Literatur brachte mich mit verschiedenen Exilschriftstellern in engen Kontakt. Ich war jung damals und hatte an der Literatur ein viel lebhafteres Interesse als heute. Die Prosa und die Poesie der Zeitgenossen, helle Planeten und blasse Milchstraßensysteme, zogen Nacht auf Nacht vor meinem Mansardenfenster vorbei. Es gab unabhängige Schriftsteller von unterschiedlichem Alter und Talent, und es gab Konventikel und Cliquen, in denen sich eine Zahl junger oder jüngerer, teilweise sehr begabter Schriftsteller um einen philosophierenden Kritiker scharte. Der wichtigste dieser Mystagogen verband intellektuelles Talent und moralische Mittelmäßigkeit, einen unheimlich sicheren Geschmack in moderner russischer Poesie mit einer lückenhaften Kenntnis der russischen Klassiker. Seine Gruppe war des Glaubens, daß weder eine bloße Ablehnung des Bolschewismus noch die Alltagsideale der westlichen Demokratien ausreichten, um darauf eine Philosophie zu bauen, an die sich die Emigrantenliteratur halten könne. Sie sehnten sich nach einem Glaubensbekenntnis, wie ein im Gefängnis sitzender Rauschgiftsüchtiger sich in seinen Freudenhimmel sehnt. Auf recht rührende Art beneideten sie Pariser Katholikenkreise um die würzigen Feinheiten, deren der russische Mystizismus ganz offenbar entriet. Dostojewskijscher Nieselnebel konnte sich nicht mit neu-thomistischem Denken messen; aber gab es denn keine anderen Möglichkeiten? Die Sehnsucht nach einem Glaubenssystem, ihr unablässiges Herumbalancieren am Rand irgendeiner allgemein akzeptierten Religion verschaffte ihnen eine Befriedigung eigener Art. Erst sehr viel später, in den vierziger Jahren, entdeckten einige dieser Schriftsteller endlich einen ganz bestimmten Abhang, den sie mit mehr oder weniger gebeugten Knien hinuntergleiten konnten. Es war der überschwengliche Nationalismus, der einen Staat (in diesem Fall das stalinistische Rußland) gutheißen und liebenswert finden konnte, nur weil seine Armee einen Krieg gewonnen hatte. In den frühen dreißiger Jahren jedoch war dieser nationalistische Abgrund vorerst nur undeutlich erkennbar, und die Mystagogen genossen nach wie vor die Aufregungen ihres schlüpfrigen Schwebezustands. In ihrer Einstellung zur Literatur waren sie merkwürdig konservativ; für sie war die Rettung der Seelen die Hauptsache, dann kam die gegenseitige Reklame und ganz zum Schluß die Kunst. Wirft man heute den Blick zurück, so bemerkt man mit Überraschung, daß diese freien Belletristen im Exil das unfreie

Denken in ihrer Heimat nachäfften, indem sie verkündeten, daß es wichtiger wäre, der Vertreter einer Gruppe oder Epoche zu sein als ein unabhängiger Schriftsteller.

Wladislaw Chodassewitsch pflegte sich in den zwanziger und dreißiger Jahren darüber zu beklagen, daß junge Emigrantenlyriker die Form ihrer Kunst von ihm entliehen hätten, während sie den tonangebenden Konventikeln in ihrer modischen *angoisse* und dem Bestreben nach seelischer Erneuerung folgten. Ich fand großen Gefallen an diesem bitteren Mann, der aus Ironie und metallischem Genie gemacht war und dessen Lyrik ein ebenso komplexes Wunder darstellte wie die von Tjuttschew oder Blok. Körperlich wirkte er kränklich, hatte verächtliche Nasenlöcher und dichte Augenbrauen, und wenn ich ihn in meinem Geist heraufbeschwöre, erhebt er sich nie von dem harten Stuhl, auf dem er mit übereinandergeschlagenen dünnen Beinen und vor Bosheit und Witz funkelnden Augen sitzt und mit langen Fingern die Hälfte einer Caporal-Vert-Zigarette in eine Zigarettenspitze schraubt. Es gibt wenig in der modernen Lyrik der Welt, das den Gedichten seiner *Schweren Lyra* vergleichbar wäre, aber es schadete seinem Ruhm, daß er aus seinen Abneigungen nicht das geringste Hehl machte und sich damit einige furchtbare Feinde in den mächtigsten kritischen Klüngeln schuf. Nicht alle Mystagogen waren Dostojewskijsche Aljoschas; in ihrem Troß gab es auch einige Smerdjakows, und Chodassewitschs Dichtungen wurden so gründlich wie von einer rachsüchtigen Gangsterbande boykottiert.

Ein anderer unabhängiger Schriftsteller war Iwan Bunin. Ich hatte seine wenig bekannten Gedichte immer seiner gefeierten Prosa vorgezogen (ihre Stellung im Rahmen seines Gesamtwerkes erinnert an den Fall Thomas Hardy). Zu jener Zeit fand ich ihn furchtbar bedrängt vom persönlichen Problem des Alterns. Als erstes sagte er mir mit Genugtuung, daß seine Körperhaltung besser wäre als meine, obgleich er doch etwa dreißig Jahre älter sei als ich. Er sonnte sich im Nobelpreis, den er gerade erhalten hatte, und lud mich zu einem freundschaftlich-vertraulichen Gespräch in irgendein teures und mondänes Pariser Restaurant ein. Unglücklicherweise habe ich eine krankhafte Abneigung gegen Restaurants und Kaffeehäuser, besonders gegen solche in Paris – Menschenmengen, gehetzte Kellner, Bohemiens, Wermutmixturen, Kaffee, *sakuski*, Revuedarbietungen und so weiter sind mir ein Greuel. Ich esse und trinke gerne im Liegen (wenn möglich auf einer Couch) und in Ruhe. Auch vertrauliche Aussprachen, Geständnisse in dostojewskijscher Manier sind mein Fall nicht. Bunin, ein lebhafter alter Herr mit einem reichen und unzüchtigen Wortschatz, war verwundert, daß mich das Haselhuhn gleichgültig ließ, das ich als Kind schon satt bekommen hatte, und es erbitterte ihn, daß ich mich weigerte, eschatologische Gespräche mit ihm zu führen. Gegen Ende der Mahlzeit langweilten wir uns gegenseitig höchlichst. «Sie werden unter schrecklichen Qualen und völlig einsam sterben», bemerkte Bunin bitter, als wir zur Garderobe gingen. Ein attraktives, graziles Mädchen nahm die Marke für unsere schweren Mäntel entgegen und fiel mit ihnen im Arm über den niedrigen Tisch. Ich wollte Bunin in seinen Raglan helfen, doch mit einer stolzen Bewegung seiner geöffneten Hand wehrte er ab. Während wir uns immer noch mechanisch abplagten – jetzt war er es, der mir zu helfen versuchte –, traten wir in die fahle Trostlosigkeit eines Pariser Wintertags. Mein Begleiter war eben im Begriff, seinen Kragen zuzuknöpfen, als ein Ausdruck der Überraschung und Bedrängnis seine gewinnenden Züge verzog. Behutsam öffnete er seinen Mantel und begann, unter der Achselhöhle zu zerren. Ich kam ihm zu Hilfe, und gemeinsam zogen wir aus seinem Ärmel schließlich meinen langen Wollschal, den das Mädchen in den falschen Mantel gesteckt hatte. Er kam zentimeterweise zum Vorschein; es war, als wickelte man eine Mumie auf, und wir drehten uns dabei zur anzüglichen Belustigung dreier Straßenhuren langsam umeinander. Als die Operation beendet war, gingen wir wortlos zu einer Straßenecke, gaben uns die Hand und trennten uns. In der folgenden Zeit begegneten wir uns ziemlich häufig, aber immer in Gegenwart anderer Leute, gewöhnlich im Hause I. I. Fondaminskijs (eines edlen und heldenmütigen Mannes, der mehr als irgend jemand sonst für die russische Emigrantenliteratur getan hat und der in einem deutschen Gefängnis starb). Irgendwie bürgerte sich zwischen Bunin und mir ein scherzhafter und ziemlich deprimierender Ton ein, eine amerikanische Abart des amerikanischen «*kidding*», und dies schloß jeden wirklichen Verkehr zwischen uns aus.

Ich lernte viele andere Emigrantenschriftsteller kennen. Nicht kennen lernte ich Poplawskij, der jung starb, eine ferne Violine unter nahen Balalaikas.

Geh du schlafen, o Morella, wir furchtbar doch sind Adlerleben.

Nie werde ich seine trauervollen Tonfälle vergessen, noch werde ich mir je die übellaunige Besprechung verzeihen, in der ich ihn wegen trivialer Mängel in seinen Jugendgedichten angriff. Ich lernte den weisen, steifen, bezaubernden Aldanow kennen; den hinfälligen Kuprin, der sorgsam eine Flasche *vin ordinaire* durch regennasse Straßen trug; Ajchenwald – eine russische Ausgabe von Walter Pater –, der später auf dem Kurfürstendamm von einer Straßenbahn überfahren wurde; Marina Zwetajew, die Frau eines Doppelagenten und eine sehr begabte Dichterin, die in den späten dreißiger Jahren nach Rußland zurückkehrte und dort umkam. Aber der Autor, der mich am meisten interessierte, war natürlich Sirin. Er gehörte meiner Generation an. Unter den jungen Schriftstellern, die das Exil hervorbrachte, war er der einsamste und arroganteste. Seit dem Erscheinen seines ersten Romans im Jahre 1925 erregte sein Werk fünfzehn Jahre lang – bis er ebenso seltsam verschwand, wie er gekommen war – das lebhafte und ziemlich krankhafte Interesse der Kritiker. Genau wie marxistische Publizisten der achtziger Jahre im alten Rußland sein mangelhaftes Interesse für die wirtschaftliche Struktur der Gesellschaft gerügt hätten, so beklagten die Mystagogen der Exilliteratur, daß er der religiösen Einsicht entbehre und sich nicht vor allem mit moralischen Fragen auseinandersetze. Alles an ihm mußte russische Konventionen verletzen, besonders jenen russischen Sinn für Dekorum, dem heute etwa ein Amerikaner einen so gefährlichen Schock versetzt, wenn er in Gegenwart hoher sowjetischer Militärs die Hände lässig in die Taschen steckt. Umgekehrt machten Sirins Bewunderer viel, vielleicht zuviel Wesens um seinen außergewöhnlichen Stil, seine brillante Präzision, seine funktionelle Bildersprache und was dergleichen mehr ist. Russische Leser, die mit der robusten Geradlinigkeit des russischen Realismus aufgewachsen waren und den Bluff dekadenter Schwindler durchschaut hatten, waren von den spiegelartigen Winkeln seiner klaren, aber sonderbar irreführenden Sätze beeindruckt und ebenso von der Tatsache, daß das wahre Leben seiner Bücher in deren Redefiguren strömte, die ein Kritiker mit «Fenstern, die sich auf eine benachbarte Welt hin öffnen... einem rollenden Korollar, dem Schatten einer Gedankenreihe» verglich. Über den dunklen Himmel des Exils zog Sirin wie ein Meteor, um einen konservativeren Vergleich zu gebrauchen, und als er verschwand, ließ er wenig mehr als ein vages Gefühl der Beunruhigung zurück.

3

Im Laufe meiner zwanzig Emigrantenjahre verwandte ich eine Unmenge Zeit auf die Komposition von Schachproblemen. Auf dem Brett wird eine bestimmte Position ausgearbeitet, und die Aufgabe besteht darin, Schwarz in einer bestimmten Zahl von Zügen, im allgemeinen zwei oder drei, mattzusetzen. Es ist eine schöne, komplizierte und sterile Kunst, die mit der gewöhnlichen Form des Spiels nur in dem Maße zu tun hat, wie sich etwa ein Jongleur, der eine neue Nummer erarbeitet, oder ein Tennisspieler, der ein Turnier gewinnt, beide die spezifischen Eigenschaften einer Kugel zunutze machen. Die meisten Schachspieler, Amateure wie Meister, haben nur geringes Interesse an diesen hochspezialisierten, phantasievollen und eleganten Rätseln, und obwohl sie ein kniffliges Problem durchaus zu schätzen wüßten, wären sie völlig hilflos, wenn sie selber eins komponieren sollten.

Die Inspiration, die den Entwurf einer solchen Schachaufgabe begleitet, ist von quasimusikalischer, quasipoetischer oder, um ganz genau zu sein, von poetisch-mathematischer Art. Häufig spürte ich in einem günstigen Augenblick mitten am Tag, am Rande irgendeiner trivialen Beschäftigung, im müßigen Gefolge eines flüchtigen Gedankens, wie ich vor lebhaftem geistigem Vergnügen zusammenzuckte, während sich unversehens die Knospe eines Schachproblems in meinem Kopf öffnete und mir eine Nacht der Mühsal und Glückseligkeit versprach. Vielleicht war es eine neue Art und Weise, einen ungewöhnlichen strategischen Kunstgriff mit einer ungewöhnlichen Verteidigung zu kombinieren; vielleicht war es ein seltsam stilisierter und darum unvollständiger Eindruck von der tatsächlichen Figurenstellung, die endlich und mit Humor und Anmut einen schwierigen Grundgedanken ausdrücken würde, an dem ich vorher gescheitert war; oder es war eine bloße Bewegung der verschiedenen, von Schachfiguren dargestellten Kräfteeinheiten im Nebel meines Gehirns – eine Art schneller Pantomime, die neue Harmonien und neue Konflikte in Aussicht stellte; was es auch war, es war jedenfalls ein besonders anregendes Gefühl, und das einzige, was ich heute bedaure, ist, daß das besessene Hantieren mit geschnitzten Figuren oder ihren geistigen Gegenstücken während meiner überschwenglichsten und fruchtbarsten Jahre so viel Zeit verschlang, die ich besser auf sprachliche Abenteuer hätte verwenden können.

Die Fachleute unterscheiden mehrere Schulen der Problemkunst: die anglo-amerikanische, die genaue Konstruktion mit überraschenden inhaltlichen Mustern vereint und sich nicht an konventionelle Regeln hält; die wilde Pracht der neudeutschen Schule; die höchst vollendeten, aber unangenehm glatten und faden Produkte des Böhmischen Stils mit seiner strengen Beachtung gewisser künstlicher Bedingungen; die alten russischen Endspielstudien, die funkelnde Gipfel der Kunst erreichen, und das mechanische sowjetische Problem vom Task-Typ, das an Stelle von künstlerischer Strategie die Themen plump bis zum Rande ihrer Kapazität erweitert. Themen, sollte man hinzusetzen, sind beim Schachspiel etwa Kunstgriffe wie Weglenkung, Abfangen, Fesselung, Entfesselung und so weiter; aber nur wenn sie in einer bestimmten Art und Weise kombiniert werden, ist ein Schachproblem befriedigend. Täuschungsmanöver bis zur Grenze des Diabolischen und eine Originalität, die ans Groteske grenzte, waren mein strategisches Ideal, und obwohl ich versuchte, mich bei der Komposition wo irgend möglich an die klassischen Regeln wie Ökonomie, Einheitlichkeit und Beseitigung alles überflüssigen Materials zu halten, war ich jederzeit bereit, die Reinheit der Form den Erfordernissen eines phantastischen Inhalts zu opfern, so daß die Form sich auswölbte und platzte wie ein Waschbeutel, in dem ein kleiner wilder Kobold steckt.

Es ist nicht dasselbe, den Hauptgedanken eines Schachproblems zu ersinnen und es im einzelnen zu konstruieren. Eine gewaltige geistige Anstrengung ist nötig; das Element der Zeit schwindet völlig aus dem Bewußtsein: Die Hand des Konstrukteurs langt nach einem Bauern im Kasten, schließt sich um ihn, während der Geist noch darüber nachdenkt, ob ein Zug pariert, ein Loch gestopft werden muß, und wenn sich die Faust wieder öffnet, ist vielleicht eine geschlagene Stunde verstrichen, in der glühenden Gehirntätigkeit des Tüftlers zu Asche verbrannt. Das Schachbrett vor ihm ist ein Magnetfeld, ein System von Kräften und Abgründen, ein Sternenfirmament. Die Läufer streichen wie Scheinwerfer darüber hin. Dieser oder jener Springer ist ein Hebelarm, der angelegt und ausprobiert wird, und noch einmal und besser angelegt, und noch einmal ausprobiert, bis die Aufgabe den notwendigen Grad an Schönheit und Überraschung erreicht hat. Wie oft habe ich darum gerungen, die schreckliche Macht der weißen Königin so zu fesseln, daß es kein Mattdual geben konnte! Man muß sich darüber im klaren sein, daß der Kampf bei Schachproblemen nicht eigentlich zwischen Weiß und Schwarz stattfindet, sondern zwischen dem Problemautor und dem hypothetischen Löser (genau wie in einem erstklassigen Roman der wirkliche Zusammenstoß nicht zwischen den Figuren, sondern zwi-

schen dem Verfasser und der Welt stattfindet), so daß
der Wert eines Problems zu einem großen Teil von der
Zahl der Versuche abhängt – täuschende Eröffnungen,
falsche Fährten, trügerische Lösungswege, mit Scharf-
sinn und Liebe entworfen, um den Löser in die Irre zu
führen. Doch was ich auch über diesen Gegenstand
sage, es will mir nicht recht gelingen, das Vergnügen
deutlich zu machen, welches der Kern dieses Vorgangs
ist, seine Berührungspunkte mit verschiedenen anderen, offenkundigeren und produktiveren Tätigkeiten
des schöpferischen Geistes, vom Kartographieren gefährlicher Meere bis zur Niederschrift eines jener un-
glaublichen Romane, bei denen sich der Autor in einem
Anfall klarsichtigen Wahnsinns gewisse nur für ihn
allein geltende Regeln gesetzt hat, an die er sich nun
hält, gewisse alptraumhafte Hindernisse, die er jetzt
überwindet, freudig wie eine Gottheit, die aus den un-
wahrscheinlichsten Bestandteilen eine lebende Welt er-
richtet – Felsen und Kohlenstoff und blinden Zuckungen. Mit der Komposition von Schachproblemen geht
eine gelinde körperliche Befriedigung einher, besonders
wenn die Figuren bei einer Generalprobe beginnen,
den Traum des Verfassers angemessen zu verwirkli-
chen. Man fühlt sich geborgen (ein Gefühl, das auf die
Kindheit zurückgeht, auf das Planen von Spielen im
Bett, wobei einzelne Spielzeugteile in die Winkel des
Gehirns paßten); es gibt eine angenehme Art, eine Figur hinter einer anderen zu verstecken und mitten in
der Sorglosigkeit und Wärme eines entlegenen Feldes
aus dem Hinterhalt überfallen zu lassen; und man hat
das Gefühl, es mit dem weichen Lauf einer gut geölten

und glänzenden Maschine zu tun zu haben, die angenehm auf die Berührung zweier gespreizter Finger reagiert, welche einen Stein sacht anheben und sacht wieder senken.

Ich erinnere mich an ein bestimmtes Problem, dessen Komposition ich monatelang versucht hatte. Es kam eine Nacht, als es mir endlich gelang, jenen besonderen Grundgedanken darzustellen. Die Aufgabe war zur Erbauung sehr fachkundiger Löser bestimmt. Es war nicht ausgeschlossen, daß arglosen Leuten die Pointe des Problems völlig entgehen würde, daß sie seine ziemlich einfache, «thetische» Lösung finden würden, ohne durch die angenehmen Qualen zu gehen, die für den Kenner bereitet waren. Dieser würde zunächst auf ein täuschendes Spielmuster hereinfallen, das auf einem modischen avantgardistischen Gedanken beruhte (den weißen König dem Schach auszusetzen), welches der Problemkomponist unter größten Mühen als Falle eingeführt hatte (und das durch einen obskuren kleinen Zug eines unscheinbaren Bauern über den Haufen geworfen werden konnte). Hat er dieses «antithetische» Inferno durchschritten, so findet der nunmehr mit allen Wassern gewaschene Löser den einfachen Schlüsselzug (Läufer auf c2) wie jemand, der über Vancouver, Eurasien und die Azoren von New York nach Albany fährt. Das angenehme Erlebnis des Umwegs (seltsame Landschaften, Gongs, Tiger, exotische Sitten, ein Hochzeitspaar, das das heilige Feuer einer irdenen Feuerschale auf einem Dreifuß dreimal umschreitet) belohnte ihn reichlich für das Elend der Täuschung, und wenn er darauf den einfachen Schlüsselzug fand, so wurde ihm eine Synthese tiefer künstlerischer Freude zuteil.

Ich erinnere mich, wie ich langsam aus einer Ohnmacht konzentrierter Schachgrübelei erwachte, und vor mir auf dem großen englischen Schachbrett aus hellgelbem und scharlachrotem Leder war endlich die makellose Stellung wie ein Sternbild ins Gleichgewicht gebracht. Sie funktionierte. Sie lebte. Meine Staunton-Schachfiguren (ein zwanzig Jahre alter Satz, den mir der anglisierte Bruder meines Vaters, Konstantin, geschenkt hatte), herrlich massive Figuren aus gelbbraunem oder schwarzem Holz und teils über zehn, elf Zentimeter hoch, präsentierten ihre glänzenden Umrisse, als wären sie sich ihrer Rolle bewußt. Bei genauem Hinsehen mußte man allerdings leider feststellen, daß einige Figuren abgeplatzt waren (nachdem sie fünfzig oder sechzig Umzüge von einer Behausung in die andere mitgemacht hatten), doch oben auf dem Turm des Königs und auf der Stirn seines Springers war noch eine aufgemalte kleine karmesinrote Krone erkennbar, die an das runde Zeichen auf der Stirn eines glücklichen Hindus erinnerte.

Ein kleiner Zeitbach im Vergleich zu ihrem zugefrorenen See auf dem Schachbrett, zeigte meine Uhr halb vier. Es war Mai – Mitte Mai 1940. Nach einem Monat des Bettelns und Schimpfens war einen Tag zuvor der richtigen Ratte in der richtigen Dienststelle ein Emetikum in Form einer Bestechung verabfolgt worden und hatte endlich zu einem Ausreisevisum geführt, das wiederum die Voraussetzung für die Genehmigung war, den Atlantik zu überqueren. Plötzlich hatte ich das Ge-

Ein im April 1940 in Paris aufgenommenes Nansen-Paß-Bild von Véra, der Frau des Autors, und seinem fünfjährigen Sohn Dmitri. Ein paar Wochen später, im Mai, ging das letzte Kapitel unserer europäischen Periode zu Ende, wie es in diesem Buch endet.

fühl, daß mit der Vollendung meines Schachproblems
eine ganze Periode meines Lebens zu einem befriedigenden Abschluß gekommen war. Um mich her
herrschte tiefe Stille, nur meine Erleichterung verursachte sozusagen einen leichten Wellengang. Im Ne-
benzimmer schliefst Du und unser Sohn. Die Lampe
auf meinem Tisch trug eine Haube aus blauem Zucker-
hutpapier (eine erheiternde militärische Vorsichtsmaß-
nahme), und ihr Licht verlieh den Voluten der von
Tabakrauch schweren Luft eine mondscheinhafte Färbung. Undurchsichtige Vorhänge trennten mich vom
verdunkelten Paris. Die Schlagzeile einer Zeitung, die
von dem Sitz eines Stuhles hinabhing, verkündete Hitlers Überfall auf die Niederlande.

Vor mir habe ich das Blatt Papier, auf das ich in jener
Nacht in Paris das Diagramm des Problems zeichnete.
Weiß: König auf a7 (das heißt erste Linie, siebente
Reihe), Königin auf b6, Türme auf f4 und h5, Läufer
auf e4 und h8, Springer auf d8 und e6, Bauern auf b7
und g3; Schwarz: König auf e5, Turm auf g7, Läufer auf
h6, Springer auf e2 und g5, Bauern auf c3, c6 und d7.
Weiß zieht an und setzt in zwei Zügen matt. Die falsche
Fährte, der unwiderstehliche Versuch ist: Bauer auf b8,
um ihn in einen Springer zu verwandeln, und drei
schöne Mattbilder als Antwort auf das Abzugsschach
von Schwarz sind die Folge; doch Schwarz kann die
ganze brillante Rechnung über den Haufen werfen, indem er Weiß nicht Schach bietet und statt dessen
irgendwo anders auf dem Brett einen bescheidenen
Wartezug ausführt. In der einen Ecke des Blattes mit
dem Diagramm befindet sich ein Stempel, der auch an-

dere Papiere und Bücher schmückt, die ich im Mai 1940 aus Frankreich mit nach Amerika nahm. Es ist ein kreisförmiger Abdruck in der letzten Farbe des Spektrums – *violet de bureau*. In seiner Mitte stehen zwei Ciceroversalien, *R. F.*, natürlich eine Abkürzung für *République Française*. Andere Buchstaben in einem kleineren Schriftgrad, die kreisförmig darumlaufen, ergeben: *Contrôle des Informations*. Jedoch erst heute, viele Jahre später, kann die Information, die in meinen Schachsymbolen versteckt war und die jene Kontrolle durchgehen ließ, verraten werden – und erst heute wird sie verraten.

Kapitel 15

1

Sie entgleiten, Postume, Postume, die fliehenden Jahre
– um eine herzzerreißende horazische Modulation zu
gebrauchen. Die Jahre vergehen, Liebe, und sehr bald
wird niemand mehr wissen, was wir beide wissen. Unser Kind wächst heran: die Rosen von Paestum, vom
nebligen Paestum, sind dahin; Schwachköpfe mit einer
Vorliebe für Mechanik spielen und stümpern mit
Naturgewalten, die offenbar von friedfertigen Mathematikern zu ihrer eigenen geheimen Überraschung herbeigeahnt wurden; so ist es vielleicht an der Zeit, alte
Aufnahmen in Augenschein zu nehmen, Höhlenzeichnungen von Zügen und Flügen, Sedimentschichten von
Spielzeug in der hölzernen Kleiderkammer.

Wir wollen noch weiter zurückgehen, zu einem Morgen im Mai 1934, und im Hinblick auf diesen Fixpunkt
den Plan eines Stadtteils von Berlin aufzeichnen. Um
fünf Uhr früh war ich auf dem Nachhauseweg von der
Entbindungsklinik in der Nähe des Bayerischen Platzes, in die ich Dich ein paar Stunden vorher gebracht
hatte. Frühlingsblumen schmückten die Portraits von
Hindenburg und Hitler im Schaufenster eines Ladens,

in dem Bilderrahmen und kolorierte Photographien verkauft wurden. In den Fliederbüschen und Linden hielten linksorientierte Spatzengruppen laute Morgenversammlungen ab. Das klare Morgenlicht hatte die eine Seite der leeren Straße völlig entblößt. Auf der anderen Seite sahen die Häuser noch blau aus vor Kälte, und verschiedene lange Schatten wurden nach und nach teleskopartig zusammengeschoben, nüchtern, wie es die Art eines jungen Tages ist, wenn er in einer gepflegten, reichlich bewässerten Stadt die Nacht ablöst, in einer Stadt, wo unter den kräftigen Düften der Schattenbäume der durchdringende Geruch geteerter Straßendecken liegt; mir jedoch schien die visuelle Seite der Sache ganz neu, wie irgendeine neue Art und Weise, den Tisch zu decken, da ich jene Straße nie zuvor im Morgengrauen gesehen hatte, obwohl ich doch – kinderlos – an sonnigen Abenden oftmals dort vorübergekommen war.

In der Reinheit und Leere der weniger vertrauten Tageszeit befanden sich die Schatten auf der falschen Seite der Straße und verliehen ihr das Aussehen nicht uneleganter Umkehrung, wie wenn man im Spiegel eines Friseurladens das Schaufenster sieht, zu dem der melancholische Friseur beim Abziehen des Rasiermessers hinblickt (wie sie es in solchen Augenblicken alle tun), und eingerahmt von jenem gespiegelten Fenster ein Stück Gehsteig, der eine Prozession unbeteiligter Fußgänger in die falsche Richtung schiebt, in eine abstrakte Welt, die unversehens aufhört, lustig zu sein, und einen Sturzbach des Schreckens entfesselt.

Immer wenn ich beginne, an meine Liebe zu einem

Menschen zu denken, habe ich die Gewohnheit, von dieser Liebe aus – von meinem Herzen aus, vom zarten Kern privater Materie aus – Radien zu ungeheuerlich entfernten Punkten des Weltalls zu ziehen. Etwas zwingt mich, das Bewußtsein meiner Liebe an so unvorstellbaren und unberechenbaren Dingen wie dem Verhalten von Spiralnebeln zu messen (deren Entfernung allein schon eine Form des Wahnsinns ist), an den furchtbaren Fallgruben der Ewigkeit, dem Unerkennbaren hinter dem Unbekannten, der Hilflosigkeit, den kalten, Übelkeit bereitenden Involutionen und Durchdringungen von Zeit und Raum. Es ist eine schlimme Gewohnheit, aber ich bin machtlos dagegen. Sie ist der unwillkürlichen Zungenbewegung eines Schlaflosen vergleichbar, der in der Nacht seines Mundes einen hohlen Zahn abtastet, sich weh tut dabei und dennoch fortfährt. Ich habe Menschen gekannt, die, wenn sie aus Versehen bestimmte Dinge – einen Türpfosten, eine Wand – berührt hatten, sehr schnell und nach einem bestimmten System eine Reihe anderer Dinge anfassen mußten, ehe ihr seelisches Gleichgewicht wiederhergestellt war. Ich kann dem nicht abhelfen; ich muß wissen, wo ich stehe, wo Du stehst und wo mein Sohn. Wenn jene lautlose Zeitlupenexplosion der Liebe in mir stattfindet, ihre zart zerfließenden Ränder entfaltet und mich mit dem Gefühl von etwas viel Weiterem, viel Dauerhafterem und Mächtigerem überwältigt, als es die Anhäufung von Materie und Energie in irgendeinem denkbaren Kosmos sein kann, dann kann mein Geist nichts anderes tun, als sich zu kneifen, um zu sehen, ob er auch wirklich wach ist. Ich muß eine schnelle

Inventur des Universums machen, genau wie ein Mensch im Traum die Absurdität seiner Lage entschuldigt, indem er sich vergewissert, daß er träumt. Der ganze Weltraum, die ganze Zeit muß an meinem Gefühl teilhaben, an meiner sterblichen Liebe, so daß ihrer Vergänglichkeit die Spitze genommen wird und ich eher imstande bin, gegen die tiefe Erniedrigung, gegen die Lächerlichkeit und Entsetzlichkeit der Einsicht anzukämpfen, in einem endlichen Leben eine Unendlichkeit an Fühlen und Denken hervorgebracht zu haben.

Da ich in meiner Metaphysik ein eingefleischter Nicht-Gewerkschafter bin und keinerlei Bedürfnis nach organisierten Besichtigungsfahrten durch anthropomorphe Paradiese verspüre, bin ich auf mich selbst, auf meine eigenen nicht unbeträchtlichen Einfälle angewiesen, wenn ich mich auf die besten Dinge des Lebens besinne; wenn ich wie jetzt an mein fast *couvade*-artiges Verhältnis zu unserem Kind zurückdenke. Du erinnerst Dich an unsere Entdeckungen (die angeblich alle Eltern machen): die vollkommene Gestalt der Miniaturfingernägel an der Hand, die Du mir schweigend zeigtest, während sie wie ein gestrandeter Seestern in Deiner Handfläche ruhte; die Textur der Haut der Gliedmaßen und der Wangen, auf die Du mit gedämpfter, von weit her kommender Stimme aufmerksam machtest, als könne nur die Zartheit der Entfernung die Zartheit der Berührung ausdrücken; jenes schwebende, schräge, schwer faßbare Etwas in der dunkelblauen Färbung der Iris, die immer noch die Schatten zu enthalten schien, welche sie in alten, sagenhaften Wäldern in sich aufgenommen hatte, wo es mehr Vögel als Tiger und mehr Früchte als Dornen gab und wo in einem schattigen Versteck der Geist des Menschen geboren worden war; und vor allem den ersten Ausflug des kleinen Wesens in die nächste Dimension, die neu geknüpfte Verbindung zwischen Auge und erreichbarem Gegenstand, die die geschäftstüchtigen Herren von der Biometrik oder vom Rattenlabyrinth-Syndikat glauben erklären zu können. Es kommt mir der Gedanke, daß die genaueste Entsprechung zur Geburt des Geistes, der man habhaft werden kann, jene jähe verwunderte Überraschung ist, die der Mensch empfindet, wenn er ein Gewirr von Zweigen und Blättern anschaut und plötzlich merkt, daß ein anscheinend ganz natürlicher Teil dieses Gewirrs in Wahrheit ein Insekt oder ein Vogel mit wunderbarer Tarnung ist.

Auch gewährt es ein inniges Vergnügen (und was sollte wissenschaftliche Bemühung schließlich anderes gewähren?), wenn man sich das Rätsel der Entstehung des menschlichen Geistes erklärt, indem man eine sinnenfrohe Pause im Wachstum der übrigen Natur annimmt, eine Ruhe und Muße, die erst die Bildung des *Homo poeticus* erlaubte – ohne den der *sapiens* niemals entstanden wäre. «Kampf ums Dasein», ach was! Der Fluch des Kampfs und der Plackerei läßt den Menschen wieder zum wilden Eber werden, wirft ihn zurück auf die besessene Futtersuche des grunzenden Viehs. Du und ich, wir haben oft Bemerkungen über den irrsinnigen Glanz im Blick einer ränkevollen Hausfrau getauscht, der über die Waren in einem Lebensmittelladen oder die Morgue einer Schlachterei hinschweift.

Proletarier aller Länder, tretet auseinander! Die alten Bücher sind im Irrtum. An einem Sonntag wurde die Welt geschaffen.

2

In den ersten Lebensjahren unseres Sohnes, im Hitler-Deutschland wie im Maginot-Frankreich, ging es uns meist ziemlich schlecht, doch großzügige Freunde sorgten dafür, daß er das Beste bekam, was es gab. Obwohl es nicht in unserer Macht stand, viel dagegen zu tun, hatten wir beide gemeinsam ein wachsames Auge auf jeden möglichen Riß zwischen seiner Kindheit und unserem eigenen Wiegendasein in der opulenten Vergangenheit, und hier kommen jene freundlichen Genien ins Spiel, die den Riß jedesmal heilten, wenn er sich zu öffnen drohte. Außerdem hatte die Wissenschaft der Säuglingspflege den gleichen phänomenalen, stromlinienförmigen Fortschritt gemacht wie die Luftfahrt und der Ackerbau – als *ich* neun Monate alt war, gab es nicht ein Pfund durchgeseihten Spinat zu einer Mahlzeit oder am Tag den Saft von zwölf Apfelsinen; und die pädiatrische Hygiene, die Du einführtest, war ungleich künstlerischer und gewissenhafter als alles, was sich Kinderfrauen in unseren Tagen einfallen ließen.

Ich glaube, bürgerliche Väter – Arbeiter mit Eckenkragen in Nadelstreifenhosen, würdige, an den Bürostuhl gefesselte Väter im Unterschied zu den jungen amerikanischen Veteranen von heute oder zu einem glücklichen, arbeitslosen russischen Emigranten vor fünfzehn Jahren – werden kein Verständnis für mein Verhältnis zu unserem Kind haben. Immer wenn Du es hochhieltest, gesättigt von seiner warmen Babynahrung und so ernst wie ein Götze, und auf das postlaktische Fertigsignal wartetest, ehe Du aus dem senkrechten Säugling einen waagerechten machtest, nahm ich sowohl an Deinem Warten als auch an dem bedrängenden Gefühl seiner Sattheit teil, das ich noch übertrieb – so daß ich Deinen fröhlichen Glauben an die schleunige Beseitigung eines für mein Gefühl quälenden Druckes ziemlich unpassend fand; und wenn am Ende die unverblümte kleine Blase aufstieg und in seinem ernsten Mund barst, war ich angenehm erleichtert, während Du einen Glückwunsch murmeltest und Dich tief hinunterbeugtest, um das Kind in das weißgerandete Zwielicht seines Bettchens zu legen.

Weißt Du, daß ich in meinen Handgelenken immer noch gewisse Echos der Kunst des Kinderwagenschiebens spüre, zum Beispiel den weichen Druck nach unten, den man auf den Griff ausübte, damit sich der Wagen auf die Hinterräder stellte und den Bordstein erklomm? Der erste war ein kompliziertes mausgraues Vehikel belgischen Ursprungs mit fetten autoiden Reifen und luxuriöser Federung, so groß, daß er nicht in unseren winzigen Fahrstuhl paßte. Als langsames, würdevolles Geheimnis rollte er die Bürgersteige entlang, und das gefangene Baby lag auf dem Rücken, mit Daunen, Seide und Pelzwerk gut zugedeckt; nur seine Augen bewegten sich achtsam, und manchmal richteten sie sich mit einer raschen Bewegung ihrer langen Wimpern nach oben, um das Zurückweichen der zweigge-

musterten Bläue zu verfolgen, die vom Rand des halb
hochgeklappten Verdecks des Wagens wegströmte, und
gleich darauf warf er meinem Gesicht einen mißtraui-
schen Blick zu, um sich zu überzeugen, ob nicht vielleicht Himmel und Bäume, die foppend über ihm da-
hinstrichen, von derselben Art waren wie Klappern
und väterlicher Humor. Darauf folgte ein leichterer
Wagen, und in ihm versuchte er, im Fahren aufzuste-
hen; er zerrte an den Riemen; klammerte sich an den
Seiten fest; stand aufrecht – weniger ein schwankender
Passagier auf einem Vergnügungsdampfer als ein trun-
kener Wissenschaftler in einem Raumschiff; musterte
das bunte Durcheinander einer lebenden, warmen
Welt; beäugte mit philosophischem Interesse das Kissen, das er glücklich über Bord geworfen hatte; und fiel
selber hinaus, als eines Tages ein Gurt riß. Später fuhr
er in einem jener kleinen Vehikel, Sportwagen genannt;
von den anfänglichen federnden und sicheren Höhen
kam er dem Erdboden immer näher, bis er im Alter von
etwa anderthalb Jahren den Boden berührte, indem er
von seinem Sitz aus nach vorn rutschte und mit den
Absätzen auf den Gehsteig trommelte, in der Erwartung, in irgendeinem Park freigelassen zu werden. Eine
neue Welle der Evolution begann anzuschwellen und
ihn nach und nach wieder emporzutragen, als er zu seinem zweiten Geburtstag einen ein Meter zwanzig langen silbernen Mercedes-Rennwagen erhielt, der wie ein
Harmonium mittels innen angebrachter Pedalen ange-
trieben wurde und in dem er pumpend und rasselnd
den Bürgersteig des Kurfürstendamms auf und ab fuhr,
während aus den offenen Fenstern das vervielfältigte

Gebrüll eines Diktators drang, der sich immer noch in jenem Neandertal an die Brust trommelte, das wir weit hinter uns gelassen hatten.

Vielleicht wäre es lohnend, sich in die entwicklungsgeschichtlichen Aspekte der Leidenschaft zu vertiefen, die kleine Jungen allem, was auf Rädern rollt, entgegenbringen, insbesondere Eisenbahnzügen. Natürlich, wir wissen, was der Wiener Quacksalber davon hielt. Sollen er und seine Reisegenossen in ihrem Gedankenwagen dritter Klasse durch den Polizeistaat der Sexualmythologie schuckeln (was für ein großer Irrtum übrigens von den Diktatoren, die Psychoanalyse zu ignorieren – wie leicht ließe sich eine ganze Generation durch sie verderben!). Das schnelle Wachstum, das quantenschnelle Denken, die Berg-und-Talbahn des Kreislaufsystems – alle Formen der Vitalität sind Formen der Geschwindigkeit, und es nimmt nicht wunder, daß ein heranwachsendes Kind die Natur zu übertreffen sucht, indem es eine minimale Spanne der Zeit mit einem maximalen Genuß des Raumes füllt. Die Möglichkeiten, stärker und schneller zu sein als die Schwerkraft, die Anziehungskraft der Erde zu überwinden oder es ihr im Spiel gleichzutun, gewähren ein geistiges Vergnügen, das im Grunde seines Herzens jeder sucht. Das wunderbare Paradox glatter runder Gegenstände, die den Raum besiegen, indem sie sich selber immer und immer wieder überschlagen, anstatt zur Fortbewegung mühsam schwere Gliedmaßen zu heben, muß der jungen Menschheit einen höchst heilsamen Schock versetzt haben. Das Freudenfeuer, in das der träumerische, kleine, auf seinen nackten Schenkeln kauernde Wilde

starrte, oder das unerbittliche Vorrücken eines Wald-
brandes – auch das, vermute ich, hat das eine oder andere
Chromosom hinter Lamarcks Rücken beeinflußt, auf
jene geheimnisvolle Weise, die die abendländischen Ge-
netiker ebenso ungern erhellen, wie sich Berufsphysiker
darüber unterhalten, was außerhalb des Universums
liegt, wo genau sich die Krümmung befindet; denn jede
Dimension setzt ein Medium voraus, in dem sie wirksam
werden kann, und wenn sich bei der spiralförmigen Auf-
wicklung der Dinge der Raum so krümmt, daß er der
Zeit verwandt wird, und die Zeit ihrerseits dem Denken, dann gesellt sich gewiß eine neue Dimension den
anderen hinzu – ein besonderer Raum vielleicht, nicht
der alte, möchten wir hoffen, sofern die Spiralen nicht
wieder zu Teufelskreisen werden.

Doch wie dem auch sei – die Brücken, auf denen wir
mit unserem kleinen Sohn zwischen seinem zweiten
und seinem sechsten Lebensjahr stundenlang warteten,
bis unten endlich ein Zug kam, sie werden wir niemals
vergessen, Du und ich, und immer werden wir sie verteidigen, auf diesem oder sonst einem Schlachtfeld. Ich
habe gesehen, wie ältere und weniger glückliche Kinder
einen Augenblick stehen blieben und sich über das Geländer beugten, um in den asthmatischen Schornstein
einer Lokomotive zu spucken, die unten zufällig vorüberkam, aber Du bist genausowenig bereit wie ich, zu-
zugeben, daß das normalere Kind dasjenige ist, welches
die ziellose Begeisterung einer obskuren Ekstase prag-
matisch auflöst. Du tatest nichts, die stundenlangen
Aufenthalte auf windigen Brücken zu verkürzen oder
vernünftig zu begründen, bei denen unser Kind mit

grenzenlosem Optimismus und grenzenloser Geduld darauf hoffte, daß ein Signal ruckte und dort, wo all die vielen Gleise in der Ferne zwischen kahlen Hausrückwänden zusammenliefen, eine Lokomotive Gestalt annahm und langsam größer wurde. An kalten Tagen trug er einen Lammfellmantel und eine dazugehörige Mütze, beide bräunlich und mit einem rauhreifartigen Grau gesprenkelt, und zusammen mit seinen Fausthandschuhen und der Glut seiner Hoffnungsfreudigkeit hielten sie ihn warm, und auch Dich wärmten sie, denn um zu verhindern, daß Deine zarten Finger kalt wurden, brauchtest Du nichts weiter zu tun, als eine seiner Hände abwechselnd in Deiner rechten und Deiner linken zu halten; ungefähr jede Minute einmal wechseltest Du sie und stauntest über das unglaubliche Wärmequantum, das der Körper eines großes Babys abzugeben vermag.

3

Außer den Geschwindigkeitsträumen oder in Verbindung mit ihnen liegt in jedem Kind der nur dem Menschen eigene Trieb, die Erde neu zu formen, eine bröcklige Umwelt zu bearbeiten (es sei denn, es ist ein geborener Marxist oder ein Leichnam und wartete ergeben, daß die Umwelt ihn formt). Darum macht es einem Kind soviel Spaß, im Sand zu buddeln und für seine Lieblingsspielsachen Straßen und Tunnel zu bauen. Unser Sohn besaß ein winziges Modell von Sir Malcolm Campbells «Bluebird» aus lackiertem Stahl und mit abnehmbaren Reifen, damit spielte er endlos auf dem Boden, und die Sonne machte eine Art Nimbus aus seinem langen hellen Haar und ließ seinen bloßen Rücken, über den kreuzweise die Träger seines marineblauen Strickhöschens liefen, sahnebonbonfarben erscheinen (wenn er ausgezogen war, sah man unter dieser Hose einen Hosenboden und Gurte von natürlichem Weiß). Niemals in meinem Leben habe ich auf so vielen Bänken und Parkstühlen, Steinplatten und Steinstufen, Terrassenbrüstungen und Bassinrändern gesessen wie in jenen Tagen. Die überlaufenen Kiefernwälder um den Berliner Grunewaldsee suchten wir nur selten auf. Du bezweifeltest, daß ein Ort sich Wald nennen dürfe, der so voller Abfall ist, so übersät mit Gerümpel, ganz im Gegensatz zu den sauberen, befangenen Straßen der benachbarten Stadt. Kuriose Sachen tauchten in diesem Grunewald auf. Der Anblick eines eisernen Bettgestells, das mitten auf einer Lichtung die Anatomie seiner Federn zur Schau stellte, oder die Gegenwart einer schwarzen Schneiderbüste unter einem blühenden Weißdornbusch warf die Frage auf, wer sich wohl die Mühe gemacht hatte, diese und andere überall verstreute Gegenstände an so entlegene Stellen eines weglosen Waldes zu transportieren. Einmal stieß ich auf einen übel zugerichteten, aber immer noch wachsamen Spiegel voller Waldreflexe – er hatte sich sozusagen an einer Mischung von Bier und Chartreuse betrunken –, der mit surrealistischer Keckheit an einem Baumstamm lehnte. Vielleicht waren solche störenden Fremdkörper auf den bürgerlichen Lustgefilden eine bruchstückhafte Vision des kommenden Durcheinanders, ein propheti-

scher Angsttraum von zerstörerischen Explosionen, so
etwas wie der Haufen toter Köpfe, den der Seher Cagliostro im Grenzgraben eines königlichen Gartens erblickte. Und näher am See war der Wald im Sommer,
besonders an Sonntagen, von menschlichen Körpern in
verschiedenen Stadien der Nacktheit und der Sonnen-
bräune übersät. Nur die Eichhörnchen und manche
Raupen behielten ihre Kleidung an. Graufüßige Haus-
frauen saßen in Unterwäsche auf schmierigem grauem
Sand; widerwärtige Männer mit Seehundstimmen
hüpften in schlammigen Badehosen umher; bemerkenswert hübschen, aber ungepflegten Mädchen, bestimmt, ein paar Jahre später – Anfang 1946, um genau
zu sein – eine unzeitige Brut von Kindern mit turkmeni-
schem oder mongolischem Blut in den unschuldigen
Adern zur Welt zu bringen, lief man nach und gab ihnen
einen Klaps auf die Hinterpartie (worauf sie «Auaa!»
schrien); und die Ausdünstungen dieser unglückseligen, ausgelassenen Ausflügler und ihrer abgelegten
Kleidungsstücke (die ordentlich hier und da auf dem
Boden ausgebreitet waren) vermischten sich mit dem
Gestank stagnierenden Wassers zu einem Inferno von
Gerüchen, wie ich es nirgendwo sonst wiedergefunden
habe. In den öffentlichen Anlagen und Stadtparks durften sich die Berliner nicht ausziehen; doch immerhin
durften die Hemden aufgeknöpft werden, und Reihen
junger Männer von betont nordischem Aussehen saßen
mit geschlossenen Augen auf Bänken und setzten die
Pickel auf Stirn und Brust der national anerkannten
Wirkung der Sonne aus. Der zimperliche und vielleicht
übertriebene Schauder, der aus diesen Bemerkungen

spricht, mag auf unsere stetige Furcht zurückzuführen sein, unser Kind irgendwie angesteckt oder beschmutzt zu sehen. Die Ansicht, kleine Jungen müßten sich ungern waschen und Spaß am Töten haben, hieltest Du immer für entsetzlich banal und nicht bar eines besonderen Anflugs von Spießigkeit.

Gerne würde ich mich an jeden kleinen Park, den wir aufsuchten, erinnern; gerne verfügte ich über die Fähigkeit, die Professor Jack von der Harvard University und dem Arnold Arboretum seinen Studenten eingestand, Zweige mit geschlossenen Augen zu identifizieren, einfach an dem Geräusch, das sie machten, wenn sie durch die Luft geschwungen wurden («Weißbuche, Geißblatt, lombardische Pappel, ah – ein gefaltetes *Transcript*»). Recht häufig natürlich kann ich die geographische Lage dieses oder jenes Parks auf Grund irgendeines besonderen Merkmals oder einer Reihe von Merkmalen bestimmen: Zwergbuchsbaumhecken als Einfassung schmaler Kieswege, die alle zusammentreffen wie Leute in Theaterstücken; eine niedrige blaue Bank vor einer kuboiden Taxushecke; ein quadratisches Rosenbeet, darum ein Saum aus Heliotropen – das weist selbstverständlich auf die kleinen Parkanlagen an Straßenkreuzungen in den Vororten von Berlin. Genauso unmißverständlich deutet ein Stuhl aus dünnen Eisenstangen, unter dem ein wenig seitlich sein spinnengleicher Schatten liegt, oder ein angenehm hochmütiger, obwohl eindeutig psychopathischer kreisender Rasensprenger mit einem privaten Regenbogen in seinem sprühenden Staub über dem edelsteingeschmückten Gras auf einen Pariser Park; aber wie Du gewiß ver-

415

stehen wirst, ist das Auge des Gedächtnisses so fest auf eine kleine, auf dem Boden kauernde Figur gerichtet (sie lädt gerade einen Spielzeuglastwagen voll mit kleinen Steinchen oder betrachtet den hellen, nassen Gummi eines Gartenschlauches, an dem etwas von dem Kies, über den er gerade geschleift wurde, hängengeblieben ist), daß die verschiedenen Orte – Berlin, Prag, Franzensbad, Paris, die Riviera, wieder Paris, Cap d'Antibes und so weiter – alle Selbständigkeit einbüßen, ihre versteinerten Generale und dürren Blätter zusammentun, die Freundschaft ihrer verschränkten Pfade festigen und sich zu einer Föderation von Licht und Schatten verbünden, durch die anmutige Kinder mit bloßen Knien auf schwirrenden Rollschuhen gleiten.

Hin und wieder hilft ein wiedererkanntes Stück historischen Hintergrunds, einen Ort zu identifizieren – und setzt andere Verknüpfungen an die Stelle derer, die eine persönliche Schau nahelegt. Unser Sohn muß an jenem windigen Tag in Berlin (wo natürlich niemand der Bekanntschaft mit dem allgegenwärtigen Bild des Führers entgehen konnte) fast drei Jahre alt gewesen sein, als wir, er und ich, vor einem Beet mit bläßlichen Stiefmütterchen stehenblieben, deren jedes auf dem nach oben gewandten Gesicht einen schnurrbartartigen Fleck hatte, und auf meine ziemlich alberne Anregung hin Bemerkungen über ihre Ähnlichkeit mit einer Schar nickender kleiner Hitlers machten. Gleichermaßen kann ich einen blühenden Garten in Paris als den Ort angeben, wo ich 1938 oder 1939 ein stilles, etwa zehnjähriges Mädchen mit einem weißen Sphinxgesicht er-

416

blickte, das in seinen dunklen, schäbigen, der Jahreszeit nicht gemäßen Kleidern aussah, als sei es aus einem Waisenhaus geflohen (im Einklang damit sah ich später, wie zwei wehende Nonnen es mit sich zogen); es hatte einen lebendigen Schmetterling geschickt an einen Faden gebunden und führte das hübsche, schwach flatternde, ein wenig verkrüppelte Insekt an dieser elfischen Leine spazieren (vielleicht dem Nebenprodukt einer Menge zierlicher Näharbeit in jenem Waisenhaus). Bei meinen nüchternen entomologischen Untersuchungen auf unseren Reisen in die Pyrenäen oder Alpen hast Du mir oft unnötige Gefühllosigkeit vorgeworfen; wenn ich also die Aufmerksamkeit unseres Kindes von jener verhinderten Titania ablenkte, so nicht, weil ich Mitleid mit ihrem Roten Admirabel verspürte (im vulgären Sprachgebrauch ein Admiral), sondern weil ihrem tristen Zeitvertreib irgendeine vage abstoßende Symbolik eigen war. Es mag sein, daß er mich an den einfachen, altmodischen – und zweifellos immer noch üblichen – Trick französischer Polizisten erinnerte, Arbeiter mit geröteter Nase, die an Sonntagen krakeelen, mittels einer Art kleinen Angelhakens ins Gefängnis abzuführen, den sie in das ungepflegte, aber zarte und empfindliche Fleisch des Mannes stecken, um diesen so in einen fügsamen und sogar bereitwilligen Satelliten zu verwandeln. Du und ich, wir taten unser Bestes, die vertrauensvolle Liebe unseres Kindes mit wachsamer Liebe zu umgeben, aber unvermeidlich standen wir vor der Tatsache, daß der Schmutz, den Rowdys in einem Sandkasten auf dem Spielplatz zurückgelassen hatten, das geringste der denkbaren Ärgernisse war, und daß die Schrecken, die frühere Generationen im Geiste als Anachronismus abgetan hatten oder als Dinge, die sich nur in fernen Chanaten und Mandarinaten ereignen, uns allerorten umringten.

Als die Zeit fortschritt und der Schatten der von Narren gemachten Geschichte selbst die Genauigkeit der Sonnenuhren beeinträchtigte, zogen wir ruhelos durch Europa, und es hatte den Anschein, als reisten nicht wir, sondern jene Gärten und Parks. Le Nôtres radiale Alleen und komplizierte Blumenbeete wurden wie Züge auf Abstellgleisen zurückgelassen. In Prag, wohin wir im Frühjahr 1937 fuhren, um meiner Mutter unser Kind zu zeigen, gab es den Stromovka-Park mit seiner Atmosphäre freier, hügeliger Ferne hinter den von Menschenhand gepflegten Lauben. Du wirst Dich auch an die Steingärten mit alpinen Pflanzen erinnern – Fetthennekraut und Steinbrech –, die uns gewissermaßen in die Savoyer Alpen geleiteten, um uns auf einer Ferienreise Gesellschaft zu leisten (bestritten von dem Erlös aus einer Sache, die meine Übersetzer verkauft hatten), und uns dann wieder zurück in die Städte des Flachlands folgten. Hölzerne, an Baumstämme genagelte Hände mit Manschetten in den alten Parkanlagen von Kurorten zeigten in die Richtung, aus der das dumpfe Tamtam der Kurkonzerte kam. Ein intelligenter Weg begleitete die Fahrstrecke; nicht immer lief er parallel zu ihr, aber zwanglos fügte er sich ihrer Führung, und vom Ententeich oder Wasserlilientümpel schwang er sich spielerisch zurück, um sich an dieser oder jener Stelle, wo der Park einen Stadtvater-Komplex bekommen und sich ein Denkmal erträumt hatte, in die Platanenprozession einzureihen. Wurzeln, die Wurzeln unvergessenen Grüns, die Wurzeln der Erinnerung und die von stark riechenden Pflanzen, Wurzeln mit einem Wort sind imstande, lange Entfernungen zu überbrücken, indem sie über manche Hindernisse hinwegwachsen, andere durchdringen und sich in enge Spalten zwängen. So durchquerten jene Gärten und Parks mit uns Mitteleuropa. Kieswege versammelten sich an einem *rond-point* und blieben stehen, um zuzusehen, wie Du oder ich uns bückten und zusammenzuckten, wenn wir unter einer Ligusterhecke nach einem Ball suchten und auf dem dunklen, feuchten Boden nichts als einen gelochten malvenfarbenen O-Bus-Fahrschein oder ein Stückchen schmutziger Gaze finden konnten. Eine kreisförmige Bank lief um einen dicken Eichenstamm herum, um nachzusehen, wer auf der anderen Seite saß, und fand dort einen trübsinnigen Alten, der eine ausländische Zeitung las und in der Nase bohrte. Immergrün mit glänzenden Blättern um einen Rasen, wo unser Kind seinen ersten lebenden Frosch entdeckte, zerteilte sich in ein gestutztes Labyrinth der Baumschneidekunst, und Du sagtest baldigen Regen voraus. In einem weiteren Stadium unter weniger bleiernem Himmel gab es ein ansehnliches Aufgebot von dichten Rosengärten und verflochtenen Alleen, von Lattenwerk, das seine Rankengewächse schwingen ließ, bereit, sich bei gebotener Gelegenheit in die rankenden Reben säulengetragener Laubengänge zu verwandeln oder aber den Blick auf die altmodischste aller altmodischen öffentlichen Bedürfnisanstalten freizugeben, eine Art schäbigen Sommerhäuschens von zweifelhafter Sauberkeit mit einer schwarzgekleideten Wärterin, die auf seiner Schwelle schwarze Wollsachen strickte.

Ein mit Steinplatten belegter Pfad stieg vorsichtig bergab, jedesmal den gleichen Fuß voraussetzend; erst durch einen Schwertliliengarten; dann unter Buchen entlang; und schließlich in einen schnellen Weg verwandelt, der gemustert war von den groben Eindrücken von Pferdehufen. Die Gärten und Parks schienen sich immer schneller zu bewegen, als die Beine unseres Sohnes länger wurden, und als er etwa vier Jahre alt war, wandten sich die Bäume und blühenden Sträucher entschlossen zum Meer. Wie ein gelangweilter Bahnhofsvorsteher, den man einsam auf dem von der Geschwindigkeit gerafften Bahnsteig einer kleinen Station stehen sieht, wo der Zug, in dem man sitzt, nicht hält, entschwand dieser oder jener graue Parkwächter, während der Park weiter und weiter eilte und uns südwärts trug, hin zu den Orangen- und Erdbeerbäumen und dem Kükenflaum der Mimosen und der *pâte tendre* eines makellosen Himmels.

Stufenförmig angelegte Gärten an Hängen, eine Folge von Terrassen, auf denen von jeder Stufe ein grellgrüner Grashüpfer aufsprang, fielen von Kante zu Kante hinab zum Meer, und ihre Olivenbäume und Oleandersträucher stürzten geradezu übereinander, so eilig hatten sie es, endlich des Strands ansichtig zu werden. Dort kniete unser Kind reglos, um sich im bebenden Dunst der Sonne vor dem Geflimmer des Meeres photographieren zu lassen, das auf den Aufnahmen, die wir aufbewahrt haben, ein milchiger Schleier ist, in

Wahrheit jedoch von silbrigem Blau war, mit großen violetten Flecken weiter draußen, hervorgerufen von warmen Meeresströmungen in Zusammenarbeit mit und zur Bestätigung von beredten alten Dichtern (hörst Du die Steine, die die zurückflutende Welle mit sich wälzt?) und ihren heiteren Vergleichen. Und unter den zuckerzeugartigen Klümpchen meergeglätteten Glases – Zitrone, Kirsche, Pfefferminz –, den gestreiften Steinchen und den gegrillten, inwendig glänzenden kleinen Muscheln tauchten manchmal kleine Scherben von Tongefäßen auf, deren Glasur und Farbe immer noch gut erhalten waren. Sie wurden Dir oder mir zur Ansicht gebracht, und wenn sie indigoblaue Zickzack-leisten hatten oder Streifen von Blattornamenten oder andere lustige Embleme und für wertvoll gehalten wur-den, so fielen sie mit einem Klappern in den Spielzeug-eimer; wenn nicht, dann bezeichneten ein kurzes Auf-leuchten und ein Plumpsen ihre Rückkehr ins Meer. Ich bezweifle nicht, daß unter diesen ein wenig ausgehöhl-ten Majolikascherben, die unser Kind fand, auch dieje-nige war, deren schnörkelverzierter Rand genau in das Muster des Stückes paßte und es fortsetzte, das ich 1903 an der gleichen Küste gefunden hatte, und daß die bei-den mit einem dritten übereinstimmten, das meine Mutter 1882 an jenem Strand von Menton gefunden hatte, und mit einem vierten Stück des gleichen Gefä-ßes, vor hundert Jahren von *ihrer* Mutter aufgelesen – und so weiter, bis diese Sammlung der einzelnen Scher-ben, wären sie alle aufgehoben worden, zusammenge-setzt werden könnte, um die vollständige, die ganz und gar vollständige Schale zu bilden, die irgendein italieni-

sches Kind Gott weiß wann und wo zerbrochen hatte
und die nunmehr von *diesen* bronzenen Nieten zusammengehalten wird.

Im Herbst 1939 kehrten wir nach Paris zurück, und
um den 20. Mai des darauffolgenden Jahres herum waren wir wiederum am Meer, dieses Mal an der Westkü-
ste Frankreichs, in St. Nazaire. Ein letzter kleiner Garten umgab uns, als Du und ich und zwischen uns unser
inzwischen sechsjähriges Kind auf dem Weg zu den Ha-
fenanlagen waren, wo hinter den Gebäuden, die uns
den Blick verstellten, der Passagierdampfer *Champlain*
bereitlag, uns nach New York zu bringen. Die Franzosen nennen einen Garten wie jenen phonetisch *skwarr*
und die Russen *skwjer*, vielleicht, weil man seinesgleichen auf oder bei öffentlichen *squares* in England findet.
Angelegt an der letzten Grenze der Vergangenheit auf
der Schwelle zur Gegenwart, ist er mir nur als ein geo-
metrisches Muster im Gedächtnis, das ich zweifellos
ohne Schwierigkeit mit den Farben plausibler Blumen
auffüllen könnte, wäre ich unvorsichtig genug, das
Schweigen der reinen Erinnerung zu brechen, das ich
(abgesehen vielleicht von einem zufälligen Ohrenklin-
gen, an dem der Druck meines müden Blutes schuld ist)
nicht gestört und dem ich von Anfang an demütig ge-
lauscht habe. Was ich von diesem neutral blühenden
Muster wirklich in Erinnerung habe, ist seine gefällige
Beziehung zu transatlantischen Gärten und Parks; denn
plötzlich, als wir das Ende des Weges erreichten, er-
blickten Du und ich etwas, das wir unserem Kind nicht
sogleich zeigten, um den seligen Schock, das Entzücken
und die Freude ganz auszukosten, die es verspüren

422

würde, wenn es vor sich das unwahrscheinlich gigantische, über allen Realismus hinaus reale Urbild der verschiedenen Spielzeugschiffe erblickte, mit denen es in der Badewanne herumgeplanscht hatte. Dort vorne, wo eine unterbrochene Häuserreihe zwischen uns und dem Hafen stand und das Auge vielerlei irreführende Dinge entdeckte, etwa die hellblaue und rosarote Unterwäsche, welche an einer Wäscheleine einen Eiertanz vollführte, oder ein Damenfahrrad und eine gestreifte Katze, welche sich bizarrerweise in einen rudimentären Gußeisenbalkon teilten, konnte man mit größter Befriedigung zwischen den wirren Winkeln der Dächer und Mauern einen prachtvollen Schiffsschornstein ausmachen, der hinter der Wäscheleine wie ein Gegenstand in einem Vexierbild sichtbar wurde – Such, was der Matrose versteckt hat – und den man, hatte man ihn einmal gefunden, nicht mehr ungesehen machen konnte.

Register

Die kursiven Zahlen
verweisen auf Bildlegenden

Abbazia (Opatija) 29, 96, 111,
  122, 154
Ajchenwald, Julij Issajewitsch
  391
Ajwasowskij, Iwan Konstantinowitsch 84–85
Aldanow s. Landau
Alexej (Butler) 36
Alexej (Prinz) 77, 81
Andere Ufer (Conclusive Evi-
  dence/Speak, Memory; Dru-
  gije berega) 10
Amerika 7, *10–11, 14, 88,* 129,
  156–186 passim, 231, 322,
  350, 367, 422
Apostolskij, Prochor (Gärtner) 312

Badezimmer 107, 142, 220
Bakst, Leon (Lew Samojlo-
  witsch Rosenberg)
  216–217, 257
Batowo 17, 76–80, 155, 206,
  208, 264, 266
Beaulieu 122
Berlin 59–60, 152, 218, 269,
  275–280, 344, 350, 377,
  381, 382, 385, 402, 413–414
Biarritz 14, 161, *Abb,* 168,
  188, 195–202, 208, 209,
  212, 318

Bibliographie s. Zimmer
Blok, Alexander Alexandrowitsch 59, 302, 308, 324,
  388
Bloodmark, Vivian (An-
  agramm) 294
Bouvier, Mlle (Gouvernante)
  154–155
Box s. Dackel
Brüder s. Nabokov, Kirill V.
  und Sergey V.
Bunin, Iwan Alexejewitsch
  169, 389–390
Burness, Mr. (Zeichenlehrer)
  112–115

Cambridge 59, 242, *Abb,*
  351–359
Chemin du Pendu 11, 17, 79,
  208
Chodassewitsch, Wladislaw
  Felizianowitsch 348, 388
Christofor (Diener) 206
‹Clayton›, Miss 101, 107, 110
‹Colette› 198–203, 212, 288
Conclusive Evidence (Speak, Me-
  mory; Drugije berega; Andere
  Ufer) 9
Cummings, Mr. (Zeichenleh-
  rer) 111, 115–117, 118–119

425

Dackel 37, 58, 59, 132–133, 188, *189*, *287*
Dänische Doggen 132–136, 212
Dansas, Jekaterina Dmitrijewna 344
Dansas, Konstantin Konstantinowitsch 344
Defense, The (*Saschtschita Lushina*; *Lushins Verteidigung*) 14, *345*
Despair (*Ottschajanije*; *Verzweiflung*) 14
Dmitrij (dritter Gärtner) 49, 50, 51, 134, 135
Dobushinskij, Mstislaw Walerianowitsch 117–118, 120
Dostojewskij, Fjodor Michajlowitsch 65
Drugije berega (*Speak, Memory*; *Conclusive Evidence*; *Andere Ufer*) 10
Drushnosselje 77

Eichenallee 24, 49, 59, 96, 134
Einladung zur Enthauptung (*Priglaschenije na kasn*; *Invitation to a Beheading*) 14
Eisenbahn 27, 30, 33, 83, 86, 87, 116, 119, 124, 141, 187–188, 326–328, 410, 411
Emigrantenleben 340–423
Eye, The (*Sogljadataj*) 15

Farbenhören (*audition colorée*) 39–41; s. auch Farbiges Glas
Farbiges Glas 137, 139, 290–291; s. auch Juwelen und Pavillon

Fechten 244–245, 246, 256, 262
Fersen, Axel Graf von 69
Field, Andrew 242
Fischer, Elisabeth, s. Graun
Fischer, Regina, geb. Hartung 67
Florenz 60, 157, 190
Fondaminskij, Ilja Isidorowitsch 390
Freud, Sigmund (österreichischer Psychoanalytiker) 15, 22, 25, 410
Fußball 250–251, 277, 321, 362–364

Gabe, Die (*Dar*; *The Gift*) 11, 14, 44, 381
Gedicht 290–307
Geißblatt (Heckenkirsche) 9, 36, 96, 157
Gift, The (*Dar*; *Die Gabe*) 11, 14, 44, 381
Golay, Angélique (Gouvernante) 37, 151–152, 155
Golownin, Wassilij Michajlowitsch 64–65
Golubzow, Wladimir Wiktorowitsch 64
Gouvernanten s. Bouvier, ‹Clayton›, Golay, Greenwood, Hofeld, Hunt, Lavington, ‹Mademoiselle›, Nanny, Norcott, Rachel, ‹Robinson›
Graun, Antoinette Theodora, s. Korff
Graun, August 68
Graun, Carl Heinrich 67, 68, 82
Graun, Dorothea, geb. Rehkopp 69

Graun, Elisabeth Regina, geb.
Fischer, in zweiter Ehe von
Stägemann 67
Graun, Justizrat 67
Graun, Wolfgang 68, 243
Greenwood, Miss (Gouvernante) 60, 221
Grinberg, Ljudmila Borissowna (Bibliothekarin) 254
Grjasno 17, 48

Hamburg 350
Hartung, Johann Heinrich 67
Hartung, Regina, verh. mit Johann Jakob Fischer 67
Haushälterin (Jelena Borissowna) 54–55
Hauslehrer 204–233; s. auch
Burness, ‹Lenskij›, ‹Max›,
Noyer, ‹Ordo›, Rogge,
Shernosekow, Tichozkij,
‹Wolgin›
Herzen, Alexander Iwanowitsch 21, 143
Hessen, Iossif Wladimirowitsch 236, 239, 242, 344,
382
Hippius, Sinaida s. Mereshkowskij
Hippius (‹Bestushew›), Wladimir Wassiljewitsch
320–321
Hofeld, Jewgenija Konstantinowna 60
Hunt, Violet (Gouvernante)
111, 133

Invitation to a Beheading (*Priglaschenije na kasn; Einladung
zur Enthauptung*) 14
Iwan (zweiter Gärtner) 102

Iwan I. (Diener) 243
Iwan II. (Diener) 244

Jaremitsch, Stepan Petrowitsch (Zeichenlehrer) 117,
120
Jegor (Obergärtner) 55, 138
Jelena Borissowna s. Haushälterin
Jurij s. Traubenberg
Juwelen 42–43, 103, 146,
190, 253, 330, 332; s. auch
Farbiges Glas

Kamenka 77
Kaminka, Awgust Issaakowitsch 236
Kasimir (Diener) 130, 267
Katholisch s. Russisch-orthodox und Römisch-katholisch
Kerenskij, Alexander Fjodorowitsch 247–248
Kissingen, Bad 174, 275
Kleist, Heinrich von 67
Kolomejzew, Admiral Nikolaj
Nikolajewitsch (zweiter
Ehemann von Nina Dmitrijewna Nabokow) 75,
255, 262
Kolomejzew, Nina Dmitrijewna, geb. Nabokow
(Tante) 74–75, 264 s. auch
Traubenberg
Korff, Anna-Christina, Baronin von, geb. von Stegelman 69–70, 71, 248
Korff, Antoinette Theodora,
Baronin von, geb. Graun
67
Korff, Eleonore Margarethe,

427

Baronin von, geb. Baronin von der Osten-Sacken 67

Korff, Ferdinand, Baron von 66, 67

Korff, Fromhold Christian, Baron von 69

Korff, Maria Ferdinandowna, Baronin von, s. Nabokow

Korff, Nicolaus, Baron von 67

Korff, Nina Alexandrowna, Baronin von, geb. Schischkow 67, 70–71, 78–79

Korff, Olga Ferdinandowna, Baronin von, verh. Shukowskij 70

Korff, Wilhelm Carl, Baron von 67

Kornejtschuk (Kornej Tschukowskij) 341

Koslow, Nikolaj Illarionowitsch 82

Koslow, Olga Nikolajewna, s. Rukawischnikow

Koslow, Praskowia Nikolajewna, s. Tarnowskij

Krim 174, 230, 239, 269–270, 325, 329–335, 338–339

Kuprin, Alexander Iwanowitsch 391

Kuropatkin, Alexej Nikolajewitsch 30–31

Kutusow, Michail Illarionowitsch, Fürst von Smolensk 74

Landau (Aldanow), Mark Alexandrowitsch 391

Laterna magica 218–226

Lavington, Miss (Gouvernante) 60

Leikmann, Jelisaweta Dmitrijewna, s. Sayn-Wittgenstein

Leikmann, Roman Fjodorowitsch (zweiter Ehemann von Jelisaweta Dmitrijewna Nabokow) 75

‹Lenskij› 149–150, 213–230, 275, 279

Lepidoptera 11, 12, 42, 49, 65, 76, 95, 101, 110, 138–139, 146, 156–186, 194, 196, 198, 199, 200, 208, 237, 253, 261, 264, 276, 277, 279, 284, 288, 300, 311, 322, *345–346, 370–371*, 378, 417

Lermontow, Michail Jurijewitsch 220–224, 227, 259

Lidija T. 334

‹Linderowskij› s. ‹Max›

Literarisches Leben 7–16, 381–392

Lolita 11, 82

London 239, 340–344

Loustalot 244, 256

Lushins Verteidigung (*Saschtschita Lushina*; *The Defense*) 14, *345*

‹Mademoiselle› (Gouvernante) 7, 57, 84, 107, 121–154, 161, 167–168, 210, 221, 348

Mathematik 43, 161

‹Max› (Hauslehrer) 107, 202, 211–213

Mayne Reid, Captain 88, 263, 265, 270–274

Mereshkowskij, Sinaida Nikolajewna, geb. Hippius 321

Mitik s. de Peterson

Mitjuschino 77

Muromzew, Sergej Andreje-
witsch 174
Mutter s. Nabokow, Jelena
Iwanowna

Nabok, Fürst 64
Nabokow, Alexander Iwano-
witsch (Ururgroßvater) 64
Nabokow, Anna Alexan-
drowna, geb. Nasimow
(Urgroßmutter) 65
Nabokow, Daria Nikola-
jewna, geb. Tutschkoff
(Ehefrau von Sergej Dmitrijewitsch Nabokow) 74
Nabokow, Dmitrij Dmitrijewitsch (Onkel) 65–66, 74,
125
Nabokow, Dmitrij Nikolajewitsch (Großvater väter-
licherseits) 65, 70, 71–74,
80, *97*, 234
Nabokov, Dmitri Vladimirovich (Sohn) 66, 243, *347*,
400, *399*, 402–423
Nabokov, Elena Vladimi-
rovna, s. Sikorski
Nabokow, Filat Lukitsch 64
Nabokov, Gilberte, geb. Barbanson (Ehefrau von Kirill
Vladimirovich Nabokov)
344
Nabokow, Iwan Alexandro-
witsch, General (Urgroßonkel) 65, 72
Nabokow, Jekaterina Iwa-
nowna, geb. Puschtschin 65
Nabokow, Jelena Iwanowna,
geb. Rukawischnikow
(Mutter) 23, 24, 32, 35, 37,
38–62, 72–74, 83–85,

105–107, 133, 155, 158,
161, *170*, *216*, *217*, 190–191,
209, 218, 234–235, 280,
299, 305–307, 311–312,
336–337
Nabokow, Jelisaweta Dmitrijewna, s. Sayn-Wittgen-
stein und Leikmann
Nabokow, Jewdokim Lukitsch
64
Nabokov, Kirill Vladimirovich
(Bruder) 59, *287*, 344, 348
Nabokow, Konstantin Dmitrijewitsch (Onkel) 74, 75–76,
125, 398
Nabokow, Lidia Jeduardowna
(erste Ehefrau von Dmitrij
Dmitrijewitsch Nabokow),
geb. Falz-Fein, in zweiter
Ehe verh. Peyker 74
Nabokow, Luka (Vatersname
unbekannt) 64
Nabokow, Maria Ferdinan-
downa, geb. Baronin von
Korff (Großmutter väter-
licherseits) 66, *97*, *189*,
206–207, 234
Nabokow, Marie (zweite Ehe-
frau von Dmitrij Dmitrije-
witsch Nabokow), geb.
Redlich 74
Nabokow, Nadeshda Dmitri-
jewna, s. Wonljarljarskij
Nabokow, Natalia Dmitri-
jewna, s. de Peterson
Nabokow, Nikolaj Alexandro-
witsch (Urgroßvater) 64
Nabokov, Nicolas (Nikolaj
Dmitrijewitsch, Cousin) 69
Nabokow, Nina Dmitrijewna,
s. Kolomejzew

Nabokov, Olga Vladimirovna,
s. Petkevich
Nabokow, Sergej Dmitrije-
witsch (Onkel) 74, 79, 84,
125
Nabokov, Sergey Sergeyevich
(Cousin) 64, 65, 72
Nabokov, Sergey Vladimirovich (Bruder) 29, 56–57, 73,
94, 113, 133–135, 140, 141,
143, 146, ‹172›, 188, *189*,
193, 194, 202, 204, 213,
215, 218, 275–276, *287*,
326–327, 348–350
Nabokow, Sofja Dmitrijewna
(Onja, Cousine) 29
Nabokov, Véra Evseevna, geb.
Slonim (Ehefrau) *399*, 264,
402–423
Nabokov, Vladimir Vladimirovich 7–16, 17–423 *pas-
sim*, *172*, *189*, *259*, ‹*287*, *306*,
345, *347*
Nabokow, Wera Dmitrijewna,
s. Pychatschew
Nabokow, Wladimir Dmitrijewitsch (Vater) *21*, 24, 30,
31, 32, 34, 36, 37, 54, 56,
83, 84, 90, 95, *125*, 133, 154,
‹170, *172*, 174, 188, *189*,
205, 206, 207, 226–227,
234–246, 247, 251–262,
275, 312, 316, 321,
325–326, 330, 333, 338,
341–343
Nabokow, Wlas Lukitsch 64
Nabokovs Blütenspanner 165
Nabokovs Fluß 65
Nabokows Regiment 64
Nachtfalter s. Lepidoptera
Nanny 111, 154

Natascha (Haushälterin) 133,
188, 255
Nikolaj Andrejewitsch (Koch)
55, 239
Nizza 74
‹Norcott›, Miss (Gouvernante)
24, 29, 30, 110–111
Nowa Sembla [Nova Zembla]
s. Nowaja Semlja
Nowaja Semlja 64, 166
‹Noyer›, Monsieur (Hausleh-
rer) 94, 227–228

Onja s. Nabokow, Sofia
‹Ordo› (Hauslehrer) 208–209
Oredesh (Fluß) 17, 76, 80; s.
auch Rosh[d]estweno und
Wyra
Ossip (Diener) 188, 212, 221,
239, 260, 261
Osten-Sacken, Eleonore Mar-
garethe Baronin von der, s.
Korff

Panin, Gräfin Sophie 330
Paris 203, 350, 381, 389, 400,
345, 415, 416, 422
Pavillon 290–292, 310
Petersburg s. St. Petersburg
Peterson, Dmitrij Iwano-
witsch de (Mitik, Cousin)
155
Peterson, Iwan Karlowitsch de
(Onkel) 74, 96, 111, 155
Peterson, Natalia Dmitri-
jewna de, geb. Nabokow
(Tante Nata) 74, 111, 155
Peterson, Pjotr Iwanowitsch
de (Peter, Cousin) 155
Petkevich, Olga Vladimi-
rovna, geb. Nabokow, in er-

ster Ehe Fürstin Scha-
chowskij (Schwester) 60,
189, *287*
Pilze 48, 51–54
Pirogow (Chauffeur), 51, 246,
247
Pnin 11
Polenka (Sachars *q. v.* Tochter)
50, 283–286, 288
Poplawskij, Boris Juliano-
witsch 390–391
Prag 59, 60, 418
Puschkin, Alexander Sergeje-
witsch 65, 76, 77–78, 81,
84, 85, 225, 258, 260, 303,
320, 329, 334, 344
Puschtschin, Iwan Iwano-
witsch 65
Puschtschin, Jekaterina Iwanowa, s. Nabokow
Pychatschew, Iwan Grigorije-
witsch 74, 77
Pychatschew, Vera Dmitri-
jewna, geb. Nabokow
(Tante) 74

Razemosa (Gemeine Traubenkirsche) 80, 87, 322
Rachel, Miss (Gouvernante)
110
Radfahren 48, 80, 212, 261,
281–283, 288, 309,
313–314
Raupen s. Lepidoptera
‹Robinson›, Miss (Gouver-
nante) 133, 134
Römisch-katholisch 90, 211,
213, 387
Rogge, Herr (Hauslehrer) 95
Rosh[d]estweno 17, 35, 76, 77,
80–81, 91–92, 313–314

Ruka s. Rukawischnikow,
Wassilij Iwanowitsch
Rukawischnikow, Jelena Iwanowna, s. Nabokow
Rukawischnikow, Iwan Was-
siljewitsch (Großvater mütterlicherseits) 81, 83–84,
91, 224
Rukawischnikow, Olga Nikolajewna, geb. Koslow
(Großmutter mütter-
licherseits) 83, *123*, 159
Rukawischnikow, Wassilij
Iwanowitsch (Onkel Ruka)
57, 66, 81, 83, 85–95, *217*,
314, 328
Rukawischnikow, Wladimir
Iwanowitsch (Onkel) 81,
83, 224
Russisch-orthodox [von Nabokov durchweg als ‹Grie-
chisch-katholisch› bezeich-
net] 23, 46, 60, 109, 122, 211
Rylejew, Anastasia Matwe-
jewna, geb. Essen 77
Rylejew, Kondratij Fjodorowitsch 77–80

Sachar (Kutscher) 50, 127
St. Petersburg (Leningrad) *21*,
29, 30, 31, 32, 42–43, 45, 57,
65, 74, 76, 81, 89, 111, 114,
133, 143, 150, 187, 204, 211,
218–219, 224, 234, 235,
236, 238, 243, 245,
248–249, 286, 315,
316–320, 321, 326,
331, 338, *346*
Saschtschita Lushina (*The Defense*;
Lushins Verteidigung) 14, *345*
Sayn-Wittgenstein-Berleburg,

Fürstin Jelisaweta Dmitrijewna, geb. Nabokow, in zweiter Ehe Leikmann (Tante) 75, 140, 155
Sayn-Wittgenstein-Berleburg, Fürst Henri (Heinrich, erster Ehemann von Jelisaweta Dmitrijewna Nabokow) 75, 77
Schach 15, 177, 277, 338, 392–401
Schischkow, Nina Alexandrowna, s. Korff
Schlaf 141–143
Schmetterlinge s. Lepidoptera
Schweiz 9, 148, 151
Schwestern 188, 313, 343; s. auch Elena Vladimirovna Sikorski und Olga Wladimirowna Petkewitsch
Sebastian Knight, The Real Life of (*Das wahre Leben des Sebastian Knight*) 348
Shernosekow, Wassilij Martynowitsch (Dorfschullehrer) 32–34, 124, 147, 160, 205
Sikorski, Elena Vladimirovna, geb. Nabokow, in erster Ehe Skulyari (Schwester) 60, 155, *189*, *287*
Sikorski, Vladimir Vsevolodovich (Neffe) 13
Sina 199, 288
Sirin, W. 391
Siwerskij 17, 77, 126, 285
Dr. Sokolow (Hausarzt) 142
Spiralen 374–375
Stägemann, Christian August von 67
Stägemann, Elisabeth Regina, s. Graun

Stägemann, Hedwig Marie 67

‹Tamara› 291, 304, 308–325, 329, 331, 336, 338
Tarnowskij, Praskowia Nikolajewna, geb. Koslow (Großtante) 84–85, *189*
Tarnowskij, Weniamin Michajlowitsch 85
Tenischew-Schule 243–256
Tennis 48–50, 276–277, 349
Thernant 256
Tichozkij, Iwan Alexandrowitsch (Hauslehrer) 155
Tolstoj, Alexej Nikolajewitsch 341
Tolstoj, Graf Lew Nikolajewitsch 206, 269, 273, 280, 333
Trainy s. Dackel
Traubenberg, Jewgenij Alexandrowitsch, Baron Rausch von (erster Ehemann von Nina Dmitrijewna Nabokow) 74, 264
Traubenberg, Baronin Nina Dmitrijewna, geb. Nabokow, s. Kolomejzew
Traubenberg, Baron Jurij Jewgenijewitsch (Cousin) 254, 264–270, 274, 281
Tschechow, Anton Pawlowitsch 59, 85, 273, 330
Tschukowskij, Kornej, s. Kornejtschuk

Ustin (Hausmeister) 157, 252–253, 316

Vater s. Wladimir Dmitrije-
witsch Nabokow
Verzweiflung (Ottschajanije, De-
spair) 14
Das wahre Leben des Sebastian
Knight, Das (The Real Life of
Sebastian Knight) 348
Wetwenizkij, Konstantin
(Pope) 23
Wiesbaden 31, 111, 122, 133,
265
‹Wolgin› (Hauslehrer) 205,
228–229, 311
Wolkow (Chauffeur) 246
Wonljarljarskij [Wonljar-
Ljarskij], Dmitrij Wladimi-
rowitsch (Ehemann von
Nadeshda Dmitrijewna
Nabokow) 75
Wonljarljarskij [Wonjlar-
Ljarskij], Nadeshda Dmi-

trijewna, geb. Nabokow
(Tante) 75, 155, 207
Wyborg 34, 237
Wyra 17, 25, 32, 35, 47, 56,
59, 76, 77, 80, 92, 96, 103,
124, 130–131, 132–136,
137, 138, 139 155, 159, 164,
175, 177, 179–180,
182–185, *189*, 204,
231–233, 260–261, 264,
290–307, 308–314,
322–324

Zeichnen s. Burness, Cum-
mings, Dobushinskij, Jaremitsch
Ziganow (Chauffeur)
246–247, 331–332
Zimmer, Dieter E. 10, 15
Zwetajew, Marina 391

Dieses Register wurde 1966 von Nabokov selber angefertigt und hier nur
an einigen Stellen vervollständigt, unter anderem durch Verweise auf
Bildlegenden. Da es somit einen Teil des Buchs bildet, verweist es in kei-
nem Fall auf den Anhang.

Nachwort des Herausgebers

Kein anderes Buch von Vladimir Nabokov hat eine so verwickelte Textgeschichte wie seine Autobiographie. Als Buch gibt es sie in insgesamt drei Fassungen: von 1951, von 1954 und von 1967.

Die erste war ein englischsprachiges Buch mit dem Titel *Conclusive Evidence – A Memoir* [Schlüssige Beweise – Memoiren], das zuerst in Amerika erschien (Harper & Brothers, New York 1951) und einige Monate später auch in Großbritannien, jedoch unter einem geänderten Titel: *Speak, Memory – A Memoir* [Sprich, Erinnerung – Memoiren] (Victor Gollancz, London 1951).

Obwohl damals nicht abzusehen war, daß jemals eine Zeile von ihm in Rußland gelesen werden dürfte, übersetzte Nabokov diese erste Fassung in den folgenden Jahren, in denen er in der Hauptsache mit der Arbeit an *Lolita* beschäftigt war, ins Russische, so wie er später auch seine *Lolita* selber übersetzte und dann die Transposition seiner frühen russischsprachigen Bücher in die umgekehrte Richtung besorgte (oder maßgeblich an ihr mitwirkte). Beim Übersetzen ins Russische machte *Speak, Memory* eine erhebliche Veränderung durch. Vor allem fügte Nabokov vieles hinzu, so daß das Buch, das dann ein New Yorker Emigrantenverlag (Isdatelstwo imeni Tschechowa [Tschechow-Verlag]) unter dem Titel *Drugije berega* [Andere Ufer] 1954 publizierte, eine zweite Textfassung darstellt. (Vorabgedruckt wurde sie in der Emigrantenzeitschrift *Nowyj Shurnal*, 37 und 38/1954.)

Die dritte Fassung ist wiederum eine englischsprachige. Sie trägt den Titel *Speak, Memory – An Autobiography Revisited* [Sprich, Erinnerung – Eine noch einmal besuchte Autobiographie] und erschien 1967 bei G. P. Putnam's Sons, New York. Obwohl sie viele der in *Drugije berega* vorgenommenen Änderungen und Erweiterungen übernahm, handelt es sich nicht einfach um eine Rückübersetzung ins Englische. Zum einen nämlich enthält sie nicht sämtliche Erweiterungen der russischen Fassung; insgesamt gibt es etwa 30 Seiten Text, die in dieser Form oder überhaupt nur in *Drugije berega* stehen. (Sie finden sich im Anhang II dieser Ausgabe.) Zum andern enthält die Fassung von 1967 neue Veränderungen und Erweiterungen, die der russischen von 1954 noch fehlten. Insgesamt sind gegenüber der Fassung von 1951 etwa 35 Prozent des Textes der Fassung von 1967 neu. Teilweise hat Nabokov ganze Abschnitte dazugeschrieben – die Familiengeschichte wurde mit Informationen aufgefüllt, die ihm bei der ersten Niederschrift noch nicht zur Verfügung standen, aus den skizzenhaften Andeutungen über seinen Vater wurde ein kurzes Lebensbild, ein Abschnitt über die beiden Brüder kam hinzu. Einen großen Teil der Erweiterungen aber machen viele kleine präzisierende Zusätze aus – ein paar Worte hier, ein paar Sätze dort –, wo das Gedächtnis zusätzliche Einzelheiten hergegeben hatte.

So reflektiert die Textgeschichte die Handlung des Buches. Seinen Stoff bildet das eigene Erleben, vom Erwachen des Bewußtseins bis zum Erwachen des Bewußtseins des Sohnes (Dmitri Nabokov, geboren 1934); sein durchgehender proustscher Gestus aber ist der Akt des Erinnerns selbst und seine eigentliche Handlung damit die Lust und die Qual der Vergegenwärtigung im genauen Sinne des Worts: die nicht nachlassende Anstrengung, vergangene Zeit im doppelten Wortsinn aufzuheben.

Geschrieben wurde die erste Fassung zwischen 1947 und 1950, zu Anfang in Cambridge, Massachusetts (8 Craigie Circle), wo Nabokov eine Dozentur am Wellesley College innehatte und wissenschaftlicher Mitarbeiter des Harvard Museum of Comparative Zoology war, ab August 1948, als er seine Professur an der Cornell-Universität antrat, in Ithaca, New York (802 East Seneca Street). Wie er selber in seinem Vorwort bestätigt, war die Reihenfolge, in der die fünfzehn Kapitel geschrieben wurden, nicht die, in der sie dann im Buch erschienen. Ungefähr spiegelt sich die Reihenfolge der Entstehung in der Abfolge der Vorabdrucke, jedenfalls bei jenen Kapiteln, die der *New Yorker* veröffentlichte. (Nabokov ärgerte sich immer wieder über die Art, wie der *New Yorker* seine Texte redigierte, brauchte aber dringend Geld, und der *New Yorker* zahlte gute Honorare.) Jene Kapitel, die politische Fragen berührten, kamen jedoch für den *New Yorker* nicht in Frage, dessen Redaktionsmaxime damals «Keine Politik» lautete. Sie gingen vor der Buchveröffentlichung zum Vorabdruck an andere Zeitschriften. Da schwer zu sagen ist, welche Abweichungen von der späteren Buchfassung auf einen anderen Wortlaut des Manuskripts und welche auf redaktionelle Eingriffe zurückgehen, ist es nicht gerechtfertigt, die Zeitschriftenserie als eine weitere Textfassung zu betrachten. Die Reihenfolge der Zeitschriftenabdrucke ist folgende:

Kapitel 3 (*Portrait of My Uncle* [Portrait meines Onkels]). *The New Yorker*, 3.1.1948. (Geschrieben Juni 1947 im Columbine Lodge, Estes Park, Colorado, und dermaßen redigiert, «daß ich fast aufgegeben hätte, meinen Lebensunterhalt auf diese Weise zu verdienen» – so am 29.8.1947 an Edmund Wilson.)

Kapitel 4 (*My English Education* [Meine englische Erziehung]). *The New Yorker*, 27. 3. 1948

Kapitel 6 (*Butterflies* [Schmetterlinge]). *The New Yorker*, 12. 6. 1948

Kapitel 7 (*Colette*). *The New Yorker*, 31. 7. 1948

Kapitel 9 (*My Russian Education* [Meine russische Erziehung]). *The New Yorker*, 18. 9. 1948

Kapitel 10 (*Curtain Raiser* [Vorspiel]). *The New Yorker*, 1. 1. 1949

Kapitel 2 (*Portrait of My Mother* [Portrait meiner Mutter]). *The New Yorker*, 9. 4. 1949

Kapitel 11 (*First Poem* [Erstes Gedicht]). *Partisan Review*, September 1949

Kapitel 12 (*Tamara*). *The New Yorker*, 10. 12. 1949

Kapitel 8 (*Lantern Slides* [Laterna-magica-Bilder]). *The New Yorker*, 11. 2. 1950

Kapitel 1 (*Perfect Past* [Vollendete Vergangenheit]). *The New Yorker*, 15. 4. 1950

Kapitel 15 (*Gardens and Parks* [Gärten und Parks]). *The New Yorker*, 17. 6. 1950

Kapitel 13 (*Lodgings in Trinity Lane* [Möbliertes Zimmer in der Trinity Lane]). *Harper's Magazine*, Januar 1951 (vom *New Yorker* wegen Passagen über Lenin und das zaristische Rußland abgelehnt)

Kapitel 14 (*Exile* [Exil]). *Partisan Review*, Januar/Februar 1951

Eine Sonderstellung nimmt Kapitel 5 ein. Es hat eine Wanderung sogar durch vier Stationen und drei Sprachen hinter sich. Zurück geht es auf einen Text, der bereits 1936 entstand, und zwar in französischer Sprache: *Mademoiselle O* (veröffentlicht in Jean Paulhans Zeitschrift *Mesures*, 2(2)/1936, Seite 145–172). Nach vierzehn Jahren im deutschen Exil wurde

Nabokov damals klar, daß seines Bleibens in Deutschland nicht länger sein würde, nicht nur, weil er Nazi-Deutschland selber immer unerträglicher fand, sondern weil das Leben im nazistischen Berlin für seine Frau Véra, eine russische Jüdin, immer gefährlicher wurde. Er wußte inzwischen auch, daß er wahrscheinlich niemals nach Rußland zurückkehren würde und daß sich das in Berlin, Paris und Prag konzentrierte russische Emigrantenpublikum unwiderruflich in alle vier Winde zerstreute. Wollte er überhaupt weiter ein Publikum haben, so mußte er nicht nur in ein anderes Land, sondern in eine andere Sprache zu migrieren versuchen.

In dieser Phase experimentierte er mit Englisch und mit Französisch, die er beide von klein auf beherrschte. Auf englisch entstanden damals drei oder vier Kapitel eines geplanten autobiographischen Buches, das sich mit seiner englischen Vergangenheit befassen sollte; sie wurden nie veröffentlicht und sind verschollen (Brian Boyd: *Vladimir Nabokov – The Russian Years 1899–1940.* Princeton University Press, Princeton, New Jersey 1990, Seite 428/9). Auf französisch schrieb er ein *Mademoiselle O* betiteltes Stück (er nannte es bald einen Essay, bald eine Erzählung) über seine frühere französische Gouvernante, der er seine ersten Kenntnisse der französischen Literatur verdankte und deren richtiger Name Cécile Miauton war. Abgesehen von einem Essay über Puschkin, der wenig später entstand, sollte es seine einzige längere Prosa in dieser Sprache bleiben. Denn das Vorhaben, sich in einen französischsprachigen Schriftsteller zu verwandeln, ließ er bald fallen, vor allem, als er bei einer Lesereise den Eindruck gewann, daß er in dem exklusiven Pariser Literatenzirkel niemals wirklich Fuß fassen (wollen) würde. Das Leben in Paris, wohin er schließlich 1937 mit seiner Frau und seinem Sohn vor den Nazis auswich, kam ihm sogar noch trübseliger vor als das in Berlin. In Paris aber schrieb er

438

1938/39 dann seinen ersten englischsprachigen Roman (*The Real Life of Sebastian Knight*).

Mademoiselle O amerikanisierte er mit Hilfe von Hilda Ward nach seiner Übersiedlung in die Vereinigten Staaten. Dort erschien der «Essay» im Januar 1943 in *The Atlantic Monthly*. Bei dieser Übersetzung ins Englische verwandelte sich der Text noch stärker als später noch einmal bei seiner Transposition ins Russische. Insgesamt wurde er konkretisiert: Beispielsweise wurde der winterliche Ausflug mit dem Hund, der in der französischen Urfassung nur eine kurze Reminiszenz aus Mademoiselles Mund ist, erzählt; vor allem aber verzichtete Nabokov auf einige längere meditative Passagen, auch auf jene, in denen er von seinem Verhältnis zur französischen Literatur sprach. (Im Anhang III dieser Ausgabe sind diese Passagen ebenfalls enthalten und dazu der integrale französische Text von *Mademoiselle O*, als Beispiel für Nabokovs Französisch.)

Die erste englische Fassung von *Mademoiselle O* nahm Nabokov im übrigen in die Sammlungen seiner Kurzgeschichten auf, wie später auch Kapitel 7 (im *New Yorker* unter dem Titel *Colette*, in *Nabokov's Dozen* unter dem Titel *First Love* [Erste Liebe]). Beide Texte stehen in dieser frühen Gestalt auch im zweiten der Erzählungsbände dieser Ausgabe.

Daß Nabokovs erste Experimente mit einer neuen Sprache autobiographisches Material zum Gegenstand hatten, hatte vielleicht nicht nur den offensichtlichen Grund, daß es nahelag, in der betreffenden Sprache zu erzählen, wie er in ihren Besitz gekommen war. Ein anderer Grund mag der gewesen sein, daß er auf diesem Gebiet seines Stoffes und seines Tonfalls am sichersten war. Autobiographisches nämlich taucht in seinem Werk auch schon vor 1935/36 auf.

In Teilen autobiographisch war sein erster, von ihm unter

anderem gerade deswegen lange geringgeschätzter Roman, *Maschenka* (1926). In ihm stattete er einen im übrigen fiktiven Exilrussen seines Alters mit der in der Rückschau glücklichsten Episode seiner eigenen glücklichen russischen Jugend aus: mit der Jugendliebe zu Walentina (Ljussja) Schulgin, die im Roman ‹Maschenka› heißt und in den Memoiren ‹Tamara›. (Ein Portraitphoto findet sich in Anhang IV dieser Ausgabe, einige Angaben über ihr – Nabokov unbekanntes – späteres Schicksal im Herausgebernachwort zu *Maschenka*.) Wie Nabokov im Vorwort zur englischen Fassung schreibt, erschienen ihm beim späten Wiederlesen des Romans die darin ihr gewidmeten Abschnitte (vor allem in Kapitel 6 und 9) sogar «authentischer» als die entsprechenden Passagen der Memoiren (Kapitel 12, Abschnitt 1 und 2), einfach weil sie dem Erlebten zeitlich näher waren.

Außerdem gibt es aus den frühen dreißiger Jahren zwei russischsprachige Erzählungen autobiographischen Inhalts.

Die eine ist *Kein guter Tag* (1931). Sie schildert eine Art Kindergeburtstag auf dem Lande, nämlich eine Namenstagsfeier auf einem Landsitz südlich von Petersburg, in dem unschwer Wyra zu erkennen ist, eingeschlossen die Veranden des Hauses, deren bunte Verglasung Nabokov so beschäftigt hat; seine Besitzer heißen nicht Nabokov, sondern ‹Koslow› (der Mädchenname von Nabokovs Großmutter mütterlicherseits); das Namenstagskind ist der älteste Sohn, Wladimir. Erlebt wird der Tag aus der Sicht eines gleichaltrigen Jungen, der nicht mit dem Autor identisch und hier nur zu Besuch ist. Die Ähnlichkeiten mit der Topographie um Wyra sind jedoch so groß, daß es sogar möglich ist, zu sagen, woher dieser Junge mit der Kutsche gekommen sein muß: vom etwa zehn Kilometer östlich gelegenen Landsitz Drushnosselje, der einem Onkel Nabokovs (dem Fürsten Sayn-Wittgenstein-Berleburg) gehörte und wohin die Nabokov-Kinder selber zu sommerlichen Feiern eingeladen wurden. Das Dorf, durch das der Junge auf der Fahrt nach Wyra kommt, heißt ‹Woskressensk›, wie es auch in *Maschenka* hieß; sein wirklicher Name ist Roshdestweno (Ton auf der zweiten Silbe); Nabokov machte daraus in der englischen Fassung der Memoiren ein noch weicheres ‹Roshestweno›. In der Erzählung macht ein Hauslehrer namens ‹Jelenskij› den Zeremonienmeister, der mehr oder weniger mit dem ‹Lenskij› der Memoiren identisch sein dürfte; in der französischen Urfassung von Kapitel 5 der Memoiren heißt er ‹Petrow›. Auch eine alte französische Gouvernante tritt auf, die jedoch etwas mehr Russisch spricht, als die Memoiren ‹Mademoiselle› zugestehen.

Die andere autobiographische Geschichte ist *Meldekraut oder Unglück* (1932). Sie erzählt die Episode mit dem in letzter Minute abgesagten Duell des Vaters, in den wesentlichen Punkten mit dem entsprechenden Abschnitt der Memoiren übereinstimmend (Kapitel 9, Abschnitt 5), aber ausführlicher.

Beide englische Fassungen erschienen in deutscher Sprache: *Andere Ufer – Ein Buch der Erinnerung* (Rowohlt, Reinbek 1964) und *Sprich, Erinnerung, sprich – Wiedersehen mit einer Autobiographie* (Rowohlt, Reinbek 1984). Für die vorliegende Ausgabe wurde die Übersetzung von 1984 leicht überarbeitet.

Daß jetzt drei Schreibungen des Namens Nabokov (Nabokow, Nabokov, Nabokoff) nebeneinanderstehen, mag auf den ersten Blick verwirrend scheinen, ist aber keine Willkür. Im Einklang mit den Editionsprinzipien dieser Ausgabe werden russische Namen wie russische Wörter aus dem kyrillischen Alphabet ins Deutsche transkribiert; das führt zu der Schreibweise ‹Nabokow›. Wo ein Russe aber überwiegend im Ausland lebte und sich selber auf andere Weise transkribierte, erscheint sein Name in jener lateinischen Form, die er ihm selber gegeben hat (oder, wo diese nicht bekannt ist, wie Nabokov ihn buchstabierte). Darum steht ‹Wladimir Dmitrijewitsch Nabokow› (der Vater) neben ‹Vladimir Vladimirovich Nabokov› (der in dieser Schreibung 1945 amerikanischer Staatsbürger wurde). Die Endung -off war vor dem Zweiten Weltkrieg in Frankreich und Deutschland verbreitet; Nabokov selber gebrauchte sie für einige seiner französisierten oder germanisierten Verwandten. Seine russischen Arbeiten signierte Nabokov in seiner russischsprachigen Periode (transkribiert) meist mit W. Sirin, deutsche Übersetzungen mit W(ladimir) Nabokoff-Sirin, französische Veröffentlichungen mit Nabokov-Sirine oder V. Nabokoff-Sirine.

Keine Willkür ist es auch, wenn weibliche russische Nachnamen ohne Schluß-a bleiben: ‹Walentina Schulgin› (statt ‹Schulgina›), ‹Anna Karenin› (statt ‹Karenina›). Es entspricht Nabokovs eigener, mehrfach begründeter Praxis. Danach wäre das angehängte -a nur bei Schauspielerinnen, Sängerinnen oder Tänzerinnen angezeigt, dort also, wo im Deutschen der Nachname mit dem Artikel gebraucht wird («die Slawska» in der Erzählung *Der Regieassistent* oder deren Modell, «die Plewizkaja»).

Eine Reihe von Pseudonymen, mit denen Nabokov die Identität mehrerer Personen seinerzeit kaschiert hatte, sind von ihm selber oder in den Biographien von Andrew Field und Brian Boyd gelüftet worden.

‹Colette› (Spielgefährtin in Biarritz): Claude Deprès. E. Harrison (Tutor in Cambridge): Ernest Harrison. ‹Lenskij› (in *Kein guter Tag* ‹Selenskij›, in *Mademoiselle O* ‹Petrow›, Hauslehrer): Filip Jelenskij. ‹Mademoiselle› (Gouvernante): Cécile Miauton. ‹Lidija T.› (Gefährtin): Lidija Tokmakow. ‹Max› ‹Linderowskij› (Hauslehrer): Boris Okolokulak. ‹Nesbit› (Studienkollege in Cambridge): R. A. Butler (später konservativer britischer Vizepremierminister). ‹Ordo› (Hauslehrer): Ordynzew. ‹Tamara› (Jugendgeliebte): Walentina Schulgin. ‹Ukrainer› (Hauslehrer): Pedenko. ‹Wolgin› (Hauslehrer): Nikolaj Sacharow.

Anhang I

Zitate aus Briefen des Autors

An Kenneth D. McCormick, Lektor des Verlags Doubleday
(22. 9. 1946): «Ich schreibe Ihnen, um ein paar Sachen zu meinem neuen Buch zu erklären.

Es wird eine neue Art von Autobiographie, oder vielmehr
eine neue Hybridform zwischen Autobiographie und Roman.
Diesem ist es insofern verwandt, als es eine bestimmte Handlung hat. Verschiedene Schichten der persönlichen Vergangenheit bilden sozusagen die Ufer, zwischen denen ein Sturzbach körperlichen und geistigen Abenteuers fließt. Dies
bringt die Schilderung vieler verschiedener Länder und Menschen und Lebensweisen mit sich. Es fällt mir schwer, näher
zu beschreiben, worum es sich handelt. Da mein Ansatz einigermaßen neu ist, kann ich keins jener Etiketts dranpappen,
von denen wir gesprochen haben. Wäre ich an diesem Punkt
zu deutlich, so griffe ich unweigerlich zurück auf Begriffe wie
‹psychologischer Roman› oder *‹mystery story›* [Kriminalro-
man, wörtlich: Geheimnisgeschichte], und das gäbe das Air
von Neuheit und Entdeckung nicht wieder, welches das Buch
so, wie es mir vorschwebt, kennzeichnet. Es wird eine Serie
kurzer essayartiger Stücke, die plötzlich Stoßkraft gewinnen
und so zu etwas sehr Seltsamem und Dynamischem werden:
harmlos wirkende Zutaten eines recht unerwarteten Gebräus.

Ich bin sicher, daß ich das Buch in etwa anderthalb bis zwei Jahren fertig bekommen könnte.» (In: *Vladimir Nabokov – Selected Letters 1940–1977*, herausgegeben von Dmitri Nabokov und Matthew J.Bruccoli. Harcourt Brace Jovanovich, San Diego, Kalifornien 1989, Seite 69–70)

An John Fischer, Lektor bei Harper & Brothers (14. 12. 1948): «Das Buch, das ich bereits angefangen habe, wird etwa 200–250 Seiten lang. Es ist eine Recherche über die Elemente, die zusammenkamen, meine Persönlichkeit als Schriftsteller zu formen. Beginnend mit einigen Phasen der Kindheit in Nordrußland, windet es sich durch die Jahre der russischen Revolution und des Bürgerkriegs, von da nach England (Universität Cambridge), nach Deutschland und Frankreich und schließlich nach Amerika (1940). Alles, was ich bisher dafür geschrieben habe, ist vom *New Yorker* veröffentlicht worden und sollte dem Leser einen ganz guten Eindruck von der benutzten Methode geben. Jedoch hat die Notwendigkeit, für die Niederschrift jene Passagen auszuwählen, die sich separat veröffentlichen lassen, zu einer etwas ruckhaften Entwicklung des Themas geführt. Wenn diese Fragmente in das Buch eingearbeitet werden, wird es verschiedene Veränderungen geben, aber die Art bliebe die gleiche. Mit anderen Worten, der Fluß des mir vorschwebenden Buches wäre geräumiger und getragener, als es die scharfen kleinen Stücke, die für den Zeitschriftenabdruck herausgeschnitten wurden, nahelegen könnten. Das Buch ist äußerst schwer zu schreiben, nicht nur weil es endlose Beutezüge in die Vergangenheit nötig macht, sondern auch wegen der Verschmelzung vollkommener persönlicher Wahrheit mit strenger künstlerischer Auswahl...» (In: *Selected Letters...*, *q.v.*, Seite 88)

An Edmund Wilson, 7.4.1947: «Ich schreibe jetzt an zwei
Sachen. 1. einem kurzen Roman über einen Mann, der kleine
Mädchen mochte – und er soll *Ein Königreich am Meer* heißen –
und 2. eine neue Art von Autobiographie – ein wissenschaftlicher Versuch, all die verfitzten Strähnen der Persönlichkeit
zu entwirren und zurückzuverfolgen – und der provisorische
Titel lautet *Die fragliche Person*.» (In: *The Nabokov-Wilson Letters
1940–1971*, herausgegeben von Simon Karlinsky. Harper &
Row, New York 1980, Seite 259)

An Katharine A. White, Redakteurin beim *New Yorker*, nachdem sie die Kurzgeschichte *Die Schwestern Vane* abgelehnt
hatte (17.3.1951): «Erstens verstehe ich nicht, was Sie mit
‹erdrückender Stil›, ‹leichtgewichtige Handlung› und ‹Kom-
pliziertheit› meinen. Alle meine Geschichten sind Gewebe
aus Stil, und auf den ersten Blick scheint keine von ihnen viel
kinetische Materie zu enthalten. Einige Stücke aus *Conclusive
Evidence*, die Sie so freundlich waren zu mögen, waren bloße
Serien von Eindrücken, zusammengehalten vermittels ‹Stil›.
Für mich *ist* ‹Stil› Materie, Inhalt.» (In: *Selected Letters...*,
q.v., Seite 115–116)

An Edmund Wilson, 24.3.1951: «Ich habe versucht, den
denkbar unpersönlichsten Titel zu finden, und als solcher ist
[*Schlüssige Beweise*] durchaus gelungen. Aber ich bin mit Dir
einer Meinung, daß er den Geist des Buches nicht wiedergibt.
Zunächst hatte ich mit *Speak, Mnemosyne* [Sprich, Mnemo-
syne] oder *Rainbow Edge* [Der Rand des Regenbogens]
gespielt, aber kein Mensch wußte, wer Mnemosyne war
oder wie sie ausgesprochen wird, und *R.E.* hat nicht an die
Glaskante denken lassen, die von *Sebastian Knight* her berühmte *Schneide des Prismas*.» (In: *The Nabokov-Wilson Letters
1940–1971*, *q.v.*, Seite 259)

An John C. Broderick, Library of Congress (14. 12. 1970): «Ich brauche auch einige Briefe und Notizen für meinen zweiten Memoirenband *Speak On, Memory* [Sprich weiter, Erinnerung]...» (In: *Selected Letters*, *q.v.*, Seite 475) Diese Fortsetzung sollte von Nabokovs Jahren in Amerika (1940–1959) handeln. Sie wurde nie geschrieben.

Anhang II

*Textstellen, die in der russischen Fassung
(Drugije berega, 1954) anders lauten oder nur in ihr stehen
(deutsche Übersetzung von Katrin Finkemeier)*

Vorwort zur russischen Ausgabe (1954)

Die vorliegende Autobiographie umfaßt eine Periode von fast
vierzig Jahren – von den ersten Jahren dieses Jahrhunderts bis
zum Mai 1940, als der Autor von Europa in die Vereinigten
Staaten übersiedelte. Ihr Ziel ist es, die Vergangenheit mit
äußerster Genauigkeit zu beschreiben und darin den tiefen,
verborgenen Sinn des Lebens enthüllende Konturen ausfindig zu machen, nämlich die Entwicklung und Wiederholung
geheimer Themen im offenbaren Schicksal. Ich habe versucht, Mnemosyne nicht nur ihren Willen zu lassen, sondern
ihr auch zu geben, was ihr gebührt.

Als Grundlage und teilweise als Urtext dieses Buches
diente die amerikanische Ausgabe *Conclusive Evidence*. Weil ich
seit meiner Kindheit Englisch und Französisch perfekt be-
herrsche, wechselte ich für die Bedürfnisse des Schreibens
problemlos von der russischen in die Fremdsprache, als wäre
ich, sagen wir, Joseph Conrad, der, bevor er auf englisch zu
schreiben anfing, keinerlei Spur in seiner Heimatliteratur (der

polnischen) hinterlassen hatte, der sich aber in der gewählten Sprache (Englisch) gekonnt der fertigen Formeln bediente. Als ich mich 1940 entschloß, in die englische Sprache überzuwechseln, bestand mein Unglück darin, daß ich vorher schon mehr als fünfzehn Jahre lang auf russisch geschrieben und mein Werkzeug, mein Medium bereits geprägt hatte. Als ich dann in die andere Sprache wechselte, sagte ich mich damit nicht von der Sprache Awwakums, Puschkins, Tolstojs los – oder Iwanows, meiner Njanja, der russischen Publizistik –, mit einem Wort, nicht von der allgemeinen Sprache, sondern von deren individuellem, ganz persönlichem Dialekt. Die langjährige Gewohnheit, sich auf eigene Art auszudrücken, gestattete es nicht, sich in der neuen Sprache mit Schablonen zufriedenzugeben – und die ungeheuren Schwierigkeiten der bevorstehenden Veränderung, das Entsetzen vor der Trennung von einem lebendigen, zahmen Wesen versetzten mich zunächst in einen Zustand, über den sich auszubreiten hier nicht nötig ist; ich will nur sagen, daß vor mir kein Schriftsteller eines bestimmten Niveaus derartiges durchgemacht hat.

Ich sehe unerträgliche Mängel in meinen Werken wie zum Beispiel *The Real Life of Sebastian Knight*; dies und das befriedigt mich in *Bend Sinister* und einigen vereinzelten Erzählungen, die von Zeit zu Zeit im *New Yorker* abgedruckt werden. An *Conclusive Evidence* habe ich lange geschrieben (1946–1950) und mit besonders quälender Mühe, denn das Gedächtnis war auf eine Tonart eingestimmt – die musikalisch nicht explizite, russische –, der sich eine andere aufdrängte, die englische und gründliche. Im fertigen Buch waren dann einige Details des Mechanismus von zweifelhafter Festigkeit, doch mir schien, das Ganze funktioniere ganz gut – bis ich mich unsinnigerweise daranmachte, *Conclusive Evidence* in meine frühere, eigentliche Sprache zu übersetzen. Die Mängel traten derart zutage, so scheußlich glotzte mancher Satz, so viele Lücken und überflüssige Erklärungen gab es, daß eine genaue Übersetzung ins Russische eine Karikatur Mnemosynes gewesen wäre. Während ich das allgemeine Muster beibehielt, veränderte und ergänzte ich vieles.

Das vorliegende russische Buch verhält sich zum englischen Text wie Großbuchstaben zur Kursivschrift oder wie ein frontal blickendes Gesicht zu einem stilisierten Profil: «Gestatten Sie, daß ich mich vorstelle», sagte mein Reisegefährte ohne zu lächeln. «Ich heiße N.» Wir kamen ins Gespräch. Die Reisenacht verging unbemerkt. «So ist das, mein Herr», schloß er mit einem Seufzer. Hinter dem Wagenfenster dämmerte bereits der trübe Tag, huschten traurige Wäldchen vorbei; bleichte der Himmel über irgendeiner Vorstadt, hier und da brannten noch Fenster in fernen Häusern oder wurden gerade entzündet.

Dies ist der Klang des Leittons.

Kapitel 1

Seite 19–20 – statt «. . . als hätte sich im umgekehrten Lauf der Dinge sogar mein Skelett aufgelöst.»: . . . als hätte sich «bei der Verwandlung der Zeit in die scheinbare Größe des Verrinnenden», wie sich mein junger Leser gelungen ausdrückte, sogar mein Skelett aufgelöst.

Seite 20 – statt des Satzes «Die Natur erwartet vom erwachsenen Menschen . . .»: Im Erwachsenenalter gewöhnt sich der Durchschnittsleser so an die Unverständlichkeit des täglichen Lebens, daß er den beiden Arten schwarzer Leere mit Gleichgültigkeit begegnet, zwischen denen ihm eine Fata Morgana zulächelt, die er für eine Landschaft hält. Also laßt uns die Phantasie begrenzen. Mögen sich ihrer wunderbaren und

quälenden Gaben nur schlaflose Kinder und irgendein genia-
les menschliches Wrack bedienen.

Seite 24 – vor dem Satz «Ja, von meinem jetzigen Höhenzug...»: Das war am Geburtstag meines Vaters, nach unserem Kalender am 21. Juli 1902.

Seite 24 – Einschub nach «...kam die Kleidung meines Vaters... wie die Sonne zum Vorschein...»:... und links, wie
ein Tagmond, hing das Parasol meiner Mutter...

Seite 27 – Einschub nach «Sie geleiteten mich in ein wahres
Paradies der Augen- und Tasteindrücke.»: Und immer bin
ich auf allen vieren – klassische Pose der Kindheit! – auf dem
Boden, dem Bett, über dem Spielzeug, über allem. Ich erinnere mich, wie ich eines Nachts im Herbst 1903 während
einer Reise ins Ausland zwischen dem ehemaligen Paris und
der ehemaligen Riviera...

Seite 31 – Einschub nach «...doch darauf kommt es mir hier
nicht an»: (die Enzyklopädie schweigt, als hätte sie den Mund
voller Blut).

Seite 32 – Abschnitt 4 beginnt mit dem zusätzlichen Absatz:
Jeden Herbst fuhren wir in verschiedene Badeorte, See- oder
Heilbäder, doch nie blieben wir so lange – ein ganzes Jahr – im
Ausland wie damals, und damit hatte ich als Sechsjähriger
zum ersten Mal Gelegenheit, Freude über die nach Holz-
ofenrauch riechende Rückkehr in die Heimat zu empfinden –
dank der Gnade des Schicksals wieder eine aus jener Reihe
wunderbarer Proben, die die Vorstellung ersetzten, die meinetwegen nicht stattzufinden braucht, obwohl die musikali-
sche Lösung des Lebens gerade dies verlangt.

Und so kommen wir zum Sommer 1905; Mutter war mit drei Kindern auf dem Gut bei St. Petersburg.

Seite 33 – Einschub nach «...um ‹du› zu sagen.»: Er war, wie meine Tanten zu sagen pflegten, mit dem Zischen ihres Schreckens, wie mit heißem Wasser, das einen Menschen verbrüht, «ein Roter»; mein Vater hatte ihn aus irgendeiner politischen Geschichte herausgeholt (aber später, unter Lenin, wurde er aufgrund von Gerüchten wegen Spionage erschossen). Mich nahm er ein durch die Wunder der Schönmalerei, wenn er, ein Zimmer oder Menschen zeichnend, dieser oder jener Krümmung organische Dichte verlieh, als wären es Ganglien, bereit, zum Leben zu erwachen, oder Adern voller Tinte.

Seite 33 – Einschub vor «...Bertha von Suttners...»: ...der wohlmeinenden, aber untalentierten Bertha von Suttner...

Seite 34 – Einschub nach «*Mein System – 15 Minuten tägliche Arbeit für die Gesundheit*»: ...lernte Italienisch und korrespondierte verbotenerweise mit meiner Mutter (auf schmalen Toilettenpapierrollen); Bote war ein ergebener Freund der Familie, A. I. Kaminka.

Seite 37 – Einschub nach «...mit unseren eigenen Gouvernanten...»: Engländerinnen und Französinnen...

Kapitel 2

Seite 39 – Einschub nach «...die Nacht hinter den Lidern versehrt.»: In mir wuchsen aus den rubinroten optischen Stigmata Rubens’ und Rembrandts und ganze flammende Städte.

Seite 40 – Einschub nach «... von Farbenhören abgebe.»: Hier könnte ich mit unwahrscheinlichen Einzelheiten selbst den umgänglichsten Leser erzürnen, doch ich beschränke mich auf einige Worte über das russische Alphabet: Das lateinische habe ich in der englischen Ausgabe dieses Buches dargelegt.

Seite 40 – statt der Passage von «Das lange *a* des englischen Alphabets...» bis «... ein Albinoarzt in Erlangen.»: Um die Farbe eines Buchstabens von Grund auf zu bestimmen, muß ich den Buchstaben genießen, ihn aufquellen oder im Mund ausstrahlen lassen, während ich mir sein optisches Muster vorstelle. Die überaus komplizierte Frage, wie und warum der kleinste Unterschied zwischen der verschiedensprachigen Gestalt eines gleichlautenden Buchstabens auch seinen farbigen Eindruck verändert (oder, anders gesagt, auf welche Art Laut, Farbe und Form in der Wahrnehmung des Buchstabens zusammenfließen), hat vielleicht irgendwie zu tun mit dem Verständnis der «strukturellen» Farben in der Natur. Es ist interessant, daß sich der anders geschriebene, doch lautgleiche russische Buchstabe von dem lateinischen meist durch einen trüben Ton unterscheidet.

Die schwarzbraune Gruppe besteht aus dem satten A, ohne gallischen Glanz; dem recht gleichmäßigen P (im Vergleich zum zerrissenen lateinischen R); dem festen Gummi-Г; Ж, das sich vom französischen J unterscheidet wie Bitterschokolade von Milchschokolade; dem dunkelbraunen, polierten Я. In der falben Gruppe stellen die Buchstaben Л, Н, О, Х, Э – in dieser Reihenfolge – eine recht blasse Diät aus Fadennudeln, Smolensker Kascha, Mandelmilch, einer trockenen Semmel und Schweizer Brot dar. Eine Gruppe der dazwischenliegenden Schattierungen bilden das klistierhafte Ч, das flaumig taubenblaue Ш und das ebensolche, nur gelb angehauchte Щ.

Wenn wir zum Spektrum übergehen, finden wir: die rote Gruppe mit dem kirsch- bis ziegelroten Б (satter als das lateinische B), das rosa-flanellene M und das fleischfarbene B (etwas gelber als das englische V); die gelbe Gruppe mit dem orangenen Ё, dem gelbroten E, dem strohgelben Д, dem hellgelben И, dem goldfarbenen У und dem messingfarbenen Ю; die grüne Gruppe mit dem gouachenen П, dem staubig-erlenfarbenen Ф und dem Pastell- T (alle trockener als ihre lateinischen Lautentsprechungen); und schließlich die blaue, ins Violette übergehende Gruppe mit dem blechernen Ц, dem feuchtblauen C, dem Heidelbeer- K und dem glänzenden fliederfarbenen З. Das ist mein alphabetischer Regenbogen: ВЁЕПСКЗ.

Seite 41 – statt «... und daß sie darüber hinaus von musikalischen Tönen optisch beeinflußt wurde.»: Konsonanten sah sie recht undeutlich, dagegen waren Musiknoten für sie wie kleine gelbe, rote und lila Gläser.

Seite 43 – Einschub nach «Als kleiner Junge...»: bis etwa zum zehnten Lebensjahr...

Seite 43 – Einschub in «... hatte mir viel zu früh die Logarithmen erklärt...»: ... hatte mir viel zu früh, als ich acht war, die Logarithmen erklärt...

Seite 43–44 – Einschub nach «... die ihr selber nicht fremd geblieben waren...»: als sie in der Kindheit mit dem Tod kämpfte...

Seite 44 – Einschub nach «... hinunter zum Newskij-Prospekt fuhr»: (heute der Prospekt irgendeines Oktobers, in den ein erstaunter Herzen einmündet).

Seite 46 – Statt «Ihre direkte Ahnenreihe... und ihrer Popen»: Unter ihren entfernten Verwandten, den sibirischen Rukawischnikows (nicht zu verwechseln mit den berühmten Moskauer Kaufleuten desselben Namens), waren Altgläubige, und es klang etwas standhaft Sektiererisches aus ihrer Ablehnung der Rituale der rechtgläubigen Kirche.

Seite 47–48 – Einschub nach «...die überall auf unserem Landsitz»: ...die überall auf unserem Landsitz, dem Gut ihrer Eltern, dem benachbarten Gut ihres Schwiegervaters und dem ihres Bruders jenseits des Flusses zu finden waren. Bald nach ihrer Hochzeit starben ihre Eltern beide an Krebs, und davor starben im Kindesalter sieben ihrer neun Geschwister, und die Erinnerung an das ferne, angefüllte Leben, das sich mit den fröhlichen Fahrrädern und den Krockettoren ihrer Mädchenjahre vermischt, verschönte Wyra, Batowo und Roshdestweno auf der detaillierten, doch niemals ausfüllbaren Landkarte mit mythologischen Vignetten.

Seite 48–50 – statt des Absatzes «In der Zwischenzeit... nicht mehr benötigt wurde.»: Am Ende jener engen und langen Allee junger Eichen, von denen ich schon sprach, war von Arbeitern, die aus Ostpreußen herbeigeholt worden waren, nach den letzten Regeln der Baukunst ein neuer Tennisplatz angelegt worden. Ich sehe Mutter, wie sie einen Ball ins Netz schlägt und mit dem Fuß in dem flachen weißen Schuh aufstampft. Der Wind blättert in Myers' Anleitung zum Lawn-Tennis auf der grünen Bank. Gewissenhaft und unter dummen Anstrengungen bahnen sich Weißlinge einen Weg zum Drahtzaun um den Court. Mutters luftige Bluse und enger Pikeerock (sie und ich spielen im Doppel gegen Vater und Bruder, und ich ärgere mich über ihre Fehler) gehören zu derselben Epoche wie die Flanellhosen der Männer. In einiger

Entfernung, hinter der blühenden Wiese, die den Platz umgibt, blicken vorbeifahrende Bauern mit respektvoller Verwunderung auf die Beweglichkeit der Herrschaften, genauso wie sie sich Federball oder das Reifenspiel im achtzehnten Jahrhundert angesehen haben. Vater hatte den kräftigen geraden Schlag im klassischen Stil der englischen Spieler jener Zeit, und sich an dem erwähnten Buch überprüfend, fragte er meinen Bruder und mich fortwährend, ob dieser Segen auf uns niedergegangen sei, ob bei uns der Drive sich vom Handgelenk bis zur Schulter so auswirke, wie es sich gehört.

Seite 51 – statt «Eine Zeitlang spielte sie gern Poker...»: Zu Beginn des zweiten Jahrzehnts dieses Jahrhunderts spielte sie gern Poker...

Seite 51 – Einschub nach «Eins ihrer größten Sommervergnügen war der sehr russische Sport des *chodit po griby* (der Pilzsuche).»: Im Original dieses Buches mußte ich eigens betonen, was für einen russischen Leser selbstverständlich ist, nämlich daß dieser Sache keine gastronomische Bedeutung zukam. Nachdem ich mich mit Moskauern und anderen russischen Provinzlern unterhalten hatte, bemerkte ich aber, daß auch sie gewisse Feinheiten nicht ganz verstehen, zum Beispiel daß Täublinge und Edelreizker und überhaupt alle niederen Lamellenpilze von den Kennern völlig ignoriert wurden, die nur die klassisch fest und rund gewachsenen Formen der Art Boletus sammelten – Steinpilze, Birkenpilze und Rothäuptchen.

Seite 54 – nach «...ihrer früheren Kinderfrau»: Jelena Borissowna...

Seite 54 – Einschub nach «...und großen schlurfenden Füßen.»: Ihr Kopf war klein, ihr trüb-brauner Blick völlig erlo-

schen und ihre Haut kalt wie bei einem vergessenen Lager-
apfel. Über Boris hat sie mir einiges nicht erzählt, aber sie
trank auch nicht wie [Puschkins Haushälterin] Arina Rodio-
nowna (die übrigens als Njanja für [Puschkins Schwester]
Olinka Puschkin von der Sujda [einem Fluß] nicht weit von
uns ins Haus geholt worden war). Sie war siebzig Jahre älter
als ich.

Seite 55 – Einschub nach «. . . mit den grauen Schläfen vertrauenswürdiger Gefolgsleute.»: Den Denunziationen der alten Verwandten glaubte niemand, doch leider sagten sie die
Wahrheit. Nikolaj Andrejitsch war ein Einkaufsgenie und,
wie sich dann zeigte, ein in spiritistischen Kreisen Petersburgs
bekanntes Medium; Jegor (bis heute höre ich seinen dunkel-
erdigen Spinatbaß, wenn er im Garten versuchte, meine ge-
fräßige Aufmerksamkeit von den ananasgroßen Erdbeeren auf
die einfache Gartenerdbeere zu lenken) handelte im stillen so
kunstvoll mit den herrschaftlichen Blumen und Beeren, daß er
ein neues Haus in Siwerskij erwarb: Mein Onkel Rukawischnikow fuhr einmal hin, um es sich anzusehen, und kam
mit erstauntem Gesichtsausdruck zurück.

Seite 58 – Einschub in «In den Familienalben, die ihre Ju-
gendjahre illustrieren...»: bei Picknicks, beim Krocketspie-
len, das Photo ist nichts geworden, zwischen Sportsleuten mit
Rüschenärmeln und Paddlern, alten Dienern, Hände an der
Hosennaht, sie in der Wiege, irgendwelche dunklen Tannen,
Blicke in irgendwelche Zimmer...

Seite 59 – Einschub nach «Dieser letzte Dackel...»: (der eines
der wenigen Verbindungsglieder zwischen mir und den russischen Klassikern darstellt)...

Seite 60 – Einschub nach «... bei ihrem Tod am Vorabend des Zweiten Weltkriegs»: im Mai 1939...

Seite 60 – Einschub in «...die sie mit ihrer liebsten Freundin... teilte...»: die sie mit ihrem Enkel und ihrer liebsten Freundin teilte...

Kapitel 3

Seite 70 – statt des Satzes «Es war Nina Baronin von Korff...»: Es war Baronin Korff mit zwei Töchtern. Ihr Mann Ferdinand Korff (1805–1869, Grauns Ururenkel in der weiblichen Linie) war anscheinend nicht in der Nähe, dafür aber ein Freund des Hauses und der zukünftige Bräutigam einer ihrer Töchter (Marija Ferdinandowna, 1842–1926), mein zukünftiger Großvater, Dmitrij Nabokow (1827–1904).

Seite 70 – statt «Dem redseligen Reporter...»: dem subversiv-marxistischen Reporter...

Seite 70 – statt «... was sonderbar klingt.»: anscheinend lebte der Arbeiter damals billig.

Seite 71 – statt «Dmitrij Nabokow... zu stärken.»: 1878 wurde Dmitrij Nabokow zum Justizminister ernannt. Als eins seiner Verdienste gilt das Gesetz vom 12. Juni 1884. Es beendete für eine Zeitlang den Druck der Reaktionäre auf das Schwurgericht. Als er 1885 in den Ruhestand trat, bot Alexander II. ihm die Wahl zwischen einem Grafentitel oder einer finanziellen Belohnung; der vernünftige Nabokow wählte letztere. Im selben Jahr hieß es im *Westnik Ewropy* (Europäischer Bote) über seine Tätigkeit: «Er handelte ähnlich wie der Kapitän eines Schiffes in Seenot...»

Seite 73 – Einschub nach «... Klümpchen zu verwandeln.»: Miss Norcott und mein Bruder waren im Garten.

Seite 73 – statt «... einen seiner (längst verstorbenen) Kollegen aus dem Kabinett der achtziger Jahre.»: ... der fünfzehn Jahre zuvor in demselben Nizza gestorben war.

Seite 74 – statt «Der jüngste war Konstantin, ein eingefleischter Junggeselle.»: Der jüngste war Konstantin (gleichgültig gegenüber Frauen, womit er sich von allen seinen Brüdern erstaunlich unterschied).

Seite 75 – eingeschobener Absatz nach «... von dem sie sich später scheiden ließ.»: Zu Beginn des zweiten Jahrzehnts dieses Jahrhunderts hatte ich sozusagen an Daten, die in die Sphäre meines verwandtschaftlichen Bewußtseins eingingen und sich dort zu einem bekannten Sternenmuster ordneten, dreizehn Vettern (mit der Mehrheit von ihnen war ich zu verschiedenen Zeiten befreundet) und sechs Cousinen (in die Mehrzahl von ihnen war ich offen oder heimlich verliebt). Mit einigen Verwandten trafen wir uns aus gegenseitiger Sympathie, oder weil die Ländereien benachbart waren, bedeutend häufiger als mit anderen. Picknicks, Aufführungen, wilde Spiele, unser geheimnisvoller Park in Wyra, Großmutters wunderbares Batowo, die herrlichen Wittgensteinschen Güter – Drushnosselje hinter [tatsächlich südlich der Bahnstation] Siwerskij und Kamenka im Gouvernement Podolsk – all das blieb als idyllischer Kupferstichhintergrund im Gedächtnis haften, das nunmehr eine ähnliche Zeichnung nur noch in der ganz alten russischen Literatur findet. Von Mutters Seite hatte ich nur einen nahen Verwandten – ihren einzigen am Leben gebliebenen Bruder, Wassilij Iwanowitsch Rukawischnikow; er war Diplomat wie sein Schwager Konstantin

Dmitrijewitsch Nabokow, den ich oben schon einmal erwähnt habe und den ich jetzt in Gedanken genauer wiederbeleben möchte – bis zum Aufruf des lebendigeren, aber im traurigen und geheimen Sinn unelementaren Bildes von Wassilij Iwanowitsch.

Seite 75 – Einschub nach «...in einem Londoner Krankenhaus...»: ...wo er sich von einer Operation erholte...

Seite 84–85 – statt «Eine der glücklicheren Kindheitserinnerungen... des Malers hinterließ.»: An sie und an viele andere wunderliche, aber manchmal auch beängstigende Rukawischnikows hatte meine Mutter viele Erinnerungen... Ich liebe die Verkupplung der Zeiten: Als sie, noch ein kleines Mädchen, bei ihrem Großvater, dem alten Wassilij Rukawischnikow, auf seinem Gut auf der Krim zu Besuch war, erzählte Ajwasowskij, ein sehr durchschnittlicher, damals aber sehr bekannter Marinemaler, einmal in ihrem Beisein, wie er als junger Mann Puschkin und seine großgewachsene Frau gesehen habe; und während er dies erzählte, entleerte ein vorbeifliegender Vogel weiße Farbe auf den grauen Zylinder des Künstlers. Seine Meere schimmerten graublau in den verschiedenen Ecken des Petersburger (später des ländlichen) Haushalts; und als Alexandre Benois an ihnen vorbeiging, vorbei an der tödlichen Langeweile seines Bruders Albert, des Akademiemitglieds, vorbei am *Schmelzloch* Kryshizkijs, wo nichts schmolz, und vorbei an der riesigen, gestriegelten Perowskijschen *Brandung* in der Halle, formte er seine Hände zu Scheuklappen und brummte irgendwie musikalisch getönt «*Non, non, non, c'est affreux*, was für eine Dürre, verhängen Sie sie mit irgend etwas» – und betrat erleichtert das Zimmer meiner Mutter, wo seine tatsächlich wunderbaren Bilder, das vom Regen überquellende *Bretagne* und das rot-grüne *Versailles* einträchtig neben den «geschmackvollen», wie es damals hieß, *Türken* von Bakst und Somows Aquarell *Regenbogen zwischen nassen Birken* hingen.

Seite 89 – eingeschobener Absatz nach «... ein meisterlicher Pokerspieler.»: Seine Mängel und Merkwürdigkeiten reizten meinen vollblütigen und geradlinigen Vater, der sehr ärgerlich wurde, als er zum Beispiel erfuhr, daß Wassilij Iwanowitsch, der sich auf Kartentricks verstand, sich mit einem Falschspieler in irgendeiner ausländischen Spelunke zum Kartenspiel hingesetzt und ihn in aller Gemütsruhe betrogen hatte, um einem Freund aus der Patsche zu helfen, dem jungen, unerfahrenen und armen G., den derselbe Falschspieler zuvor gründlich ausgenommen hatte.

Seite 90 – Einschub nach «... bei der römisch-katholischen Kirche.»: Fünf Jahre vor seinem Tod konnten meine Mutter und die Cousine meines Vaters Jekaterina Dmitrijewna Dansas in ihrem Abteil nicht einschlafen, weil das Getöse und Geheul lateinischer Hymnen das Geräusch des Zuges übertönte. Sie waren nicht wenig verblüfft, als sie herausfanden, daß Wassilij Iwanowitsch vor dem Schlafengehen im angrenzenden Abteil sang.

Seite 91 – eingeschobener Absatz nach «... Stoßzahn eines Mammuts.»: Das Gutshaus von Roshdestweno – das sie eigens für den früh verstorbenen ältesten Sohn gekauft hatten – war angeblich auf den Ruinen eines Schlosses erbaut worden, in dem Peter I., ein Experte in abscheulicher Tyrannei, [seinen Sohn, den Prinzen] Alexej eingekerkert hatte. Jetzt war es ein bezauberndes, ungewöhnliches Haus. Noch nach vierzig Jahren rufe ich mir mühelos seine allgemeine Atmosphäre und seine Einzelheiten ins Gedächtnis: das Damebrett des

Marmorfußbodens in der kühlen und klangvollen Eingangshalle, das Himmelslicht von oben, die weißen Galerien, den
Sarkophag in der einen Ecke des Salons, die Orgel in der anderen, den starken Duft der Treibhausblumen überall, die
violetten Vorhänge im Arbeitszimmer, den wie eine Hand geformten Rückenkratzer aus Elfenbein – und die unvergeßlichen, bereits in ein anderes Kapitel dieses Buches gehörenden Säulen der hinteren Fassade, in deren romantischem
Schatten sich im Jahre 1915 die glücklichsten Stunden meiner
glücklichen Jugend konzentrierten. Nach 1915 habe ich ihn
[den Onkel] nicht wiedergesehen.

Seite 92 – statt des Absatzes «Der folgende Passus...»: An
dieser Stelle habe ich mir in der amerikanischen und britischen Ausgabe des vorliegenden Buches zur Belehrung des
unbedarften Ausländers, der seinerzeit von klugen Propagan-
disten und dummen Trittbrettfahrern eine rein sowjetische
Vorstellung von unserer russischen Vergangenheit erhalten
hat (oder desjenigen, der in irgendeinem lokalen Bankkrach
Geld verloren hat und mich deswegen zu «verstehen» meint)
eine Abschweifung erlaubt, die ich hier nur der Vollständig-
keit halber anführe; ihr Kern ist dem russischen Leser nur
allzu offensichtlich – jedenfalls dem freien russischen Leser
meiner Generation:

Seite 92 – statt «...einen Emigranten, der ‹die Roten› haßt»:
...einer aus dem alten Rossija [= ein Erzreaktionär], der die
Kommunisten haßt...

Seite 94 – nach «...eine Romanze...»: *Octobre*.

Seite 95 – Einschub nach «...daß diese fast krankhafte Wachheit meines Erinnerungsvermögens ein ererbter Charakterzug

ist.»: . . . übermäßig klar werden im sonnendurchfluteten Gehirn das bunte Glas der Veranda, der zum Frühstück rufende Gong und das, was man im Vorbeigehen berührt, wiedererweckt – die federnde runde Stelle im blauen Tuch des Kartentisches, die, wenn man sie mit dem Daumen drückte, mit einem angenehmen Krampf das geheime Kästchen heraustrieb, in dem rote und grüne Spielmarken und ein kleiner Schlüssel lagen, den man für immer von seinem von allen vergessenen, damals vielleicht schon nicht mehr existierenden Schloß getrennt hatte . . .

Seite 99 – Einschub nach «. . . zu einem bloßen Schemen.»: . . . so daß mir im Vergleich mit jener Realität die Feder in meiner Hand, ja die Hand selber mit ihrer glänzenden, schon sommersprossigen Haut wie ein reichlich geschmackloser Betrug vorkommen.

Kapitel 4

Seite 100 – Einschub nach «. . . in den Spüleimer zu ergießen.»: Dieses *tub* aus Gummi nahm ich mit in die Emigration, und es hat mich, oft geflickt, in meinen zahllosen europäischen Pensionen wahrhaft gerettet: Nichts auf der Welt ist schmutziger als eine französische Gemeinschaftswanne, außer einer deutschen.

Seite 100 – Einschub nach «. . . puderweiße Tennisbälle.»: Den Garten Eden stellte ich mir als eine englische Kolonie vor.

Seite 101 – Einschub nach «Englisch lernte ich früher lesen als Russisch»: eine gewisse Abneigung gegen die russische Umgangssprache, die für das Ohr eines Nicht-Petersburgers un-

462

angenehm ist – auch für mich selber, wenn ich mich auf einer Platte höre –, hat sich bis heute bei mir erhalten (ich erinnere mich, wie der Biologe Dobzhansky bei unserem ersten Treffen in Amerika, 1945 war das wohl, unschuldig bemerkte: «Na, Sie haben Ihre Muttersprache aber gründlich vergessen, mein Lieber»).

Seite 110 – Einschub nach «. . . lächeln mir rätselhaft zu»: als wäre ich Baudelaires Don Juan ganz in Schwarz. Ich war ein schwieriges, eigensinniges, außerordentlich verwöhntes Kind. (Verwöhnen Sie Ihre Kinder noch mehr, meine Herrschaften, Sie wissen nicht, was sie erwartet!) Ich kann mir vorstellen, wie sich diese armen Erzieherinnen manchmal mit mir gelangweilt haben, was für lange Briefe sie in der Stille ihrer langweiligen Zimmer schrieben. Ich gebe jetzt dreihundert Studenten an einer amerikanischen Universität einen Kurs über europäische Literatur.

Seite 111 – Einschub nach «. . . wurde die hübsche Miss Norcott fristlos hinausgeworfen»: als sich herausstellte, daß sie lesbisch war.

Seite 111 – Einschub nach «. . . in der Morskaja-Straße ein Haus besaßen»: (Nr. 47), mit zwei Etagen, aus rosa Granit, ein Stadthaus mit einem bunten Mosaikmuster über den obersten Fenstern. Nach der Revolution ließ sich dort irgendeine dänische Vertretung nieder, aber ob es heute noch existiert, weiß ich nicht. Ich wurde dort geboren – im letzten Zimmer (wenn man in Richtung auf den Platz zuzählt, also dem Lauf der Hausnummern entgegen), im ersten Stock, dort, wo sich das Geheimfach für den Schmuck meiner Mutter befand: der Pförtner Ustin selber führte im November 1917 das revoltierende Volk durch alle Zimmer zu ihm.

Kapitel 5

Seite 126 – Einschub nach «...wie er mit Recht annahm.»:
Unser Verhältnis zu den ortsansässigen Bauern war idyllisch:
Wie jeder uneigennützige liberale Gutsherr tat in den Grenzen der verhängnisvollen Ungleichheit auch mein Vater sehr
viel Gutes.

Seite 141 – Einschub nach «...aus Racines absurdem
Stück...»: ...von dem wir natürlich, wie von all dem anderen pseudoklassischen Unsinn, Teile auswendig kennen sollten...

Seite 142 – statt «...der an Massendemonstrationen teilnimmt oder einer Vereinigung beitritt...»: ...der an Massendemonstrationen teilnimmt oder einer Freimaurerloge oder
Vereinigung beitritt...

Seite 146 – Einschub nach «...bis Mademoiselle es mir ernsthaft untersagt.»: Übrigens habe ich ihn nicht oft geärgert, doch
zwischen uns gab es keinerlei Freundschaft; das ging soweit,
daß wir nicht einmal Namen füreinander hatten – Wolodja,
Serjoscha –, und es ist ein merkwürdiges Gefühl zu denken,
daß ich meine ganze Kindheit in allen Einzelheiten erzählen
könnte, ohne ihn auch nur ein einziges Mal zu erwähnen.

Seite 147 – statt «...fanden sich zu den Mahlzeiten selten weniger als fünfzehn Leute ein...»: ...fanden sich zu den Mahlzeiten selten weniger als zwölf Leute ein...

Seite 147 – Einschub hinter «...hinter einer gewissen armen
Verwandten...»: Nadeshda Iljinitschna Nasimowa, eine alte
Jungfer, die jeden Sommer von einem Gut zum anderen pen-

delte und als Künstlerin galt – sie brannte bunte russische Trojkas auf Holz und korrespondierte in slawischer Zierschrift mit Mitgliedern irgendeiner Schwarzhundertervereinigung. Mit ihrem spärlichen Haar, ihrer Ponyfrisur, ihrem großen erdbeerfarbenen Gesicht, das infolge eines in ihrer traurigen Jugend entzündeten Zahngeschwürs so zur Seite verzogen war, daß ihre Worte wie mit einem Sprachrohr in ihr eigenes linkes Ohr gerichtet zu sein schienen, war sie häßlich; ihre Figur ähnelte einem Schneemann, das heißt, sie war weniger gut gebaut als Mademoiselle. Wenn es einmal vorkam, daß die beiden Damen auf der breiten Allee des Parks aufeinander zutrieben und wortlos aneinander vorbeigingen – Nadeshda Iljinitschna mit einer Klette im Haar, wegen der Frische dort angeheftet, und Mademoiselle unter einem Sonnenschirm aus Moirée, beide in Gürteln und voluminösen Röcken, die rhythmisch mit den Schößen von einer Seite auf die andere über den Sand schleiften –, dann erinnerten sie sehr an jene zwei dickbäuchigen elektrischen Waggons, die so gleichförmig und unbeirrbar inmitten der eisigen Wüstenei der Newa aneinander vorbeiglitten.

Seite 149 – Einschub nach «. . . er war ‹*le comble*›.»: Er war ein recht ungehobelter Odessaer mit reinen Idealen.

Seite 149 – statt «. . . Diener und Französisch zum Beispiel . . .»: Lakaien in dunkelblauer Livree, reaktionäre Gnadenbrotempfängerinnen, das ‹Snobistische› einiger Vergnügungen . . .

Seite 150 – Eingeschobener Absatz nach «. . . noch immer auf der gleichen Etage lag.»: In unserem Petersburger Haus gab es einen kleinen hydraulischen Lift, der an einem samtenen Seil entlang abwärts gleitender Wasserflecken und Rinnen an einer gelblichen Innenwand zur zweiten Etage hinauffuhr, die merkwürdig zum Granit der Vorderfront kontrastierte. Dagegen glich sie sehr einem Haus an der einen Seite des Hofes, das ebenfalls uns gehörte, dem Wirtschaftsgebäude, in dem anscheinend auch Kontore vermietet wurden, den grünen gläsernen Schirmen der Lampen nach zu urteilen, die in der wattigen Dunkelheit in diesen langweiligen jenseitigen Fenstern brannten. In kränkender Anspielung auf ihr Körpergewicht streikte der Lift häufig, und Mademoiselle war gezwungen, mit vielen asthmatischen Pausen die Treppe hochzusteigen.

Seite 151 – Einschub nach «Der Erste Weltkrieg kam, dann die Revolution.»: Die sowjetische Revolution verschlug uns für anderthalb Jahre auf die Krim, von dort gingen wir für immer außer Landes. Ich studierte in England, in Cambridge.

Seite 153 – Einschub nach «...die Mademoiselle früher zu Tränen gerührt hatten.»: «*Mais non*», sagte sie, «*il fait si beau, si beau*» – und konnte vor lauter Gekränktsein dies «*beau*» nicht näher bestimmen.

Kapitel 6

Seite 159 – eingeschobener Absatz zu Beginn von Abschnitt 2: In unserem Petersburger Haus besaß Vater eine große Bibliothek, wohin nach und nach auch so einiges aus dem Haus in Wyra wanderte und wo die Wände der inneren Galerie, zu der die Treppe hinaufführte, mit Bücherregalen vollgestellt waren; zusätzliche Speicher befanden sich in einer der Kammern der zwischendeckähnlichen obersten Etage.

Seite 159 – statt «...unter einem Sammelsurium verstaubten Trödels...»: ...zwischen der *Shiwopisnoje Obosrenije* (der

Künstlerischen Rundschau) und dem *Graphic* in marmorierten Einbänden, Herbarien mit gepreßten Veilchen und seidigen Edelweißen, Alben, aus denen mit einem Plumps feste, mit Goldschnitt versehene Photographien unbekannter mit Orden behängter Leute herausfielen, und lauter verstaubten Spielen wie Halma...

Seite 164 – eingeschobener Absatz zu Beginn von Abschnitt 3: Im Verhältnis zu einer Vielzahl menschlicher Gefühle – Hoffnung, die uns am Einschlafen hindert, ihre verschwenderische Erfüllung trotz des Schnees im Schatten, die Aufregungen der Eitelkeit und die Ruhe des erreichten Ziels – steht für mich das halbe Jahrhundert meiner Abenteuer mit den Schmetterlingen, sowohl beim Fangen als auch beim Präparieren, auf einem Ehrenplatz. Als Schriftsteller finde ich alleinige Genugtuung in persönlichen Geistesblitzen und darin, sie nach Kräften festzuhalten, aber der Ruhm ist mir gleichgültig; doch zugegebenermaßen beginnt es in mir vor unverständlicher Aufregung zu sieden, wenn ich meine entomologischen Entdeckungen im Geist sortiere – die aufreibenden Arbeiten, die Veränderungen, die von mir in die Systematik eingebracht wurden, eine Revolution mit Kollegenhinrichtungen im hellen Kreis des Mikroskops, das Bild und die Vibration in mir aller seltenen Schmetterlinge, die ich selber gefangen und beschrieben habe, und mein von nun an unsterblicher Name hinter der von mir ausgedachten lateinischen Bezeichnung oder, mit kleinem ‹n› und auslaufendem lateinischen ‹i›, in der Bezeichnung der Schmetterlinge, die nach mir benannt wurden. Und gleichsam am Horizont dieses maßlosen Stolzes strahlen in meinem Gedächtnis alle jene ungewöhnlichen märchenhaften Orte – die nördlichen Sümpfe, die südlichen Steppen, 14000 Fuß hohe Berge, die ich, mit einem Tüllnetz in der Hand, als hübscher Junge mit Strohhut, als junger Mann auf Hanfsohlen und als fünfzigjähriger Dickwanst in Turnhosen durchstreift habe.

Seite 167 – Einschub nach «. . . einen Leidensgefährten traf.»: Manchmal stürzte mein sonst so gelassener Vater plötzlich mit verzerrtem Gesicht von der Veranda herein in mein Zimmer, ergriff den Kescher, rannte zurück in den Garten, kam zehn Minuten später mit einem auf «Aaaa» andauernden Stöhnen zurück und – ließ einen wunderschönen großen Kohlweißling los! Weil die «reine Wissenschaft» den intelligenten Spießer lediglich quält oder zum Lachen bringt, erinnere ich mich – meine Eltern ausgenommen –, was meine Schmetterlinge angeht, nur an Unverständnis, Gereiztheit und Spott. Wenn sogar ein so leidenschaftlicher Naturliebhaber wie Aksakow in seinem äußerst stümperhaften *Das Sammeln von Schmetterlingen* (eine Zugabe zu den studentischen *Erinnerungen*) sein wohlmeinendes Geschwätz mit allerlei Unsinn schmückt (ich weiß nicht, ob er beschlagener war in Sachen einiger slawophiler Kriekenten und Alande), kann man sich die Rückständigkeit des durchschnittlich gebildeten Menschen in dieser Frage vorstellen.

Seite 175 – Einschub nach «. . . ob ich Krabbeltiere als Köder suche; . . .»: *Life* rief an und fragte, ob ich nicht in Farbe photographiert werden wollte, wie ich populäre Schmetterlinge verfolgte, ein populärer erklärender Text käme dann dazu; . . .

Seite 175 – statt «. . . bei Santa Fé . . .»: . . . irgendwo in New Mexico . . .

Seite 185 – Einschub nach «Und im nächsten Augenblick war ich mitten unter ihnen.»: Ich kannte sie nur aus gelehrten Beschreibungen, denn alle illustrierten Schmetterlingsbücher für die mitteleuropäischen Einfaltspinsel halten es, wenn sie diese nordischen Seltenheiten überhaupt erwähnen, nicht für nötig, sie im Bild zu zeigen, «denn der durchschnittliche Schmetterlingsfreund wird kaum je auf sie stoßen» – ein Satz, der mich auch in banalen botanischen Atlanten im Hinblick auf seltene Pflanzen erbost. Jetzt aber hatte ich sie nicht nur vor meinen Augen, nicht nur lebendig vor mir, sondern auch in der natürlichen und harmonischen Wechselbeziehung mit ihrem Lebensraum. Mir scheint, daß dieses heftige und irgendwie angenehm aufregende Empfinden der ökologischen Einheit, das heutigen Naturkundigen so wohlbekannt ist, ein neues oder wenigstens ein neu begriffenes Gefühl war, und daß nur hier, auf diesem Wege, sich paradoxerweise die Möglichkeit abzeichnet, die Idee des Individuums und die Idee des Allgemeinen in einer Synthese miteinander zu verbinden.

Seite 185 – eingeschobener Absatz nach «...das Grau und Weiß von Longs Peak.»: Ich bin weit herumgekommen, doch die Vergangenheit war immer an meiner Seite, auch ein Teil der Zukunft war dabei. Im blühenden Gestrüpp der Canyons von Arizona, hoch auf den erzhaltigen Hängen des San Miguel-Gebirges, auf den Seen des Waldes in den Tetons und in vielen anderen wilden und wunderbaren Gegenden, wo ich alle Pfade und Schluchten kenne, fliegen jeden Sommer von mir entdeckte, von mir beschriebene Arten und Unterarten, und werden immer fliegen. «Nach mir benannt ist...» – nein, kein Fluß, sondern ein Schmetterling in Alaska, ein anderer in Brasilien, ein dritter in Utah, den ich hoch in den Bergen fing, am Fenster eines Skihotels – jene *Eupithecia nabokovi* McDunnough, die heimlich eine thematische Reihe abschließt, die in einem Wald bei St. Petersburg begonnen hatte.

Kapitel 7

Seite 199 – Einschub nach «...mit Blasen an der Oberfläche.»: Noch früher, als ich etwa fünf war, liebte ich ein dunkeläugiges rumänisches Mädchen mit dem merkwürdigen Nachnamen Gika.

Seite 200 – Einschub nach «...ihren Eltern...»: ...einem Herrn mit schwarzgefärbtem Schnurrbart und einer Dame mit einem ovalen, «gemachten», gleichsam emaillierten Gesicht...

Kapitel 8

Seite 205 – eingeschobener Name des Dorfschulmeisters: Wassilij Martynowitsch.

Seite 213 – Einschub nach «...als Briefbeschwerer verkaufte.»: Er kam zu uns mit einem großen Portrait des Petersburger Pädagogen Gurjewitsch, den er sehr kunstvoll und haarfein mit dem Bleistift gezeichnet hatte. Doch Gurjewitsch weigerte sich aus irgendeinem Grund, das Portrait zu kaufen, und so blieb es irgendwo in einem Flur bei uns hängen. «Ich bin natürlich ein Impressionist», bemerkte Lenskij geringschätzig, als er das erzählte. Mich als angehenden Künstler verwunderte er sofort durch den Kontrast zwischen der eigentlich recht wohlgestalteten Vorderseite seines Körpers und der dicklichen Kehrseite.

Seite 215 – Einschub nach «...wenn er... Geländerläufe angefaßt hatte).»: Er gewöhnte sich nicht gleich an mich, und betrübt denke ich daran zurück, wie er mir «diese widerwärtige Karikatur» aus den Händen reißt und durch die Räume

470

des Hauses in Wyra in Richtung Veranda davonschreitet (mir damit ebenjenen karpfenförmigen Umriß seines breitflankigen Körpers zeigend, den ich gerade so getreulich geschildert habe), mein Bild vor meiner Mutter auf den Tisch wirft und ausruft: «Hier das jüngste Werk Ihres degenerierten Sohnes!»

Seite 221 – Einschub nach «...die Knie aneinander.»: Das weckte Gefühle in mir, mit denen Lenskij nicht gerechnet hatte. Übrigens setzte sie sich bald woanders hin.

Seite 225 – Einschub nach «...die ganze Sache abgeblasen wurde»: und der Freund unseres gutmütigen Lenskij mit verdienten hundert oder zweihundert Rubeln und seinem sperrigen Apparat für immer verschwand.

Seite 228 – statt «...zog ein junger Mann aus der Wolgagegend bei uns ein. Er war ein charmanter Mensch von adliger Herkunft, ein recht guter Tennisspieler, ein hervorragender Reiter...»: der Sohn eines verarmten sibirischen Gutsbesitzers. Er war hübsch, hatte einen offenherzigen Tonfall und ausgezeichnete Manieren und die Seele eines ausgemachten Schurken.

Seite 230 – statt «...doch die meisten Pferde blieben lieber bei ihrem Hafer»: von denen viele Pferde sehr krank wurden.

Kapitel 9

Seite 235 – statt «Als die Sowjetrevolution uns gebot, St. Petersburg zu verlassen...»: Als uns im November jenes Maschinengewehrjahres (mit dem Rußland offensichtlich für immer zugrunde ging wie seinerzeit Athen und Rom) die sowjetische Revolution gebot, St. Petersburg zu verlassen...»

Seite 246 – Einschub nach «. . . war der ältere.»: (A. F. Kerenskij bat später für die Flucht aus dem Winterpalast um den
Benz, doch mein Vater erklärte ihm, daß das Auto zu alt und
zu schwach sei und kaum noch zu historischen Fahrten tauge –
anders als die wunderbare Kutsche unserer Urahnin, die Lud-
wig für die Flucht nach Varennes geborgt wurde.)

Seite 247 – Einschub nach «. . . das wackere Opel-Cabriolet . . .»: . . . mit den roten Ledersitzen . . .

Seite 247 – Einschub nach «. . . sollte man die heutige Geschwindigkeitsinflation berücksichtigen»: . . . heute schafft
mein Sohn, Student in Harvard, genausoviel in einer halben
Stunde, wenn er mal eben von Boston nach Alberta, Kalifornien oder Mexiko fährt . . .

Seite 250 – Einschub nach «. . . durch ihre modernen Erziehungsmethoden auszeichnete.»: Die Schüler trugen keine
Uniformen, in den höheren Semestern wurden Sachen wie
Gesetzeskunde unterrichtet, und Sport wurde nach Maßgabe
der Kräfte gefördert.

Seite 250 – statt «Da ich kein schlechter Sportler war . . .»:
. . . wie in allen Schulen gehörte es sich nicht, sich zu sehr auszuzeichnen. Ich war ein ausgezeichneter Sportler, lernte ohne
große Anstrengungen, wobei ich zwischen Neigung und Notwendigkeit balancierte, gab in der Schule nicht einen Deut
meiner Seele preis und schonte alle meine Kräfte für die Freuden zu Hause – für *meine* Spiele, *meine* Leidenschaften und
Schrullen, *meine* Schmetterlinge, *meine* Lieblingsbücher –
und . . .

Seite 251 – Einschub nach «Ich zog mir den Zorn des freundlichsten und wohlmeinendsten meiner Lehrer zu...»:
... W. W. Hippius, eine der Stützen der Schule, ein recht ungewöhnlicher rothaariger Mann mit spitzer Zunge (heimlich
schreibt er bemerkenswerte Gedichte)...

Seite 252 – Einschub nach «...in viele bezaubernde Farben
zerlegte»:... – vorbehaltloser, gleichsam selbstverständlicher
Stolz, zärtliche Nachsicht, feine Registrierung seiner gering-
fügigsten persönlichen Eigenheiten und ein die Seele überflu-
tendes Gefühl, daß wir, egal was er gerade tat (ob er an einem
herausragenden Leitartikel für *Retsch* schreibt, ob er über sein
Spezialgebiet Kriminalistik arbeitet, ob er als politischer Redner auftritt oder an seinen endlosen Versammlungen teilnimmt) immer miteinander verschworen sind, und inmitten
einer dieser mir äußerlich fremden Beschäftigungen kann er
mir das geheime Zeichen seiner Zugehörigkeit zu der so reichen «Kinder»-Welt geben – und er gab es oft –, in der wir
durch jene geheimnisvolle Gleichaltrigkeit miteinander verbunden sind, die mich damals auch mit meiner Mutter verband oder die mich heute mit meinem Sohn verbindet.

Seite 253 – Einschub nach «...von Wintermänteln und Galoschen.»: Es erschien Miljukow, der ein wenig Theodore Roosevelt ähnelte, allerdings in etwas rosigeren Tönen, in seinem
Zelloloidkragen. I. W. Hessen betrachtete, sich die Hände
reibend und das kluge kahlköpfige Haupt leicht seitwärts geneigt, die Anwesenden durch seine Brille. A. I. Kaminka, mit
blauschwarzen glattgekämmten Haaren und einem Ausdruck
warnenden Schreckens in seinen beweglichen, runden, braunen Augen, bewies einem Parteifreund bereits heftig irgend
etwas.

Seite 254 – statt «...und ich hatte mich an die... Karikaturen... einigermaßen gewöhnt»: ...und meine Mutter sammelte mit der Leidenschaftslosigkeit eines gelehrten Sammlers in einem Album diese Beispiele der untalentierten russischen Karikaturkunst (der direkten Brut deutscher Karikaturkunst). Sie stellten meinen Vater mit einer betonten «Herren»-Physiognomie dar, mit «auf englisch» getrimmtem Schnurrbart, mit einer in eine Glatze übergehenden Bürstenfrisur, mit vollen Wangen, auf deren einer sich ein Muttermal befand, mit (im genetischen Sinne) «Nabokowschen» Augenbrauen, die sich entschieden aufwärts, von der Wurzel der römischen Nase weg bewegten, aber auf halbem Weg jede Spur von Haarwuchs verloren. Ich erinnere mich an eine Karikatur –...

Seite 255 – Ergänzung nach «...Oberbefehlshaber der russischen Flotte zu retten»: Admiral Roshdestwenskij, den mein Onkel persönlich nicht ausstehen konnte.

Seite 256 – statt «Der Schmerz, mitanzusehen, wie man ihn hinuntertrug, verlor sich in meinem Elend.»: Der Schmerz, mitanzusehen, wie man ihn wie eine Leiche hinuntertrug, verlor sich in meinem Elend. Getragen wurde er von dem Kraftmenschen Popow, einem gorillaähnlichen, schmutzigen, aber recht gutmütigen erwachsenen Gymnasiasten mit rasiertem Kopf – selbst beim Boxen wurde man mit ihm nicht fertig –, der jedes Jahr sitzenblieb, so daß wahrscheinlich die gesamte Schule, Klasse für Klasse, klar durch ihn hindurchgegangen wäre, wäre er nicht 1914 an die Front gestürzt, von wo er als Husar zurückkehrte.

Seite 259 – Einschub nach «...die einem russischen Jungen so geläufig waren.»: Gribojedow zeigte seinen blutüberströmten Arm Jakubowitsch.

Seite 259 – statt des Satzes «Ich sah den kräftigen Sobinow...»: Ich sah sogar, Gott möge mir verzeihen, das überaus
stümperhafte Gemälde des untalentierten Repin, auf dem der
vierzigjährige Onegin auf den krausköpfigen Sobinow zielt.

Seite 261 – nach «...mein Onkel, der Admiral...»: Nikolaj
Nikolajewitsch Kolomejzew...

Seite 262 – statt «...jedoch tödlich getroffen wurde.»: jedoch
tödlich in den Rücken getroffen wurde.

Kapitel 10

Seite 269 – nach «...das Gesicht des Liegenden»: während
diesem Ameisen ein wenig in den Nacken bissen.

Seite 270 – statt des Satzes «Wäre ich imstande gewesen...»:
Vielleicht passe ich, ohne es zu wollen, die Vergangenheit der
bekannten Stilisierung an, aber es kommt mir jetzt so vor, als
hätte mein so früh zu Tode gekommener Kamerad es im
Grunde nie geschafft, die kriegerisch romantische Traumwelt
Mayne Reids zu verlassen, die ihn soviel mehr als mich während unserer gar nicht so häufigen und nicht sehr langen sommerlichen Begegnungen verschlungen hatte.

Seite 270 – statt «Die Geschichte hat ihre Stärken.»: Es ist
unmöglich, die Geschichte heute hintereinanderweg zu lesen,
doch es gibt Schimmer von Talent, und hier und da ist sogar
eine Art gogolscher Farbenpracht zu erkennen.

Seite 271 – Einschub nach «‹...sein parfümiertes Haupt.›»:
(Sehr früher Gogol natürlich.)

Seite 273 – statt «... mit der Tochter eines reichen *haciendado* führte, mit Doña Isidora Covarubio de los Llanos (deren ‹Haartracht an Fülle dem Schwanz einer wilden Stute gleichkam›).»: ... mit der Tochter eines reichen *haciendado* führte, die weder ihm noch mir gefiel, Doña Isidora Covarubio de los Llanos (der Autor verglich diese übertriebene Brünette ziemlich abschreckend mit einem ‹guten, schnauzbärtigen jungen Mann›, dessen ‹Haartracht an Fülle dem Schweif einer wilden Stute gleichkam›).

Seite 274 – statt «... in denen kleine Gören es wie wild miteinander treiben...»: ... in denen kleine Gören verschiedenerlei Geschlechts, die sich immer und überall mit sämtlichen griechisch-römischen Sünden beschäftigen, von den angelsächsischen Produktionszentren bis zur Ukraine (woher es eine besonders babylonische Meldung von einem Gutsbesitzer gibt), es wie wild miteinander treiben.

Seite 275 – statt des Satzes «Im Vergleich hätte es fade geklungen...»: Ich war zwei Jahre jünger als er und konnte ihm seine Offenheit mit nichts zurückzahlen, abgesehen von den wenigen dürftigen, ein wenig ausgeschmückten Erzählungen von meinen kindlichen Vergnügungen an französischen Stränden, wo es so schön und qualvoll und durchsichtig und geräuschvoll gewesen war, und von den Petersburger Häusern, wo es immer so merkwürdig, ja unheimlich war, sich zu verstecken und zu flüstern, von einer heißen Hand in fremden, ungekannten Korridoren, in rauhen und grauen Labyrinthen voller unbekannter Njanjas ergriffen zu werden, wonach einem dumpf der Kopf schmerzte und Regenbogen von den Lichtern über die Scheiben der Kutsche huschten.

Seite 275 – nach «...unsere Zähne in Ordnung bringen ließen»: bei meinem Bruder ragten die oberen Zähne unter der
Lippe hervor, bei mir wuchsen sie kreuz und quer, ein zusätzlicher wuchs mir sogar in der Mitte des Gaumens, wie bei
einem jungen Hai. All das war sehr langweilig.

Seite 277 – statt «...Borja Schik, Kostja Buketow, die berühmten Brüder Scharabanow...»: ...Wasja Buketow,
Shenja Kan, Kostja Malzew...

Seite 283 – Einschub nach «...mir so lieben Zügen.»: Gott,
wie ich sie anbetete!

Seite 288 – Einschub nach «...die Telegraphenmasten summten in der Stille»: und federnd klopfte das Blut in mir...

Kapitel 11

fehlt in der russischen Fassung

Kapitel 12

Seite 310 – Einschub nach «...aus ihrem unerschöpflichen
Schatz zweitklassiger Dichtung...»: ...– da gab es die Sha-
dowskaja, Viktor Hofmann, K. R., Mereshkowskij, Masur-
kjewitsch und weiß der Himmel was noch für Damen und
Herren, in deren Sprache Romanzen wie *Euren Raum hab' ich
mit Blumen geschmückt* oder *Christus ist auferstanden, singen sie in
der Kathedrale* geschrieben werden –...

Seite 311 – Einschub nach «...wenn ich sie genauer kennenzulernen wünschte.»: «Was soll's, wir sind einfach Leute und
wissen nichts», sagte sie mit einem so schnippischen Lächeln,

477

als knabbere sie an einem Korn: In Wirklichkeit aber war sie feiner, besser und klüger als ich.

Seite 311 – Einschub nach «...daß wir gegen Ende 1917... heiraten würden...»: weil mir ein Leben ohne sie physisch unmöglich schien...

Seite 311 – statt «Vor- und Vatersname ihrer Mutter (mehr wußte ich nicht von der Frau) deuteten auf Kaufmannskreise oder Geistlichkeit.»: Der Vatersname ihrer Mutter war wie aus einem Ostrowskij-Stück. [Ihre Mutter hieß Taisija Nikanorowna Alexejew. *Anm. d. Hrsg.*]

Seite 315 – statt «Schrecklich entbehrten wir die Waldessicherheit, an die wir uns gewöhnt hatten. Für Hotels, die zweifelhaft genug waren, uns aufzunehmen, reichte unser Wagemut nicht aus...»: Alles, was einem – tatsächlich aber vielen – einfach als Attribut der klassischen Poesie erscheint, wie zum Beispiel «Waldesschatten», «Abgeschiedenheit», «ländliche Seligkeit» und andere Puschkinsche Gallizismen, bekam plötzlich Gewichtigkeit und Bedeutung, als wir unsere ländliche Zuflucht tatsächlich verloren. Für möblierte Zimmer, sogenannte zweifelhafte Hotels, Séparées, die ganze Schablone französischer Einflüsse auf die eigene Literatur nach Puschkin reichte unser Wagemut nicht aus...

Seite 315 – Einschub nach «So blieb uns nichts anderes übrig, als viel in der Stadt herumzuwandern...»: durch die Straßen, durch vereiste Petersburger Gärten, durch Gassen, in die die Uferstraße irgendwie zerfiel und wo wir unweigerlich mit Strolchen zusammenstießen...

Seite 317 – statt «... Nr. 30 und 31 in der Nordostecke...»:
... Nr. 30 und 33 in der Nordostecke...

Seite 318 – statt «Die Kunst machte Fortschritte.»: Die Kunst
machte schon damals, 1915, Fortschritte.

Seite 318 – nach «... *und ganz wie ein Spielzeug zerbrach's*»:
... oder *Nähern Sie sich ihr nicht mit Fragen* (das begann damit,
daß zwei allzu wißbegierige Intellektuelle mit angeklebten
Bärten plötzlich vor der Bank auf dem Dostojewskij-Boule-
vard (wohl eher als auf dem Blok-Boulevard) aufspringen und
gestikulierend eine erschrockene Dame bedrängen, sich ihr
also mit Fragen nähern).

Seite 320 – statt «Der Lehrer... Wladimir Hippius, selber ein
erstklassiger, obwohl etwas esoterischer Dichter, den ich
überaus bewunderte (er war meiner Ansicht nach talentierter
als seine viel bekanntere Cousine...)»: Der Lehrer, der uns in
der Schule in russischer Literatur unterrichtete, Wladimir
Hippius, selber ein erstklassiger, obwohl etwas esoterischer
Dichter (der unter dem Pseudonym Bestushew veröffentlichte), den ich überaus bewunderte (noch heute überläuft ein
Beben meinen Rücken, wenn ich an einige Zeilen in seinem
erstaunlichen Poem über den Sohn denke), und er war meiner
Meinung nach talentierter als seine viel bekanntere Cousine...

Seite 321 – Einschub nach «... er war ein grimmiger und heftiger Mann mit rotem Haar...»: trug eine merkwürdig enge
zweireihige Weste unter einer stets aufgeknöpften Jacke, die
ihn umflatterte, wenn er ungestüm durch die Pausenhalle
schritt, eine Hand in der Hosentasche, eine Schulter hochge-
zogen...

Seite 321 – Einschub nach «...daß aus mir nie im Leben ein Schriftsteller würde.»: Ihre Prophezeiung hat sie mir danach fast dreißig Jahre lang nicht verziehen.

Seite 324 – Einschub nach «...an einen Abend im Sommer 1917»: im letzten Aufleuchten des noch freien, noch akzeptablen Rußland...

Seite 325 – Einschub nach «...denselben zertrümmerten Himmel.»: Jeder weiß, welche Sonnenuntergänge wie Banner über dem rauchigen Rußland standen.

Seite 325 – Abschnitt 3 beginnt mit dem Satz: In der amerikanischen Ausgabe dieses Buches mußte ich dem erstaunten Leser erklären, daß, als Lenin am Ende des Jahres an die Macht gelangte...

Seite 325 – Einschub nach «...die andere aus meiner Mutter und den drei jüngeren Kindern.»: Ich war achtzehn. Einen Monat vor der Zeit machte ich Examen und rechnete damit, meine Ausbildung in England zu beenden und danach eine entomologische Expedition in die Berge von Westchina zu organisieren; alles war sehr einfach und wahrscheinlich, und vieles ist eingetroffen.

Seite 327 – Einschub nach «...und daß wir jene graue Stadt für alle Zeit verließen»: und ich hatte einen ganzen Stoß weißer Heftchen voller Gedichte mit der ganzen Tonleiter damaliger Überschriften bei mir, das heißt vom simplen *Nocturne* bis zum gewählten *Neuschnee*.

Seite 328 – nach «verlor ich ihn [den Spazierstock] achtlos»: in Berlin...

Seite 330 – statt «Bis mich die Niederschrift eines Romans von jenem fruchtbaren Gefühl befreite...»: Bis mich die Niederschrift eines übrigens nicht sehr gelungenen Romans (*Maschenka*) von jenem fruchtbaren Gefühl befreite...

Seite 330 – Einschub nach «...bolschewistischen Matrosen erschossen.»: Ein Jahr später berichtete ein Taucher, daß er in eine dichte Menge strammstehender Leichen geraten sei.

Seite 330–331 – nach «...zur Verfügung gestellt hatte.»: Im großen Haus wohnten ihre Mutter und ihr Stiefvater, Iwan Iljitsch Petrunkewitsch, ein alter Freund und Kampfgefährte meines Vaters. Auf der Terrasse hatten kurz zuvor – alles in allem vor etwa fünfzehn Jahren – Tolstoj und Tschechow gesessen.

Seite 337 – Einschub nach «...eine sinnliche und ganz eigene Sache gewesen.»: Dieses Heimweh ist eingeschrieben in einen kleinen Winkel der Erde, abreißen kann man es nur mit dem Leben.

Seite 338 – statt «Ähnlich trug ich mich während der zweiten Hälfte meines sechzehnmonatigen Aufenthalts auf der Krim so lange mit dem Gedanken, in Denikins Armee einzutreten...»: Ich habe den Traum vergeudet. Indem ich mir quälende Miniaturen in Kleindruck und bei Zwielicht betrachtet habe, habe ich mir das innere Sehvermögen hoffnungslos verdorben. Ähnlich trug ich mich während der zweiten Hälfte meines sechzehnmonatigen Aufenthalts auf der Krim so lange mit dem Gedanken, zum Winter hin, wenn ich die entomologischen Spaziergänge beendet haben würde, in Denikins Armee einzutreten...

Seite 339 – zusätzlicher letzter Satz des Kapitels: Was dann aus Tamara wurde, weiß ich nicht.

Kapitel 13

Seite 341 – Klammer nach «... mit fünf anderen prominenten Vertretern der russischen Presse»: (darunter Aleksej Tolstoj, Nemirowitsch-Dantschenko, Tschukowskij)...

Seite 342 – Einschub nach «... Tschukowskij, das *enfant terrible* der Gruppe»: und wie viele Russen die literarische Bedeutung des Autors von *Dorian Gray* übertreibend...

Seite 342 – statt «... indem er sich erkundigte, wie seinen Gästen der Londoner Nebel gefiele (Tschukowskij pflegte dies später triumphierend als ein Beispiel britischer Scheinheiligkeit zu zitieren...)»: ... indem er sich in einem Französisch, das kaum besser war als das Englisch seines Gesprächspartners, erkundigte, wie seinen Gästen der Londoner Nebel, «bruar», gefiele (Tschukowskij verstand nur, daß der König das Thema wechselte und pflegte dies später triumphierend als ein Beispiel britischer Scheinheiligkeit zu zitieren...)

Seite 343 – der Name der «russischen Tageszeitung» wird genannt: *Retsch.*

Seite 350 – Ergänzung nach «So begann die Studentenepoche in meinem Leben mit einem Ton der Verlegenheit»: der Ungeschicklichkeiten, der Fehler, Fehlschläge und Dummheiten aller Art, darunter auch romantischen...

Seite 350–351 – Ergänzung nach «... so teilte ich meine Wohnung in der Trinity Lane zunächst mit einem befremdeten

Landsmann. Nach einigen Monaten verließ er die Universität...»: der mir ständig riet, ich solle, um die unverständlichen Lücken in meiner Bildung zu schließen, *Die Protokolle der Weisen von Zion* lesen und irgendein anderes Buch, das ihm im Leben begegnet war, und zwar wohl Farrères *L'Homme qui assassina*. Nach einigen Monaten verließ er die Universität, entsprechend den Cambridger Vorschriften, da er die Prüfungen im ersten Semester nicht bestand.

Seite 351 – statt des Satzes «Ich erinnere mich genau...»: Denn als ich England zustrebte, rechnete ich – wie mir jetzt klar ist – nicht damit, in irgendeine Fortsetzung der Jugend, sondern zurück in die malerische Kindheit zu geraten, der gerade England, seine Sprache, Bücher und Gegenstände, ihre Eleganz und Märchenhaftigkeit verliehen hatten. Statt dessen gab es ein durchgesessenes, nach Staub riechendes Sofa, spießige kleine Kissen, Teller an der Wand, Muscheln auf dem Kamin und, augenfällig plaziert, ein altes, ächzendes Pianola, dessen scheußliche, heulende und angestrengte Töne mit Erlaubnis, ja sogar auf Bitten der Wirtin jeden Tag außer sonntags herausgepreßt werden durften. Daß ein völlig Fremder mir etwas erlauben oder verbieten konnte, war für mich so neu, daß ich anfangs davon überzeugt war, die Strafen, mit denen die breitmäuligen College-Pförtner in ihren Melonen drohten, zum Beispiel für das Betreten des Rasens, seien lediglich ein traditioneller Witz. Unter meinem Fenster führte eine fünfhundertjährige kleine Gasse zu den Nebengebäuden, an der entlang eine blinde Mauer grau schimmerte.

Seite 351 – Einschub nach «...einen gröberen Namen gab.»: Es gehörte sich nicht, im Schlafzimmer zu heizen. Es zog aus allen Ritzen, das Bett war wie ein Gletscher, es gab weder ein Badezimmer noch fließend Wasser.

Seite 352 – Einschub nach «...schlurfte man seines Wegs.»:
Ich war oft erkältet, aber nichts in der Welt konnte mich dazu
bringen...

Seite 352 – statt «Mein jugendliches Interesse für Kleidung...»: Mein oneginsches Interesse für Kleidung...

Seite 352 – statt «...die Geschichte meines Versuchs, ein russischer Schriftsteller zu werden.»: ...die Geschichte meines
Versuchs, Rußland festzuhalten...

Seite 353 – statt «...meiner tiefen Sehnsucht...»: ...meiner
unerträglichen Sehnsucht...

Seite 354 – statt «Insbesondere habe ich hier einen jungen
Sozialisten im Sinn... Mit ihm hatte ich viele politische Reibereien...»: Ein Student ist mir besonders im Gedächtnis geblieben. Er hatte den Krieg erlebt und war vier Jahre älter als
ich, nannte sich selbst einen Sozialisten, schrieb Gedichte
ohne Rhythmus und war ein bemerkenswerter Experte in (sagen wir) ägyptischer Geschichte... Mit ihm hatte ich viele
politische Reibereien über Rußland, wo er natürlich nie gewesen war...

Seite 354 – statt «...hier mag er ‹Nesbit› heißen... zu sprechen kommen muß.»: ich werde ihn Bomston nennen, nach
Rousseaus wunderbarem Lord.

Seite 356 – Einschub nach «...angezogen fühlt»: und der die
Modernisten nicht billigt, wobei er zu den Modernisten Lu-
natscharskij und irgendwelche geräuschvollen Italiener rech-
net...

Seite 356 – Einschub nach «Nesbit jedoch und seine feinsinnigen Freunde»: die so feinsinnig über Donne und Hopkins urteilten, die die verschiedenen wunderbaren Einzelheiten in dem gerade erschienenen Kapitel über die Versuchung Leopold Blooms so gut verstanden...

Seite 356 – statt des Satzes «Mir standen eine ganze Anzahl...»: Ich fand erst ein Mittel, Bomstons Unerschütterlichkeit aufzurütteln, als ich den Gedanken zu entwickeln begann, daß die Geschichte Rußlands...

Seite 358 – statt «...das unsägliche deutsche Produkt...»: ...deutsche Mystiker und Folterknechte...

Seite 359 – statt «...verschiedene zeitgenössische (‹georgianische›) englische Versmuster...»: jene englischen Dichter von Marvell bis Housman...

Seite 359 – statt «Und welche Mühe ich mir gab!»: Welche Mühe ich mir gab und wie froh ich jetzt bin, daß ich so wenige meiner Cambridger Gedichte drucken ließ.

Seite 360 – Einschub nach «...produktivste gewesen zu sein.»: Mir war übel von zwanzig türkischen Zigaretten.

Seite 360 – Einschub nach «...einer qualvollen Zunahme des Muskelgefühls»: wie bei einer schwangeren Frau...

Seite 361 – statt des Satzes «Von den Sportarten...»: Besonderen Spaß machte mir das, was man in Rußland und dem alten England Fußball und in Amerika Soccer nennt. Mancher ist zum Husaren geboren, ich zum Torwart.

Seite 361 – Einschub nach «...blitzartigen Schuß abzuwehren»: Kopf voran unter die grimmigen Beine der Angreifer...

Seite 362 – Einschub nach «...warum ich auf den Sportplätzen von Cambridge nicht sonderlich erfolgreich war.»: Ich hatte kein Glück – außerdem wurde mir als belastendes Beispiel ständig mein Vorgänger und Landsmann Chomjakow vorgehalten, der wirklich ein erstaunlicher Torwart gewesen war – ungefähr so, wie die Kritiker Tschechows Trigorin die Hölle heiß machten mit Verweisen auf Turgenjew.

Seite 362 – statt «Glücklos verfehlte ich den Ball – und holte ihn aus den Maschen.»: Das Augenmaß trog, ich hatte das zweite Tor kassiert und holte mit dem Gefühl, das Leben sei Unsinn, den Ball aus dem Netz.

Seite 362 – nach «...Nieselregen setzte ein, zögerte»: wie im *Armen Ritter*...

Seite 365 – Einschub nach «...zur Ablegung der akademischen Abschlußprüfung zu benutzen.»: Die fast komplizierteste Aufgabe war, Pljuschkins Garten zu beschreiben – jenen Garten, den Gogol so malerisch mit dem überladen hatte, was er in den Ateliers der russischen Künstler in Rom gesammelt hatte.

Seite 371 – Einschub nach «...an der sein Name stand.»: Erst jetzt kam mir der Gedanke, daß ich Bomston hätte fragen sollen, ob Harrison vielleicht gestorben sei – aber er war es nicht, mit einer Stimme...

Kapitel 14

Seite 375 – statt «Erzähle ich heute in einer neuen Welt, die ich liebe..., kosmopolitischen und weltläufigen Menschen

von dieser Vergangenheit, so glauben sie, ich scherze, oder
aber sie werfen mir umgekehrten Snobismus vor, wenn ich
versichere, daß ich im Laufe von nahezu einem Fünfteljahrhundert, das ich in Westeuropa zubrachte, unter den wenigen
deutschen und französischen Bekannten (meistens Zimmer-
wirtinnen und Literaten) alles in allem nicht mehr als zwei
gute Freunde hatte.»: Meine amerikanischen Freunde glauben mir offensichtlich nicht, wenn ich erzähle, daß ich in den
fünfzehn Jahren, die ich in Deutschland verbrachte, nicht
einen Deutschen näher kennengelernt, nicht eine deutsche
Zeitung oder ein deutsches Buch gelesen und daß ich mich für
meine Unkenntnis der deutschen Sprache nie auch nur im geringsten geniert habe.

Seite 378 – statt «Obschon ich Dietrich seit langem aus den
Augen verloren habe, kann ich mir gut den Blick stiller Genugtuung in seinen fischblauen Augen vorstellen, wenn er
heutzutage (vielleicht in eben der Minute, da ich dies niederschreibe) seinen Koveteranen, die sich unter brüllendem Gelächter auf die Schenkel klatschen, eine unverhoffte Fülle von
Schätzen vorweist – die absolut wunderbaren Bilder, die er in
der Hitler-Zeit gemacht hat.»: Obschon ich Dietrich seit langem aus den Augen verloren habe, kann ich mir gut den Blick
stiller Genugtuung («endlich!») in seinen hellen Forellen-
augen vorstellen, wenn er heutzutage in einem «gemütlichen»
deutschen Städtchen, das den Bomben entgangen ist, und im
Kreise anderer Veteranen der Feldzüge und Experimente Hitlers den Freunden, die sich mit dem Gewieher gutmütiger
Begeisterung («dieser Dietrich!») mit der Handfläche auf den
Schenkel schlagen, jene absolut wunderbaren Photographien
zeigt, die aufzunehmen er in jenen Jahren das so unerwartete
und preisgünstige Glück hatte.

Seite 379–380: statt des ersten Absatzes von Abschnitt 2 («In meinen russischen Romanen... Pullover zur Verfügung stellte.»): Fast alles, was ich über meine Berliner Zeit (1922–1937) sagen kann, habe ich in den Romanen und Erzählungen verbraucht, die ich damals schrieb. Anfangs reichten die Emigrantenhonorare nicht zum Leben. Ich gab eifrig Englisch- und Russischstunden sowie Tennisunterricht. Ich habe viel übersetzt – beginnend mit *Alice im Wunderland* (für deren russische Version ich fünf Dollar bekam) und endend mit allem möglichen, bis hin zu kommerziellen Beschreibungen von Kränen. Einmal habe ich in den zwanziger Jahren für *Rul* etwas Neues gemacht – ein Silbenspiel, ähnlich denen, die in den Londoner Zeitungen zu erscheinen begannen –, und damals dachte ich mir auch ein neues Wort dafür aus, ‹Kreuzworträtsel›, das fest in den Alltag eingegangen ist.

Seite 388–389 – die Passage über weitere Exilschriftsteller ist anders formuliert und anders strukturiert: Fondaminskijs politische und religiöse Interessen waren mir fremd, wir hatten völlig verschiedene Charaktere und Gewohnheiten, meine Literatur akzeptierte er eher auf Treu und Glauben, doch all das war ohne jede Bedeutung. Geriet man in den Glanz dieses äußerst humanen Mannes, durchdrang einen das Gefühl seltener Zugewandtheit und Achtung für ihn. Einmal übernachtete ich bei ihm in einem kleinen Boudoir neben dem Eßzimmer, wo oft abendliche Versammlungen stattfanden, an denen der Hausherr mich vernünftigerweise nicht teilnehmen ließ. Kam ich einmal nicht früh genug weg, geriet ich gelegentlich in die Lage eines gefangenen Horchers. Ich erinnere mich, daß einmal zwei Literaten dieses benachbarte Eßzimmer in aller Frühe betraten und über mich sprachen. «Nun, waren Sie gestern bei Sirins Lesung?» – «Ja.» – «Na und?» – «Tja, wissen Sie...» Leider wurde der Dialog von einem dritten Gast unterbrochen, der mit dem Gruß hereinkam: «*Bon-jour, m'sieu-dames.*» Irgendwie erschienen die Ausdrücke französischer Postboten unseren Dichtern als Feinheiten des Pariser Stils. Es versammelten sich außerordentlich viele russische Literaten im Ausland, und ich kannte darunter uneigennützige und heldenhafte Menschen. Doch gab es in Paris auch besondere Gruppen, und hier konnten nicht alle für Aljoscha Karamasows gelten. Der begabte, jedoch verantwortungslose Kopf einer dieser Gruppierungen vereinte Lyrik und Berechnung, Intuition und Ignoranz, die Bleichsucht künstlicher Katakomben und eine luxuriöse antike Verhärmtheit. In dieser kleinen Welt, in der Gram und Fäulnis herrschten, wurde von der Poesie verlangt, sie solle etwas Gemeinschaftliches, die Menschen Vereinendes sein, irgendein Kollektiv vermodernder Lyriker, ein öffentlicher Ort mit dem Aussehen einer Plejade – es zog mich nicht dorthin. Außer Belletristik und Gedichten habe ich eine Zeitlang auch mittelmäßige kritische Notizen geschrieben – übrigens möchte ich hier bekennen, daß ich Poplawskijs Anfängerfehler zu sehr bekrittelt und seine bezaubernden Vorzüge unterbewertet habe. Mit Schriftstellern traf ich mich wenig. Einmal, 1923 muß das gewesen sein, machte ich mit Marina Zwetajew einen merkwürdigen lyrischen Spaziergang über irgendwelche Prager Hügel und bei heftigem Frühlingssturm. Aus den dreißiger Jahren erinnere ich Kuprin, der im Regen und unter gelben Blättern aus der Ferne eine Flasche Rotwein zum Gruß hochhebt. Remisow, dessen Äußeres mich an den Turm eines Schachspiels nach einer nicht rechtzeitig ausgeführten Rochade erinnerte, traf ich aus irgendeinem Grund nur in französischen Kreisen, in den langweiligsten Menschengewühlen der *Nouvelle Revue Française*, und einmal lud Paulhan ihn und mich ins Landhaus irgendeines Mäzens ein, eines jener unglücklichen milchgebenden Herren, die, um gedruckt zu werden, zahlen und immer wieder zahlen müssen. Geistige Freundschaft, ein Gefühl seelischen Behagens riefen nur wenige meiner Mitbrüder in mir wach. Der durchdringende Verstand und die liebenswerte Zurückhaltung Aldanows waren für mich immer voller Zauber. Ajchenwald, einen Menschen mit sanftem Gemüt und festen Prinzipien, kannte ich gut. Ich achtete ihn als einen Kritiker, der in der Vergangenheit die Brjussows und Gorkijs zerrissen hatte. Ich freundete mich eng mit Chodassewitsch an, dessen poetischer Genius immer noch nicht richtig verstanden wird. Weil er den Ruhm verachtete und mit fürchterlicher Gewalt über Käuflichkeit, Kitsch und Niedertracht *[poschlost i podlost]* herfiel, machte er sich nicht wenige einflußreiche Feinde. Ich habe ihn genau vor mir, wie er mit übereinandergeschlagenen dünnen Beinen am Tisch sitzt und mit langen Fingern eine halbe Caporal Vert ins Mundstück schiebt. [Weiter mit der Passage über Bunin.]

Seite 395 – statt «... dessen Komposition ich monatelang versucht hatte.»: dessen Komposition ich im Frühjahr 1940 in Paris monatelang versucht hatte.

Seite 396 – Einschub nach «... als wären sie sich ihrer Rolle bewußt.»: An ebendiesem Brett, das gerade auf einem niedrigen Tischchen Platz findet, saßen Lew Tolstoj und A. B. Goldenweiser am 6. November 1904 nach dem alten Kalender (eine Zeichnung von Morosow, die sich heute im Tolstoj-Museum in Moskau befindet), und neben ihnen, auf einem runden Tisch unter einer Lampe, ist nicht nur der Figurenkasten zu sehen, sondern auch ein Etikett (mit der Unterschrift Staunton), das auf der Innenseite des Deckels klebt.

Seite 396–397 – Einschub nach «... eine ganze Periode meines Lebens zu einem befriedigenden Abschluß gekommen war.»: Europa rief nichts wach in mir außer Langeweile und Abneigung.

Kapitel 15

Seite 411 – Einschub nach «...Bassinrändern gesessen wie damals.»: Mitleidige deutsche Frauen hielten mich für arbeitslos.

Seite 419 – statt «...1882...»: ...1885...

Seite 420 – zusätzlicher Absatz nach «...zusammengehalten wird.»: Übrigens, damit ich's nicht vergesse: die Lösung der Schachaufgabe aus dem vorigen Kapitel ist: Läufer nach c2.

Anhang III

Längere Passagen in der französischen Urfassung
von Kapitel 5 (Mademoiselle O),
die in den späteren Fassungen weggelassen wurden
(deutsche Übersetzung von Christel Gersch)

In einem meiner Bücher habe ich der Kindheit meines Helden
die Hauslehrerin geliehen, der ich das Vergnügen verdanke,
französisch zu sprechen. «Geliehen», sage ich, doch treffen-
der müßte es heißen: «Mein Held hat sie mir geraubt.» Denn
es ist schon ein Jammer mitanzusehen, wie diese fadenscheini-
gen, dem Nachtblau des Tintenfasses entstiegenen Personen
mit den schönen Dingen und den lieben Gesichtern, die man
ihnen liefert, Mißbrauch treiben, ja einem nachgerade die
eigene Vergangenheit Stück für Stück plündern. Es ist, als ob
ein zärtlicher Großvater – aus einer gewissen Trägheit vielleicht und weil er sich der Mühe, eine ganze Vergangenheit
beisammenzuhalten, entledigen will – seinem Enkel einen
erinnerungträchtigen Gegenstand zur Hochzeit schenkt,
einen jener Gegenstände, die keine Schönheit, keinen Sinn
mehr haben, außer daß sie einmal gewesen sind, was dem
Empfänger des bescheidenen, nutzlosen Dinges nichts mehr
bedeutet, was man in einen Winkel steckt und augenblicks
vergißt. Ich habe dieses sonderbare Phänomen einer Verschie-
bung der Empfindungswerte oft beobachtet, wenn ich meinen künstlichen Gestalten nicht etwa große Bahnen meiner

492

Vergangenheit – dazu bin ich zu geizig –, aber irgendein Bild, das ich ohne Verlustgefühl hergeben zu können meinte, übereignet hatte, mußte beobachten, sage ich, wie mein schönes Geschenk in der imaginären Welt, in die ich es jäh versetzt hatte, verkümmerte. In meinem Gedächtnis indessen existierte es als etwas mir fremd Gewordenes weiter. Mehr noch, es hatte fortan eine stärkere Beziehung zu dem Roman, in den ich es eingesperrt hatte, als zu der warmen lebendigen Vergangenheit, wo es vor meinem literarischen Zugriff so schön geborgen gewesen war. Hingegen schien die Person, wie ich bereits sagte, die von mir mit einem Baum, unter dem ich gespielt hatte, einem Pfad, den ich entlanggerannt war, einer Lichtwirkung, die wie ein Feuerwerk ein unvergeßliches Ereignis meiner festlichen Jugend gekrönt hatte, beschenkt worden war, gar keinen Wert darauf zu legen oder setzte sogar die betretene Miene von jemand auf, der mit dem altmodischen Schmuck, den man ihm darbietet, nichts anzufangen weiß. Ebenso scheint das Portrait meiner alten Französischlehrerin – sie legte ihre Ehre darein, sich Hauslehrerin und nicht Gouvernante zu nennen – letzteres Wort, sagte sie, gemahne an eine alte Jungfer von gestrenger Züchtigkeit, die einem brummigen Hagestolz die Wirtschaft führt – ebenso also scheint ihr Portrait, oder vielmehr scheinen gewisse Züge ihres Portraits mir für immer verloren, endgültig versunken in der Schilderung einer Kindheit, die mit mir überhaupt nichts zu tun hat. Daher kam mir die Idee, zu retten, was von jenem Bild übrig ist, zumal ich ohnehin seit langem, zu meiner eigenen Unterhaltung wie als Zeichen einer postumen Dankbarkeit, jene eigene Nuance darstellen wollte, die die französische Sprache meinem Leben als Russe gab.

Da ich selten länger in einem Land leben konnte, wo diese Sprache gesprochen wird, habe ich ihren Gebrauch derart verlernt, daß es eine unerhörte Aufgabe, eine zermürbende

Schwerarbeit für mich ist, die annähernd richtigen Worte zu finden, die meine Gedanken einzukleiden vermöchten. Ich verspüre quälende Atemnot, verbunden mit der Angst, das Ganze zu verpfuschen, das heißt mich mit Begriffen zu begnügen, die ich zufällig erraffen kann – anstatt mit Liebe das strahlende Vokabular auszuwählen, das hinter dem Nebel, dem Unbestimmten, dem Ungefähren, wo mein Denken oszilliert, sich in Erwartung verzehrt. Überdies frage ich mich, was Mademoiselle O, wenn sie noch lebte und diese Zeilen lesen könnte, wohl davon halten würde – sie, die meine Orthographieverstöße und meine ungewöhnlichen Wendungen mit solchem Entsetzen sah.

Ich habe sie bei ihrem richtigen Namen genannt, denn Mademoiselle O ist durchaus keine Abkürzung eines mit O beginnenden Namens. Dieses allen Winden des Hiatus offenstehende O ist weder der Anfangsbuchstabe von Olivier noch von Orose oder etwa Oudinet, sondern tatsächlich der vollständige Name; ein Name, rund und bloß, der geschrieben aussieht, als fehle ihm ohne einen stützenden Punkt das Gleichgewicht; ein Rad, das sich gelöst hat und kurz noch aufrecht steht, bevor es kippt; ein geschürzter Mund; eine Welt; ein Apfel; ein See. Und wirklich hatte sie die Hälfte ihres Lebens an einem See verbracht, denn Mademoiselle O war in der Schweiz geboren, als Kind rein französischer Eltern allerdings; und vor diesem Lac Léman als Bühnengrund bekam ihr Name etwas von Heldenlied oder Roman, ließ an Lancelot du Lac oder an Obéron denken, ohne freilich jenes offenbare Lächerliche loszuwerden, das ein Kinderauge und -ohr nur zu rasch entdeckte. Denn sobald sie meinem Bruder und mir die Macht verliehen hatte, ihre Sprache zu gebrauchen – eine Waffe, die sich gegen sie kehrte –, wurde diese das Mittel, sie fürchterlich zu ärgern; man holte aus dem gefährdeten Namen heraus, was man nur konnte: ließ ihn wie eine

Kugel springen, dachte sich Kalauer aus, stellte sich Mademoiselles Vater beim Eintreffen in einer *ville d'eaux* [einem Badeort] vor, was – mit einem Ausruf vornweg – die idiotische Formel von vier ‹o› hintereinander ergab. Das Schlimmste war, daß in dem dicken, gedrungenen rosa Band, ihrer Kopfkissenlektüre – den Larousse meine ich – als erster Name unter O der des François Marquis d'O stand, geboren und gestorben zu Paris, Oberaufseher der Finanzen, den wir zu Mademoiselles rundum sagenhaftem Ahnherrn machten (was sie empfindlich traf, weil sie selber gern daran geglaubt hätte).

. . .

Als hätte das Schicksal es besonders gut gemeint und die Dinge bis zur Schablone treiben, nämlich der Fremden ein so russisches Rußland wie möglich präsentieren wollen, geschah es, daß dies ausgerechnet der einzige Winter meiner Kindheit war, den ich auf dem Land und nicht in der Stadt verlebte, ein ungewöhnlich harter Winter, der Mademoiselles Ankunft mit eben dem Unmaß an Schnee umgab, das sie vor Antritt ihrer weiten und gefährlichen Reise sich vermutlich vorgestellt hatte. Noch immer hatte das Eintreffen von Ausländern in Moskowien etwas von dem abenteuerlichen Schauer, der den Ansturm der Franzosen, Deutschen, Italiener aller Professionen in früheren Zeiten bei uns begleitet hatte, angefangen bei dem Architekten, der eine Spur römisch goldener Luft ins Gewölbe eines orthodoxen Tempels blies, über den Naturforscher, den aufgeklärten Kaufmann, den jungen Hofmeister für Kinder, einen Schüler Jean-Jacques', bis hin zu der kunterbunten, frösteligen Menge der Coiffeurs, Hutmacher und gelanten Damen. Mehrere dieser Reisenden haben eine Spur hinterlassen: Da ist Cagliostro, den das Reich des Nordens lockte; es ist Diderot, der in einem Gespräch mit Katharina der Idee, die er vertritt, Nachdruck gibt, indem er mit seiner behaarten, molligen Hand auf das kaiserliche Knie schlägt; es

ist Marats Bruder, der russische Gymnasiasten Französisch
lehrt. Es ist aber auch ein riesiger Zustrom namenloser Hauslehrerinnen, denn im neunzehnten Jahrhundert gab es wohl in
ganz Rußland keine einzige Adelsfamilie, die nicht ihre französische Gouvernante, ihr [deutsches] Fräulein oder ihre Miss
Jones hatte. Eine jede blieb lange Jahre in derselben Familie,
manchmal ein ganzes Leben; sie gehörte dazu, stets freilich in
etwas mißlicher Position: Immer war sie ans Tischende ver-
bannt, mit der armen Verwandten oder dem Verwalter, den
sie verabscheute; nie heiratete sie; nie lernte sie Russisch;
lebte also ein unwirkliches Dasein, das traditionell von einer
Wehmut, die ihr eher Halt als Leiden war, und von einem
gewissen Verdruß gegenüber dem Volk erfüllt war, das sie
nicht etwa wie einen lebendigen Menschen aufgenommen
hatte, sondern vielmehr wie ein notwendiges, tausendfach ge-
habtes Detail seines täglichen Lebens – ähnlich wie ein Möbel-
stück, das man erst an dem Tag bemerkt, da man es auf den
Speicher trägt.

...

Wunderbar an der Welt, die das Gedächtnis uns eröffnet,
ist, daß vollkommen rein und gut ist, was ihr entstammt. So
lebhaft unsere Sinne erregen mag, was wir beschwören, es tut
ihnen keinen Schaden. Der eisige Wind, der damals eine Lungenentzündung verursachte, kommt zu uns nun mit all seiner
Schärfe und völlig harmlos: ein vages Versprechen vielleicht
für das künftige Leben unserer Seele, wenn ihr das Universum in gleichsam abstrakter Glückseligkeit erscheinen wird.
So kann meine Erinnerung, ganz straf- und schadenfrei für
meinen furchtsamen alten Körper, sich tief in eine Schnee-
nacht versenken und – der eisigen Hölle mit einem Flügelschlag entkommend – die Wärme, das Behagen verspüren, das
in jenem Hause herrscht – Mademoiselle nannte es das Schloß
– dem sie der Schlitten unter dem anhaltenden, dünnen Ge-

klingel seiner Glöckchen entgegenträgt. Die Bangigkeit, die
mich gegenwärtig befällt, wenn ich mir das schöne Haus
herbeirufe, in dem ich als Kind lebte, hat nichts mit den politischen Ereignissen zu tun, die, um ein journalistisches Kli-
schee zu benutzen, mein Vaterland umstürzten. Diese politischen Ereignisse kümmern mich wenig. Meine Erinnerung
ruht und regt sich auf ganz anderem Grund und in einer
Ideenordnung, die die Unfälle der Geschichte nicht beachtet.
Nein, nicht den Seufzer eines Verbannten stoße ich aus, falls
das Leben des reifen Menschen nicht auch eine Art Verbannung im Vergleich zu seiner einstigen Empfindungskraft ist.
Selbst wenn ich heute der friedliche Bürger eines Rußlands
wäre, das mich meiner Berufung in aller Freiheit nachgehen
ließe, sehnte ich mit der gleichen Bangigkeit die ursprüngliche
Form herbei, das wahre Bild der Dinge und Wesen, die um
mich altern würden. Denn die Wahrheit, die ich suche,
kannte ich nur in meiner Kindheit, und wo immer in meinen
Büchern sich Gutes findet, ist es allein deren Reflex. Es ist die
alte Lampe, die zwischen Tag und Abend hereingetragen
wird; ihr Widerschein in dem Fenster, das im nächsten Moment sich zur Nacht hinter seine hölzernen Läden zurückzie-
hen wird; dann der rosa Schirm, wie er sich über der Lampe
niedersenkt und sogleich die kleinen Marquisen belebt, die, in
Seidenmedaillons, seine purpurnen Volants schmücken. Der
ovale Spiegel, der an der Wand in einem Winkel hängt, daß die
Möbel und das blonde Parkett, die er reflektiert, seinen Armen zu entgleiten und ewig in einen Abgrund aus Licht zu
fallen scheinen; das feine Klirren des kristallenen Lüsters,
wenn jemand im Zimmer darüber sich bewegt; die unvergeßlichen Stiche an den Wänden – die gleichen, auf die ich gelegentlich noch in einem Hotel- oder einem Wartezimmer
treffe, als sollte ich sie aufs neue zur Zierde einer Wohnung
sammeln, in die ich eines Tages heimkehren könnte; die mar-

morne Diana, die aus ihrer Ecke schräg auf mein Kinderdrei-
rad herabzublicken scheint. Ich rufe mir all diese Dinge, wie
es kommt, herauf, als wäre meine Vergangenheit soeben aus
dem Schlaf gefahren, mit glühenden Wangen, wirrem Haar,
die Augen ein wenig töricht –, will ich aber in meine Erinnerung ein bißchen Ordnung bringen, entziehen sich mir ihre
Farbe und ihr Glanz.

. . .

Zwei, drei Mal kam es vor, daß der Kutscher betrunken
war, und ich höre, wie, kaum von der Spazierfahrt zurück,
Mademoiselle meiner Mutter erzählt: «Stellen Sie sich mein
Entsetzen vor, Madame, als ich den Mann auf seinem Bock
schwanken sah, ich war starr vor Schreck, ich drückte die
Kinder an mich, an meinen armen, bebenden Leib – was blieb
mir sonst übrig, Madame?» Diese ihre ein wenig hochtra-
bende Ausdrucksweise war uns Kindern schnell zur Gratisbe-
lustigung geworden, denn wir waren von einer durchtriebe-
nen und vergnügten Grausamkeit, die, wenn die Folgen
unserer Niedertracht zutage kamen, jäh in reißendes Mitleid
umschlagen konnte. Ich glaube, der Hauptwesenszug von
Mademoiselle O war ihre Empfindlichkeit. Ihr außergewöhn-
licher – so tapsig runder – Name diente den Spottvögeln als
Zielscheibe; nannte man ihn vor Neueintreffenden, meinten
die einen, sie lauschten einer inständigen Bitte um Nachsicht
für diesen anomalen Namen ohne Füße, während die anderen
sich einem peinlichen oder sehr ausgelassenen Streich kon-
frontiert fühlten, je nachdem ob der Ankömmling das kleine
Monster widerwillig oder mit Freude sah. Mademoiselles völlige Unangefochtenheit von jeglichem, was mit der russischen
Sprache zusammenhing, ersparte ihr glücklicherweise zu er-
fahren, was alles die Hausleute – die «*genss*», wie man bei uns
sagte –, die Lakaien und Dienstmädchen, aus ihrem armen
Namen machten, sofern sie sie nicht einfach «Mamsell» nann-

498

ten. Weiter war ihre erschreckende Fettleibigkeit für sie ein Grund, stets auf der Hut zu sein und ihre Fülle zu verteidigen, als befände sie sich in einem Land von Menschenfressern, die ihr dauernd gierig auflauerten. Tapfer beharrte sie darauf, daß, auch wenn sie ein wenig stark sei, wie sie es ausdrückte, ihr Körper jeden Vorzug der Anmut und Vornehmheit besitze, der den «Skeletten» nicht gegeben sei. Sie schwärmte für Näschereien, Bonbons, Schokolade und behauptete, es gebe nichts Gesünderes als glasierte Maronen. Wir hatten eine ebenfalls beleibte, aber nicht ganz so dicke Verwandte wie Mademoiselle – welschselbe gleichwohl laut auflachte: «Aber gehen Sie, neben Ihrer Tante bin ich eine Sylphide.» In unserem Petersburger Haus zog sie die Marmortreppe dem altmodischen kleinen Fahrstuhl mit hydraulischem Antrieb vor, den der Hausmeister mittels einer Kurbel, die an einer Wand des Vestibüls befestigt war, in Gang setzte. «Vorwärts, marsch!» sagte er unfehlbar, wenn er die beiden Türflügel hinter Mademoiselle schloß, die auf die kleine Bank niederbrach. Und unter Schnaufen und Krachen klomm der schwere Aufzug mit unglaublicher Langsamkeit an dem dicken, samtumkleideten Kabel empor, während an der grindigen Mauer, die man durch die Scheibe sah, mit der gleichen Langsamkeit dunkle Flecke sich herabsenkten, die an eine geographische Karte gemahnten: Feuchtigkeits- und Altersflecke, an denen man jene Umrisse des Schwarzen Meeres oder Australiens erkannte, die Wolken und Flecke alleweile annehmen. Ich, der ich unten geblieben war, lauschte dem mühseligen Aufstieg der Maschine und hegte jedesmal die böse Hoffnung, sie bleibe auf halbem Wege stecken. Das kam manchmal vor. Das Geräusch setzte aus. Man hörte nichts, nur daß irgendwo ein wenig Putz herabfiel und zersprang. Dann kam von einem geheimnisvollen Raum zwischen den Mauern das so bekannte *giddi-eh*, *giddi-eh»*, Mademoiselles

Schrei in Not. Also setzte der Schweizer unten mit Anstrengung die Kurbel in Bewegung, dann öffnete er die Tür ins Schwarze und spähte prüfend nach oben, ob es nun gehe. Endlich ruckte der Aufzug an, und eine Weile später fand man Mademoiselle in ihrem Zimmer in Tränen – das mache der Concierge mit Absicht, behauptete sie, so viel wiege sie ja wohl keineswegs. «Ah, welche Todesängste ich da oben auszustehen hatte, so alleine im Nichts schwebend!» Ihr ganzes Leben über schienen die Dinge nur dazusein, um ihre Leibesfülle zu verspotten – und als sie eines Tages sich auf einen Kasten mit Glasdeckel setzte, der seltene Schmetterlinge, sorgsam getrocknet und aufgespießt, enthielt und den ich versehentlich auf einem Stuhl gelassen hatte, hob sie, im selben Moment, da das Glas unter ihr krachte, einen mit furchtbarem Verdacht geladenen Blick, so als glaubte sie, der Kasten habe sich extra dorthin gestellt, um ihr durch den Schaden, der daraus folgte, zu beweisen, daß ihr Körpergewicht in der Tat gewaltig war.

. . .

Es muß aber bemerkt werden, daß Mademoiselles Französisch, trotz ihrer emphatischen Redeweise und der Einfalt ihrer Vorstellungen, göttlich war. Wenn ich nun einen rückschauenden Blick auf jenes alte Rußland werfe – das seitdem in eine Ära urtümlicher Barbarei verfallen ist und dessen Name uns heutzutage schon klingt wie «Griechenland» oder «Rom»: in diesem Rußland gab es nicht nur das Französisch, das von Hauslehrerinnen wie Mademoiselle gelehrt wurde, sondern auch eine gewisse französische Tradition, ein Alltagsfranzösisch, das man sich unmittelbar vom Vater auf den Sohn weitergab. Das war Teil unserer Tradition. In erster Linie waren dies eine Reihe französischer Wörter und Sätze, die sich in die russische Konversation mischten, welche mit erstaunlicher Geläufigkeit von einer Sprache zur anderen wechselte, und es muß für ein gallisches Ohr kurios gewesen sein zu hören, wie zum Beispiel mitten in einem ziemlich reinen französischen Sturzbach eine russische Vokabel auftauchte, ganz selbstverständlich, sogar mit einem Apostroph davor. In Extremfällen wurde die Syntax einfach von der russischen durchgepaust; man übertrug die Sätze wörtlich, was sie für jemand, dem unsere Sprache fremd war, unverständlich machte. Konnte dieses Französisch so einerseits bis zum Küchenfranzösisch verkommen, gab es anderseits eines, das sich bis zum hübschesten Albumfranzösisch verstieg, einem Backfischfranzösisch mit all seiner ein wenig abgestandenen, ein wenig rosenwässerigen Poesie, so als hätten unsere slawischen Musen einen zu rauhen Ton für das Ohr der Demoiselles. *Die zerbrochene Vase* von Sully Prudhomme – die Vase, darin jene Verbene stirbt... – und Alfred de Mussets Nächte mit ihrem schluchzenden und verlotterten Lyrismus sind typische Beispiele dafür, was diese Kategorie russischer Leser an französischer Dichtung liebte. In dem Milieu hingegen, wo ich aufwuchs, war die literarische Vorliebe von anderem Rang, und nicht Coppée oder Lamartine, sondern Verlaine und Mallarmé wachten über meine Jugend. Demgemäß betraf die Rolle der Französischlehrerin eher die Form als die Substanz, die Grammatik eher als die Literatur, das heißt, sie hielt sich außerhalb jener franco-russischen Tradition, von der ich soeben sprach, als sei das zwar ein pittoresker Dialekt, aber für ihren Geschmack zu provinziell, zu sehr Mundart. Der Geschmack, der gute Geschmack – in dem Sinn, den ihm das siebzehnte Jahrhundert gab – bildete, glaube ich, den Hauptteil der Erziehung von Mademoiselle O. Das Ergebnis war eine Reinheit der Sprache, ein strenger Wohlklang, der einem kühlen, glitzernden Wasser glich – lauter Qualitäten, die ich erst weit später zu schätzen wußte.

Daher ahne ich nun voll Bedauern, wie grausam es Mademoiselle geschmerzt haben muß, daß diese Nachtigallenstimme, die aus ihrem Elefantenkörper kam, vergebens verhallte. Ich weiß nicht mehr genau, welche Achtung sie für die drei Dichter hegte, die kurz vor dem Krieg zu Idolen der russischen Leser geworden waren: Rostand, dessen alberner Chantecler soeben eine neue Damenhutmode kreiert hatte; Maeterlinck, dessen *Blauer Vogel* von unserem besten Theater – damals übrigens das beste Theater der Welt – wunderbar aufgeführt wurde; und schließlich Verhaeren, dessen kraftvolle Muse einen enormen Einfluß auf die Entwicklung des sogenannten urbanen Zweiges unserer Dichtung hatte. Nein, ich weiß nicht mehr, was Mademoiselle von diesen drei Dichtern hielt, die für sie ja zu den jungen, den «modernen» gehörten. Aber wessen ich mich mit aller Deutlichkeit entsinne, ist der außerordentliche Kult, den sie mit Corneille und Racine trieb.

Ich Barbar, der ich Rabelais und Shakespeare liebe, konnte sowohl Corneille wie Racine seit je nicht ausstehen wegen ihrer vollendeten idealen Banalität – wegen ihrer Sublimierung des platten Menschenverstandes, der ein Meisterwerk der Falschheit schafft. Ihre besten Alexandriner füllen mir den Mund wie ein gutes Gurgelwasser und können meine Phantasie in nichts bewegen. Ich verabscheue ihre Flickwörter, die Armseligkeit ihres Stils, die Versklavung des Adjektivs, den dürftigen Reim – kurz, alles – und gäbe nicht ein Sonett von Ronsard für ihre ganze Dramatik.

Da ist in unserem Studierzimmer denn Mademoiselle, die sich für die Rolle der Chimène oder Athalie entschieden hat, während wir uns die männlichen Rollen teilen – ich stets bemüht, die Rolle des Vertrauten zu erwischen, weil es da weniger zu lesen gibt. Ich höre sie noch, diese ein wenig gezierte Chimène, die ich mir, angezogen von ihrem chimärischen Namen, vorzustellen suchte, indem ich auf Mademoiselle blickte, die das seichte Gefälle der Alexandriner durch Schnütchenziehen akzentuierte – den Mund wie ein Herz oder ein Hühnerpopo; ich höre Athalie, schaudernd und geschwätzig, ihren Traum erzählen – und Mademoiselle, die Brauen gesträubt und an sämtlichen ihrer Kinne bebend, gab sich einen leichten Schlag auf die Brust wie ein italienischer Tenor. Arme Mademoiselle! Doch muß ich nun zu dem kritischen Teil ihres Lebens bei uns kommen, zu diesem seltsamen und grausligen Roman, der so traurig schloß. Denn es war die Verkehrung eines Romans, gleichsam eine Negativplatte, wo an die Stelle der lichten Liebe ein dumpfer, erbitterter, pausenloser Kampf mit Sturmangriffen trat, die für Mademoiselle in Herzanfällen und Ohnmachten endeten.

. . .

. . . Mich überkommt große Reue, wenn ich an gewisse kurze Augenblicke denke, wo mir der Einfall kam, ihr eine kleine Freude zu bereiten, und ich mir umgehend antwortete, das sei nicht der Mühe wert. Ich glaubte, es würde mich erleichtern, von ihr zu sprechen, und nun, da es getan ist, wird mir seltsam zumute, so als hätte ich sie in allen Stücken erfunden, ganz wie die anderen Personen meiner Bücher. Hat sie wirklich gelebt? Nein, wenn ich jetzt recht darüber nachdenke – sie hat nie gelebt. Aber künftig gibt es sie, weil ich sie erschaffen habe, und hätte sie doch gelebt, wäre die Existenz, die sie durch mich nun erhält, ein Zeichen sehr lauterer Dankbarkeit.

Der französische Urtext von 1936
(neben einem etwas später entstandenen Essay über Puschkin
ist er Nabokovs einziges längeres auf französisch geschriebenes
Prosastück, das deshalb hier abgedruckt wird)

Mademoiselle O
par V. Nabokoff-Sirine

Dans un livre, j'ai prêté à l'enfance de mon héros l'institutrice à qui je dois le plaisir d'entendre le français. Je dis «j'ai prêté», mais il serait plus juste de dire: «Mon héros me l'a prise.» Car c'est vraiment pitoyable de voir comme ces personnages falots sortis du noir clair de lune de l'encrier abusent des belles choses et des chers visages qu'on leur fournit, jusqu'à dépeupler peu à peu notre propre passé. C'est comme un tendre aïeul qui – peut-être par une sorte de paresse et pour échapper au travail d'y tenir en éveil tout un passé – donnerait à son petit-neveu, au jour de ses noces, quelque objet farci de souvenirs, un de ces objets qui n'ont plus de beauté, ni de sens, sinon qu'ils ont été, ce qui n'est plus une raison pour qui reçoit la chose humble et inutile qu'on met dans un coin et qu'on oublie aussitôt. J'ai souvent observé ce singulier phénomène de disproportion sentimentale lorsque, faisant présent à mes personnages factices non de grands pans de mon passé – j'en suis trop avare pour cela, – mais de quelque image dont je croyais pouvoir me défaire sans détriment, j'ai observé, dis-je, que la belle chose que je donnais dépérissait dans le milieu d'imagination où je la mettais brusquement. Cependant elle subsistait dans ma mémoire comme si elle me fût devenue étrangère. Bien plus, elle possédait désormais plus d'affinité avec le roman où je l'avais emprisonnée qu'avec ce passé chaud et vivant où elle avait été si bien à l'abri de mon art littéraire. Par contre,

comme je viens de le noter, le personnage à qui je faisais don
d'un arbre sous lequel j'avais joué, d'un sentier que j'avais par-
couru, d'un effet de lumière qui célébrait comme un feu d'arti-
fice quelque événement inoubliable de ma jeunesse en fête,
semblait n'y attacher aucun prix ou même prenait l'air gêné de
celui qui ne sait que faire de la parure désuète qu'on lui offre.
C'est ainsi que le portrait de ma vieille institutrice française –
elle mettait son petit point d'honneur à s'appeler institutrice et
non gouvernante, – ce dernier mot faisait penser, disait-elle, à
quelque vieille fille pleine de pudeurs austères qui conduirait
le ménage d'un célibataire grognon, – c'est ainsi donc que son
portrait, ou plutôt certains détails de son portrait, me semblent perdus pour jamais, enlisés qu'ils sont dans la descrip-
tion d'une enfance qui m'est totalement étrangère. Or, l'idée
m'est venue de sauver ce qui reste de cette image, d'autant plus
que j'ai toujours eu le désir de raviver pour mon propre agré-
ment, et aussi comme signe d'une gratitude posthume, l'exacte
nuance que la langue française donnait à ma vie de Russe.

Comme il ne m'est presque jamais arrivé de séjourner dans
un pays où cette langue soit parlée, j'en ai perdu l'habitude, de
sorte que c'est une tâche inouïe, un labeur éreintant que de
saisir les mots médiocrement justes qui voudront bien venir
vêtir ma pensée. J'en ressens un essoufflement fort pénible,
accompagné de la peur de bâcler les choses, c'est-à-dire de me
contenter des termes qui j'ai la chance de happer au passage –
au lieu de rechercher avec amour le vocable radieux qui se
meurt d'attente derrière la brume, le vague, l'à-peu-près où ma
pensée oscille. Je me demande, du reste, ce que Mademoiselle
O penserait de ces lignes-ci si elle était encore en vie et pouvait
me lire – elle qui voyait avec un tel effroi les écarts de mon
orthographe, et mes tournures insolites.

Je viens de l'appeler par son vrai nom, car «Mademoiselle
O» n'est nullement l'abréviation d'un nom en O. Cet O, ou-

vert à tous les vents de l'hiatus, n'est pas la majuscule d'Olivier ni d'Orose ou encore d'Oudinet, mais bien le nom intégral; un nom rond et nu qui, écrit, semble en déséquilibre sans un point pour le soutenir; une roue qui s'est détachée et qui reste toute seule debout, prête à chavirer; une bouche en rond; un monde; une pomme; un lac. Elle avait justement passé la moitié de sa vie près d'un lac, car c'est en Suisse que Mademoiselle O naquit, de parents purement français, du reste; et avec ce Lac Léman pour décor de fond, son nom prenait des allures de chanson de geste ou de roman, faisait penser à Lancelot du Lac ou à Obéron, mais sans perdre, hélas, ce ridicule facile que l'œil et l'ouïe d'un enfant furent prompts à découvrir. Car ce fut bientôt, dès qu'elle nous eut donné à mon frère et à moi le pouvoir de parler sa langue, – arme qui se retourna contre elle – un moyen de la faire enrager horriblement; on tirait tout ce qu'on pouvait de ce nom en détresse: on le faisait comme une balle, on inventait des calembours, on imaginait le père de Mademoiselle arrivant dans une ville d'eaux, ce qui – précédé d'une exclamation – donnait la formule idiote de quatre «o» se suivant à la queue-leu-leu. Le pire était que dans le gros volume rose et trapu, qui était son livre de chevet – je veux dire le Larousse – le premier nom qui figurât à la lettre O était celui de François marquis d'O, né et mort à Paris, Surintendant des finances dont nous faisions l'ancêtre tout à fait légendaire de Mademoiselle (que cela agaçait parce qu'elle eût voulu y croire elle-même).

Très forte, toute ronde comme son nom, Mademoiselle O arriva chez nous comme j'entrais dans ma sixième année. Son embonpoint, ses gros sourcils noirs qui se rejoignaient, le tremblotement de ses bajoues lorsqu'elle s'asseyait – laissant peu à peu descendre sa croupe monstrueuse, puis au dernier moment se donnant à Dieu et s'asseyant pour de bon avec un craquement effroyable (lorsque c'était une de ces chaises de

paille bariolées dont notre maison de campagne était pleine);
de plus, un teint couperosé qui dans les grands moments de
colère contenue passait au pourpre dans la région des second et
troisième mentons qui s'étalaient royalement sur la blouse à
jabot qu'elle portait les dimanches; un rien de moustache, des
yeux d'un gris d'acier derrière un de ces pince-nez anciens qui
retenaient dans la forme des verres largement et sombrement
enchassés la marque de leur paranté avec les lunettes dont ils
ne s'étaient pas encore différenciés; puis encore un front à trois
rides mangé par la courbe d'une abondante chevelure noire qui
grisonnait en grand mystère, – tout ceci donnait à Mademoiselle O un aspect sévère, voire rébarbatif.

Comme si le destin, en voulant bien faire les choses et les
poussant jusqu'au poncif, avait désiré présenter à l'étrangère
une Russie aussi russe que possible, il arriva que ce fut justement l'unique hiver de mon enfance que je passai à la campagne et non en ville, un hiver particulièrement rude, qui en-
toura la venue de Mademoiselle de cette abondance de neige
qu'elle s'était probablement figurée à la veille de son lointain et
dangereux voyage. Il subsistait dans ces arrivées d'étrangers
en Moscovie un peu de ce frisson d'aventure qui accompagnait
au vieux temps la ruée chez nous des Français, des Allemands,
des Italiens de toutes professions en commençant par l'archi-
tecte qui soufflait un peu de l'air bronzé de Rome dans le dôme
d'un temple orthodoxe, en passant par le naturaliste, le mar-
chand éclairé, le jeune gouverneur d'enfants, disciple de Jean-
Jacques, jusqu'à la foule bigarrée et frileuse de coiffeurs, de
chapeliers et de lorettes. Plusieurs de ces voyageurs ont laissé
une trace: c'est Cagliostro qui arrive, attiré par l'empire du
Nord; c'est Diderot qui, dans un entretien avec Cathérine
frappe distraitement le genou impérial de sa petite main pote-
lée et velue, pour mieux accentuer l'idée qu'il soutient; c'est le
frère de Marat qui enseigne le français aux lycéens russes.

Mais c'est aussi un énorme afflux d'institutrices anonymes, car au cours du dix-neuvième siècle il n'existait probablement pas une seule famille noble dans la Russie entière qui n'eût sa gouvernante française, sa fräulein ou sa miss Jones. Chacune d'elles restait dans la même famille pendant de longues années, parfois toute une vie; elle en faisait partie, tout en restant dans une position un peu fausse; toujours reléguée au bout de la table, avec la parente pauvre et le gérant qu'elle détestait; ne se mariant jamais; n'apprenant jamais le russe; vivant ainsi une vie irréelle, pleine d'une nostalgie traditionelle qui lui était plutôt un soutien qu'une souffrance, et d'un certain sentiment de dépit à l'égard du peuple qui l'avait accueillie non pas comme une personne vivante, mais plutôt comme un détail nécessaire et mille fois répété de son existence quotidienne, – pareille à ces meubles qu'on ne remarque pas avant le jour où on les emporte au grenier.

Donc, c'est par un crépuscule d'hiver que Mademoiselle descend à la petite gare d'où il y a encore une dizaine de kilomètres à faire en traîneau avant d'arriver chez nous. Je m'évertue maintenant à imaginer ce qu'elle voyait et éprouvait en venant, celle vieille demoiselle dont c'était là le premier grand voyage et dont tout le vocabulaire russe consistait en un mot unique que dix ans plus tard elle devait remporter avec elle en Suisse: le mot «gdié» qui veut dire «où cela?», mais qui, sortant de sa bouche comme le cri rauque d'un oiseau perdu, développait une telle force interrogative qu'il subvenait à tous les besoins de Mademoiselle: «Gdié? gdié?» répétait-elle non seulement pour connaître le lieu où elle était ou la direction à suivre, mais encore donnant à entendre par là tout un monde de souffrance: qu'elle était étrangère, naufragée, à bout de ressource, et qu'elle cherchait l'Eldorado où enfin elle serait comprise.

Je me la représente descendant seule à la petite gare figée

dans le crèpuscule gris; quelques rares lumières tachent d'un jaune huileux l'obscurité qui ne semble pas descendre du ciel, mais bien monter de derrière les neiges vaguement bleuâtres. Il faisait, je pense, très froid, c'était ce froid russe classique dont tenait compte l'énorme thermomètre Réaumur que possédait chaque gare... La porte de la salle d'attente s'ouvrait en poussant le long grincement de nos grandes nuits de gel – et une bouffée d'air chaud en sortait, aussi profuse que la vapeur de la locomotive à cheminée en entonnoir et à chasse-neige en éventail. Je vois notre cocher qui attend Mademoiselle, c'est un rude homme brun ceinturé de rouge, ses gants de géant sortent de la ceinture où il les a fourrés, et j'entends la neige qui craque sous ses bottes arctiques. C'est avec angoisse que Mademoiselle monte en traîneau tout en se cramponnant à l'homme avec une peur atroce de sentir le traîneau démarrer avant que ses formes amples et veules ne soient bien fixées à leur place, soufflant, geignant et enfin, avec un «ouf!» qui fait dans la brume glacée un petit nuage, s'incrustant, assise enfin, les deux mains enfoncées dans son mauvais petit manchon de peluche; et puis, exécutant ce haut-le-corps en arrière que fait tout voyageur en traîneau au moment brusque où les chevaux, avec un effort de jarrets, retirent des neiges cette chose encore lourde qui gémit et toute de suite, comme entrant dans une ambiance nouvelle, glisse silencieusement sur une route qu'elle semble à peine toucher.

Tout à coup, et pour un instant seulement, je vois Mademoiselle en traîneau, accompagnée d'une ombre énorme qui – tenant comme elle un manchon – passe en silhouette, s'allonge, se courbe sur la neige où une lanterne la suit du regard, et puis se perd, laissant Mademoiselle s'engouffrer toute seule dans ce qu'elle appellera volontiers «la steppe». De temps en temps elle se retourne péniblement pour voir si – à une distance qui reste toujours la même, comme dans quelque illusion d'optique – la forme vague d'un autre traîneau, porteur de sa malle et de son carton à chapeaux, la suit. Puis son regard qui fouille les ténèbres neigeux croit y voir s'allumer de ci de là des yeux brillants de loup qui ne sont en vérité que les lumières des villages que quelque accident de neige et d'ombre fait apparaître pour un bref instant. Sans doute y a-t-il là une lune – elle aussi appartient à nos ardeurs hivernales, – très grande, très claire et toute ronde, aspect idéal du nom de Mademoiselle O, qui la contemple à travers ses cils irisés de givre; elle glisse, cette lune pareille à un grand miroir rond à dos de velours, parmi une foule pommelée de petits nuages tous pareils qui prennent un reflet d'arc-en-ciel manqué à la place où elle les effleure...

Mademoiselle a froid malgré sa pelisse, – elle est triste aussi, «fourbue», dira-t-elle plus tard, «transie jusqu'aux moelles». Il lui semble qu'elle voyage ainsi «depuis des siècles» (car elle a l'hyperbole facile), que sa malle n'est plus dans le traîneau qui la suit, qu'enfin le cocher est un brigand déguisé qui, dans le noir de cette sapinière, où le cheval fonce avec un tintement assourdi de ses grelots, va la dévaliser, l'égorger même, «que sais-je!»; mais voici le bois dépassé et de nouveau la plaine se déroule avec, tout le long de la route, des poteaux télégraphiques qui semblent de différente grandeur suivant la hauteur de la neige qui enveloppe leur pied. Puis, c'est un village qu'on passe, d'un blanc sombre, sournoisement tapi, sans feux, ni bruits de vie; et la neige des toits s'unit à la neige bordant la route, que la lune, montée plus haut, commence à vernir, de sorte que bientôt les traces des traîneaux luisent, tandis que chaque inégalité, chaque petite motte de neige est soulignée par une enflure d'ombre démesurée.

Ce monde que nous ouvre notre mémoire est admirable par ce qui s'en dégage de parfaitement pur et sain. Ce que nous nous rappelons, tout en affectant vivement nos sens, ne les endommage pas. Le vent glacé qui fut jadis cause d'une pneumonie nous parvient maintenant dans toute son intensité, mais absolument inoffensif: vague promesse peut-être de la vie future de notre âme, où l'univers lui apparaîtra dans une sorte de béatitude abstraite. C'est ainsi qu'avec une complète impunité et sans dommage pour mon corps vieilli et peureux, je puis faire glisser mon souvenir au fond d'une nuit de neige pour rappeler aussitôt – quittant ce gouffre glacé d'un coup d'aile – la chaleur, le bien-être qui règne dans cette maison – Mademoiselle l'appelait château – vers laquelle le traîneau l'emmène au tintement soutenu et grêle de ses clochettes. L'angoisse que je ressens à présent lorsque je me rappelle la belle maison où je vivais enfant n'a rien à voir avec ces événements politiques qui, pour employer un cliché de journaliste, bouleversèrent ma patrie. Je m'en moque, de ces événements politiques. C'est dans un plan tout autre et dans un ordre d'idées qui n'a pas souci des accidents de l'histoire que se meut et se repose mon souvenir. Non, ce n'est pas un soupir de banni que je pousse, à moins que la vie de l'homme mûr ne soit un genre de bannissement par rapport à sa ferveur première. Si j'étais même aujourd'hui le citoyen paisible d'une Russie qui me laisserait poursuivre ma vocation en toute liberté, ce serait avec la même angoisse que je rappellerais la forme première, l'image vraie des choses et des êtres qui vieilliraient autour de moi. Car cette vérité que je cherche, je ne l'ai connue que dans mon enfance et tout le peu de bien qui se trouve dans mes livres n'en est que le reflet. C'est la vieille lampe qu'on apporte entre chien et loup; son reflet renvoyé par la fenêtre qui dans un moment se cachera pour la nuit derrière ses volets de bois; puis l'abat-jour rose descendant sur la lampe qui tout de suite anime les petites marquises qui ornent, dans des médaillons de soie, ses volants vermeils. Le miroir ovale suspendu au mur suivant un angle tel que les meubles et le parquet jaune qu'il reflète semblent lui glisser des bras et tomber éternellement dans un abîme de lumière; le cliquetis délicat des cristaux du lustre, lorsqu'on remue quelque chose dans une chambre en haut; les gravures inoubliables sur les murs, – les mêmes qu'il m'arrive de rencontrer encore dans quelque chambre d'hôtel ou quelque salle d'attente, comme si je les voulais collectionner à nouveau pour en orner une demeure où je reviendrais un jour; la Diane en marbre qui, de son coin, semble regarder de biais mon tricycle d'enfant. Je me rappelle pêle-mêle toutes ces choses comme si mon passé venait de se réveiller en sursaut, les joues brûlantes, les cheveux mêlés, les yeux un peu fous, – mais quand je veux mettre un peu d'ordre dans mon souvenir, sa couleur et son éclat m'échappent.

Le soir dont je parle, nous étions probablement assis près de cette table couverte d'une toile cirée, où chaque fois mon doigt agrandissait de l'ongle une petite tache pour en faire bientôt un trou. Nous, c'est-à-dire mon frère et moi, et puis miss Jones qui, avec une rancune ironique, regarde parfois sa montre, parce que l'inconnue, la Française, celle qui va la remplacer dans la famille, tarde à arriver de la gare, – simple rancune professionelle, dont la pointe ironique est due à la connaissance parfaite de toute la dureté de la charge qui attend Mademoiselle O. L'horloge fait un gros tic-tac et son disque de cuivre, qui passe et repasse dans sa prison de verre, brille, s'éteint et brille à nouveau. Nous sommes, je suppose, en train de dessiner dans de larges cahiers. Comme j'aimais ces crayons de couleur! Le vert qui crée, en tourbillonnant, un arbre ébouriffé, le bleu dont une seule ligne horizontale forme un lointain maritime. J'aimais entre tous le petit bonhomme pourpre devenu si court à l'usage que je pouvais à peine le tenir entre mes doigts; au contraire, le crayon blanc, corbeau blanc, albinos maigre, était resté très long, – jusqu'au moment, du reste, où je compris que, loin d'être privé d'existence, comme il me le semblait quand il ne laissait aucune trace sur le papier blanc, il était vraiment le crayon idéal, car je pouvais m'imaginer tout ce que je voulais en griffonnant sur la page des lignes, invisibles sans doute, mais qui étaient bien là, puisque la pointe devenait de plus en plus courte.

Ces crayons, je les ai partagés aussi entre les personnages qui paraissent dans mes livres, de sorte que ce n'est plus leur forme première que je tâte du souvenir en ce moment. J'ai fourré quelque part cette glace penchée et la lampe qui fume. Peu de choses me restent. J'en ai gaspillé la plupart. Tout rond, son museau blanc enfoncé dans le pli de sa cuisse, le vieux basset dort sur un coussin brodé de roses, et un gros soupir vient quelquefois lui soulever les côtes. Il est si vieux et son sommeil est si bien capitonné de couches de songes qu'il ne bronche pas lorsque enfin du dehors vient le son des grelots, puis c'est une porte qui s'ouvre avec un bruit de ferraille, enfin voici l'inconnue, Mademoiselle.

Un enfant est généralement conservateur. Je ne supportais pas la pensée que Mademoiselle allait changer quelque chose à mes habitudes. L'ordre du temps, le mécanisme de la journée me semblaient immuables, puisque j'y étais accoutumé. Il y avait par exemple le verre de lait que Mademoiselle, dans son langage un peu plus gros que nature, appelait, quand elle me voyait l'avaler en toute hâte par une brûlante après-midi: «ce grand bol de graisse glacée»; peut-être aussi y entrait-il de ce dégoût que l'obèse, lorsqu'il n'est pas cannibale, ressent pour une nourriture qui lui rappelle sa propre chair. Donc, je ne pus admettre la température adoucie que Mademoiselle voulait donner à ma boisson en réchauffant le verre entre ses paumes. Du reste, ses mains me déplurent tout de suite. A cet âge nous connaissons à fond les mains des grandes personnes grâce à notre petite taille et parce que ces mains voltigent constamment au niveau de notre enfance, descendant des nuages, supérieurs où demeurent les visages. C'est pourquoi je sus très vite ce qu'il avait à apprendre sur les mains de Mademoiselle: elles étaient assez petites, laides de peau, tachées de son, un peu reluisantes aussi et froides au toucher, avec des poignets gonflés et des paillettes blanches sur les ongles. Personne jamais ne m'avait effleuré le visage, tandis que Mademoiselle eut dès l'abord ce geste inusité, et qui me jeta dans une morne stupeur, de me tapoter câlinement la joue de sa main maladroite. Plus tard vint aussi ce qu'elle appelait, selon le degré de force, tape, soufflet ou camouflet; ce dernier, exécuté à toute volée, ressemblait à ce que les joueurs de tennis appellent un revers smash, et atteignait généralement l'oreille. Mon frère en recevait plus que moi. D'ailleurs, il aimait aussi Mademoiselle plus que moi; comme pensum, elle lui donnait souvent à recopier une cinquantaine de fois la phrase «qui aime bien, châtie bien» qu'elle écrivait d'abord de sa jolie écriture ronde à la grâce un peu mièvre, et qui contrastait singulièrement avec la démarche lourde et gauche de Mademoiselle (qui prétendait malgré tout que les femmes un peu fortes valsent mieux que les maigrelettes). Tous ses gestes me reviennent dès que je pense à ses mains: sa manière de tailler un crayon, en tenant la pointe vers son buste immense enveloppé de laine émeraude, vers son sein monstrueux et infécond, qui se soulevait avec le mouvement prononcé, propre à ceux pour qui la respiration est un luxe, car la pauvre dame était asthmatique et souffrait d'étouffements atroces; puis, cette façon qu'elle avait de faire jouer très rapidement son petit doigt en le fourrant dans son oreille, le coude levé. Puis encore le rituel inoubliable qui avait lieu chaque fois qu'elle me donnait un nouveau cahier pour la dictée: je la vois clairement sortir ce cahier noir ciré, – toujours soufflant un peu, la bouche toujours un peu entr'ouverte et rendant un petit son comme «peuh... peuh... peuh...»; elle ouvrait ce cahier pour faire la marge, c'est-à-dire qu'elle traçait de son ongle une ligne verticale, puis recourbait le bord extérieur de la page, qu'elle pressait fortement dans cette position en laissant glisser la paume de sa main, puis rendait la liberté à cette page, la lissant d'un petit geste final et faisant virevolter le cahier ouvert en sorte qu'il vint se placer tout prêt devant moi. Elle avait aussi un rite spécial pour chaque nouvelle plume, qu'elle humectait de salive avec un sifflement à rebours avant de lui donner son baptême d'encre. Avec grand soin et tout en me réjouissant d'une orgie calligraphique, d'autant plus vivement que le cahier précédent finissait toujours par un hideux barbouillage, avec un soin exquis je traçais le mot «dictée», pendant que Mademoiselle cherchait dans un livre de «morceaux choisis» la substance de ce qu'elle nommait «une bonne dictée».

Entre temps le décor a changé: ce n'est plus, au dehors, cet éblouissement de neige sous un ciel presque violet à force d'être bleu; ce ne sont plus ces arbres dont chaque branche minuscule était dessinée en givre, ce qui faisait de l'arbre comme un spectre brodé; non, ce n'est plus un paysage d'hiver, mais une belle journée d'été qui rayonne, avec le tendre vert des bouleaux ressortant sur le noir des sapins, car ma mémoire a vite fait de transporter Mademoiselle d'une journée à l'autre. Et ce n'est plus une dictée que nous écrivons, mon frère et moi; «un point, c'est tout», avait dit Mademoiselle, en refermant son Martin et Feuillet, – et c'est maintenant la lecture, cette lecture journalière, traditionnelle, éternellement répétée par mon souvenir; cette lecture, pendant laquelle Mademoiselle s'épanouit.

Quel nombre immense de volumes nous a-t-elle lus par ces après-midi tachetées de soleil, sur la véranda! Sa voix fine filait, filait à travers tous ces livres, sans jamais faiblir, sans la moindre saccade ou le moindre bégaiement, admirable machine à lecture, qui semblait toute distincte des bronches malades de Mademoiselle. Toute la bibliothèque rose puis Jules Verne, Victor Hugo, Dumas père, – romans interminables auxquels peut-être elle prenait un plaisir aussi vif que nous, quoique impassible en apparence; un de ses mentons, le plus petit, mais le vrai, était, ses lèvres mises à part, le seul point mouvant de tout son ensemble ample et immobile. Les pinces noires du pince-nez formidable accomplissaient leur devoir avec une telle diligence qu'on croyait les sentir s'enfoncer des deux côtés de son nez charnu pour se rejoindre enfin au dedans, comme deux équipes de travailleurs entamant des deux côtés opposés le tunnel du Saint-Gothard, ce tunnel qui était une des sept merveilles du monde de Mademoiselle. Quelquefois, sans troubler aucunement la voix pure et posée, le petit doigt venait vite se fourrer dans l'oreille pour y vibrer brièvement, ou bien une mouche visitait le front sévère dont les rides entraient tout-à-coup en mouvement, sans que rien changeât dans l'expression de ce visage que si souvent j'ai essayé de dessiner, – les bajoues tentaient mon crayon sournois d'une façon irrésistible.

« Ah, l'on s'aimait bien ! » disait Mademoiselle quelques années plus tard, quand elle évoquait sa venue chez nous et le commencement de notre vie commune, – « au temps que vous étiez petits, et de sales petits cochons, mais on s'aimait bien, allez ! » Et elle se souvenait de tous les obstacles que j'avais enjambés pour en venir plus vite à ces lectures sur la véranda, elle se souvenait de ces tout premiers temps, en les illuminant et les enrubannant. « Vous rappelez-vous, disait-elle, cette fois où vous vous êtes enfuis de la maison, vous deux, grands comme ça (sa main montrait la hauteur d'une bûche ou d'une botte), tout seuls vous deux et le chien de garde. » Et elle racontait alors tous les détails de cette journée, une des premières qu'elle avait passées chez nous, son désespoir fou, la peur panique qu'elle avait de ne jamais nous retrouver, parmi tout cet amoncellement de neige, dans une contrée inconnue. «Et vos parents qui étaient justement en ville, et moi qui ne savais que faire, qui criais, qui hurlais, qui courais tête nue dans la neige et la nuit.» «Gdié! Gdié!» répétait-elle avec force. «Ah, quelle fessée...» disait-elle à la fin, les yeux au ciel, et elle passait à d'autres souvenirs: «Cette première fable qu'on avait apprise ensemble, hein? Ou bien, lorsqu'on s'arrêtait en pleine campagne pour chanter tous trois à tue-tête *Malborough*», et ce mironton-ton-ton mirontaine, elle le fredonnait maintenant, ce qui faisait revivre le passé bien plus clairement et d'une tout autre manière qu'une phrase ronflante.

Je revois cette maison de campagne avec son paratonnerre qui semble glisser à travers les grands nuages blancs; le toit vert-de-grisé, les ornements de bois sculpté; et surtout les petites fenêtres rhomboïdales et multicolores de la véranda. Le jardin, vu à travers ces verres colorés, devenait singulièrement immobile et silencieux, comme s'il était occupé à s'admirer luimême, plongé dans un cristal enchanté: si on le regardait par le verre bleu, c'était aussitôt un paysage sous-marin; puis on passait au rouge et la verdure au dessus du sable rose prenait une teinte lie-de-vin; le jaune, enfin, centuplait la flamme du soleil; et je goûtais ainsi, pendant que Mademoiselle lisait, de petites joies en marge de sa lecture; parfois un papillon, quelque vulcain ou quelque morio, venait se poser sur la marche lézardée, et ouvrait au soleil ses ailes de velours.

La chambre de Mademoiselle fut toujours pour moi un lieu étrange: pleine d'une atmosphère lourde de serre chaude, où aurait poussé quelque plante grasse douée d'une curieuse odeur, cette chambre était devenue à tel point différente de toutes les autres, qu'elle semblait étrangère à notre aimable maison aux pièces bien aérées et riantes. Chez Mademoiselle, cela sentait l'enfermé, le pot de chambre, la pelure de pomme brunie, et l'air même avait quelque chose de sombre et d'épais.

Parmi cette obscurité pesante que la lampe allumée ne parvenait pas à dissiper, la table à écrire voguait vaguement, – mais, en me hissant sur la pointe des pieds, je pouvais examiner à loisir des objets qui étaient aussi particuliers à Mademoiselle que son embonpoint et son asthme. Il y avait sur la table ce porte-plume nacré avec au bout un tout petit trou, par où, en approchant l'œil, si près que les cils crissaient, on pouvait admirer le château de Chillon sous un ciel azuré et rose, le tout miraculeusement contenu dans cet espace infime. Il y avait aussi cette boîte laquée qui renfermait un dé à coudre, une montre qui ne marchait plus et ces réglisses dont Mademoiselle se régalait si volontiers; avec son canif mignon elle rognait les petits angles noirs des bâtons qu'elle nous donnait dans le creux de sa main, tout en nous recommandant de tenir la réglisse sous notre langue, – «Je m'endors avec, disait-elle, et quand je me réveille le matin elle est encore là.» Il y avait enfin ces photographies des neveux et des nièces de Mademoiselle, dans des cadres parsemés de petites pierres fausses, qui m'apparaissaient – grenats, rubis, sombres saphirs – comme des bijoux sans prix; et parmi toutes les photographies celle qui, trônant au dessus des autres, présentait une jeune fille svelte, dans une sorte de veste écossaise qui moulait bien sa taille, le visage de trois-quarts, la prunelle humide, le chignon descendant très bas sur une nuque gracieuse, – «Ah, une tresse grosse comme le bras, disait Mademoiselle, et qui me descendait jusqu'aux orteils.» Car c'était bien elle, cet être miraculeux, que je cherchais vainement en fouillant du regard Mademoiselle, comme si je tâchais de lui arracher la créature exquise qu'elle avait engloutie.

Ce que les grands ne savaient pas, parce qu'ils ne voyaient durant le journée qu'une Mademoiselle fortement lacée et recouverte de voiles pudiques, ce que personne ne connaissait d'elle, nous, enfants, le connaissions bien, cet amas tremblant de chairs qui roulaient dans une chemise grossièrement brodée sous la robe de chambre de laine écarlate à galons d'or. Telle – les cheveux défaits, une bougie à la main – elle venait soudain à nous, arrachée de son lit par le hurlement d'un cauchemar d'enfant.

Durant toute ma vie j'ai mal dormi; j'ai toujours eu, chaque soir, chaque nuit, la peur du sommeil, peur intense qui augmentait en proportion de ma lassitude. Le sommeil m'est toujours apparu comme un bourreau masqué, en habit et haut-de-forme, qui me saisit de sa poigne de boucher, – c'est un échafaud sur lequel je monte chaque nuit, où chaque nuit je lutte avec le hideux Morphée qui me terrasse enfin et me lie à la bascule. Je suis rompu maintenant à cette terreur et je me livre au supplice en crânant presque, mais dans mon enfance je n'avais contre cette mort de chaque nuit nulle arme, si ce n'est une étroite raie de lumière que laissait la porte entr'ouverte de la chambre d'à côté.

Mon souvenir maintenant, quittant la campagne, s'installe pour l'hiver dans notre maison de Pétersbourg, – notre hôtel, disait Mademoiselle, – en sorte que cette nuit-ci est bien une nuit d'hiver, – les globes laiteux du gaz, invisibles, se devinent derrière les stores bleus et opaques des fenêtres. Je ne dors pas et j'envie follement mon frère qui ronfle, depuis des heures, à l'abri d'un paravent dans l'autre coin de la chambre. Tout y est noir, seule la fente de la porte traverse d'une raie de vie les ténèbres où je me sens sombrer. Je me cramponne à cette barre lumineuse, sans laquelle mon œil serait sans appui, et la tête me tournerait dans un gouffre noir. Là-bas, dans la pièce d'à-côté éclairée et vide, se trouve le lit de Mademoiselle, tandis que sa chambre à elle est située au bout d'un long corridor, dans une autre partie de la maison. Je sais qu'à certaine heure de la nuit elle viendra se coucher, menant sa démarche pesante (qui fait tinter quelque part un petit objet de porcelaine) par ce corridor et qu'elle entrera dans la chambre voisine. J'aurais encore un moment de répit, le temps de sa lecture au lit, mais après, ce sera la fin.

Donc j'attends, sachant qu'il faut m'endormir avant qu'elle ne vienne, qu'il faut m'endormir dès maintenant, pour m'épargner la souffrance abominable de ne plus avoir pour soutien l'étroite raie de lumière ; mais j'ai peur du sommeil qui, d'ailleurs, semble prendre plaisir à tarder. Aucun son ne vient de la rue où la neige rend silencieux le rare passage d'un traîneau. Je tâche de ne point regarder dans un certain coin de l'immense pièce où l'ombre prend des allures suspectes – métarmorphoses nocturnes d'armoire ou d'étagère, contours effrayants qui m'attirent malgré moi. L'horloge abat les secondes à coups secs, avec une sorte de soupir rauque au milieu, car elle est très vieille. Je me force à penser à des choses amusantes, à des surprises, à des promesses de jouets, mais tout est gâché par l'horreur de rester éveillé. Enfin, le pas familier, inexorable, vient le long du corridor, ébranlant quelque petit objet resté éveillé comme moi. J'entends Mademoiselle entrer dans la chambre à côté. Elle allume la chandelle sur sa table de nuit, éteint la lampe du plafond (pour ne pas avoir à se lever quand elle aura fini sa lecture) et c'est déjà un déclin de clarté qui prépare la nuit totale ; la fente est bien toujours là, mais pâlie, terne et se troublant étrangement lorsqu'un craquement me dit que Mademoiselle a fait quelque mouvement dans son lit, qui affole la flamme. Car je continue à l'entendre, tous mes sens sont aiguisés d'une façon prodigieuse. J'entends son couteau à papier couper les pages de la Revue des Deux Mondes – où Paul Bourget, je crois, faisait ses délices. J'entends sa respiration. Cependant je me meurs de détresse, suppliant le destin de prolonger indéfiniment la lecture de Mademoiselle, pour que la lumière me reste, je m'imagine le paradis comme un livre interminable qu'elle lirait sans se lasser à la lumière d'une bougie éternelle. Puis l'inévitable arrive; j'entends le livre se fermer, un pince-nez que l'on ôte tinte contre le marbre de la table de nuit et puis Mademoiselle souffle sur sa chandelle. Sa première tentative échoue, la lumière moribonde a un sursaut désespéré, alors le second «coup» vient, plus violent, et c'est le noir. Non, pendant une seconde encore flotte devant mon œil le fantôme de la bande de clarté que j'ai si longtemps couvée du regard. Enfin, dans une obscurité totale, je me sens défaillir, mon lit s'en va lentement à la dérive, jusqu'au moment où mes yeux, en s'habituant au noir, finissent par distinguer les plis blafards des stores, pâles taches qui voguent lentement pour enfin se fixer ici et là. Et c'est dans cette dernière consolation que je m'endors sur un oreiller mouillé de larmes.

Par contre, qu'ils étaient charmants, les matins, lorsque la belle lumière blonde des aurores glacées plaquait sur le parquet la géométrie éblouissante des croisées et que les bûches craquaient en imprégnant d'une telle chaleur la faïence du poêle qu'on ne pouvait y poser la main. Et c'était alors ce qu'on appelait chez nous «aller en équipage», – la promenade en landau avec Mademoiselle, – mon frère près d'elle, moi en face d'eux, – et d'immenses bannières tricolores (car il me semble toujours assister à quelque grande fête les jours où mon souvenir y revient) accrochées au-dessus des rues et se gonflant au vent. L'aile moirée d'un oiseau exotique au chapeau de Mademoiselle, le large dos du cocher, bourré d'ouate à la mode russe, les nuages rapides, le dôme doré de la cathédrale, les mouettes s'abattant sur la Néva bleue, – tout cela forme une image d'une netteté surprenante que j'aime à contempler comme je ferais une miniature précieuse.

Il arriva deux ou trois fois que le cocher avait bu et j'entends Mademoiselle, sitôt rentrée de la promenade, qui raconte à ma mère: «Figurez-vous mon horreur, Madame, quand je vis l'homme vaciller sur son siège, j'étais glacée d'effroi, je pres-

sais les enfants contre moi, contre mon pauvre corps pante-
lant, – que pouvais-je de plus, Madame?» Cette manière un
peu extravagante de s'exprimer eut vite fait de devenir un di-
vertissement gratuit pour nous, les enfants, car nous étions
d'une cruauté raffinée et allègre qui tournait brusquement à
une sorte de compassion féroce, lorsque apparaissaient les ra-
vages que nous avions causés. Je crois que le trait principal de
Mademoiselle O était la susceptibilité. Son nom extraordi-
naire – si rond, si patapon, – semblait être une cible aux flèches
des plaisants; quand on la nommait à quelque personne nouvelle, elle croyait assister, d'une part, à une prière de con-
descendance pour ce nom anormal, sans pattes, et de l'autre à
une surprise gênée ou égrillarde, selon que le nouveau venu
voyait le petit monstre avec dégoût ou avec gaîté. L'immunité
absolue de Mademoiselle pour ce qui était de la langue russe lui
laissait heureusement ignorer tout ce que les gens de la maison
– les «gensss» comme on disait chez nous – les laquais et les
bonnes, faisaient de son pauvre nom, quand ils ne l'appelaient
pas simplement «Mamzelle». Son obésité effroyable était une
autre raison pour qu'elle fût toujours sur ses gardes, défendant
sa corpulence comme si elle s'était trouvée dans un pays d'an-
tropophages tout occupés à la guetter avidement. Elle soute-
nait bravement que, tout en étant un peu forte, comme elle
disait, elle possédait physiquement tous les attraits de grâce et
de distinction que n'ont pas les «squelettes». Elle raffolait de
friandises, de bonbons, de chocolats, et prétendait qu'il n'y
avait rien d'aussi sain que les marrons glacés. Nous avions une
parente, obèse elle aussi, mais moins grosse que Mademoiselle
– qui s'esclaffait pourtant: «Mais allons donc, je suis une sylphide auprès de votre tante». Dans la maison de Pétersbourg,
elle préférait à l'escalier de marbre le petit ascenseur démodé à
propulsion hydraulique que le concierge mettait en branle au
moyen d'une manivelle fixée au mur du vestibule. «En route,

marche!» disait-il infailliblement en fermant les deux moitiés de la porte sur Mademoiselle, qui s'écroulait lentement sur la banquette. Et le lourd ascenseur, soufflant et craquant, montait avec une lenteur incroyable le long du gros câble recouvert de velours, tandis qu'avec lenteur sur le mur écaillé que l'on apercevait par la vitre, descendaient de sombres taches qui faisaient songer à un atlas géographique: taches d'humidité et de vétusté, où l'on reconnaissait ces contours de mer Noire ou d'Australie que les nuages et les taches prennent à tout propos. Pour moi, qui étais resté en bas, j'écoutais grimper péniblement la machine et j'avais toujours l'espoir mauvais qu'elle s'arrêterait à mi-chemin. Cela arrivait parfois. Le bruit cessait. On n'entendait que la chute d'un peu de plâtre qui s'effritait quelque part. Puis, d'un espace mystérieux entre les murailles arrivait le «gdié, gdié», si connu, le cri de Mademoiselle en détresse. Alors le Suisse en bas poussait avec effort la manivelle, puis ouvrait la porte dans le noir et regardait en haut pour voir si cela marchait. Enfin, l'ascenseur, s'ébranlait, et quelque temps après on retrouvait Mademoiselle en larmes dans sa chambre, – prétendant que le concierge le faisait exprès, qu'elle ne pesait pas tant que ça, voyons.» Ah, les affres que j'ai pu souffrir là-haut, suspendue toute seule dans le vide!» Tout le long de sa vie, les choses semblaient n'être là que pour se moquer de son obésité, – et lorsqu'un jour elle s'assit sur une boîte à couvercle de verre contenant des papillons rares soigneusement séchés et piqués, que j'avais laissée par mégarde sur une chaise, elle eut un regard chargé d'un soupçon terrible, au moment même où le verre craquait sous elle, comme si elle eût cru que la boîte s'était mise là exprès, pour lui prouver par le dégât qui s'en suivrait que le poids de son corps était réellement formidable.

Comme si la nature n'eût rien voulu lui épargner de tout ce qui rend un être susceptible, elle avait l'oreille dure, et ce défaut, s'accentuant avec l'âge, venait s'ajouter à sa honte physique. Tout ceci faisait d'elle une personne difficile, chagrine et soupçonneuse, prenant la mouche à tout propos. Parfois, à table, on remarquait tout-à-coup que deux grosses larmes descendaient lentement le long des larges joues de Mademoiselle qui, d'une voix fluette, disait: «Ah, ce n'est rien», et continuait à manger sans essuyer les larmes qui l'aveuglaient; puis, avec un hoquet navré, elle se levait et quittait la salle à manger sous le regard narquois des domestiques. «Non, laissez-moi, je ne suis qu'une pauvre chose de rien, une loque», disait-elle quand on cherchait à comprendre ce qui pouvait bien l'avoir offensée; petit à petit on arrivait à la vérité qui était toujours saugrenue; par exemple on avait parlé à table de la marine – j'avais un oncle amiral – et Mademoiselle s'était persuadée qu'on l'avait fait exprès, parce que la Suisse ne possédait pas de flotte. Ou bien c'était simplement parce qu'il lui semblait que, bien qu'on parlât français à table, on l'empêchait de diriger la conversation, – car elle croyait savoir toutes les finesses de «l'art français de la causerie», comme elle disait. Mais elle se dépêchait tant pour saisir le fil de la conversation avant qu'il ne lui échappât pour tomber dans les abîmes du baragouin russe, que c'était toujours maladroitement qu'elle exhibait son art. Certaines réflexions qu'il lui arrivait d'émettre restèrent dans notre famille, – curiosités amusantes que l'on se rappelle avec amour. «Un jour, j'ai entendu le silence» disait-elle, puis faisait une pause et répétait d'une voix profonde: «J'ai entendu le silence. C'était dans un vallon perdu des Alpes». Il y avait aussi le miracle des champignons: «Un matin, racontait Mademoiselle, comme je cueillais des fleurs, j'ai vu de mes yeux pousser un bolet, – il sortait de terre tout doucement, à petites secousses presque imperceptibles». Des saillies de cette sorte ne développaient jamais la causerie brillante, gazouillante, spirituelle dont rêvait Mademoiselle. Au contraire, on se taisait tout-à-coup après qu'elle avait dit son mot, puis on parlait d'autre chose, quitte à entendre Mademoiselle se plaindre un peu plus tard qu'on lui eût grossièrement coupé la parole. Le plus gênant était que parfois elle croyait à tort qu'on s'était adressé à elle, car sa surdité l'embarrassait de plus en plus, et avec un petit soubresaut elle lançait un «plaît-il?» éclatant à travers la table à l'invité inoffensif qui n'avait rien dit.

Il faut bien noter que, malgré l'emphase de son langage et la naïveté de ses idées, le français de Mademoiselle était divin. Or, si je jette un regard rétrospectif sur cette Russie d'antan, – entrée depuis dans une ère de barbarie naïve et dont le nom même sonne de nos jours comme «Grèce» ou «Rome» – il y avait dans cette Russie non seulement le français tel que l'enseignaient des institutrices comme Mademoiselle, mais encore une sorte de tradition française, un français usuel, que l'on se passait directement de père en fils. Cela faisait partie de notre civilisation. Il y avait d'abord une quantité de mots et de phrases françaises qui s'inséraient dans la conversation russe, passant d'une langue à l'autre avec une facilité surprenante, et cela devait être une drôle de chose pour une oreille gauloise que d'assister, par exemple, dans un torrent assez pur de français à l'intrusion d'un vocable russe qui se montrait là avec une aisance parfaite, précédé même d'une apostrophe. La syntaxe dans les cas extrêmes était tout bonnement calquée sur le russe; on traduisait littéralement les phrases, ce qui les rendait incompréhensibles pour quelqu'un qui n'eût pas connu notre langue. Si, d'une part, ce français-là dégringolait ainsi jusqu'à un français de cuisine, il y avait, d'autre part, celui qui montait à un très joli degré de français d'album, de français de jeunes filles, avec toute une poésie un peu surannée, un peu à l'eau-de-rose, comme si nos lyres slaves eussent rendu un son trop rude pour des oreilles de demoiselles. «Le vase brisé» de Sully Prudhomme – le vase où meurt cette verveine... – et les Nuits d'Alfred de Musset avec leur lyrisme sanglotant et débraillé sont des exemples typiques de ce que ce genre de lecteur russe aimait en fait de poésie française. Par contre, dans le milieu où j'ai grandi, la tendance littéraire était d'un autre ordre, et ce n'est pas Coppée ou Lamartine, mais Verlaine et Mallarmé qui prirent soin de mon adolescence. Ainsi, le rôle de l'institutrice française concernait plutôt la forme que la substance même, la grammaire plutôt que les Lettres, c'est-a-dire qu'elle restait extérieure à cette tradition franco-russe dont je viens de parler, comme si ç'avait été là quelque dialecte pittoresque, mais trop provincial, trop patois pour son goût. Le goût, le bon goût – au sens qu'on lui prêtait vers le dix-septième siècle – formait, je crois, la partie essentielle de l'éducation de Mademoiselle O. Il en résultait une pureté de langage, une sonorité sévère, une sorte de ruissellement froid et brillant, – toutes qualités que je n'ai appréciées que bien plus tard.

Ainsi, c'est avec tristesse que je devine maintenant la cruelle souffrance que Mademoiselle devait éprouver à voir se perdre en vain cette voix de rossignol qui sortait de son corps d'éléphant. Je ne me souviens pas au juste de l'estime où elle tenait les trois poètes qui juste avant la guerre étaient les idoles des lecteurs russes: Rostand, dont l'inepte Chantecler venait de créer une nouvelle mode de chapeaux féminins; Maeterlinck dont l'Oiseau Bleu était merveilleusement interprété par notre meilleur théâtre – qui était d'ailleurs en ce temps-là le meilleur théâtre du monde entier, et enfin Verhaeren dont la muse robuste eut une influence énorme sur le développement de la branche dite urbaine de notre littérature poétique. Non, je ne me rappelle pas ce que Mademoiselle pensait de ces trois poètes, qui pour elle étaient des jeunes, des «modernes». Mais ce dont je me souviens en toute netteté, c'est le culte exceptionnel qu'elle vouait à Corneille et à Racine.

Moi, barbare, ami de Rabelais et de Shakespeare, j'ai toujours eu en grippe et Corneille et Racine, pour leur banalité parfaite, idéale – pour cette sublimation du lieu commun d'où résulte un chef-d'œuvre de fausseté. Leurs meilleurs alexandrins me remplissent la bouche comme un bon gargarisme et ne font point appel à mon imagination. Je déteste leurs chevilles, la pauvreté de leur style, la servilité de l'adjectif, l'indigence de la rime, – tout enfin, – et je ne donnerais pas un seul sonnet de Ronsard pour tout leur théâtre.

Donc, voici dans notre chambre d'études Mademoiselle qui a fait choix du rôle de Chimène ou d'Athalie, tandis que nous nous partageons les rôles masculins, – moi, tâchant toujours d'avoir le rôle du confident parce qu'il y a moins à lire. Je l'entends encore, cette Chimène un peu minaudière, que j'essayais de me représenter, séduit par son nom chimérique, en regardant Mademoiselle qui accentuait les douces chutes des alexandrins en faisant de petites moues – la bouche en cœur ou en cul-de-poule; j'entends Athalie, horrifiée et bavarde, contant son rêve, – et Mademoiselle, les sourcils hérissés et toute la série de ses mentons en branle, se donnait une petite tape sur la poitrine comme un ténor italien. Pauvre Mademoiselle! Mais il me faut arriver maintenant à la partie critique de sa vie chez nous, à ce roman étrange et terrible qui finit si tristement. Car ce fut un roman renversé, une sorte de plaque négative, où la tendresse claire serait remplacée par une lutte sourde, acharnée, sans trêve, dont les assauts finissaient chez Mademoiselle par des palpitations de cœur et des pâmoisons.

Plusieurs années s'étaient écoulées depuis son entrée dans notre maison, et voici qu'un étranger parut. C'était ce que nous nommions «un répétiteur» plutôt qu'un gouverneur – un jeune étudiant russe chargé de nous aider en hiver à préparer nos leçons pour l'école et dont le devoir, en été, consistait à nous accompagner dans nos jeux et dans nos promenades équestres (il montait très mal, du reste). Dès le premier abord,

Mademoiselle crut flairer un ennemi dans ce jeune homme barbichu, aux yeux myopes, aux cheveux mal coupés, vêtu du pantalon vert-bleu universitaire et d'une blouse russe. D'origine simple, et par suite d'une fierté presque maladive, de plus très radical en politique, pauvre, et faisant le métier de gouverneur d'enfants non par dispositions pédagogiques, mais parce que c'était là un moyen de gagner sa vie que lui permettaient ses principes, Pétrov n'avait jamais appris le français, qu'il considérait d'ailleurs comme un luxe antidémocratique. Un être charmant, du reste, bon comme le pain et merveilleusement doué pour la mathématique, – mais nullement fait pour vivre côte-à-côte avec une Mademoiselle jalouse et tyrannique, et qui supposa que Pétrov, dès son entrée chez nous, ne se proposait que de l'en faire sortir. Ainsi, c'était nos âmes à nous qui étaient en jeu, ou du moins tel était l'avis de Mademoiselle, car dans la réalité, goguenards et libres, nous suivions toutes les péripéties de cette lutte, sans accorder beaucoup d'importance à son résultat, ni aux souffrances secrètes qu'elle entraînait. On avait l'habitude à table de servir après le repas à chaque convive un bol contenant un gobelet rempli d'une eau légèrement parfumée avec laquelle on se rinçait la bouche et qu'on rejetait ensuite dans le bol; après quoi, on se levait de table – conclusion du repas hygiénique, et même gracieuse, chez Mademoiselle du moins, qui avait le souci des jolis gestes. Mais voici qu'après le premier dîner auquel il prit part, Pétrov tout tranquillement but, et savoura même, ce qu'il avait pris pour quelque liqueur nouvelle, tandis que Mademoiselle, à côté de lui, pouffait ou faisait mine de pouffer dans sa serviette, et ce fut là, je crois, la déclaration de guerre, car Pétrov, tout prêt qu'il était à lui laisser la suprématie, ne lui pardonna jamais ce rire implacable.

Mademoiselle s'imagina de son côté que si Pétrov ne lui adressait jamais la parole, et répondait par des monosyllabes inintelligibles à ses questions provocantes, ce n'était point parce qu'il ne comprenait pas le français, mais bien parce qu'il voulait l'insulter impunément devant tout le monde. Je la vois encore le priant de sa voix d'or, mais avec un certain plissement des lèvres qui n'augurait rien de bon, «de bien vouloir me passer, Monsieur, le sucrier»; Pétrov ne prêtait aucune attention à ses paroles plusieurs fois répétées, jusqu'au moment où Mademoiselle, d'un geste démonstratif et avec un «pardon» cinglant comme un coup de fouet, passait son bras pardessus le couvert de Pétrov pour atteindre le sucrier qu'elle tirait ensuite vers elle, en jetant au jeune homme un «merci, Monsieur» doucereux et grondant, et tellement chargé d'ironie que les oreilles veloutées de Pétrov devenaient d'un rouge violent. «Le goujat, le malotru, le grossier personnage!» disait-elle ensuite, en sanglotant dans sa chambre. Elle racontait aussi qu'il l'avait bousculée en passant dans l'escalier: «Il m'a poussée, disait-elle, il m'a frappée... J'ai des bleus partout.» Il arrivait de plus en plus souvent qu'elle quittât la table en plein dîner, parce que Pétrov qui avait la manie de raconter les choses avec force détails parlait longuement, et que la conversation générale qu'il déclenchait entrait fatalement dans les labyrinthes russes. De sa chambre éloignée, elle écrivait alors à mes parents qui habitaient au rez-de-chaussée des lettres de seize pages. Ma mère montait en toute hâte, et trouvait Mademoiselle en train de faire sa malle. Puis l'on avait une semaine de répit, Mademoiselle consolée faisait semblant d'ignorer la présence de Pétrov. Un jour, enfin, ce fut la débâcle complète.

Je crois que le dernier événement de cette épopée fut le grand esclandre, l'explosion bruyante, le cri «Vous ête un voleur, Monsieur!» qu'on entendit le jour où, cherchant mon frère qui s'était caché, Pétrov eut l'idée malencontreuse de franchir le senil de la chambre de Mademoiselle, dont la porte était restée entr'ouverte. Juste au moment où Pétrov s'arrêtait

au milieu de cette chambre interdite, Mademoiselle déboucha
du cabinet de toilette, portant un azalée, qu'elle venait d'arro-
ser. Je me rappelle ce détail comme on se rappelle quelque
petit rien survenu au cours d'une catastrophe, – car ce fut bien
la catastrophe irrémédiable entre Mademoiselle, mordante et
terrible, et Pétrov sortant soudain de son mutisme pour rele-
ver le terme injurieux que, par un malheureux miracle, il venait tout-à-coup de comprendre.

Et puis, Mademoiselle partit. C'était en 1914, et le prétexte
officiel de son départ fut, je m'en souviens, la peur d'être défi-
nitivement séparée de sa patrie par les événements politiques.
Tout ce qui me reste de nos adieux, c'est un déluge de larmes et
ses deux bras largement ouverts. Pendant une année ou deux,
elle nous écrivit assez régulièrement, – des pages et des pages
couvertes de sa petite écriture fine sans une rature. Puis vint la
révolution. Une dizaine d'années plus tard, par un hasard de
l'exil, je me trouvai un jour en Suisse et me voici entrant dans
la chambre de Mademoiselle.

Plus forte que jamais, les cheveux gris et presque totalement
sourde, elle me reçut avec un vacarme de tendresse. Elle parla
de sa vie en Russie si chaleureusement qu'on eût pu croire
qu'elle avait perdu sa patrie. Par contre, elle accusait la Suisse
d'être devenue méconnaissable, et c'était des plaintes sans fin.
Notre révolution, abolissant l'usage du français en Russie,
avait exilé aussi lestement que de vrais Russes quelques mil-
liers de vieilles demoiselles qui maintenant se tenaient, se réu-
nissaient et s'agglutinaient, formant comme un îlot dans le
pays qui leur était devenu étranger. Elles s'étaient fait une autre patrie, – le passé, – et c'était vraiment navrant, ce pauvre
amour d'outre-tombe pour la Russie, qu'elles ne connaissaient
guère.

Comme notre entretien était rendu terriblement difficile
par la surdité de Mademoiselle, je lui apportai le lendemain un

de ces appareils qui promettent aux sourds plus qu'ils ne peuvent donner. Lorsqu'elle eut fixé le tube, elle me remercia d'un regard ébloui et jura qu'elle entendait le moindre murmure. Elle mentait, elle n'entendait rien du tout, elle mentait pour me faire plaisir, et ce mensonge naïf, délicat, adorable, est le dernier souvenir qui me reste de Mademoiselle.

Avant de partir, j'allai assez sottement me promener par une nuit froide et brumeuse le long du lac. L'eau clapotait un peu, mais rien ne brillait dans le brouillard nocturne, sauf un pâle réverbère. Un remous, une blancheur vague, attira mon regard. Dans l'eau, un cygne, très gros, très vieux et très maladroit faisait des efforts ridicules pour se hisser dans un canot amarré. Il n'y parvenait pas. J'entendais le choc lourd de ses ailes et le bruit du canot ballotté; avec la logique du subconscient, c'est cette vision passagère que je me rappelai tout d'abord lorsque j'appris, quelques années plus tard, que Mademoiselle n'était plus. Elle avait passé sa vie à être malheureuse, et le malheur était pour elle un élément naturel, dont les changements de profondeur lui donnaient la sensation de se mouvoir, de faire quelque chose, de vivre enfin. J'ai de grands remords quand je pense à certains petits instants où l'idée me venait de lui faire quelque menu plaisir et où je me répondais aussitôt que cela n'en valait pas la peine. J'ai cru me soulager en parlant d'elle, et maintenant que c'est fini, j'ai l'étrange sensation de l'avoir inventée de toutes pièces, aussi entièrement que les autres personnages qui passent dans mes livres. A-t-elle vraiment vécu? Non, maintenant que j'y pense bien – elle n'a jamais vécu. Mais désormais elle est réelle, puisque je l'ai créée, et cette existence que je lui donne serait une marque de gratitude très candide, si elle avait vraiment existé.

Anhang IV

Bilder

Als Vladimir Nabokov *Erinnerung, sprich* schrieb, hatte er so gut wie keine Photos, die belegt hätten, was aus den Stätten seiner Kindheit nach der Revolution geworden war; oft wußte er es nicht einmal. Erst in den sechziger und siebziger Jahren schickten ihm Sowjetbürger, die verbotenerweise das eine oder andere seiner Bücher zu Gesicht bekommen hatten und zu Bewunderern geworden waren, anonym einige Amateurschnappschüsse zu.

Offiziell gab es Nabokov in der Sowjetunion nicht; er durfte nicht gelesen werden, und wer dennoch mit einem ins Land hereingeschmuggelten Buch von ihm gefaßt wurde, mußte mit etlichen Jahren Arbeitslager rechnen. Die Erinnerung an ihn, an seine ganze Familie war ausgelöscht; nichts durfte auf sie zurückverweisen, und wer sich erinnerte, durfte es sich nicht anmerken lassen und erst recht kein Zeichen ins Ausland senden. So mußte Nabokov im Exil tatsächlich jedes Detail seiner Kindheit aus dem Gedächtnis nacherschaffen. Das wurde im Zuge der Perestrojka anders. Erstmals darf er gelesen werden, seit 1986 wurden nach und nach etliche seiner Werke in der Sowjetunion verlegt, wenn auch oft nach wie vor zensiert, und zurückkehren durfte ebenfalls die Erinnerung an die mit ihm verbundenen Orte.

Für Ausländer war die Gegend der drei ehemals Rukawischnikowschen Landgüter Batowo, Roshdestweno und
Wyra bis 1989 auf legale Weise überhaupt nicht zugänglich; so
konnte auch niemand Photos von dort mitbringen. Die Landstraße Leningrad–Luga war für Ausländer gesperrt, angeblich, weil sich auf halbem Weg in der Kleinstadt Gattschina,
um die die Straße allerdings einen großen Bogen macht, ein
Kernforschungsinstitut befindet. Inzwischen sind viele Ausländer dort gewesen, und für Sowjetbürger hat sich geradezu
ein Nabokov-Tourismus nach Roshdestweno und Wyra entwickelt.

So läßt sich inzwischen dokumentieren, was aus Nabokovs
Kindheitsstätten geworden ist. Dafür, daß ein beschleunigtes
Dreivierteljahrhundert, eine Revolution, eine lange und
strenge Säuberung, ein Krieg und eine Besatzungsarmee darüber hinweggegangen sind, hat sich erstaunlich viel erhalten.
Das Nabokovsche Stadthaus (Gerzena uliza 47) in Leningrad, das nach dem Willen seiner Bevölkerung wieder so heißen
soll wie bis 1914, Sankt Petersburg, ist vollständig erhalten. In
ihm befinden sich mehrere städtische Behörden, die Verlags-,
Druck- und Buchhandelsverwaltung sowie ein Amt, welches
die städtischen Waschanstalten, Dampfbäder, Friedhöfe usw.
verwaltet. Der Leningrader Bürgermeister Anatolij Sobtschak
hat erklärt (1991), er werde sich bemühen, das Haus freizube-
kommen und dort eine Bibliothek der Exilliteratur einzurichten; nach seiner Vorstellung sollte darin dann Nabokovs Ge-
burtszimmer dessen Andenken vorbehalten sein. Im Innern
sind die bemalten Glasfenster des Treppenhauses sowie die
dunkle, mit reichem Schnitzwerk versehene Holztäfelung des
großen Empfangsraums im Erdgeschoß und des «Boudoirs»
im ersten Stock weitgehend erhalten. In diesem Raum mit dem
großen Erker, in dem Kristallüster und Wolkengardinen dazu
beitragen, daß er trotz des Büromobiliars einiges von seinem

früheren Charakter behalten haben dürfte, amtiert unter einem Lenin-Bild der Behördenchef, der die Waschanstalten, Dampfbäder und Friedhöfe der Stadt regiert. Das Zimmer nebenan, in dem Nabokov geboren wurde, ist ein kleiner, kahler, rosa getünchter Versammlungssaal. Über dem Podium hängt ein Lenin-Bild aus hellem Holz mit dem Spruch «Die Partei ist die Ehre und das Gewissen unserer Epoche». Lenin hat das in *Erinnerung, sprich* erwähnte Wandsafe im Auge; es steht offen, ist auch innen rosa getüncht und leer.

Die von der Oredesh durchflossenen ehemals Rukawischnikowschen Ländereien um Batowo, Roshdestweno und Wyra gehören zu einer Kolchose, die Lenins Namen trägt. Die ehemaligen Parks sind wieder zu – allerdings stark malträtierten – Wäldern geworden.

Das Landhaus von Batowo, das bis 1916 Nabokovs Großmutter mütterlicherseits gehörte, ist vollständig verschwunden. Ein Marmorstein erinnert aber an den Dekabristen und Dichter Kondratij Rylejew.

Wo das Landhaus von Wyra stand, sieht man nur noch Gras, Büsche und junge Bäume; in den letzten Jahren wurden aber einige Grundmauern wieder freigelegt. Unmittelbar daneben gibt es noch einen alten Eiskeller; auch eine Mauer der alten Orangerie, heute Geräteschuppen, steht noch. Gleich daneben fällt das waldige Gelände steil ab zur Oredesh, die hier über ein Wehr stürzt; oben, wo das Haus stand, hört man sie rauschen wie zu Nabokovs Zeit.

In der Gegend erzählt man, das Herrenhaus von Wyra sei während der neunhunderttägigen Belagerung Leningrads durch die deutsche Wehrmacht (1941–1943) Hauptquartier von Feldmarschall Friedrich Paulus gewesen und von den Deutschen bei ihrem Abzug zerstört worden. Das ist in dieser Form sicher nicht richtig.

Paulus hatte nichts zu tun mit der Heeresgruppe Nord, die

im Raum Leningrad operierte. Von Süden her hatten sich die Deutschen – und zwar das XXXXI. Korps unter Generaloberst Hans Reinhardt – im Herbst 1941 Leningrad auf der Landstraße von Luga her genähert. Sie waren nur mühsam vorangekommen. Raymond Cartier beschreibt die Landschaft in seinem Werk *Der Zweite Weltkrieg* (R. Piper & Co Verlag, München 1967) so: «Die von den Gletschern der Eiszeit geformte Landschaft ist dort waldreich, feucht und düster... eine hügelige, für Panzer ungünstige Moränenlandschaft... Die Mehrzahl der Bevölkerung war arm, verschlossen und feindselig gegen alles, was von außen kam» – das heißt, es gab hier viele Partisanen, und tatsächlich verzeichnen die deutschen Heereskarten in der sumpfigen Gegend südöstlich von Siwerskij mehrfach ausdrücklich «Banden». Der südliche Einschließungsring verlief schließlich über die Pulkowo-Hügel etwa 20 Kilometer außerhalb der Stadt, gleich jenseits des heutigen Flughafens; somit lag die Gegend um Wyra etwa 50 Kilometer hinter der deutschen Front, war «rückwärtiges Armeegebiet». Es gab dort eine Reihe von Lagern für Kriegs- und Zivilgefangene, meist geflüchtete Einwohner Leningrads, und nach dem Krieg wurden viele Massengräber gefunden. Es ist wahrscheinlich, daß die deutschen Besatzer die vornehmen Gutshäuser der Gegend für ihre Zwecke requiriert hatten. Das Stabsquartier der in diesem Raum operierenden 18. Armee unter General Georg Lindemann befand sich aber nicht in Wyra, sondern etwa zehn Kilometer östlich in Drushnosselje (dem Gut der mit den Nabokovs verwandtschaftlich verbundenen Familie des Fürsten Sayn-Wittgenstein-Berleburg). In Wyra hatte nur der Kommandeur der Nebeltruppen 3 sein Standquartier. Da keine Kriegstagebücher dieser Dienststelle erhalten sind, weiß man nichts Genaues; aber das Militärarchiv in Freiburg schließt nicht aus, daß Generalfeldmarschall Erich v. Manstein in einem der Güter dieser Gegend untergebracht war, als der Stab der 11. Armee nach deren Sieg bei Sewastopol im September und Oktober 1942 ihre Verlegung vor Leningrad vorbereitete, ehe sie dann unvorhergesehenerweise zur Entsetzung von Paulus' eingekesselter 6. Armee nach Stalingrad geschickt wurde. So könnte sich die Verwechslung mit Paulus ergeben haben. Anderen Ortsansässigen zufolge waren es auch nicht die Deutschen, die das Haus bei ihrem (plötzlichen und hastigen) Aufbruch niedergebrannt haben. Es soll nach dem Kriege noch gestanden haben, dann verfallen und schließlich von spielenden Kindern in Brand gesteckt worden sein.

Vollständig erhalten war dagegen das schloßartige hölzerne Landhaus von Roshdestweno oberhalb der Landstraße Leningrad–Luga und ebenso die rote Kirche von Roshdestweno ihm gegenüber sowie das weiße Grabmal der Familie Rukawischnikow auf dem Kirchhof. Die Deutschen sollen das Haus vor ihrem Abzug zur Sprengung vorbereitet haben, aber von Bauern der Gegend daran gehindert worden sein. Nach dem Krieg diente es eine Weile als Internat einer landwirtschaftlichen Hochschule im benachbarten Wyra. Dann wurde es zu einem regionalen Museum, das vor allem den Widerstandskampf gegen die deutsche Besatzung dokumentierte. Unter anderem wurde bei Roshdestweno der tatarische Dichter und Widerstandskämpfer Mussa Dshalil verwundet und gefangengenommen, den die Nazis 1944 in Moabit hinrichteten; sein bekanntestes Werk ist sein *Moabiter Notizbuch*.

Schon vor der Perestrojka, als dergleichen eigentlich noch nicht sein durfte, waren in dem Museum einige Andenken an die Familien Rukawischnikow und Nabokov zu sehen, unter anderem Kopien einiger Jugendgedichte des damals noch strengstens verfemten Vladimir Nabokov; auch ein dickes ledernes Photoalbum der Familie wird dort unter Verschluß gehalten. Seit 1989 war das Haus auch offiziell und inzwischen in erster Linie Nabokov-Museum (*Istoriko-literaturnyj i memorialnyj musej W. W. Nabokowa*). Es zeigte in mehreren Räumen vor allem Photos und Bücher. Man hoffte auf eine Restaurierung und die Sanierung des umliegenden Waldes. Im Frühjahr 1995 aber brannte das Haus vollständig ab; wahrscheinlich war es wie im Falle von Wyra Brandstiftung.

In einem wohletablierten Nabokov-Museum, so hofft man, werde sich nach und nach dann auch einiger Hausrat der Familie Nabokov einfinden, etwa jene beiden Ölbilder, die eine Bürgerin dem Museum versprochen hat: Als Nabokov nicht mehr tabu war und sie im Fernsehen zufällig eine Sendung über ihn sah, wurde ihr klar, daß ihr lange verstorbener Großvater Nabokovs Petersburger Hausmeister Ustin gewesen war, jener Mann, der gleich nach dem Weggang der Familie die roten Revolutionäre zum Wandsafe geführt und sich dann selber aus dem Hausrat bedient hatte. Anders als der Diener Ossip, der von den Bolschewisten erschossen wurde, weil er sich einige Fahrräder persönlich angeeignet hatte, kam Ustin davon und konnte seine Beute auf einer Datscha bei Wyriza in Sicherheit bringen. Er starb, als während des Kriegs eine vereinzelte Fliegerbombe seinen Luftschutzkeller traf. Den größten Teil seiner Habe teilten sich die Nachbarn.   *D. E. Z.*

(1) Das um 1885 von Justizminister Dmitrij Nabokow (Vladimir Nabokovs Großvater väterlicherseits) erbaute Petersburger Stadthaus in der Bolschaja Morskaja (sie hieß ab 1902 nur Morskaja und heißt seit 1924 Uliza Gerzena, Herzenstraße), in dem sich heute (1990) mehrere städtische Behörden befinden, die Verlags-, Druck- und Buchhandelsverwaltung und das Amt, das Leningrads Waschanstalten, Dampfbäder und Friedhöfe verwaltet: «...wo wir in der Morskaja-Straße ein Haus besaßen (die Nr. 47), mit zwei Obergeschossen, aus rosa Granit, ein Stadthaus mit einem bunten Mosaikmuster über den obersten Fenstern. Nach der Revolution ließ sich dort irgendeine dänische Vertretung nieder, aber ob es heute noch existiert, weiß ich nicht. Ich wurde dort geboren – im letzten Zimmer (wenn man in Richtung auf den [damaligen Marien- und heutigen Isaaks-]Platz zuzählt, also dem Lauf der Hausnummern entgegen), im ersten Stock, dort, wo sich das Geheimfach für den Schmuck meiner Mutter befand: der Pförtner Ustin selber führte im November 1917 das revoltierende Volk durch alle Zimmer zu ihm.» (*Drugije berega*, 1954, s. Anhang II, Anm. zu Seite 111)

(2) Das Haus in der Bolschaja Morskaja, wie es aussah, als Vladimir Nabokov dort geboren wurde; das zweite Obergeschoß mit dem Mosaikfries wurde erst einige Jahre später aufgesetzt.

(3) Das Treppenhaus im Nabokovschen Stadthaus (1990): «Wenn wir die Treppe erreichten, zwängte ich mich gewöhnlich zwischen den Treppenpfosten und der ersten Docke unter dem Geländer hindurch auf die Stufen. Mit jedem neuen Sommer fiel es mir schwerer; heutzutage bliebe selbst mein Geist stecken.» (*Erinnerung, sprich*, Kapitel 4, Abschnitt 3)

(4)(5) Der Erker des Nabokovschen Stadthauses (1990): «Das Boudoir meiner Mutter hatte einen Erker, von dem aus man die Morskaja in Richtung Marienplatz bequem übersehen konnte. Die Lippen gegen den dünnen Stoff vor der Fensterscheibe gedrückt, schmeckte ich durch den Voile hindurch immer deutlicher die Kälte des Glases. Vom gleichen Erker aus verfolgte ich einige Jahre später, beim Ausbruch der Revolution, verschiedene Kampfhandlungen und erblickte meinen ersten Toten...» (*Erinnerung, sprich*, Kapitel 4, Abschnitt 4)

(6) Das Herrenhaus des Landguts Wyra, das Nabokovs Mutter, Jelena Iwanowna Nabokow, geb. Rukawischnikow, geerbt hatte: «Das alte grünlichgraue Holzhaus, das mit dem Seitenflügel durch eine Galerie verbunden war, blickte aus den buntverglasten Fenstern seiner zwei Veranden auf den Rand des Parks und die orangefarbenen Brezelbögen der Gartenwege hinaus, welche die schwarzerdige Üppigkeit der Blumenbeete säumten. Im Salon mit den weißen Möbeln, wo auf der rosabestickten Tischdecke marmorierte Bände alter Zeitschriften lagen, ergoß sich aus einem schräg hängenden Spiegel mit ovalem Rahmen das gelbe Parkett, und die Daguerrotypien an den Wänden schienen zu lauschen, wenn das weiße Klavier klimpernd zum Leben erwachte. Abends trug der großgewachsene, blaulivrierte Butler in weißen Baumwollhandschuhen eine Lampe mit Seidenschirm auf die Veranda hinaus,... wo eine Schilfmatte den Boden bedeckte und zu beiden Seiten der Steinstufen, die in den Garten führten, schwarze Lorbeerbüsche standen...» (*Maschenka*, Seite 95)

(7) Walentina (Ljussja) Schulgin (19. 12. 1899–6. 9. 1967), die ‹Maschenka› des ersten Romans und die ‹Tamara› der Memoiren; einige biographische Angaben über ihr weiteres Schicksal finden sich im Herausgebernachwort zu *Maschenka*.

(8) Ruderer auf der Oredesh bei Roshdestweno (1990): «Maschenka setzte sich ans Ruder. Er stieß mit einem Bootshaken vom Steg ab und ruderte zunächst langsam am Parkufer entlang, wo dichte Erlenbüsche sich wie schwarze Augenflecken im Wasser spiegelten und viele dunkelblaue Seejungfer-Libellen herumschwirrten. Dann drehte er ab zur Mitte des Flusses und schlängelte sich durch die Inseln von Algenbrokat...» (*Maschenka*, Seite 94)

(9) Das Herrenhaus des Landguts Roshdestweno, das Nabokovs «Onkel Ruka» (dem Diplomaten Wassilij Iwanowitsch Rukawischnikow, einem Bruder der Mutter) gehörte (1990): «Als Onkel Ruka Ende 1916 starb, hinterließ er mir eine Summe, die sich heute auf ein paar Millionen Dollar beliefe, dazu seine Besitzung: das Herrenhaus mit seinem weißen Säulenportal auf einem grünen, abgeböschten Hügel und zweitausend Morgen Naturwald und Torfmoor. Wie ich hörte, stand das Haus 1940 noch, volkseigen zwar, aber Abstand wahrend, ein Museumsstück für jeden Touristen, dem es einfiel, die Landstraße Petersburg–Luga zu benutzen, welche unterhalb durch das Dorf Roshestweno und über den sich verzweigenden Fluß führt.» (*Erinnerung, sprich*, Kapitel 3, Abschnitt 4.) Das Haus beherbergte seit 1989 unter anderem ein kleines Nabokov-Museum; es brannte im Frühjahr 1995 ab.

(10) Die rückwärtige Fassade des Herrenhauses von Roshdestweno (1990): «Das Gutshaus von Roshdestweno – das sie eigens für den früh verstorbenen ältesten Sohn gekauft hatten – war angeblich auf den Ruinen eines Schlosses erbaut worden, in dem Peter I., ein Experte in abscheulicher Tyrannei, [seinen Sohn, den Prinzen] Alexej eingekerkert hatte. Jetzt war es ein bezauberndes, ungewöhnliches Haus. Noch nach vierzig Jahren rufe ich mir mühelos seine allgemeine Atmosphäre und seine Einzelheiten ins Gedächtnis: das Damebrett des Marmorfußbodens in der kühlen und klangvollen Eingangshalle, das Himmelslicht von oben, die weißen Galerien, den Sarkophag in der einen Ecke des Salons, die Orgel in der anderen, den starken Duft der Treibhausblumen überall, die violetten Vorhänge im Arbeitszimmer, den wie eine Hand geformten Rückenkratzer aus Elfenbein – und die unvergeßlichen, bereits in ein anderes Kapitel dieses Buches gehörenden Säulen der hinteren Fassade, in deren romantischem Schatten sich im Jahre 1915 die glücklichsten Stunden meiner glücklichen Jugend konzentrierten.» (*Drugije berega*, 1954, s. Anhang II, Anm. zu Seite 91)

(11) Der Eingang zum Nabokov-Museum: «...dort, auf dem von sechs Säulen gesäumten Portikus eines fremden, geschlossenen Landhauses, wurde Ganin von einem Schwall kühler Düfte willkommen geheißen...» (*Maschenka*, Seite 108)

(12)(13) Die Kirche von Roshdestweno und das Grabmal der Familie Rukawischnikow auf dem Kirchhof (1990) – Nabokovs Mutter war eine geborene Rukawischnikow: «Am Ende des Dorfs stand auf einer kleinen, dicht mit Linden bestandenen Anhöhe eine rote Kirche und daneben ein kleineres, pyramidenförmiges Mausoleum aus weißem Stein, das solchermaßen einem Osterkuchen aus Sahnequark ähnelte.» (*Kein guter Tag*, in *Erzählungen I 1921–1934*, Seite 477)

(14) Die Dorfstraße von Roshdestweno (1990): «[... Ich sehe] den lindenbestandenen Hügel mit seiner rosaroten Kirche und dem Marmormausoleum, wo die toten Angehörigen meiner Mutter ruhten; die staubige Straße zum Dorf; den Streifen kurzen, pastellgrünen Grases mit kahlen Flecken sandigen Bodens zwischen der Straße und den Fliederbüschen, hinter denen bemooste, schielende Hütten in wackliger Reihe standen...» (*Erinnerung, sprich*, Kapitel 1, Abschnitt 4)

(15) Ustins Enkelin mit zwei Ölgemälden aus dem Besitz der Familie Nabokow (1990).

(16) Teilnehmer eines internationalen Nabokov-Kongresses im Juni 1990 auf einem Steg über der Oredesh zwischen Wyra und Batowo; ganz links Stephen Jan Parker, Universität Kansas, der Herausgeber der Zeitschrift *The Nabokovian*, dritte von links Walentina Schulgins (‹Tamaras›) Enkelin.

Inhalt

Vorwort des Autors	7
Karte	17
Erinnerung, sprich	19
Register	425
Nachwort des Herausgebers	434
Anhang I: Zitate aus Briefen des Autors	443
Anhang II: Abweichende Textstellen in der russischen Fassung	447
Anhang III: Die Urfassung von Kapitel 5, deutsch und französisch	492
Anhang IV: Bilder	532

Quellennachweis der Abbildungen

Viktoria Iwlewa (Focus) 3, 5, 15; Focus 6, 7;
Dieter E. Zimmer 1, 4, 8, 9, 10, 11, 12, 13, 14, 16

Vladimir Nabokov

«Lolita ist berühmt, nicht ich», sagte **Vladimir Nabokov** in einem Interview. Geboren wurde er als Sohn begüterter Eltern 1899 in St.Petersburg. Vor der Revolution flüchtete die Familie nach England, Vladimir folgte seinem Vater nach Berlin, wo er vierzehn Jahre lang, von 1923 bis 1937, lebte, ohne sich je mit Deutschland anfreunden zu können. Er verdiente Geld als Englisch- und Tennislehrer oder mit Übersetzungen – und schrieb, auf russisch. Erzählungen, Romane, Gedichte. Vor dem Nationalsozialismus floh Nabokov mit seiner jüdischen Frau 1937 erst nach Frankreich, dann in die USA. Von nun an schrieb er in Englisch. Sein Roman Lolita löste 1958 bei Erscheinen in den USA einen Skandal aus und machte Nabokov weltberühmt. Er starb 1977 in Montreux.

Ada oder Das Verlangen *Aus den Annalen einer Familie*
(rororo 4032)

Das Bastardzeichen *Roman*
(rororo 5858)

Durchsichtige Dinge *Roman*
(rororo 5756)

Einladung zur Enthauptung
Roman
(rororo 1641)

Lolita *Roman*
(rororo 635)

Die Mutprobe *Roman*
(rororo 5107)

Lushins Verteidigung *Roman*
(rowohlt jahrhundert 62)

Der Zauberer *Erzählung*
(rororo 12696)

Seit 1989 hat der Rowohlt Verlag mit einer umfassenden **Neu-Edition der «Gesammelten Werke» Vladimir Nabokovs** begonnen, herausgegeben von Dieter E. Zimmer. Alle bisherigen Übersetzungen sind überarbeitet, die Werke mit einem ausführlichen Anmerkungsteil kommentiert. Sämtliche Bände erscheinen in einer neuen, schönen Ausstattung: in Leinen gebunden, Fadenheftung, Büttenumschlag mit Silberprägung, Büttenvorsatz und Lesebändchen.

rororo Literatur

Ernest Hemingway

Ernest Hemingway, 1899 in Oak Park, Illinois, geboren, setzte sich früh in den Kopf, Journalist und Schriftsteller zu werden. Als Korrespondent für den «Toronto Star» arbeitete er in Paris, wurde des «verdammten Zeitungszeugs» überdrüssig und begann, Kurzgeschichten zu schreiben. 1929 erschien «In einem andern Land» und wurde ein durchschlagender Erfolg. Hemingway reiste durch Spanien, unternahm Jagdexpeditionen nach Afrika, wurde Kriegsberichterstatter im Spanischen Bürgerkrieg. 1954 erhielt er den Nobelpreis für Literatur. Sein selbstgeschaffener Mythos vom «Papa», seine Krankheiten und Depressionen machten ihn schließlich unfähig zu schreiben. Am 2. Juli 1961 nahm er sich das Leben.

Von Ernest Hemingway sind u. a. lieferbar:

Gesammelte Werke *10 Bände in einer Kassette*
(rororo 31012)

Der Abend vor der Schlacht
Stories aus dem Spanischen Bürgerkrieg
(rororo 5173)

Der alte Mann und das Meer
(rororo 328)

Fiesta *Roman*
(rororo 5)

Der Garten Eden *Roman*
(rororo 12801)

Die grünen Hügel Afrikas
(rororo 647)

In einem andern Land *Roman*
(rororo 216)

Reportagen 1920 – 1924
(rororo 12700)

Schnee auf dem Kilimandscharo
6 stories
(rororo 413)

Im Rowohlt Verlag sind u. a. erschienen:

Lesebuch *Noch einmal glückliche Tage*
256 Seiten. Gebunden

Die Stories
500 Seiten. Gebunden

Sämtliche lieferbaren Titel von *Ernest Hemingway* finden Sie in der *Rowohlt Revue*. Jedes Vierteljahr neu. Kostenlos in Ihrer Buchhandlung.

rororo Literatur

E. L. Doctorow

Edgar Lawrence Doctorow, 1931 in New York geboren, diente in den 50er Jahren als GI in Frankfurt. Er studierte amerikanische Literatur und Theaterwissenschaften und war später unter anderem als Lektor und Verleger tätig.

Ragtime *Roman*
(rororo 12719)
«Eines der wichtigsten und zugleich witzigsten Stücke amerikanischer Literatur der letzten Jahre; ein wahrer Butterberg erzählerischer Episoden aus der, wie Doctorow sie nennt, "Ära des Ragtime", mithin der Zeit, als in Amerika die Bilder laufen lernten, so zwischen Jahrhundertwende und Erstem Weltkrieg.»
Der Spiegel

Sterntaucher *Roman*
(rororo 13045)
«Der Autor erzählt in einprägsamen Bildern und einem ironisch kraftvollen Sprachgestus von der Gigantomanie des Kapitalismus, der Klassenzerrissenheit und von den schlauen Auswegen der Individuen, die sich ihren Anteil sichern.»
Mannheimer Morgen

Willkommen in Hard Times
Roman
(rororo 5872)
Ein literarischer Western, eine spannende Parabel über die Machtlosigkeit der Moral und die Faszination des Bösen, die die grundlegenden Fragen nach dem Ursprung der amerikanischen Kultur, nach den Wurzeln der Zivilisation und der Sterblichkeit des Menschen berührt.

Das Leben der Dichter *Sechs Stories und eine Novelle*
(rororo 13202 und als gebundene Ausgabe)
Eine ironische Männergeschichte über den tastenden Neubeginn nach der Midlife-Crisis.

Im Rowohlt Verlag außerdem lieferbar:

Weltausstellung *Roman*
320 Seiten. Gebunden

Ein Gesamtverzeichnis aller lieferbaren Bücher und Taschenbücher finden Sie in der *Rowohlt Revue*. Jedes Vierteljahr neu. Kostenlos in Ihrer Buchhandlung.

rororo Literatur

Romane und Erzählungen

Barbara Taylor Bradford
Bewahrt den Traum *Roman*
(rororo 12794 und als gebundene Ausgabe im Wunderlich Verlag)
Eine bewegende Familiensaga: die Erfolgsautorin erzählt mit Charme und Einfühlungsvermögen vor allem die Geschichte zweier Frauen, die sich ihren Platz in einer männlichen Welt erkämpfen.
Und greifen nach den Sternen *Roman*
(rororo 13064)
Wer Liebe sät *Roman*
(rororo 12865 und als gebundene Ausgabe im Wunderlich Verlag)

Barbara Chase-Riboud
Die Frau aus Virginia *Roman*
(rororo 5574)
Die mitreißende Liebesgeschichte des amerikanischen Präsidenten Thomas Jefferson und der schönen Mulattin Sally Hemings.

Marga Berck
Sommer in Lesmona
(rororo 1818)
Diese Briefe der Jahrhundertwende, geschrieben von einem jungen Mädchen aus reichem Hanseatenhaus, fügen sich zusammen zu einem meisterhaften Roman zum unerschöpflichen Thema erste Liebe.

Diane Pearson
Der Sommer der Barschinskys *Roman*
(rororo 12540)
Die Erfolgsautorin von «Csárdás» hat mit diesem Roman wieder eines jener seltenen Bücher geschrieben, die eigentlich keine letzte Seite haben dürften.

Dorothy Dunnett
Die Farben des Reichtums
Der Aufstieg des Hauses Niccolò. Roman
656 Seiten. Gebunden im Wunderlich Verlag und als rororo 12855
«Spionagethriller, Liebesgeschichte, spannendes Lehrbuch (wie lebten die Menschen vor 500 Jahren?) - einer der schönsten historischen Romane seit langem.» *Brigitte*
Der Frühling des Widders
Die Machtentfaltung des Hauses Niccolò. Roman
640 Seiten. Gebunden im Wunderlich Verlag
Das Spiel der Skorpione
Niccolò und der Kampf um Zypern. Roman
784 Seiten. Gebunden im Wunderlich Verlag

Marti Leimbach
Wen die Götter lieben *Roman*
272 Seiten. Gebunden im Wunderlich Verlag und als rororo 13000
Das Buch zum Film «Entscheidung aus Liebe». Die Geschichte von Hilary und Viktor.

rororo Unterhaltung

Rowohlt im Kino

John Updike
Die Hexen von Eastwick
(rororo 12366)
Updikes amüsanten Roman über Schwarze Magie, eine amerikanische Kleinstadt und drei geschiedene Frauen hat George Miller mit Cher, Susan Sarandron, Michelle Pfeiffer und Jack Nicholson verfilmt.

Hubert Selby
Letzte Ausfahrt Brooklyn
(rororo 1469)
Produzent: Bernd Eichinger
Regie: Uli Edel
Musik: Mark Knopfler

Alberto Moravia
Ich und Er
(rororo 1666)
Ein Mann in den Fallstricken seines übermächtigen Sexuallebens – erfolgreich verfilmt von Doris Doerrie.

Paul Bowles
Himmel über der Wüste
(rororo 5789)
«Ein erstklassiger Abenteuerroman von einem wirklich erstklassigen Schriftsteller.»
Tennessee Williams
Ein grandioser Film von Bernardo Bertolucci mit John Malkovich und Debra Winger

John Irving
Garp und wie er die Welt sah
(rororo 5042)
Irvings Bestseller in der Verfilmung von George Roy Hill.

Alice Walker
Die Farbe Lila
(rororo neue frau 5427)
Ein Steven Spielberg-Film mit der überragenden Whoopi Goldberg.

Henry Miller
Stille Tage in Clichy
(rororo 5161)
Claude Chabrol hat diesen Klassiker in ein Filmkunstwerk verwandelt.

Oliver Sacks
Awakenings – Zeit des Erwachens
(rororo 8878)
Ein fesselndes Buch – ein mitreißender Film mit Robert de Niro.

Ruth Rendell
Dämon hinter Spitzenstores
(rororo thriller 2677)
Rendells atemberaubender Thriller wurde jetzt unter dem Titel «Der Mann nebenan» mit Anthony Perkins in der Hauptrolle verfilmt.

Marti Leimbach
Wen die Götter lieben
(rororo 13000)
Das Buch zum Film «Entscheidung aus Liebe» mit Julia Roberts und Campbell Scott in den Hauptrollen.

rororo Unterhaltung